词汇学与辞书学研究

苏宝荣 著

商务印书馆
2008年·北京

图书在版编目(CIP)数据

词汇学与辞书学研究/苏宝荣著.—北京:商务印书馆,2008
ISBN 978 – 7 – 100 – 05568 – 0

Ⅰ.词… Ⅱ.苏… Ⅲ.①词汇学—文集②辞书学—文集 Ⅳ.H03 – 53 H06 – 53

中国版本图书馆 CIP 数据核字(2007)第 108786 号

所有权利保留。
未经许可,不得以任何方式使用。

CÍHUÌXUÉ YǓ CÍSHŪXUÉ YÁNJIŪ
词汇学与辞书学研究
苏宝荣 著

商 务 印 书 馆 出 版
(北京王府井大街36号 邮政编码 100710)
商 务 印 书 馆 发 行
北京瑞古冠中印刷厂印刷
ISBN 978 – 7 – 100 – 05568 – 0

2008 年 6 月第 1 版	开本 880×1230 1/32
2008 年 6 月北京第 1 次印刷	印张 13⅞

定价:28.00 元

前　言

　　本书所收的 41 篇文章,是从我 1979 年以来所写的上百篇语言学专业论文中选出的,全部围绕"词汇学与辞书学研究"这个主题。这里将它们分为"词汇学"与"辞书学"两组,只是按照文章题目的一个大致的划分。实际上,词汇学研究与辞书学研究是很难截然分开的,词汇学研究的许多课题,都是在辞书学研究与辞书编纂实践中提出来的,而同时词汇学研究的所有成果几乎都可以在辞书编纂中派上用场。

　　我从事语言学,主要是词汇学与辞书学的研究,如果从读研究生算起,已经二十有七年了。回顾语义学、词汇学研究的历史,我们深深感到:一是语言的继承性、渐变性与民族性、区域性,在词汇或语义领域表现得最为突出,而这种民族差异使语义规则呈现出异乎寻常的复杂性,使其成为语言研究的难点和重点;二是语言研究每进入一个新的发展时期,研究方法的更新具有特别重要的作用。在中国语言学史上,历代成就卓著的语言文字学者,他们既有汉语传统语言研究的深厚功力,又能够与时俱进,不断吸收现代语言学研究的新鲜空气,实现传统与现代的有机结合。因此,语言学的研究,特别是汉语词汇学的研究,必须坚持古今研究沟通、传统与现代融会、理论与应用相结合的原则。这是本人从事汉语词汇学与辞书学研究的一贯思想,也是本书的编纂原则。虽然由于受历史与自身的条件局限,许多方面做得还很不够,但却一直在朝这一方向作不懈的努力。

　　本书所选的论文,从写作时间上讲,历时二十余年;从载体上讲,涉及十余家刊物或出版物。由于不同年代、不同刊物(出版物)对行文体例(包括提要、附注、参考文献的有无及体例要求)有诸多不同,如果本书强作统一要求,不仅极其繁复,也有失原貌;所以本书大体保持原文发表时的体例。特别是讲词汇学与辞书学时要经常引用的《现代汉语词典》,二十多年间已几经修订,而每篇文章是就当时的版本立论或评述的,本书中就更不宜统一引述版本。这里特作说明。

目 录

词汇学部分

本质的同一性与特质的差异性
　　——谈汉语词汇学研究民族特征的发掘与利用…………… 3
汉语语义研究的基本单位应分为语素与词两个层级………… 17
论语素的大小与层级、融合与变异……………………………… 30
词的表层"所指义"与深层"隐含义"…………………………… 41
论语境的"三个层面"
　　——"语境"理论从传统到现代的发展………………………… 50
"义素"的分析和"语素"的切分………………………………… 63
词义的层次与义素的类型………………………………………… 70
词的语境义与功能义……………………………………………… 80
词的功能义的层次分析…………………………………………… 92
词的功能的游移性与功能词义研究……………………………… 102
词语兼类的功能显示与深层语义分析…………………………… 113
"隐喻类比"与"近义偏移"
　　——谈汉语多义词形成的两种主要途径……………………… 123
论文学作品中语词的"言外义"………………………………… 134
汉语词义演变规律新探…………………………………………… 140

不能"以今律古",也不要"以古限今"
　　——谈古语词在现代汉语中的理解和运用 …………… 157
关于异形词整理和规范的理论思考 ……………………… 165
联绵词(字)的义界及其二字分合的历史考察
　　——兼论段玉裁《说文解字注》的联绵字研究 ……… 180
注重民族特点,坚持汉语词汇形、音、义的综合研究 …… 189
论段玉裁《说文解字注》的词汇研究 …………………… 202

辞书学部分

词的义系、义点、义位与词典的义项 …………………… 245
汉语语文辞书的词性标注及其对释义的影响 …………… 258
词性标注与"词性"术语的"泛化" ……………………… 272
"隐喻"认知、词义变化与辞书释义 ……………………… 280
词典的语言释义和语用释义 ……………………………… 290
专科辞典的语词释义和概念释义 ………………………… 298
词的语言意义、文化意义与辞书编纂 …………………… 307
汉语特殊词义探源与语文词典编纂 ……………………… 314
文字的动态考释方法与字典本义 ………………………… 320
文字的多源性与字典本义的说解 ………………………… 327
词义的语境偏移与语文词典释义 ………………………… 335
语文辞书释义方式上的几个"误区" …………………… 341
《说文解字》的释字特征 ………………………………… 348
词义的系统性、两重性与辞书编纂 ……………………… 357
辞书学的广义与狭义 ……………………………………… 366
辞书的现实功能与潜在功能 ……………………………… 371
"语境"理论与辞书编纂 ………………………………… 378

应当提高语文辞书编纂的理论内涵……………………… 389
试论联绵词典的编写体例………………………………… 400
汉字部首排检法规范化试探
　　——论"切分、定位(定序)"归部法…………………… 408
语言文字的变异性与辞书规范的动态性………………… 418
树立辩证的规范观,妥善处理语言文字规范的相关问题
　　——再谈语文辞书规范的原则与方式………………… 428

词汇学部分

本质的同一性与特质的差异性

——谈汉语词汇学研究民族特征的发掘与利用

提要：在语言研究中,既要认识人类语言本质上的同一性,又要承认不同民族语言特质上的差异性。就词汇学领域来说,以汉字记录的汉语与以拼音文字记录的西方语言的差异性,主要表现在两个方面：其一,是汉语词形的二重性；其二,是汉语语素可分的现实性。认识汉语"语素"的相对独立性,在词义研究与辞书释义中分为词和语素两个层级,不仅可以达到以简驭繁的效果,而且能科学地解决语文辞书收词与释义问题。

一、语义学、词汇学研究历史的简要回顾

无论是在西方,还是在中国,在语言研究中,语义研究都是历史最为久远的。上古的哲学家在他们的著作中就涉及了语义问题。西方语义研究的历史,可以追溯到柏拉图的《对话集》；汉语语义研究的源头,可以追溯到荀子的《正名篇》。而且,在传统语言学研究的早期——即语文学时期,人们对语言的研究也表现为以注释古书为主要形式的语义研究。特别是汉语在语文学(即训诂学)研究时期,两汉初兴,其后曲折发展,清代达到全盛,语义、词汇研究曾经经历过辉煌的历史时代。然而,直到19世纪末为止,从世界范围来说,语义研究大多局限于解释

具体的词义,考证词义的演变。因而,尽管在词源学、词汇学、词典学及其他的语言学科中,积累起相当丰富的语义材料,却没有形成系统的理论,没有发展成为一门独立的科学。从世界范围来看,语义学作为一门独立的、有自己的理论和方法的科学,是19世纪末期的事。1897年,法国语言学家布雷阿尔(M. Breal)《语义学初探》一书问世,开始对语义进行系统的理论研究,标志着语义学的正式诞生。语义学成为一门独立的科学后,经历了一个曲折的发展过程。20世纪二三十年代,语义学的研究逐渐进入了一个重要的发展阶段。然而到了五十年代,由于美国描写语言学派把语言形式看作语言科学描述的唯一的依据,而且这种主张影响所及,几乎遍布世界各地,使语义学遭受了不应有的歧视和冷落。直到六十年代,一方面是由于科学技术,特别是信息技术的发展及语言学相关学科(如心理学、逻辑学、人类学等)的发展为语义学研究提供了新的契机;二是美国的结构主义语言学单纯的形式描述将语言研究引进一条越走越窄的死胡同,以乔姆斯基转换生成语法等为代表的新的语言学流派的兴起,才使语义学重新成为语言学研究的热点之一。从20世纪六十到七十年代,结构语义学、解释语义学、生成语义学、逻辑语义学、言语行为语义学、框架语义学等各种语义学流派如雨后春笋,纷纷产生。特别是其中所提出的义素分析法和语义场理论,在语言学界引起了广泛的重视和反响。虽然名目繁多的流派在语义研究上目前还难于取得共识,但却为现代语义学的研究开辟了广阔的前景。后人如果能综合前人的研究成果,必定会在语义学研究上获得新的突破。

但毋庸讳言,无论在西方,还是在中国,从语言研究的现状来看,语义和词汇的研究与其他学科相比,都是相对滞后的学科。就汉语来说,词汇学、语法学、语音学几个语言分支学科中,由于汉语传统语言文字学没有独立的语法学科,自《马氏文通》问世以来借鉴西方使汉语的语法研究发展为独立的学科,并且获得长足的发展;在语音学研究中,借鉴西方的音素分析方法使"考古功多,审音功浅"的传统音韵学走上了科学的道路。而语义学、词汇学研究的情况却不然,虽然新说迭出,流派纷呈,但都还没有显现出明显的优势,都未能对语义学、词汇学研究中的理论问题与实践问题作出使人信服的解释。这种现状的存在,不能责怪语义学、词汇学研究者的无能,而在于语义学、词汇学自身问题的复杂性。

二、汉语语义学、词汇学研究的民族特征

回顾语义学、词汇学研究的历史,我们深深感到:语言的民族性差异在语义上表现得最为突出,而这种民族差异使语义规则呈现出异乎寻常的复杂性,使其成为语言研究的难点和重点。语义(词义)研究难题的突破,语义学、词汇学研究方法的更新,必须植根于对这种民族特征的深刻理解与揭示。值得注意的是:在语音研究上,西方拼音文字记录的是音素,与记录"语素—音节"的汉字相比,具有天然的优势;在语法研究上,印欧语言具有形态,与基本没有形态变化的汉语相比,也具有其特定优势;而在语义、词汇研究上,汉语的独立书写形式是汉字,它所记录的是语素,与记录的基本单位是词的印欧语言相比,可分性强,为我们认识和揭示其内在特征与规则提供了条件,同样具有其特定的优势。

就词汇学领域来说,以汉字记录的汉语与以拼音文字记录的西方语言的差异性,主要表现在两个方面:

其一,是汉语词形的二重性。

不同的文字体系与语言有着不同的联系,其表现语言的方式和程序是不尽相同的。作为表意文字体系的汉字与词的联系,同西方拼音

文字与词的联系,有着重要区别:拼音文字与词的音、义联系,是线性的;而表意文字体系的汉字同词的音、义联系,则是环状的,如图:

```
      拼音文字                    汉  字
                                    ↗ 词音
     字形→词音→词义         字形    ↓
                                    ↘ 词义
```

从图表中,我们可以看出:西方拼音文字的字形和词义,都只同语音形式发生直接联系,而它们彼此之间并没有直接的联系;而表意文字体系的汉字,字形和词义,不仅通过语音形式发生联系,而且词义和字形之间也存在着直接的联系。这就形成了汉语词形的二重性:词(词义)的语音形式和书写形式。汉语所特有的以音表义和以形示义的词形二重性及汉语词形——→词义的可视性,是其区别于以拼音文字为书写形式的西方语言的重要特征。

其二,是汉语语素可分的现实性。

文字是记录语言的书写符号。但不同民族、不同类型(或不同性质)的文字同语言的联系,用以记录语言的方式和程序是不尽相同的。作为记录语言的符号(即文字),同文字本身所使用的符号(又称"字符",即记录一定语言时不能再分析的"独立符号")是两个不同层次的问题。文字的类型(或性质)由字符(即"独立符号")的性质来决定。从字符所能表示的语言结构的层次来看,西方拼音文字的独立符号(即字母)所记录的是音素,为音素文字;汉字的独立符号(即单个汉字)所记录的是语素或音节,为语素—音节文字。如果作进一步的分析:从文字与语音的关系讲,拼音文字所记录的最小独立书写单位是音素,而汉字所记录的最小独立书写单位是音节,汉字同拼音文字相比,相对粗疏;从文字与语义的关系讲,拼音文字所记录的最小的独立书写单位是词,而汉字所记录的最小独立书写单位是语素(又称词素),汉字同拼音文

字相比,相对细密。不同类型文字表音、表义的不同特征,我们可用下面的示意图说明:

拼音文字 { 表音:最小表音单位—音素(细)—(粗)音节—最小表音单位 } 汉字
         { 表义:最小表义单位—词(粗)—(细)语素—最小表义单位 }

事物的可分性是认识事物的根本途径。如果说,凭借文字进行语音分析,记录音节的汉字比记录音素的拼音文字相对困难的话,而凭借文字进行语义分析,记录语素的汉字与记录词语的拼音文字相比,却有其独特的优势。因此,对汉语词义,特别是合成词的词义的理解和释义,应当而且必须以语素作为突破口。只要我们深刻认识并充分利用这种优势,不仅可能突破语义(词义)研究的许多难题,而且汉语的语义学、词汇学研究应当而且可能走在世界的前列。

这里应当指出,用汉字书写的汉语,在语义表达上与以拼音文字书写的印欧语言是有重要区别的。但是,讲汉语的特殊性,不能违背语言学的一般规则。目前确实存在将传统与现代、语言的民族性与共性对立起来的情形:或者认为"语言学和其他科学一样并不存在国界",或者主张"以字为本位来研究汉语"。我们认为,承认汉语词汇研究的民族特征,绝不是否认和排斥人类语言的共性;尊重汉语传统语言研究的优秀成果,绝不是否认和排斥现代语言学理论与方法在汉语研究中的重要作用。可以说,我们对汉语民族特征的认识,对汉民族传统语言研究成果的发掘与借鉴,本身就需要以现代语言学理论作指导。应当说,人们对"汉语词形的二重性"的认识,是首先在我国传统语言研究中自发产生,而后借助现代语言学理论得以完善的;而对"汉语语素可分的现实性"的认识则本身就是在现代语言学理论的启迪下完成的。这充分说明汉语研究中传统与现代结合的必要性。汉语词汇学研究中的许多疑难问题,都需要借鉴现代语言学理论的研究成果才能得以解决。

总之,我们既要认识人类语言本质的同一性,又要承认不同民族语言特质的差异性,在语言研究中坚持共性与个性相结合,传统与现代沟通,注意发掘和利用自己的优势。

三、充分重视和利用民族特征,进行汉语词汇研究

关于"汉语词形的二重性"的特征,汉语传统语言研究已经有所认识,近年来语言学者也多有论及;本文重点就利用"汉语语素可分的现实性"这一民族特征,对汉语词汇学研究的问题试作论述。

(一)认识汉语"语素"的相对独立性与"句子—短语(词组)—复合(双音)词"的内部结构的一致性,以"语素"作为汉语词义研究的基点。

正如吕叔湘先生所说:"'词'在欧洲语言里是现成的,语言学家的任务是从词分析语素……汉语恰好相反,现成的是'字',语言学家的课题是研究哪些字群是词,哪些是词组。汉语里的'词'之所以不容易归纳出一个令人满意的定义,就是本来没有这样一种现成的东西。"而是"汉字、音节、语素形成三位一体的'字'","专门指音义结合体的时候,最好管它叫'语素'"。(《语文常谈》)用汉字书写的单音节的语素,不论其是否独立成词,都是汉语表义的基本单位。

值得注意的是,语素在西方语言中是隐性的,必须从词中去分析;而在汉语中呈显性,大体与独立书写的汉字相对应。代表"语素—音节"的汉字为汉语的语素分析提供了得天独厚的条件。

同时,朱德熙先生深刻揭示了汉语语法结构的特点:"汉语的句子的构造原则跟词组的构造原则基本一致"(《语法答问》);"复合词结构和句法结构是平行的"(《语法讲义》)。汉语句子—短语(词组)—复合词(双音)的内部结构具有一致性,而所有这些具有一致性的"结构"的底层是语素,这就使语素在汉语语义研究中具有特别重要的地位,成为

汉语语义研究的基础。汉语的复合词(双音)是以语素为基础,按照一定的语法结构与语义关系组合起来的,我们以语素为基点,按照"语法结构—语义关系"分析、认识合成词的语义,就可以达到以简驭繁的效果。因此,对汉语词义,特别是合成词词义的理解和释义,应当而且必须以语素作为基点。

从语言历史发展的角度看,早期汉语是以单音词为主的,而当时汉语基本的语法规则已经形成;双音合成词的产生,不仅是两个单音语素语义关系的组合,同时接受了已经形成的句法关系的制约。因此,我们今天认识和说解合成词的词义,必须揭示其内在的语义、语法的双重结构。汉语"句子—短语(词组)—复合词(双音)"内部结构的一致性告诉我们,汉语组词和造句是按照同一规则进行的。在从单音词向双音词发展的过程中,双音词的两个语素同时处在语义、语法的双重结构之中。从语义学角度讲,两个单音节语素具有特定的语义关系,彼此要相互影响;而从语法学角度讲,二者要以一定的语法形式来组合,这种组合关系对双音词的语义也必然产生影响。汉语双音合成词词义的形成,既与构成它的两个语素的意义有关,又与合成词的语法结构有关。

语素或词的所有意义,都显示于它所可能有的全部组合中。双音合成词既然是由两个最小的意义单位——语素构成的,合成词的词义就势必与语素义有直接或间接的联系,语素及其组合关系的分析,对理解双音合成词的词义具有重要作用。汉语语素义与合成词词义的关系,即与语素义自身有关,也与合成词的语法结构有关。从构成双音合成词的两个语素的意义关系来说,有同义(近义)、反义(对义)、相关义等;从构成双音合成词的两个语素的语法结构来说,有并列式、偏正式、述宾式、述补式、主谓式等。对于绝大多数双音合成词来说,通过对构成语素不同语法结构和不同语义关系的分析,可以揭示双音合成词的两个语素的意义与其组合的双音合成词的词义的联系,从而达到以简驭繁地把握词义的目的。

这里需要补充和说明的是,有的学者不赞成或者不完全赞成"复合词结构和句法结构是平行的"的观点。如有的学者虽然承认复合词"大部分同语法结构的某种近似",但却不赞成用习惯上描述短语(或句法)结构的"主谓关系(即主谓式)、动宾关系(即谓宾式)、述补关系(即补充式)、联合关系(即并列式)、偏正关系(即主从式)"等术语说明复合词的内部结构关系,认为"复合词的两个结构项之间的结合关系,往往像是句法成分之间的结构关系。如:a.'博物馆''大自然'……'仿佛是"定语——中心词"的定中关系'b.'追加''徒劳'……'仿佛是"状语——中心词"的状中关系'c.'司机''开刀'……'仿佛是"动词——宾语"的动宾关系'……这里说'仿佛是',意味着并不就是。在一个词的内部存在词与词的句法关系,这是荒谬的,逻辑上绝对讲不通。复合词的结构成分是词素,而不是词,词素之间的结构关联当然不能是句法现象"。并且创制了"陈述格、支配格、补足格、质限格、态饰格、并联格"等一套新的指称复合词结构关系的术语。(见刘叔新《汉语描写词汇学》)

这种观点,如果单就纠缠于称说术语的异同,似乎是没有必要的。但就其观点的内涵来说,也有其合理性,起码是对前说的一种补充和完善。因为复合词的形成是多种多样的:

有的是句子压缩而成或是按句法结构组织起来的——此类当然与句法结构具有一致性。

有的是词组压缩或凝固而成,其中并列式(如"调查研究——调研"),乃至偏正式(如"妇女联合会——妇联"),都很难说其中包含句法关系。

还有些就是认知场景中突现角色的提取,很难说清两个语素之间的结构关系。

如"谢幕"一词,《现代汉语词典》的释义是:"演出闭幕后观众鼓掌时,演员站在台前向观众行礼,答谢观众的盛意。"如果《现汉》的释义是准确的话,这里有众多的语义角色,而复合词只突现其中的两个,而且"谢"与"幕"之间的组合关系,无法用目前已有的结构关系来解释。吕叔湘先生对此作过形象的说明:"语言的表达意义,一部分是显示,一部分是暗示,有点儿像打仗,占据一点,控制一片。""像'谢幕'那样的字眼,就放弃了很多东西,只抓住两点,'谢'和'幕'。说是'放弃',并不是不要,而是不明白说出来,只隐含在里边。"(《语文常谈》64—65页)而且,就认知语言学的观点来看,从语言的深层来认识,上述三种情况(包括能用现行组合关系解释的与不能用现行组合关系解释的),都是从认知场景中提取的结果。

值得注意的是,语素(特别是单音节语素)在汉语词汇学研究中的地位十分重要,并且单音节语素大体与汉字相对应。但是,我们目前不主张提"字本位"。为了推动汉语语义学、词汇学的研究,我们既要承认汉语的特殊性,又注意同普通语言学理论相沟通。语素是语言的一个构成层级,而语言与文字不是一码事。目前,对"字本位"理论赞成的不少,而且呼声颇高,《中华读书报》发表胡壮麟《力争与世界同步的中国语言学》[①]一文,谈到要使中国语言学与世界同步,"到目前为止,真正对这个问题在思想上有准备者,当推北京大学徐通锵先生的字本位理论"。将来的发展,我们难于预测,不宜轻易作出结论,但就目前所能企及的视野来看,我们认为:汉语语义学、词汇学研究应当重视语素的作用,但不应当、也没有必要将文字学的"字"与语言学的"语素"混为一谈。诚然,汉字是一种现成的单位,但却不能作为语言的基本单位。文字是语言的书写符号,不是语言自身,语言的基本单位只能从语言自身去寻找。

另外,也不应当因为强调"语素"而忽视对"词"的研究,汉语的语义学、词汇学研究的基本单位应分为语素、词(或词语)两个层级。其原因有二:一是语素与词具有同一性与差异性。一部分词的意义几乎等于语素义的线性组合,几乎达到见字(即语素)明义的程度,如"清凉——清新凉爽"、"简明——简单明白"等;而也有一部分词的语素义与词义关系复杂,差别很大,如"出入——数量、内容不一致"、"江山——指领土、国家或国家政权"、"炒作——为扩大人或事物的影响而通过媒体做反复的宣传"、"搭车——比喻借做某事的便利做另外的事,从而得利"、"并轨——比喻将并行的体制、措施等合而为一"、"按揭——一种购房或购物的贷款方式,以所购房屋或物品为抵押向银行贷款,然后分期偿还"等。二是两者的功用不同,汉语表义的基础是语素,而直接进入句子、体现言语交际功能的语义单位是词(或词语)。

总之,拼音文字所书写的是词,汉字所书写的除了能够独立运用的词以外,还有大量不能独立运用的构词语素。语素是汉语表义的最小单位,语素可分的现实性使其在汉语语义学、词汇学研究中处于特别重要的位置,因此,如果说印欧语言进行语义研究的基本单位是"词"的话,汉语语义研究的基本单位应当分为"语素"和"词"两个层级。

(二)语文辞书释义分为词和语素两个层级,科学地解决语文辞书收词与释义问题。

中国传统辞书以字典为主体[2],而且在传统语言研究中往往字、词不分,这可能与古代汉语以单音词为主有关,而归根到底还是由汉语的民族特征,即语素在汉语中的特殊地位决定的。汉语的字典,说解的对象主要是语素(语素有可以独立成词与不可以独立成词的区别,从语义上讲也有实语素与虚语素的区别)——实质上是"语素辞(广义的辞)典"。人们通过对语素义的认识,大多可以达到认识词义的目的。近现代以来,汉语词典陆续增多(如《辞海》《辞源》《现代汉语词典》《汉语大词典》等)。汉语词典,实际上是先说明一个个语素,在此基础上再说明由语素构成的双音及多音节词语。

这就引发了一个汉语词典如何收词的问题。目前有人批评一些社会公认的优秀辞书对常用词失收,特别是对配套词收录不全。这里,可能是辞书确实存在问题,也可能是由于辞书编者与批评者在理论认识上存在差异。其实,辞书的收词应当从读者的需要出发。一是在一组配套词中,有些属于使用频率较高的常用词,应当多收;有些属于使用频率低的非常用词,可以少收或不收。比如:作为"天干"的代表字,"甲、乙、丙、丁、戊、己、庚、辛、壬、癸"可视为一组配套词,对于面向初等文化的小学生词典,"甲、乙、丙、丁"需要收,而"戊、己、庚、辛、壬、癸"就不一定要收。二是对于见字(语素)明义的双音及多音的常用词,在对语素进行详尽释义之后,也未必一一收录,增加辞书的篇幅与辞书使用者的负担。正确的做法应当是,语素义与词义一致的少收乃至不收,语素义与词义不一致的要尽可能多收。一般认为,就同一层级、规模(指大、中、小型)的语文辞书来说,汉语语文辞书收词的总数要比印欧系语言语文辞书收词的总数少[3],这可能也是一个重要的原因。

根据汉语语素具有可分的现实性及其按照一定"语义—语法"组合成双音或多音词的特点,在汉语语文辞书释义中,要注意通过说解语素意义来展现多音词,特别是双音词的词义。

相当一部分同义(近义)或反义(对义)语素按照并列结构组成的双音词,通过语素义的说解可以直接展示词义。如:

广阔——广大宽阔。

骄横——骄傲专横。

身心——身体和精神。

毁誉——毁谤和称赞。

成败——成功或失败。

对于由具有相关义的两个语素组成的偏正式、述宾式、述补式、主谓式等形式的双音词,通过揭示其"语义—语法"关系,也可以显示双音词的词义。如：

偏正式：安检——安全检查。

长项——擅长的项目(工作、事情)等。

车程——车(一般指汽车)行驶的路程(用于表示道路的远近)。

轮休——轮流休息。

轮训——轮流训练。

暗恋——暗中爱恋(多指男女之间)。

并联——并列地相连接。

明示——明白地指示。

述宾式：布展——布置展览。

参评——参加评比、评选或评定。

待聘——等待聘用。

述补式：改进——改变旧有情况，使有所进步。

造就——培养使有成就。("造"释为"培养"。)

主谓式：地震——由地球内部的变化引起的地壳的震动。

自满——满足于自己已有的成绩。

即使是语素义与词义具有间接联系的词语，通过揭示语素意义，也有助于对词义的了解。如：

有的两个语素整体凝结成一个意义，复合词的词义与语素义有深层的语源上的联系：

【江湖】[语素义]江河与湖泊。

[词义]泛指四方各地。

【嘴脸】[语素义]嘴巴和脸面。

[词义]面貌；表情或脸色(多含贬义)。

【分寸】[语素义]"分"和"寸"均指长度单位。

[词义]说话或做事的适当限度。

有的词义是语素义通过"隐喻"途径形成的转义：

【包袱】比喻思想上的负担。

【吃香】受重视；受欢迎。

【吃水】船身入水的深度。

综上所述，东西方心理、思维与语言的差异，汉字与西方拼音文字在记录语言上的功能差异，使汉语研究与西方语言研究呈现出不同的特点。我国传统语言研究生根于汉语自身的沃土，在很大程度上揭示了汉语的特殊规律，取得了丰硕的研究成果，我们今天的语言研究对此必须加以继承。但同时也必须看到，建立在理性思维与构成分析基础之上的西方现代语言学，使语言的研究从朦胧走向科学，它对于汉语的研究是有极其重要的借鉴价值的。"他山之石，可以攻玉。"只有深刻认识不同民族语言之间本质的同一性与特质的差异性，坚持传统与现代的有机结合，才能实现汉语词汇研究的创新与发展。为了突破汉语语义学、词汇学研究这个难题，并对人类语言研究有所贡献，就要最大限度地继承前人与国外的研究成果，同时要充分正视汉语，特别是现代汉语的语言实际。

附 注

①见 2003 年 6 月 18 日《中华读书报》第 20 版胡壮麟《力争与世界同步的中国语言学》一文。

②以《尔雅》为代表的雅书，虽有词典的性质，但有相当大的篇幅是说解名物的。以《尔雅》为例，在其所收录的 4300 多个词语中，真正属于一般词语的只有《释诂》《释言》《释训》三篇。

③如作为中型的汉语语文辞书《现代汉语词典》(第 5 版)"全书收词约 65000 条"。而与其层级、规模相当的《朗文当代英语辞典》(英语版，1995 年第 3 版，朗文出

版公司编,外语教学与研究出版社1997年9月出版)则"超过8万条单词和短语";《世纪版新英汉词典》(上海译文出版社编,2000年12月上海译文出版社出版)"共收词10万余条";《现代俄汉词典》(张建华等编,1998年10月外语教学与研究出版社出版)收词9万余条。

参考文献

符淮青　1996　《词义的分析与描写》,语文出版社。
贾彦德　1992　《汉语语义学》,北京大学出版社。
蒋绍愚　1989　《古汉语词汇纲要》,北京大学出版社。
吕叔湘　1980　《语文常谈》,三联书店。
苏宝荣　2000　《词义研究与辞书释义》,商务印书馆。
徐烈炯　1998　《语言学就是语言学》,《语言文字应用》第1期。
徐通锵　1998　《中西语言学的结合应以字的研究为基础》,《语言文字应用》第1期。
中国社会科学院语言研究所词典编辑室　2002　《现代汉语词典》(2002年增补本),商务印书馆。
朱德熙　1982　《语法讲义》,商务印书馆。
朱德熙　1985　《语法答问》,商务印书馆。

(原载《语言研究》2004年第1期,此次略有修改)

汉语语义研究的基本单位
应分为语素与词两个层级

一、论题的缘起

1998年第1期的《语言文字应用》杂志在"把语言文字研究全面推向21世纪"的栏目中组织了一批专稿,其中有两篇文章值得引起人们的特别关注:

一是《中西语言学的结合应以字的研究为基础》,强调语言的民族性。认为:"汉语的结构核心是语义……印欧语的结构核心是语法","与语言结构的性质相联系的问题就是语言的基本结构单位。印欧语的基本结构单位是词,而汉语的基本结构单位是字","'词'在欧洲语言里是现成的……汉语恰好相反,现成的是'字'……汉语里的'词'之所以不容易归纳出一个令人满意的定义,就是本来没有这样一种现成的东西(吕叔湘《语文常谈》)","以'词'为基本结构单位来研究汉语,实际上已经离开了汉语的结构现实","要求语言学家根据汉语的特点来研究汉语。字是汉语结构的枢纽,是语音、词义、语汇、语法的交汇点,以字为本位来研究汉语,这就是经过百年的探索、决心摆脱'印欧语的眼光'的束缚而向汉语的回归"。

一是《语言学就是语言学》一文,强调人类语言的共性,认为:"语言学和其他科学一样并不存在国界……语言学研究要在21世纪迅速发展取得成就,这一认识是先决条件","要使语言学在中国土地上发展,这语言学必须是与国际接轨的语言学。说得更加正确些,必须是和其他国家土地上发展的语言学一样的科学","至于语言学的研究性质、目标和方法,更加不会是不同的语言各有一套。语言学就是语言学"。

从对以上两种形式相对、实质相辅的观念的思考中,我们认为:讲汉语的特殊性,不能违背语言学的一般规则;讲人类语言的共性,又不能脱离具体的民族化的语言。用汉字书写的汉语,在语义表达上与以拼音文字书写的印欧语言是有重要区别的。正如吕叔湘先生曾经说过:"'词'在欧洲语言里是现成的,语言学家的任务是从词分析语素……汉语恰好相反,现成的是'字',语言学家的课题是研究哪些字群是词,哪些是词组。汉语里的'词'之所以不容易归纳出一个令人满意的定义,就是本来没有这样一种现成的东西。"而是"汉字、音节、语素形成三位一体的'字'"。(《语文常谈》)诚然,汉字是一种现成的单位,但却不能作为语言的基本单位。文字是语言的书写符号,不是语言自身,语言的基本单位只能从语言自身去寻找。拼音文字所书写的是词,汉字所书写的除了能够独立运用的词以外,还有大量不能独立运用的构词语素。语素是汉语表义的最小单位,而语素又有独立成词和不能独立成词的区别。因此,如果说印欧语言进行语义研究的基本单位是"词"的话,汉语语义研究的基本单位应当分为"语素"和"词"两个层级。这样,既承认汉语的特殊性,又同普通语言学理论相沟通。

二、汉语语素可分的现实性与汉语语义研究的天然优势

文字是记录语言的书写符号。从字符所能表示的语言结构的层次来看,西方拼音文字的独立符号(即字母)所记录的是音素,为音素文

字;汉字的独立符号(即单个汉字)所记录的是语素或音节,为语素——音节文字。从文字与语音的关系讲,拼音文字所记录的最小独立书写单位是音素,而汉字所记录的最小独立书写单位是音节,汉字同拼音文字相比,相对粗疏;从文字与语义的关系讲,拼音文字所记录的最小独立书写单位是词,而汉字所记录的最小独立书写单位是语素(又称词素),汉字同拼音文字相比,相对细密。就汉语自身来讲,上古汉语单音节词占绝对优势,一个汉字记录一个语素,实际上也就是一个单音节词,随着汉语从单音词为主向复音词为主的发展,很多单音节词后来变成不能独立运用的语素,一个汉字往往只是一个语素的符号。因而单音词(汉字)与复音词有着历史的渊源关系,复音词的词义与单音节语素(汉字)的意义有着极为密切的联系。因此,对汉语词义,特别是合成词的词义的理解和释义,应当而且必须以语素作为突破口。

(一)汉语复合词的形成原因及其生成方式

为了认识汉语复合词中语素的组成关系,首先应当了解汉语复合词的形成原因及其生成方式。语言的表义功能影响和制约着语言的结构形式,汉语复合词的大量产生,从根本上说,是适应语言交际的需要。

随着社会的发展,语言的词汇要不断发展。词汇的发展主要有两种方式:

一是在原有词的基础上派生新的义项。任何一种语言,人们也不可能为每个意义单独造词;因此,一词多义是世界各民族语言的普遍现象。汉语词汇是在单音节为主的基础上发展起来的,一词多义的现象更为突出。

二是适应交际的需要而造新词。由于任何一种语言音节的数目都是有限的,新的单音词的增多,势必导致同音词(即同音异义词)的大量出现。汉语的同音词,根据书写形式的不同,可以分为两类:

一类是"同形同音词"。如:

花——"花费"的"花"
　　　"花朵"的"花"

这种"同形同音词",主要是靠一定的语言环境来区别不同的词义。另一类是"异形同音词"。如:

$\begin{cases}道——道路\\到——到达\end{cases}$　$\begin{cases}长——长远\\常——经常\end{cases}$

这种"异形同音词",主要是靠它们的书写形式来区别词义。这种单音节的"异形同音词",在交际中(特别是口头语言中),很容易造成语义的混乱。

语言终究是要适应社会交际的需要而发展的。当某一语言特征影响了语言的交际功能时,它就将在语言的发展中逐渐得到改造。在有文献可考的三千多年的汉语发展历史中,由单音词为主逐渐发展到以双音词为主,这是汉语词汇发展的一个总趋向。而且,随着社会的发展,人们的思维趋于严密化、复杂化。这就要求作为思维工具的语言(主要是词义)的准确性和丰富性,而词义的准确性和丰富性势必要求词的结构形式的多样性。而汉语双音复合词的大量产生,为汉语词的结构形式多样性发展提供了重要条件。

那么,为了适应汉语的表义功能,汉语复合词的大量产生,主要有哪些具体途径呢?

1. 多义单音词的分化

即以单音词词义分化为基础形成的新的双音词,汉语的单音词起初一般是单义的,在语言的发展中逐渐演变为多义词。为了适应表义的单一性和准确性的要求,这个多义的单音词又分化为几个双音词。例如:

刻 { 雕刻 / 时刻　　　月 { 月亮 / 月份　　　理 { 治理 / 纹理 / 道理

这种多义单音词的分化,有些曾经通过语音变化(主要是声调的变化)来区别词义,但后来一般仍为双音词所代替。如:

王 wáng(君王)　　　wàng(称王)

2. 同音异义词的分化

以单音词为主的古汉语词汇,同音词数量之多,远远超过其他民族的语言。这些同音词,离开书写形式和语言环境,人们就无法区别它们的词义。因此,同音异义词向双音词的分化,是汉语词汇发展的一种必然趋势。

首先,是"同形同音词"的分化。如:

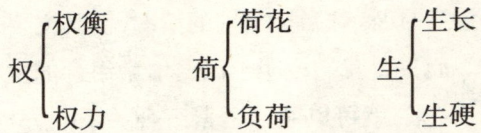

其次,是"异形同音词"的双音化。如:

房——房屋　　防——防止　　坊——作坊

3. 词组或句子紧缩和凝结而形成的双音词

汉语双音复合词形成的途径是多种多样的。除了上面所讲的"一词多义"和"同音异义词"的分化外,另一个重要方面,就是词组乃至句子的紧缩和凝结。这种词组或句子紧缩和凝结而形成的双音复合词,往往表达比较复杂的关系,蕴含比较丰富的语义。这是同语言表义功能的复杂化紧密相关的。如:

将军:率领军队的人(泛指高级将领)。

自得:自己感到得意或舒适。

其中一和二两类复合词,语素义与词义有着直接的联系,三类语素义与词义也有着直接或间接的联系。可见,正确把握和说明语素义对于汉语双音复合词的释义是极为重要的。

(二)汉语语素的组合关系(语法、语义结构)与辞书释义

词或语素的所有意义,都显示于它所可能有的全部组合中。双音复合词既然是由两个最小的词义单位——语素构成的,复合词的词义就势必与语素义有直接或间接的联系,语素及其组合关系的分析,对理解双音复合词的词义具有重要作用;而词组或句子只有当它紧缩和凝结成一个整体意义的时候,才能成为词。因而,同一语素,其独立成词与构成双音复合词的表义功能,也总会有或明或暗、或大或小的变化。我们必须同时认识这种联系与变化,才能比较全面、准确地利用语素来理解和说明双音复合词的意义。通过语素的组合说解词语的意义,必须首先认识汉语复合词中语素的组合关系。汉语语素构词的组合关系是相当复杂的,人们很难穷尽一切特殊乃至个别的情况,但其主要表现形式是可以分析和描写的。而只要我们说明了汉语语素组合的主要形式,对绝大多数汉语合成词说来,就可以通过语素组合关系的分析,正确地理解和说解词义。

汉语语素义与复合词词义的关系,既与语素义自身有关,也与复合词的语法结构有关。从构成双音复合词的两个语素的意义关系来说,有同义(近义)、反义(对义)、相关义等;从构成双音复合词的两个语素的语法结构来说,有并列式、偏正式、述宾式、述补式、主谓式等。下面,我们分别说明在不同语法结构和不同语义关系中,汉语双音复合词的两个语素的意义与其组合的双音复合词的词义的联系。

1. 并列式复合词,最初一般是两个单音词的临时组合,后来才逐渐凝固成复合词。语素义与词义之间的联系非常紧密。其中:

(1)两个语素为同义(近义)关系的,两者比较容易结合起来表示一个整体的意义,语素义与复合词词义的联系最为直观。主要表现为两

种情况：

一是其中大多数复合词的词义与两个语素的意义相同或相近。如：

语言	人民	道路	牙齿	坟墓
购买	积累	居住	离别	钻研
伟大	美丽	宽绰	广阔	艰难

复合词的词义与其构词语素作为单音词的词义相比，有时具有概括化、抽象化的特点，这主要表现为语用或语体风格上的某些差异，词义本身没有多大区别，凭借语素义就可以理解和说明双音复合词的词义。

二是有少数双音复合词的常用词义与其构成语素的意义看上去相距较远，例如【脸面】(1)脸①(即"头的前部，从额头到下巴")：～消瘦。(2)情面；面子：看我的～，不要生他的气了。（《现代汉语词典》第5版，以下简称《现汉》）

其中双音复合词的"情面"义似乎与语素"脸"和"面"的意义相去甚远，其实，无论是作为语素的"脸"和"面"，还是复合词"脸面"，在引申中都产生"情面"义，复合词的词义与语素义是一致的。如果硬要用语素的本义（或基本意义）说解复合词的引申义，那当然行不通了。

(2)两个语素为反义（对义）关系的，比较难于直接组合成一个完整的意义，复合词词义与语素意义的关系比较复杂。由于其深层结构的不同，主要分为三种情形：

一是两个语素是一种线性组合关系，表示一种相对概括的概念，这时复合词的词义大体相当于两个语素意义的相加。这种复合词为数不多。如：

赏罚——奖励有功的人，处罚有过失的人。

毁誉——毁谤和称赞。

成败——成功或失败。

二是两个语素是一种整体凝结的关系,复合词的词义不同于组成它的任何一个语素的意义,也不是两个语素意义的简单相加,而是表示一个新的完整的意义。这时,语素与复合词词义的联系,不是表层直观的,而是深层语源性的。这类复合词所占比重较大。如:

【消息】[词义]音信;信息。

[语素义]消:消减;息:增长。本指事物的生灭、盛衰。

【出入】[词义](数量、内容等)不一致;不相符。

[语素义]出去和进来。

【往来】[词义]互相访问;交际。

[语素义]去和来。

这类表示新的完整意义的复合词,虽然其词义与语素义不同,但仍然有意念上的联系,通过语素义探求语源,对理解和说明双音复合词仍然是有帮助的。

三是少数反义(对义)语素组成的复合词,其中只有一个语素的意义代表这个复合词的意义,另一个语素只起陪衬作用。通常将这类词称为"偏义复合词"。如:

好歹:"好歹"义相当于"歹"。例:"万一有个好歹,这可怎么办?"

动静:"动静"义相当于"动"。例:"屋里静悄悄的,一点动静也没有。"

忘记:"忘记"义相当于"忘"。例:"我们绝不会忘记,今天的胜利是经过艰苦的斗争得来的。"

兄弟:"兄弟"义相当于"弟"。例:"他是我兄弟。"

褒贬:"褒贬"义相当于"贬"。例:"有意见要当面提,别在背地里褒贬人。"

其中起陪衬作用的语素也不是可有可无的,它对另一个表义语素起显示和限制的作用,使其意义具有单一性和鲜明性。

(3)两个语素为相关义(包括远义)的,其明显分为两种趋势:

一是线性组合关系,复合词的词义与语素义有直接联系。如:

身心:身体和精神。

简明:简单明白。

清凉:清新凉爽。

二是整体凝结,复合词的词义与语素义只有深层的语源上的联系。如:

【江山】[词义]用来指领土、国家或国家政权。

　　　[语素义]江河和山岭。

【口吻】[语义]口气。

　　　[语素义]口和嘴唇。

【动静】[词义](打听或侦查的)情况。

　　　[语素义]活动和静止。

2. 偏正、述宾、述补、主谓式复合词,其构词语素间的语义关系相对单一,一般均为相关义(包括远义);其语法结构与汉语的句法结构有其对应关系,一般是由词组或句子紧缩和凝结而成。因而,揭示其内部隐含的语法结构,是说明其语素义与词义之间联系的关键。这类由词组或句子凝结的复合词的词义与其构成语素的意义联系相当紧密。具体可分为两类情况:

(1)多数双音复合词的词义与语素义有对应关系,具有直接联系,其释义方法是依据其内在的语法结构,将词复原为词组或句子,在保留原语素义(有时是将原语素嵌入释义文字中,有时需解释为相关的同义词)的基础上,补充必要的附加成分。如:

偏正式:上诉——向上级申诉冤情。

　　　　毛笔——用羊毛、鼬毛等制成的笔。

述宾式：雪耻——洗雪耻辱。
　　　　失望——感到没有希望,失去信心。
述补式：改善——改变原有情况使完善。
　　　　证实——证明其确实。
主谓式：雪崩——大量积雪从山坡上突然崩落下来。
　　　　心烦——心里烦躁或烦闷。

(2)部分偏正、述宾、述补、主谓式的双音复合词的两个语素融合在一个统一的概念中,具有某种特指义,词义与语素义是一种间接的关系。如：

偏正式：【事宜】[词义]关于事情的安排、处理。
　　　　　　　　[语素义]对事情的适当处理。(宜:适宜、适当)
述宾式：【知己】[词义]彼此相互了解而情谊深切的人。
　　　　　　　　[语素义]了解自己。
述补式：【跳高】[词义]田径运动项目之一,运动员按照规则经过助跑后跳过横杆。
　　　　　　　　[语素义]向高跳。
主谓式：【事变】[词义]突然的政治军事行动。
　　　　　　　　[语素义]事情、事态的变化、变故。

上述各类双音复合词中,均有一些复合词的词义与构词语素的字面义相距甚远。这时,语素义与复合词的词义虽然难以直接沟通,但通过语素义说明语源(或构词理据),对于人们深入理解词义,同样具有重要作用。通常语素义与复合词词义的联系造成障碍的原因是：

(1)词素共义与变义

一是语素的时代变义。这主要是指由于历史因素所造成的语义变化,即双音复合词的构成语素使用的是其古义或生僻义,一般读者不理解,一般辞书又查不到。如：

董事——董事会成员,即监督管理事务的人。"董"为"监督管理"义。

爱戴——敬爱并且拥护。"戴"为"拥护"义。《三国志·吴书·朱桓传》:"士民感戴之。"

促膝——指两个面对面靠近坐着。"促"为"靠近"义。

反坐——把被诬告的罪名所应得的刑罚加在诬告人身上。"坐"为"定罪"义。

风流——指有功绩而又有文采,风韵流传后世。"风"为"风韵"义。

复辟——恢复失去的君位。"辟"为"国君、君位"义。

二是语素的语境变义。即语素在复音词组合中形成的一种既与基本意义相关、又有复杂变化的特定意义。如:

深谈——深入地交谈。"深"为"深入"义。

深交——深厚的交情。"深"为"深厚"义。

告状——(向国家行政司法机关)检举、控诉。"告"为"检举、控诉"义。

告假——请假。"告"为"请求"义。

(2)语法结构相同而深层的语义结构不同。如:

同为偏正式而语义结构不同:

海滩——海边的沙滩。

海塘——防御海潮的堤。

海图——航海用的标明海洋情况的图。

海味——海里出产的副食品。

同为述宾式而语义结构不同:

结晶:凝结成晶体——宾位表结果。

就义:为义就(走向)死地——宾位表目的。

披肩:披在肩上——宾位表处所。

扶手：用手扶——宾位表方式。

或复合词的某一语素为另一双音复合词紧缩而成：

狼烟——古代边防报警用烧狼粪升起的烟，即"狼（粪）烟"。

燕菜——用燕窝做的菜肴，即"燕（窝）菜"。

(3) 由修辞造词而形成的复合词。如：

比喻：【风云】比喻动荡的局势。

　　　【辛辣】比喻语言、文章尖锐而刺激性强。

借代：【驸马】本为官职之称，后因皇帝女婿任此官职，而成为皇帝女婿的代称。

　　　【巾帼】古代妇女戴的头巾，后为妇女的代称。

谦敬：【府上】尊称对方的家或原籍。

　　　【舍下】谦称自己的家。

委婉：【后事】丧事。（直言丧事，使当事人悲痛，故婉言后事）

　　　【寿衣】生前准备的死人衣服。（对活着的人说死不吉利，故婉言寿衣）

(4) 在特定文化背景下形成的文化词语。对此，应通过语词的文化释义建立复合词词义与语素义的联系。如：

公主：指君主的女儿。古时天子嫁女，使同姓诸侯主婚，"公主"取"公侯主婚"之义。

舆图：即地图。《史记·三王世家》："御史奏舆地图。"司马贞索隐："谓地为舆者，天地有覆载之德，故谓天为盖，谓地为舆。"显然，"舆图"的"地图"义，与华夏民族对于天、地的观念有关。

从以上分析中，我们看到：汉语中语素是最底层的语义单位，词是能够独立运用的语义单位。独立成词的语素，语素义等于词义；不能独立成词的语素，语素义与词义之间往往会有种种变异。语素义是认识词义的基础，语素义又不等于词义。因此，汉语语义研究的基本单位应当分为语素和词两个层级。

总之,代表"语素—音节"的汉字,使语素在汉语语义研究中占有特别重要的位置。在语文教学和语文辞书编纂中,通过语素分析认识词义和说解词义,符合汉语的特点,发挥了汉语的优势,并与汉民族的认知心理相吻合,不仅有利于科学地、准确地解释词义,而且便于读者理解和使用,达到掌握规律,举一反三,以简驭繁的效果。

(原载《河北学刊》1999 年第 6 期)

论语素的大小与层级、融合与变异

提要:语素不仅是语法形式的底层,也是语义结构的底层,语素在语义学,特别是汉语词汇学研究中占有极其重要的位置。而目前人们对语素自身的性质、特征的认识及对其功能与变化的分析,还相当笼统与朦胧。语素分析是区分汉语中复音单纯词(主要是联绵词)与合成词(主要是复合词),以及认识合成词词义的关键。为了正确地进行语素分析,必须注意到以下两个方面:一是语素本身也存在一个大小、层次问题;二是语素在组合成复合词的过程中还存在一个融合与变异的问题。

一、论题的缘起

目前,语素理论虽然已经应用于汉语研究,但习惯上把它视为语法划分的底层单位。关于语素的定义,吕叔湘先生说:"最小的语法单位是语素,语素可以定义为'最小的语音语义结合体'。"[①]作为"最小的语音语义结合体"的语素,就其组合能力上讲,它是最小的语法单位;就其表义功能来说,它又是最小的语义载体。简言之,语素是语法单位,也是语义单位。语素义,是话语片段中不能再切分的最小的语义单位。从语法角度看,词的构成单位是语素;从语义角度看,词义的构成单位是语素义。所以我们说,语素不仅是语法形式的底层,也是语义结构的底层。语义的基础性研究,应当从语素开始。

　　语素在语义学,特别是汉语词汇学研究中占有极其重要的位置,但尚未引起人们足够的关注,对语素自身的性质、特征的认识及对其功能与变化的分析,还相当笼统与朦胧。比如,在汉语词汇研究中,用语素区分单纯词与合成词:"单纯词,由一个语素构成的词。""合成词,由两个或两个以上的语素组合而成的词。"[2]但实际情况却比这种说法复杂得多,就单纯词而言,联绵词(又称"联绵字"或"连绵字")属于单纯词,事实上很多公认的联绵词,从语源上说,也不是绝对不可分释的。如"狐疑"一词,固然可依王念孙之说,认为"狐疑与嫌疑一声之转"(王念孙《广雅疏证·释训》),但从语源上认为其源于"狐性多疑",也并非穿凿之说,连段玉裁也说:"《离骚》:'心犹豫而狐疑。'以犹豫二字貌其狐疑耳。"[3]又如"膏腴"为"肥沃"之义,而其双音词的意义也是由两个语素融合而成的。"膏"为"油脂、脂肪"义;"腴",依《说文》:"腹下肥者。"(据《段注》本)是指动物腹部的肥肉,也是"脂肪"之义。而"肥沃"正是"油脂"的引申之义。

　　同样,合成词方面,有些词义基本是构成语素意义的相加,如:"语言"、"购买"、"光明"、"身心"(身体和精神)、"简明"(简单明白)、"清凉"(清新凉爽),凭借语素义就可以理解和说明合成词的词义;而有些却与构成语素的意义相差较远,如:"消息"(音信;信息)、"无聊"(没有依靠和寄托)、"反坐"(把被诬告的罪名所应得的刑罚加在诬告人身上);有些甚至就语素的常规义难于组合成义,如:"救火"、"养病"等。同为合成词,词义与语素义之间关系的这种差异,也很难从目前的语素分析中得到说明。

　　面对这种情况,就不得不促使人们对语素自身的性质、特征及其在构词过程中的功能与变化做进一步的思考与研究。

二、语素的大小与层级

所谓"联绵词(字)",作为汉语中一种特殊的语言现象,在《诗经》《楚辞》及先秦诸子散文中已大量出现,并很早引起学者们的关注。自《尔雅》起的历代"雅书"中就有所辑录,自《毛诗故训传》起的历代训诂专书就作了不同方式与不同程度的说解,但并没有明确的称名与标准,一直到宋代张有在《复古编》中才提出"联绵字"这一名称,然而张有当时并未、也不可能给联绵字作出定义。此后,在探讨和说明这种语言现象时,学者们使用了不同的名称。明代方以智著《通雅》收录"謰语"三卷,并为"謰语"下了定义:"謰语者,双声相转而语謰娄也。《新书》有连语,依许氏加言焉。如崔嵬、澎湃,凡以声为形容,各随所读,亦无不可。"④虽与张有称说不同,所指范围大体相当。其后清代著名语言学者王念孙著《读书杂志》有"连语"一章,沿用此说,而含义与方氏有异。清代著名语言学者段玉裁在《说文解字注》一书中,对联绵词(字)问题作了相当全面的论述。他指出:连绵字合二字以成义,"凡连绵字不可分释"⑤,"古有以声不以义者,如犹豫双声,亦作犹与,亦作冘豫,皆迟疑之貌"⑥;"以音为用,制字日多"⑦,对联绵词(字)的语义、语音、用字特征作了细致的描绘,并得到学界的普遍认可。新中国建立以来,随着现代语言学理论的借鉴与运用,语素理论引入汉语词汇学的研究与教学领域,人们为了将联绵词(字)与普通的双音合成词相区别,将联绵词(字)说成是两个音节、一个语素的双音单纯词,最通行的表述体现在《辞海》对"联绵字"的释义之中:"联绵字,也作连绵字。指由两个音节联缀成义而不能分割的词。"⑧

为了搞清联绵词的语义结构,有必要从造词学的角度加以分析。汉语的双音词,主要有语法(包括词法、句法)造词、修辞造词和语音造词三大类。其中除单纯的"语音造词"所形成的双音词外,一般都是可以进行语义分析的。通常所谓的"联绵词",不外乎两个方面的来源:其中一类是单纯"语音造词"的,主要是取声定名的专用名词,如"布谷"、"蟋蟀"、"知了"等;以声状物的形容词,如"玲珑"、"逍遥"、"尴尬"等;外来音译词,如"月氏"、"伽蓝"、"浮屠"、"菩萨"等。另一类是语法、修辞造词的。这后一类,是在以单音词为主的古汉语的基础上逐渐发展起来的,虽然词义与字面意义已无直接联系,而其语义结构大抵是可以分析或探源的。如:"狐疑"、"狼藉"为主谓式,"寒暄"(意为"冷暖")、"沧桑"("沧海桑田"的缩略语,比喻世事的巨大变化)、"仓猝"为并列式,"螃蟹"(《埤雅》云:"蟹旁行,故里语谓之旁蟹。""旁"后类化作"螃")、"曲蟮"(本称"蟮",因其弯曲而行,故称之为"曲蟮")为偏正式。

事实上,对所谓"联绵词(字)",传统语言学上的理解与目前的《辞海》、各种论著和教材中所下的定义有很大差异。面对这种理论与实践上的矛盾,当今的语言学者采取了不同的态度,作出了不同的解释。

一种是维护成说。这是多数人所采取的态度。如黄宇鸿《从〈诗经〉看古代联绵词的成因及特点》一文:"联绵词既然是一种单纯词,那么它和同义合成词的性质完全不同。即使有一部分联绵词上下存在同义关系,分开训解似乎也讲得通,如《诗经》中的'辗转、曲局、跋涉'等,但它们并不等于两字意义的简单相加。如'辗转'指反复不定貌,不是简单的转动义。'曲局'是卷曲的样子,不是一般的弯曲。'跋涉'形容旅途辛苦,也不等于一般的跋山涉水。因此,不管是单纯式的联绵词,还是联合式的联绵词,都具有表义单一、不可分释的本质特征。任何分拆训释联绵词的做法都是错误的。"⑨

一种是另起炉灶。如陈瑞衡《当今"连绵字":传统名称的"挪用"》一文:"当今一般的古代汉语和现代汉语教材或专著,都把联绵字(或称'联绵词')界定为双音节单纯词。同时,不少研究者认为,这种界定为单纯词的联绵字(词),即高邮王念孙所说的'连语之字',即海宁王国维所说的古之联绵字。其实,对于联绵字的这种界说和解释,与传统语文学家的联绵字观念是大相径庭的。可以说,这只是一种名称的'挪用'。""也可以说,传统观念的联绵字是一个与单音节词相区别的词汇系统。这就可见,当今界定为双音节单纯词的'联绵字(词)'同传统观念的'联绵字',只是两个内涵和外延都不同的相同的名称。"⑩李运富《是误解不是"挪用"——兼谈古今联绵字观念上的差异》一文进一步指出:"王念孙的'连语'不等于传统的'联绵字',而传统的'联绵字'也不等于今天的双音节'单纯词',它们本是处于不同体系中的不同概念,今人混为一谈,完全是出于误解。"⑪这些学者实事求是地提出质疑的精神,是非常可贵的,但有关连绵词(字)问题在理论与实际上的矛盾与分歧尚未得到解决。

目前关于联绵词的定义和已有联绵词典的收词,不仅自相矛盾,而且与人们约定俗成的对联绵词范畴的理解,出入很大。理论观点的绝对化与语言现实的复杂性,使人们不得不对这一问题作新的思考。因而有必要重新明确联绵词的义界,给它下一个更为合乎语言运用实际的较为确切的定义。我们认为,确定一个双音词所含"语素",是划分联绵词的关键。吕叔湘先生说:"语素可以定义为'最小的语音语义结合体'。""有很多双音节,里边是两个语素还是一个语素可以讨论,例如'含胡'(比较含混,胡涂),'什么'(比较这么,那么,怎么)。这是语素大小问题。"⑫联绵词应当是包含一个语素的双音词,但是,语素本身也存在一个大小、层次问题。汉语的语素,单音节的多,也有双音节的,如"疙瘩"、"逍遥",还有三个音节以上的,如"巧克力"、"奥林匹克",大多是音译词,这是语素的大小问题。至于那种"里边是两个语素还是一个语素可以讨论"的双音节词,往往是两个原始的单音节语素凝结而成的不可分释的新的双音节语素,由于后者是由前者生成的,二者处于不同的层次,这里就不仅是语素的大小问题,还存在一个层级的问题。因此,语言中的联绵词,不仅指两个音节联缀成义而不能分割的词,还应包括两个原始语素在长期组合中凝结成一个新语素,并且语义发生重大转化的双音词。依照上述标准,崔嵬、澎湃、嵯峨、觳觫等,这是两个音节联缀成义的词,是联绵词;狐疑、膏腴、含胡、什么等,这是两个原始语素凝结成一个新语素、并且语义发生了重大转化的词,也应视为联绵词。

当然,正如吕叔湘先生所说:"有很多双音词,里边是两个语素还是一个语素可以讨论。"[13]在具体语言中,联绵词和非联绵词之间不能截然地划界,要作具体分析,但区分的原则是可以明确的。既要坚持现代语言学划分单纯词与合成词的科学标准,又要面对和正视汉语复音词,特别是联绵词(字)所形成的语言现实的复杂性,就必须注意到"语素"本身也有一个大小与层级的问题。如果复音词的语素义能够直接体现词义,语素义与词义具有"表层"的联系,应视为合成词;如果语素义不能够直接体现词义,构词的语素已经融合成一个整体,语素义与词义仅仅有"深层(或语源)"上的联系,如那些字面意义隐没的所谓"联绵词(字)",应视为单纯词。

三、语素的融合与变异

目前的语素分析,合成词(主要指复音词)中词义与语素义的种种复杂情况也未能得到恰当的说明:为什么有些复合词的词义基本是构成语素意义的相加,而有些却与构成语素的意义相差甚远?问题的核心还是对语素的认识——语素不仅有一个"大小与层级"问题,并且还存在一个"融合与变异"的问题。

词组或句子只有当它紧缩和凝结成一个整体意义的时候,才能成为词;因而,同一语素,其独立成词与构成双音复合词时的表义功能,也总会有或明或暗、或大或小的变化。我们必须同时认识这种联系与变化,才能比较全面、准确地利用语素来理解和说明双音复合词的词义。复合词词义与语素义的关系及其深层机制的探讨,是汉语词汇学研究面临的一个重要而复杂的课题,本文择其要者做一些探索性的说明。

首先,复合词在语素义超常搭配时的融合互补:

如现代汉语中,"救火"、"养病"等词语,语素"救"、"养"按现代汉语中的常用意义("救":拯救、援助";养:"养护、休养")理解,很难说解双音词的词义。因此,有些人就从古书中寻找依据。《说文》:"救,止也。从攴,求声。""救火"即"止火"。《周礼·天官·疾医》:"以五味、五谷、五药养其病。"郑玄注:"养犹治也。"《礼记·射义》:"酒所以养老也,所以养病也。""养病"即"治病"。[14]这里,通过对语义的历时考察说解词语的做法是有一定道理的,也有一定意义,但并不到位。这里的"救"绝不简单地等于"止","养"也绝不能等同于"治","救火"与"止火"、"养病"与"治病"都不是等义词。实际上复合词的两个语素,在语义超常搭配时会影响意义的变化,使其在语义上融合互补。"救火"之"救",在这里既不是单纯"拯救、援助"义,也非单纯"制止"义——而是双重义:"救火"义为"灭火使免于灾难"。《现代汉语词典》(下文简称《现汉》)将"救火"释为"在失火现场进行灭火和救护工作",应当说是有意或无意地说明了这种双重义。"养病"之"养",在这里既不是单纯的"休养"义,也不是单纯指的"医治、治疗"义——而是"通过休养来治病"。《现汉》将"养病"释为"因患病而休养",理解成特殊的动宾关系(宾语表原因),是不符合语义表达的实际的,"养病"作为动宾式的复合词,宾位的语素"病"意在说明行为的对象,而不是说明行为的原因。此外,《现汉》中将"养兵"释义为"指供养和训练士兵",而不是简单地解释为"供养士兵",也同样体现了复合词语素在搭配中形成的语义的双重性。事实上,古汉语中作"制止、阻止"讲的"救",一般用于"制止"或"阻止"走向邪恶(如:《周礼·地官·司救》:"司救掌万民之邪恶过失,而诛让之,以礼防禁而救之。"《晋书·刑法志》:"原先王之造刑也……所以救奸,所以当罪。"),本身就隐含着"拯救"义,在"救火"、"救灾"等语境中显现出来是很自然的。至于"养"有"医治"义,更是情理中事,俗话说,人有病"三分靠治,七分靠养","养"与"治"在"养病"一语中的语义是可以沟通的。因此,我们绝不能简单地用古书的注解与传统语文字(词)典的笼统释义来说明现代汉语中词语的意义,而必须在具体语境中仔细比较辨析。比如在"上午去医院看病"与"这些天住院养病"两个句子中,"看病"、"养病"笼统地说均可以讲作"治病",但它们本身却不能互换:"养病"义为"调养医治";"看病"义为"诊断治疗"(并且二者隐含的"时间长短"也不同)。

其次是在特定的"语法—语义"结构中语素义的变异:

汉语复合词中的两个语素,不仅彼此语义的融合会造成语素意义的变化,而且复合词特定的"语法—语义"结构也会使语素的意义发生变异。

其一,语素在复音词组合的特定的语境中形成一种既与基本意义相关、又有复杂变化的特定意义。如:

吃力——费力。"吃"为"耗费"义。

吃惊——受惊。"吃"为"受,承受"义。

拔海——超出平均海水面做标准的高度。"拔"为"高出,超出"义。

拔俗——超脱世俗。"拔"为"超脱,脱离"义。

其二,语法结构相同而深层的语义结构不同所造成的语素意义的变化。如:

在以下一组相关复合词中,"电"同处偏正式复合词的偏位,而由于深层语义结构不同,"电"的语素义发生了不同的变异:

电波——"电"为常规义:电本身。

电池——"电"为"生电"义。

电车——"电"为"用电"义。

电学——"电"为"以电为研究对象"义。

在以下一组相关复合词中,"铁"、"公"、"水"同处偏正式复合词的偏位,而由于深层语义结构不同,各自向不同方向发生变异:

铁路——"铁"为"以铁轨为材料"义。

公路——"公"为"公共使用"义。

水路——"水"为"水上交通"义。

三是同义(近义)语素"连文"时语义的融合与变迁:

同义连文,是指古文中若干意义相同或相近的字并列连用的行文现象,是古汉语中一种普遍而重要的语言现象。古人对这一语言现象早已有所认识,清代语言学者对此有专门的研究,著有不少专论。顾炎武称之为"重言":"古经也有重言之者,《书》(即《尚书》)'自朝至于日中昃,不遑暇食',遑即暇也……"(见《日知录》卷二十四"重言")高邮王氏父子称之为"连语":"凡连语之字,皆上下同义,不可分训"(见《读书杂志》汉书第十六"连语");"经传平列两字上下同义"(《经义述闻·通说下》)。俞樾在《古书疑义举例》中把它列为注家易误的情况之一来加以讨论(见《古书疑义举例》卷四"语词复用例"、卷七"两字一义而误解例")。清代训诂学者利用同义连文这一规律,避免望文生训,解决了不少古籍阅读中的实际问题。但是,语言学者用这种"某即某也"的方法说解文献具体上下文中的文义,有时是可以的,但用于说解复合词的词义,恐怕是很难行得通的。如《史记·万石张叔列传》:"万石君以元朔五年中卒。长子郎中令建哭泣哀思,扶杖乃能行。"其中"哀思"一词,北京大学中国文学史教研室选注的《两汉文学史参考资料》注为"哀念"。郭在贻先生认为这里对于"思"字的训释是错的,指出:"在这段文章中,哀思与哭泣相对成文,都是同义复词,思也是哀的意思。思字古有悲、哀、忧、伤之义"。又如《汉书·元后传第六十八》："上乃下诏曰：'……新都侯莽忧劳国家，执义坚固，庶几与为治。'"郭先生注释曰："'忧劳'一词旧无注。今按忧劳为同义复词，劳亦忧也。……《淮南子·氾论训》：'当此之时，一馈而十起，一沐而三捉发，以劳天下之民。'高诱注：'劳犹忧也。'又本书《谷永传》：'捐燕私之间，以劳天下。'师古注：'劳，忧也。'"（《训诂丛稿》，上海古籍出版社1985年版）作为训诂大家，郭先生对古书疑难问题的说解有独到之处。在"哀思"、"忧劳"等词中，由于复音词所含语素义融合的结果，在特定语境中，说"思"有"哀"义、"劳"有"忧"义是对的。但如果由此就简单地认为"哀思"等于"哀"、"忧劳"等于"忧"，并且推而广之，把它移用于汉语语文辞书的词义说解，恐怕是让人难于接受的。实际上，由相近、相关语素组合的复音词，由于语素义的彼此融合，二者语义相通是正常的，但绝不能认为复合词的词义简单地等同于其中某一个语素的意义。就复合词整体的意义来说，一般是构成各语素意义的组合或融合，这也正是汉语在复音化的过程中，词义复杂化、丰富化的原因。值得注意的是，传统训诂学习惯用古书中的"互文"、"对文"贯通文义或考求词义。我们认为，文献中处于"互文"、"对文"位置的词语，往往是语义相近或相关，并不一定完全相同（而且，词汇发展史的研究告诉人们，就同一时代、同一语体的语言来说，真正的等义词是极少的），凭借它来贯通文义大抵是可以的，而依靠它来考求词义却是靠不住的。

附 注

①见吕叔湘《汉语语法分析问题》，商务印书馆1979年版。
②大辞海编辑委员会编《大辞海·语言学卷》，上海辞书出版社2003年版。
③《段注》十篇上"犹"条注，上海古籍出版社1981年版，477页。

④方以智《通雅·释诂·諕语·小序》,中华书局 1990 年版。
⑤《段注》十三篇上"𫟒"条注,上海古籍出版社 1981 年版,658 页。
⑥同③。
⑦《段注》七篇上"旖"条注,上海古籍出版社 1981 年版,311 页。
⑧《辞海》,上海辞书出版社 1999 年版。
⑨见《河南师范大学学报》1999 年第 6 期。
⑩见《中国语文》1989 年第 4 期。
⑪见《中国语文》1991 年第 5 期。
⑫同①。
⑬同①。
⑭参见陈明娥《"养病"正解》,《汉语学习》2003 年第 2 期。

参考文献

大辞海编辑委员会　2003　《大辞海·语言学卷》,上海辞书出版社。
董性茂　贾齐华　1997　《联绵词成因推源》,《古汉语研究》第 1 期。
关　童　1995　《联绵词名义再认识》,《浙江大学学报》第 6 期。
吕叔湘　1979　《汉语语法分析问题》,商务印书馆。
苏宝荣　1990　《试论联绵词典的编写体例》,《辞书研究》第 1 期。
吴泽顺　2004　《联绵词的构词特点及音转规律》,《湖南社会科学》第 2 期。
徐天云　2000　《联绵词研究的历史观与非历史观》,《古汉语研究》第 2 期。
袁雪梅　1998　《试评方以智对"諕语"及联绵词的研究》,《四川师范大学学报》第 3 期。
中国社会科学院语言研究所词典编辑室　2005　《现代汉语词典》(第 5 版),商务印书馆。
周玉秀　1994　《联绵词的构成与音转试探》,《西北师大学报》第 4 期。

(原载《中国语文》2007 年第 3 期)

词的表层"所指义"与
深层"隐含义"

目前,在汉语词义研究和辞书编纂中,人们往往从逻辑学的观点,指出词义具体与概括的两重性。从语言与思维的一致性说来,这是对的;但是,从语言与思维的矛盾性和区别性说来,这种分析又是很不够的。

语言中的词是表达概念的,但词义与概念又是不能等同的。概念是说明对象的实质并把人们对它的全部认识确定下来;而词义并不是把人们关于对象的全部认识一览无余地总括起来,只是使人们把一些对象和另一些对象区别开来。词义的这种特殊性,决定了词的表义形式的多样性,从而也就要求辞书释义方法的多样性。

一、从释义的矛盾性看词义的层次性

众所周知,我国古代的《尔雅》、《广雅》等一类"雅书",具有同义词词典的性质。但它们的"同义"概念与我们通常所谓的"同义"是很不相同的。如《尔雅·释诂》首条:

"初、哉、首、基、肇、祖、元、胎、俶、落、权舆,始也。"

依照段玉裁《说文解字注》的说解,它们的本义是有很大不同的:"《尔雅》首条:'初'为衣之始;'哉'为'才'之假借字,'才'者草木之初;'首'为人体之始;'基'为墙始;'肇'为'肁'之假借,'肁'者,始开;'祖'

为始庙;'元'为始;'胎'为妇孕三月;'俶'为始也;'落'之为始,义以反而成;'权舆'之为始,盖古语。"(《说文叙·注》)

考察它们在古代文献中的常用词义,"首"、"基"、"祖"、"胎"、"落"并不表示时间,而是各自有其特定的"所指";"初"、"哉"(即"才")、"元"等虽均用为"始"义,但其意义范畴和使用条件也不尽相同。"初"的基本词义是用以追述往事,作"当初"解。例如:"初,宣子田于首山。"(《左传·宣公二年》)"才"的基本词义是"刚刚"、"方才"。如:"才小富贵,便豫人家事。"(《晋书·谢混传》)"元"的本义为"人头",其作"始"解,有"为首"、"第一"之义。如:"元恶不待教而诛。"(《荀子·王制》)"元年者何?君之始年也。"(《公羊传·隐公元年》)

清代学者王念孙、段玉裁等人发挥了前人的这一"同义"说。如《广雅疏证·释诂》:"道、天、地……般……大也"条说:

"般者,《方言》:般,大也。……《大学》:'心广体胖'。郑注云:胖,犹大也。……《说文》:幋,覆衣大巾也。鞶,大带也。……磐,大石也,义并与般同。《说文》:伴,大貌。伴与般亦声近义同。"(卷一上)

《说文》:"㸰,白牛也。"

《段注》:"白部曰:雀,鸟之白也。此同声同义。"(二篇上)

"幋"、"鞶"、"磐"、"胖"、"伴"等词,《说文》和古代文献中各有具体的词义说解,王念孙为什么说它们"义并与般同";"白牛"与"白鸟"从其词义"所指"来说本风马牛不相及,段玉裁为什么说它们"同声同义"呢?

古代字典、辞书释义的矛盾,启发人们思考一个问题:古人的所谓"同义",是有其不同的意义范畴的:一是词直接指识的意义——词的表层"所指义";一是词内部蕴藏的意义——词的深层"隐含义",即词所表示的某一对象区别于其他对象的特征,是词高度抽象、升华后所体现出来的意义。

王念孙的《广雅疏证》对词的表层"所指义"与深层"隐含义"有过十

分精辟的分析。如《广雅疏证·释诂》:"……刉、刐,屠也"条下说:

"刉者,《说文》:刉,刺也。……《说文》:刐,判也。…… 以手抠物谓之撘,亦谓之挎……两股间谓之奎,亦谓之胯。《说文》:奎,两髀之间也。……凡与刉、刐二字声相近,皆中空之意也。"

这里,王念孙所指出的"刉,刺也"、"刐,判也"、"以手抠物谓之撘(挎)"、"两股间谓之奎(胯)",正是词直接体现出来的表层"所指义",而上述诸词"皆中空之意"的说解,则是揭示了词深层的"隐含义"。

我们知道,汉语的词是义、音结合的统一体;而义、音结合的词,又是通过一定的书写形式(汉字)体现出来的。因此,词音和词形(汉字),都是表达词义的手段。但二者表达词义的方式是不同的:汉语的词形(汉字)是具体的,并且是形式多样的,没有确定的限额;而汉语的词音是抽象的,并且音节结构是有限的(据统计,现代汉语普通话的音节,把四声的区别包括在内,也仅有一千三百多个)。词形和词音的不同特征,决定了它们表达词义的不同途径:词的表层"所指义"是具体的,用以表现人们认识对象的实体,因而往往托于"形";而词的深层"隐含义"是抽象的,体现了人们关于认识对象的主观感受,因而往往寓于"音"。段玉裁《说文注》对词义的说解,非常清晰地体现了词义与音、形的这种联系:《说文》原书以五百四十部为"经","分别部居","据形系联",同部之内,以义相属,它所归纳的"同义词"往往是指表层"所指义"上的"同义";《段注》以古韵十七部为"经",因声求义,以音相贯,它所揭示的"同义词"往往指深层"隐含义"上的"同义"。如《说文》"见部"收有数十个与"见"义有关的词,现列举数例:

覰 《说文》:"大视也。"《段注》:"目部曰:瞏,大目也,故覰为大视。"

覢 《说文》:"小见也。"《段注》:"如溟之为小雨,皆於冥取意。《释言》曰:冥,幼也。"

覯 《说文》:"遇见也。"《段注》:"覯与遇叠韵。辵部曰:遘,遇也。

觀从见则为逢遇之见。"(以上均见八篇下)

"覒"、"覢"、"覲"等在"见"这个具体"所指义"上,它们是同(近)义词,《说文》将它们排列在一起。而《段注》以语言材料为依据,从语言线索分别揭示了它们深层的"隐含义",并且举出其在深层"隐含义"上的同(近)义词。《说文》与《段注》对这些字(词)的说解,可以下面的图表来体现:

$$\text{《说文》所讲"所指义(见)"} \begin{cases} 覒—暖 \to \text{"大"义} \\ 覢—溟—冥 \to \text{"小(幼)"义} \\ 覲—遭 \to \text{"遇"义} \end{cases} \text{《段注》所揭示"隐含义"}$$
（托于形）   （寓于音）

从这个示意图中,我们可以清楚地看到:词的表层"所指义"往往是与词的形体密切相关的,而词的深层"隐含义"往往是同词的读音紧紧相连的。我国古代的语言学者,已经自觉或不自觉地使用释音和析形这样不同的手段,从两个不同的角度或层次,对词义进行了说解,对同义词进行了归纳。

二、掌握词的"所指义"与"隐含义"的联系,力求辞书释义方法的多样性

词义的层次性,既表现为事物命名的多样性,又形成了释义方法的多样性。

章太炎在《国故论衡·语言缘起说》中指出:"物名必有由起","一'实'之名,必与其'德'若与其'业'相丽","失此三事(指实、德、业)不足明毛公微意(指毛亨对《诗经》词义的说解)"。这里的"名",就是我们今天所说的"词";"实"即词所指称的具体对象,也就是我们上面所讲的"所指义";"德"和"业"指对象所具备的"品格"和"功用",二者都是指对象所具备的特征,都是隐含在词义之中的,即上面我们所说的深层义。

认识词的表层"所指义"与深层"隐含义"的两重关系,对于说解词义、特别是理解古代文献的词义是非常重要的。

首先,我们要认识词"命名"之义的多样性。这种"命名"之义的多样性,在语言的古今变化中表现得更为清楚。如:人们对"年"的意义,有不同的称谓。《尔雅·释天》:"夏曰岁,商曰祀,周曰年,唐虞曰载。"其中"年"、"岁"、"载"三种名称沿用至今。其实,这四个词的"所指义"是相同的,用今天的科学术语来表示,都是指"地球绕太阳一周的时间"。而古人所以给它以不同的称谓,是因为"命名"的深层义不同。依照前人的说解:"岁"是由夏代以"岁星纪年"而命名。"祀"是由祭祀而命名。商人信鬼,很重视祭祀,而大的祭祀是以"年"作周期的。"年",依《说文》:"谷孰(熟)也。从禾千声。"本来是指谷物成熟一次。古代生产力水平低,农作物一年一熟;而周代人又非常重视农业,故用谷物成熟一次作为一年的标志。"载"为"才"之借字,"才",依《说文》:"草木之初也。"唐尧虞舜时代,汉民族尚处于游牧为主的阶段,习惯上用草木的生长(一荣一枯)作为纪年的标志。

这种"命名"之义的多样性,必然导致人们说解词义方法的多样性。传统训诂学上所谓的"实、德、业"三品说,正是反映了前人说解词义的三种不同的角度或方法。如:

"月,阙也。"(《说文》七篇上)——月亮有圆有阙,但以阙为常。

"裔,末也。"(《方言》第十三)——"衣裾"下垂,为衣之末端。

以上是从词所表示对象的特征来说解词义的,即传统训诂学上所谓"德"的释义方法。

"水,准也。"(《说文》十一篇上)——水面平,可以作为准则。

"口,人所以言食也。"(《说文》二篇上)

以上是从词所表示对象的功用上来说解词义的,即传统训诂学上所谓"业"的释义方法。

"裔,衣裾也。"(《说文》八篇上)

"吻,口边也。"(《说文》二篇上)

以上是从词所表示对象的实体来说解词义的,即传统训诂学所谓"实"的释义方法。

用我们今天的术语来表达,前两种情况(德、业)就是用揭示深层"隐含义"的方法来说解词义,第三种情况(实)就是用说明表层"所指义"的方法来解释词义。

认识词的表层"所指义"与深层"隐含义"的关系,对于推动汉语的词义研究,改进字典、词典的编写工作,都有着十分重要的意义。作为字典、词典,一般地说,应当首先准确地概括出词的"所指义",从而引导人们准确地、全面地了解词义;同时,也应当注意揭示词的深层义,从而帮助读者形象地认识词义,加深理解,方便记忆。如:

冬《说文》:"四时尽也。"(十一篇上)

《释名·释天》:"终也,物终成也。"

同一"冬"字(词),《说文》把它作为一种自然现象来解释,说明的是它的表层"所指义";《释名》从它的词义特征上来解释,揭示的是词的深层"隐含义"。

认识词的表层"所指义"与深层"隐含义"的两重性,还可以帮助我们了解词义之间的复杂关系,准确、深入地比较和说明词义。如:

啾《说文》:"小儿声也。"

喤《说文》:"小儿声。"(均见二篇上)

《说文》所说明的是它们的表层"所指义"。从"所指义"上看,它们都是用来形容小儿啼哭的象声词,二者是同义(或近义)词。段玉裁注解说:"啾谓小儿小声,喤谓小儿大声也。"《段注》是依据其二者得声的不同来说明它们的词义区别的(《段注》十四篇上"锽"条注:"皇,大也,故声之大字多从皇。")因而,从"啾"、"喤"两词的深层"隐含义"来说,它们又是反义词:"啾"指小声,"嚷"指大声。

三、揭示词的深层"隐含义",
借以贯穿和把握词义系统

我国传统的词汇研究和辞书编纂历来非常重视掌握词的本义,把它作为把握整个词义的中心环节。但是,在考察词义引申系列的时候,我们发现,除少数纯粹属于词义范围变化的引申(如"脸"由指"两颊"到指"面",是词的"所指义"的扩大;"金"由"金属通称"到专指"黄金",是词的"所指义"的缩小)外,多数词义的引申发展,不是由它的表层"所指义"直接完成的,而是以词的深层"隐含义"为线索的。如:

鼻《说文》四篇上:"引气自畀也。从自畀。"
《汉语大字典》:"①人和动物呼吸并嗅觉的器官。……⑥创始,开端。《方言》卷十三:'鼻,始也。兽之初生谓之鼻,人之初生谓之首。'……《汉书·扬雄传》:'有周氏之婵嫣兮,或鼻祖于汾隅。'颜师古注:'雄自言系出周氏,而食采於扬,故云始祖於汾隅也。'""鼻祖"即为"始祖","鼻"为"开始,开端"义。义项①为"鼻"的本义,义项⑥为其引申义。而义项⑥("开始,开端")这一引申义,不是从"鼻"的表层"所指义"直接引申出来的,而是从"鼻"的深层"隐含义"("兽之初生谓之鼻"),即"兽类出生时是鼻子首先生出来"这一语义特征引发出来的。

酷《说文》十四篇下:"酒厚味也。从酉,告声。"
   《古汉语常用字字典》:"①酒味浓,香气浓。(引)程度深的,甚,很。②残酷,残暴。"

从《说文》和《古汉语常用字字典》的释义中,我们知道,"酷"的本义是"酒味浓","程度深"(即"很")、"残酷"是其引申义。而这一引申义,也不是从其表层"所指义"的延伸,而是从其隐含的词义特征——"浓

(厚)"义发展出来的。

> 乘(音 shèng)：①一车四马的总称。《左传·隐公元年》："缮甲兵,具卒乘。"……⑤四。《字汇·丿部》："乘,四数曰乘。"《诗·小雅·鸳鸯》："乘马在厩,摧之秣之。"陆德明释文："乘马,四马也。"《礼记·少仪》："其以乘壶酒、束脩、一犬赐人。"郑玄注："乘壶,四壶也。"……(《汉语大字典》)

"乘"(shèng)的"四"义在古书中常见。又如：《左传·僖公三十三年》："郑商人弦高将市于周,遇之,以乘韦先,牛十二,犒师。""乘韦"指"四张熟牛皮"。"韦"为"熟皮,皮革"之义,"乘"为"四"义。义项①("一车四马的总称")是"乘"(shèng)的基本意义,在词义发展中,这一基本意义隐含的语义特征——"四"成为一个独立的义项(即义项⑥)。

因而在词义的引申发展中就出现这样一种常见的情况："所指义(甲)"变为"所指义(乙)",但"所指义(乙)"并不是由"所指义(甲)"直接引申出来的,而是由"所指义(甲)"的深层"隐含义"引申出来的,词义的引申经历了"所指义(甲)"——→"隐含义"——→"所指义(乙)"的过程。

因此,在从本义出发把握词义系统的时候,应当对词的本义加以分析,认识其自身的层次性,既要搞清它的具体所指——词的表层"所指义",又要揭示它的内在蕴含——词的深层"隐含义"。例如：

> 节《说文》："竹约也。"(五篇上)

"节"的本义是"竹约"(即"竹节"),这是词的"所指义"。那么,它又有哪些深层"隐含义"呢?

其一是"缠束"义。正如《段注》所指出的："约,缠束也,竹节如缠束之状。"(五篇上)竹节是缠绕着竹枝的,因而隐含着"缠绕、约束"之义。

其二是"分段"之义。竹节不仅是呈"缠绕、约束"之状,而且每一节都有大体匀称的间隔,又隐含着"成节、成段"之义。

从"节"的"缠束"这一"隐含义"出发,引申出如下的"所指义"：

(1)表现在生活上,有"节约、节俭"义;

(2)表现在待人接物上,则有"礼节"义;

(3)表现在社会政治上,则有"节度"义;

(4)表现在道德方面,则有"气节"、"贞节"义。

从"节"的"分段"这一"隐含义"出发,又引申出如下的"所指义":

(5)用于动物,有"骨节"义;

(6)用于时间,则有"时节"、"节气"、"节日"义;

(7)用于音乐,则有"节奏"、"节拍"义;

(8)用于文章,则有"章节"义。

以上所列"节"的引申义项,仅是举例性质。从上面的分析中可以看到,由于一个词所隐含的词义特征往往不止一个,这就形成了词的深层义引申的多向性。

(原载《河北师范大学学报》1987年第2期)

论"语境"的三个层面

——"语境"理论从传统到现代的发展

提要：我国古代训诂学中很早就注意到"语境"的作用,但主要是在"上下文"的语义关系中考求词义。近现代语言研究注意到语境的两个方面,即由语言因素构成的"上下文"(狭义语境)与由非语言因素构成的"情景的上下文"(广义语境)。事实上语言因素构成的"上下文"是包括语义、语法两个层面的,而"情景的上下文"则属于语用(或交际)层面。所以"语境"研究应当包括语义、语法、语用三个层面。

一、传统"语境"理论研究的回顾

在我国传统语言研究中,"语境"研究渊源很早。历代训诂学家非常注意用具体的语言材料说明词义。以《尔雅》、《方言》为代表的我国古代通释语词意义的专著,就是在汇集古书注解和人们丰富的口头语言材料的基础上编写而成的。自《说文》以来,我国历代的字典、词典也非常注意引用书证。在训诂学上作出巨大成就的清代学者,更是把"旁征博引"、"信而有征"作为他们治学的基础。汉语缺少形态,语境在汉语研究中尤为重要。我国传统的语言研究非常重视语境在语义(主要是词义)研究中的作用。段玉裁的弟子陈焕在《说文注·跋》中说:"闻诸先生曰:昔东原之师言,仆之学,不外以字考经,以经考字。余之注《说文解字》也,盖窃取此二语而已。""以字考经,以经考字"这八个字概括了从戴震到段玉裁的治学方法,也体现了"字义"与"经义"互证,即利用语境(文献的上下文)进行语言研究的方法。清代学者段玉裁在《说文解字注》一书中,就反复强调字(词)义的说解有"隐括"(即概括)与"随文解之"的不同。[①]这里所说的"随文解之",即指词在特定语境中的意义。近代学者黄侃则发挥了段氏之说,进一步提出"说字之训诂与解文之训诂"的观点。[②]他所说的"解文之训诂",也就是对词在特定上下文(语境)中的意义的解释。

应当指出的是,传统训诂学中虽然很早就注意到"语境"的作用,但主要还是在"上下文"的语义关系中考求词义,还停留在对"语境"的"语义层面"的认识上。

在近现代语言研究中,"语境"成为国内外语言学者共同关注的问题,"语境"研究也取得了新的发展。他们凭借不同的语言材料、乃至不同的研究方法,却得出大体一致的结论,在这一方面,可以说是殊途同归。在国外语言学界,"语境"研究发端于伦敦功能学派,而研究最多的是与其一脉相承的社会语言学流派。伦敦功能学派的创始人波兰籍人类语言学家马里诺斯基(Malinowski)在1923年为奥格登(Ogden)等所著《意义的意义》一书所写的补录中,首次提出并说明了"语境"问题,指出:"话语和环境互相紧密地纠合在一起,语言环境对于理解语言来说是必不可少的。"[③]马里诺斯基的观点后来被英国语言学家弗斯继承和发展。1950年弗斯在他所写的《社会中的个性和语言》中,把语境分为由语言因素构成的"上下文"和由非语言因素构成的"情景的上下文"。转换生成语言大师乔姆斯基在他的转换生成理论中,也已经注意到了语境对语言的影响,并提出"语境自由"和"语境制约"等规则。[④]我国现代语言学者继承并发展了前人的研究成果,对"语境"问题作了较为全面的阐述。张志公主编《现代汉语》[⑤]一书中指出:"所谓语言环境,从比较小的范围来说,对语义的影响最直接的,是现实的语言环境,也就是说话和听话时的场合以及话的前言后语。此外,大至一个时代、社会的性质和特点,小至交际双方个人的情况,如文化教养、知识水平、生活经验、语言风格和方言基础等,也是一种语言环境。与现实的语言环境相对称,这两种语言环境可以称为广义的语言环境。"陈宗明在《逻辑与语境》⑥一文中,把语境分为"言辞语境"和"社会语境",他认为:言辞语境即是见之于言辞的口头语中的前言后语或书面语中的前后文;社会语境即是言辞以外的客观环境。前者是狭义语境,后者是广义语境。"语境",即语言环境,包括语言上下文和语言的社会文化背景。中外学者所谓"语言的上下文"实际是指"语境"的语义层面,所谓"情景的上下文(或社会语境)"实际是指语言的交际背景,即"语境"的语用(交际)层面。

随着语言发展中词语新的用法不断出现和词性标注进入语文辞书,语言学者加强了对词语功能的关注。语言中的词语总是同时处于语义和语法双重结构的制约之中,传统"语境"理论只关注"语义"、"语用",而没有关注词语所处的"语法结构",不能说不是一种缺憾,因而人们也就越来越感到传统"语境"理论的局限。

二、"语境"的"三个层面"说

传统语言研究注意到语境的两个方面,即由语言因素构成的"上下文"(狭义语境)与由非语言因素构成的"情景的上下文"(广义语境)。事实上语言因素构成的"上下文"是包括语义、语法两个层面的,而"情景的上下文"则属于语用(或交际)层面。所以"语境"研究应当包括语义、语法、语用三个层面。语境研究中关于"情景的上下文"(广义语境,即"语境"的语用层面),有关文章多有论述,这里我们重点就狭义语境的语义和语法层面的划分及其在汉语词义研究中的作用试作论述。

古代训诂学者也曾经注意到对词语的语法功能的说明。如《春秋》:"襄公二十年有五,吴子遏伐楚,门于巢卒。"《公羊传》:"门于巢卒者何?入门乎巢而卒。"这里,《公羊传》以"入门"释"门",说明"门"为动词。训诂著作中对句子结构进行语法分析的,就更为常见了。如《左传·文公元年》:"教之防利。"杜预注:"防恶兴利。"这里杜预注解一方面说明"防"、"利"为动词,而且指明二者为并列结构。但是,在语法学尚未产生的古代社会,人们是不可能从理论上认识这种语言现象的。

长期以来,在汉语词汇学研究与语文辞书编纂中,人们对词的本义(或基本意义)、发展演变形成的引申意义早有认识,近年来对词在语义搭配中体现的"语境义"(一般局限于语义层面)也关注较多。而对词在特定语法功能下(或"语法结构"中)所具有的意义,即词的功能义,由于其自身具有语义、语法的双重属性,尚没有引起人们足够的重视。通过对大量汉语语文辞书和具体语料的考察,汉语词义的形成、变化,除了历时演变的因素外,就共时的角度来说,可能产生于语义关系,也可能产生于语法组合,更多的是二者兼而有之。这种产生于"语法组合"与"二者兼而有之"的词义,就体现了词的功能义。而这种功能义的提取,必须凭借词语所处的"语法结构",即"语境"中的语法层面。

汉语语义的研究主要是凭借语境,汉语功能义的揭示也主要是凭借语境。前者凭借的主要是语境的"语义层面",后者凭借的主要是语境的"语法层面"。

一是语境的语义层面(语义搭配关系)与词义:

这种在特定语义搭配关系中形成与显示的词义,在语言运用和语言研究中都是很值得注意的。如:

告 ① (把事情向人)陈述、解说:~诉|报~。

② (向国家行政司法机关)检举、控诉:~状|到法院去~

他。

③ (为了某事而)请求：~假。

④ 表明(某种态度或决定)：~辞|自~奋勇。

⑤ 宣布或表示(某种情况的实现)：~成。

对于这种在语义搭配关系中形成的词义,语文辞书释义时一般要提示它出现的语境：

严肃 ① (神情、气氛等)使人感到敬畏的。例：他的表情很~|会场的气氛很~。

② (作风、态度等)严格认真。例：~处理。

又如："美"可置于色彩、声音、味道、心灵等不同语境,在具体上下文中,可释为"艳丽美观"、"优美动听"、"鲜美可口"、"纯洁高尚"等,但这些不是词的基本的概括的词义,而是词在特定语义搭配中逐渐形成的具体意义。

词的这种语境中显示的意义,在以单音词为主、一词多义的情况相当突出的古代汉语中,表现尤为明显。如：

赊 ①"妙吹杨叶动悲笳,胡马迎风起恨~。"(唐郎士元《闻吹杨叶者》)

(此"赊"在句中释为"多"——指数量多)

②"北海虽~,扶摇可接。"(王勃《滕王阁序》)

(此"赊"在句中释为"远"——指空间远)

③"多难漂零岁月~,空余文墨旧生涯。"(王安石《和文叔溢浦见寄》)

(此"赊"在句中释为"久"——指时间久)

《说文》六篇下："赊,贳买也。"本指买物延期交款,即赊购。"赊"则有余,故转指数量"多"义；进而又从数量"多"转指空间"远"和时间"久"。这些释义都必须凭借特定的语境。

二是语境的语法层面(语法结构关系)与词义:

认识这种因功能变化所形成的词义,必须凭借词语所处的"语法结构"。如:

> 油 ①动植物体内所含的液态脂肪或矿产的碳氢化合物的混合液体:猪~|豆~|石~。
> ②用油(桐油、油漆等)涂抹:~窗户|~家具。
> ③油滑:~腔滑调|这个人太~,不易共事。

以上是目前汉语语文词典中为"油"所列的几个常见义项。语文辞书对"油"的上述义项的划分,主要不在于词汇意义自身,而是由于功能的变化。义项①是"油"的基本意义,一般在句中作主语、宾语,是名词;义项②是"油"作谓语,为动词时的释义方法。义项③是"油"作描写句的谓语,为形容词时的释义方法。

对缺乏显性形态的汉语来说,揭示词语所处语境的"语法层面"对于词义的研究至关重要。研究词语的功能义,重点是要认识语境的"语法层面"以及其同"语义层面"的相互关系。

> 背 ①[名]背部,躯干后面跟胸腹相对的部位:前胸后~|腹~受敌。
> ②[动]背部对着(与"向"相对):~山面水|~水一战|~着太阳站在那里。
> ③[形]偏僻:~街小胡同|他住的地方很~。
>
> 霸道 ①[名]指君主凭借武力、刑法、权势等进行统治的政策(与"王道"相对)。鲁迅《关于中国的两三件事》:"在中国的王道,看去虽然好像是和~对立的东西,其实却是兄弟。"
> ②[形]专横,蛮不讲理的。老舍《龙须沟》:"真~的,咱们不轻易放过去。"

上面"背"的三个义项,分别具有"名词""动词""形容词"的语法功能;"霸道"的两个义项,分别具有"名词""形容词"的语法功能。这些义项的显示和确认,是凭借具体的语言材料,即特定的"语境"来完成的。值得注意的是,这里的"语境",不仅是指上下文的语义关系,即语境的"语义层面",更主要的是词在句法结构中的位置,即语境的"语法层面"。

三、"语境"的"语法层面"与词语功能义的研究

由于汉语词汇没有"印欧语"那种显性的形态标志,因而在词汇、语法研究上都具有自身的特点。我们在长期研究汉语词义引申规则与词义的系统性时注意到,相当一部分词语的义位(义项)的形成不是语义自身延伸的结果,而是由功能变化形成的。这一点,汉语同西方语言很不相同:西方语言即使是关系非常密切的义位(义项),由于功能不同(分属于名词、动词或形容词),一般会词形不同,人们自然把它们看作不同的词。而汉语则不然,系联一个词各个不同义位(义项)的纽带是语义,对于一组词形相同、语义相关的义位(义项),我们很难因功能的区别将它们分为两个或几个词。虽然有些功能分化较远的可以作同形词处理,然而多数多义词的词义变化与功能变化是交叉的,并且这种变化的功能具有游移性,很难截然划分为不同的词。

这种功能引起的词义变化,可以分为常规功能义(如上所引"背"的义项①)与非常规功能义(如"背"的义项②和③)。词语的常规功能义,是该词语的典型语法形态下的意义,在语言的使用中是经常出现的,为人们,特别是母语的使用者所熟悉;词语的非常规功能义是词义理解、研究与释义的难点,而且处于动态的发展变化之中。研究词语的功能义,重点是认识词语在非常规功能下意义的变化。

汉语中实词的三大类别,即名词、动词和形容词,是多功能的;但每类词语在言语实践中有其基本意义和形式表现,是该类词语在典型语法形态下表现出的常规功能的意义。汉语的词类与句子成分虽然不是简单地一一对应的,但毕竟存在着一定程度的对应,这就体现了词语的常规功能。而语言自身的丰富性以及特殊表达的需要,也使词语有时会偏离它的基本功能,出现偏移用法,即在非典型语法形态下表现出非常规功能的意义。这种非常规功能义,有时是偶然使用的临时用法,没有可能、也没有必要收入辞书;有时也相对稳定地在语言中反复出现,语文辞书对此就不能置之不理。对这种相对稳定的非常规功能义的认识和提取,就需要凭借其所处的"语法结构"。下面,分别作一简要的分析。

(一)名词的非常规功能义的提取:名词是表示人或事物的名称的词。汉语的名词一般不同副词组合,在句子中主要充当主语、宾语和定语。因此,如果名词出现在"副+名"的结构中,或处在状语、谓语(不包括判断句)的位置上,人们就可以凭借其所处的"语法结构"认识其功能与词义的变化,提取其非常规功能义。

首先看"副+名"结构中"名词"的功能与意义。如何认识"副+名"现象是语言学界多年争议,至今尚未取得一致意见的理论问题,本文对此不作专门的讨论。但新时期汉语中"程度副词+名"使用频率的增多却是一个不可否认的事实,这反映了名词在非典型语法形态下功能与意义的变化。如:

他很乐于助人,同志们夸他比雷锋还雷锋。
一个人处事要理智,不能太感情了。
她打扮得非常新派。

对于这类与程度副词组合的名词是否转化为形容词,语言理论上存在分歧,我们在此也不宜轻易作出结论,但在这种特定"语法结构"

中,原有名词的功能与意义都发生了明显的变化。具有指称功能的名词词义,可分为概念意义与性质意义两类[7],进入"副+名"结构中的名词,程度副词对名词中内涵的性质意义(又称为"描述性语义特征"或"性状特征")起凸现作用,而使其体现指称功能的概念意义弱化。程度副词是作为表层结构中语法手段的标志来表现名词深层的语义特征的。[8]

再看名词(或为名词性语素)作状语的情况:

瓜 ① 种~得~,种豆得豆。
② 帝国主义列强企图瓜分中国。

例句①所用为"瓜"的常规意义,释义为"葫芦科植物及其果实,如西瓜、黄瓜、倭瓜等";例句②所用为"瓜"的非常规意义,释义为"像瓜被切分一样"。

瓦 ① 上无片~,下无立锥之地。
② 在我军的猛烈攻势下,貌似强大的敌军土崩瓦解了。

例句①所用为"瓦"的常规意义,释义为"铺屋顶的建筑材料,多用黏土做成坯后烧成";例句②所用为"瓦"的非常规意义,释义为"像瓦被打碎一样"。

上面"瓜"在例句②与①中释义的区别,"瓦"在例句②与①中释义的区别,主要不是在词汇意义上,而是在功能上,"瓜"和"瓦"的第二个义项,分别体现了"瓜"与"瓦"用作状语时的释义方法,所释的为词语的功能义。

再看处于谓语(不包括判断句)位置上的名词。如:

车 ① 陆地上有轮子的交通运输工具:火~|汽~|马~。
② 利用轮轴旋转传动的工具或机器:纺~|风~|~床。
③ 用车床切削器物:~螺丝钉|~轴承。

这里,从"车"的义项①到义项②,为词义的扩大,主要是语义的延伸;而义项②(名词)到义项③(动词),则主要是功能的变化。义项③名词充当陈述句的谓语,就具有动词的功能与意义。

(二)动词非常规功能义的提取:动词是表示人的动作、行为或事物变化的词。汉语动词能够同副词组合,在句中主要的功能是作谓语。动词如果出现在主语或宾语的位置上,功能的变化往往要造成意义的变化,人们也就可以通过其所处"语法结构",认识它的非常规功能义。这种情况,突出表现为汉语动词的指称化,即通常所说的"名动词"的处理上。可分为两种类型:

第一类,谓词指称化后为"自指"的:

  研究 ①探求事物的真相、性质、规律等;考虑或商讨:~问题|~工作。

    ②研究的活动:进行专题~。

  学习 ①从阅读、听讲、研究、实践中获得知识或技能:~文化|~科学知识。

    ②学习的活动:~的敌人是自己的满足|改造我们的~。

同类的动词还有"分析""支持""斗争""选择""准备""调查""冲突""检查""检验""生产""管理""出版""训练""实习""影响""保证""改革""照顾""变化"等等。

第二类,谓词指称化后为"转指"的:

  编剧 ①创作剧本:这个电视剧由老王~,老陈执导。

    ②剧本的作者:电影《青春之歌》的~就是这本小说的作者。

"指称化"后转指动词的施事。

  穿戴 ①穿和戴,泛指打扮:她~得很时髦。

    ②指穿的和戴的衣帽、首饰等:一身好~。

"指称化"后转指动词的受事(即动词所表动作行为支配的对象)。

  同窗　①同在一个学校学习:~三载。

     ②同在一个学校学习的人:他是我旧日的~。

"指称化"后转指与事。

  救济　①用金钱或物资帮助灾区或生活困难的人:~难民。

     ②指用来帮助灾区或生活困难者的钱和物:向难民发~。

"指称化"后转指原动词的工具(或凭借)。

  这种动词指称化后表示"转指"的词很多,一般为转指与这个动词相关的施事(编辑、指挥、招待、裁判、校对、出纳、领队等)、受事(负担、贷款、存款、包席等)、与事(同学、同谋、同事等)、工具(补贴、扶手、靠背等)。这种"名动词"的"指称化"使其功能与意义发生了不同程度的变化,并具有相对的稳定性,而这种变化需要凭借词语所处的"语法结构"(主语或宾语的位置)得以显现。

  (三)形容词非常规功能义的提取:形容词是表示人或事物的状态、性质,或者动作、行为、变化的状态的词。汉语形容词可以同副词组合,常作谓语、定语、状语和补语。如果形容词出现在主语或宾语的位置或陈述句谓语的位置上,它的功能与意义也往往要发生变化。

  用在主语或宾语的位置,形容词就有了名词的功能与意义。如:

  自由　①不受拘束;不受限制:~参加|~发表意见。

     ②在法律规定的范围内,随自己意志活动的权利:婚姻~是每个公民的权利。

义项②例句中"自由"是处于主语的位置,体现了名词的功能与意义。

  危险　①艰危险恶,不安全:杨子荣只身入虎穴是非常~的。

     ②艰危险恶、不安全的情况或形势:工人们带电作业有~。

义项②例句中"危险"是处于宾语的位置,体现了名词的功能和意义。

用作陈述句的谓语,形容词就有了动词的功能与意义。如:

  冷 ①温度低(与"热"相对):寒~|~水|~饭。

    ②冷淡;不热情:~言~语|~面孔。

    ③比喻灰心或失望:~了兄弟们的心|他的心~了半截。

这里,从"冷"的义项①到义项②,是词义由专指到泛指的扩大,但就它们与义项③的区别而言,其不同主要不在于词汇意义,而是语法功能,即从形容词到动词的转变。

附　注

①见段玉裁《说文解字注》"彻"条注。
②见黄焯《文字声韵训诂笔记》,上海古籍出版社,1983年。
③见《国外语言学》1980年第3期。
④见日本学者西槇光正《语境的研究是一门重要的学问》,《语文研究》1990年第1期。
⑤见张志公主编《现代汉语》,人民教育出版社,1982年。
⑥见《逻辑学论丛》,中国社会科学出版社,1983年。
⑦参见谭景春《名形词类转变的语义基础及相关问题》,《中国语文》1998年第5期。
⑧参见卢福波《汉语名词功能转换的可能性及其语义特点》,《逻辑与语言学习》1992年第6期。

参考文献

吕叔湘 1979 《汉语语法分析问题》,商务印书馆。
姚振武 1996 《汉语谓词性成分名词化的原因及规律》,《中国语文》第1期。
朱德熙 1983 《自指和转指》,《方言》第1期。
朱德熙 1985 《语法答问》,商务印书馆。

[本文为国家社会科学基金项目"词的功能义研究与语文辞书编纂"(批准号:04BYY024)的阶段性成果之一]

（原载《中国语言学报》第十二期）

"义素"的分析和"语素"的切分

一、义素的分析及其载体——语素

语素的切分无疑给汉语语法研究带来了新的生机,而现行的义素理论却没有使语义的研究摆脱困境。义素是语义的"区别性特征",但这种"区别性特征",不应仅仅是对概念的离析,而应当是对语言自身的分析;不应当是凭主观认识的随意划分,而必须凭借一定的载体。

目前流行的从概念、逻辑上的义素分析,恐怕还不属于语言学上的语义划分,它还没有跳出哲学语义学的范畴。如把"母亲"分析为[+女性+直系亲属+长辈]三个义素(王德春《词汇学研究》,山东教育出版社);把"哥哥"分析成[(亲属)⟷(同胞关系)→(年长)+(男性)]四个义素;把"弟弟"分析成[(亲属)⟷(同胞关系)←(年长)+(男性)]四个义素(贾彦德《语义学导论》,北京大学出版社)。研究的实践逐渐向人们表明:语义同呈封闭状态、数量有限的语音系统不同,是开放型的。而现行的孤立的、概念离析式的义素分析,对于推动语义研究功效是不大的。它不仅带有主观随意性,也难以穷极词所包含的理性义素,对于形象义素和体验义素更是无从顾及。如"母亲"一词,在"祖国啊,我的母亲"这个句子中,"母亲"所表现出的意义是"可爱";"兄弟"一词,在"四海之内皆兄弟"的语境中,"兄弟"所表现出的意义是"友谊"。这些义素,恐怕都是现行的义素分析所不能揭示的。

虽说词义与概念都是客观事物或现象的抽象和概括,二者具有相互对应的关系;但它们却是不同范畴的东西,二者各自具有不同的特征。词义是语言中词的内容,概念是逻辑思维的单位。概念概括反映客观对象的全部本质属性,体现思维的全人类性;词是用来作为区别的符号,词义可以包括事物的全部本质特征,也可以只是事物的区别性特征。因此,词义同概念相比,其反映事物具有多角度、多层次的特点。其一是多角度,这就体现了语言的民族特征。如"火车"一词,作为概念,不同民族对它的认识应当是一致的,即是"一种重要的交通运输工具,由机车牵引若干节车厢或车皮在铁路上行驶"。但在不同的民族语言中命名的角度却有很大不同:汉语用"火"和"车"两个语素构词,意思是凭借火力运行的车;而英语用 train 表示,原意指的是一长串活动的物体。两种语言命名的角度和造词的意念不同。其二是多层次。概念只是对客观事物本质属性的概括,是理性认识的产物;而词义是人们对客观事物感性认识和理性认识综合的产物,既包括对客观事物本质的概括,也包括对客观事物形象的认识,还隐含人们对客观事物的主观感受和体验。概念的离析,只能认识词的概念(即理性)义素;而词义所特有的形象义素和体验义素是无法包容的。如"单身汉"一词,概念的离析,只能显示其理性义素,即[+生物 +人 +男性 +成年 +未婚]。而在具体语境中,该词则显示出"形象义素",如"快乐的单身汉","单身汉"含有"行为自由,没有牵挂"的义素;还可以显示出"体验义素",如一个青年男子告诉一个姑娘,"我是一个单身汉","单身汉"又隐含"自觉孤独,寻求恋人"的感受与要求,即"体验义素"。这种"形象义素"和"体验义素",对于语义研究来说,无疑是更重要的。无论是同义(近义)词的辨析、反义(对义)词的比较、同源词及相关词的系联,还是词义发展演变规律的探索,对词的形象义素和体验义素的认识,就某种意义上说,比认识词的概念(理性)义素更为重要。

另一方面,也不是所有的概念要素(即特征)都有充当语言义素的资格。概念可以独立存在,词义却不能不受语境的制约。如果对语境中不显示的概念要素加以区分,就超出了语义研究的范畴。这正如我们对没有区别语义特征的声音进行研究,也就超出了语音研究的范畴一样。

从上面的分析中可以看到,语言的义素分析要比概念的离析复杂得多。但是,它也并不是玄虚的、不可捉摸的东西。问题的关键在于实事求是地确定义素分析的依据,认识它的载体。目前的"义素"划分,无论从范畴上,还是层次上,都没有确定的标准,带有相当大的随意性,因而也就与意在把"语义研究的理论和方法科学化"(王德春《词汇学研究》)的初衷背道而驰了。打个形象的比方,用现行的"义素"理论分析词义,就好像人们试图用手把混在一起的铁屑和沙土分离开来,用刀分割大气中的氧和二氧化碳一样不可思议。词义是可以分析的,但分离的诸方必须附着于一定的载体。正如分离铁屑和沙土的载体是磁石,分离大气中氧和二氧化碳的载体是肺脏,分离义素的载体只能从与语义相关的领域去寻找。我认为,如同语义要以句子和词作为载体一样,义素的载体只能是语言中音义结合的最小单位——语素。

当前,一些关于"义素"理论的著作,极力把义素研究与语素研究割裂开来,使义素分析脱离了具体的语言,失去了客观依据。这种做法是不妥当的。诚然,义素和语素是不同范畴的语义划分:语素是语流中最小的包括意义的片断,是切分语流意义的产物;而义素不是自然的语言单位,是语义分析的结果。但是,正如对语言的静态描写离不开对语言的历史考察和解释一样,对义素的分析也必须依赖于对语流中最小的包含意义的片断——语素的考察和分析。事实上,人们所能感知的任何义素,也都是在语境(即语素的意义组合)中领悟的。否则,不仅对义素的分析无法进行,而且对整个词义的认识也无由得知。

总之，语言学上的"义素"是通过语素来体现、以语素为载体的，或者说，在语流中，义素附着于语素义。

二、语素的两重性及其对义素的显示性

目前，语素理论虽然已经应用于汉语研究，但习惯上把它视为语法划分的底层单位。因而人们往往着重探索语素在语流之中的活动能力，而对语素的表义功能却不大关心。这种对语素研究的传统偏见应当改变。

关于语素的定义，吕叔湘先生说："最小的语法单位是语素，语素可以定义为'最小的语音语义结合体'。"(《汉语语法分析问题》)作为"最小的语音语义结合体"的语素，不仅是最小的语法单位，也是最小的语义构成成分(义素)的载体。从语素的活动能力上讲，它是最小的语法单位；从语素的表义功能来说，它又是最小的语义载体。

我们认为，语法形式是语义结构的外部标志。语义与语法的关系，在某种意义上说，比语音更为密切。语义和语音的结合，一般说来，是约定俗成的；而语义同语法的关系，却不是任意的，是有理据可寻的。所以我们说，语素不仅是语法形式的底层，也是语义结构的底层。语义的基础性研究，应当从语素开始。

认识语素的两重性特征是非常必要的，它可以使我们把目前捉摸不定的"义素"分析建立在实实在在的语言材料的基础上。关于语素的语法、语用特征，即在语流中的活动能力，以往的论著中多有说明。

首先是关于语素的语法特征的分析。如："耻"、"辱"是两个同义(或近义)语素，但它们在语流中的活动能力有很大差别。"耻"、"辱"两个语素都可以独立作动词，充当谓语。"耻"作动词多为意动用法。据杨伯峻先生统计，《论语》中"耻"用作动词共有九次，都当"以为羞耻"

解。如《论语·公冶长》:"敏而好学,不耻下问。"而"辱"作动词多为使动用法。如《论语·子路》:"使于四方,不辱君命,可谓士矣。"

汉语语素的表义功能,前人论述甚少,这是本书说明的重点。汉字基本上是记录语素的。单个汉字所记录的语素有独立成词和不成词的区别。不过,独立成词的语素也是可以以语素的资格进入语言的。因此,一个语素如果有互相联系的好几个意义,其中有的能单用,有的不能单用,而在研究语素的表义功能时,我们一律把它们视为语素。一个语素往往包含几个互相联系的意义,我们称之为语素义。这些语素义只有在语流中才能充分地显示出来,为人们所认识。一个语素也往往包含多种义素,包括概念(理性)义素、形象义素和体验义素。不过,这些义素通常是处于潜在状态的,只有凭借语素义才能得以充分地显现。如:

"初",《古汉语常用字字典》列举了四个义项:

①开始。②当初。多用于追述往事时。③第一个。表示次序。④副词。才,刚刚。

依照语素义显示的潜在义,可分为两组:

A.用于追述往事的开始:包括义项②("当初。多用于追述往事时")——兼含"故、始"义。

B.偏指开始:包括义项①("开始");义项③("第一个。表示次序");义项④("副词。才,刚刚")——仅含"始"义。

由此,我们可以看到,《古汉语常用字字典》所列"初"的语素义显示了"初"的两个义素,即"故(以往)"义和"始(开始)"义。

以上语素所显示的是"理性义素"。

又如"柳"本指"柳树"。但在"柳眉"(指女子细长秀美的眉毛)、"柳腰"(指女子柔软的细腰)等组合关系中,语素"柳"却有"细长、秀美、轻柔"的意义,这是由于柳树枝叶细长柔软的特征在人们心里引起的形象联想。这是一种"形象义素"。

再如"木"本指树木,而在成语"麻木不仁"中,语素"木"却有"无知觉,不灵敏"之义,这是由人们对树木(包括植物)"没有知觉,不能自己移动"的主观感受决定的。这则是一种"体验义素"。

三、义素与语素的区别与联系

从上面对语素两重性的分析中,我们看到,语素和义素并不是一对一的关系,它们体现了人们对语义从不同视角的切分。我们认为:语素是义素的载体,义素是语素义的抽象和概括。它们之间既有区别,又紧密联系。

语素义和义素各自有其不同的语义特征。通常情况下,语素义是现实的,而义素是潜在的;语素义是具体的,而义素是抽象的、概括的;语素义是可以独立存在的自然语言单位,义素是不能独立存在的,必须依附于其他载体的语义单位。

语素和义素虽然有不同的特征,但它们二者却不可分离地联系着。语素显示义素,而义素制约着语素。语流中所体现出来的语素义,不是任意的,归根到底是由义素制约的。如"宫"和"室"两个语素,它们有共同的语素义,《尔雅·释宫》:"宫谓之室,室谓之宫。"在先秦时代它们是同义词,"宫"也为"室"义,均指"房舍"。但是,由于它们潜在义素不同,在语义发展中,就分道扬镳了。依朱骏声《说文通训定声》:"周垣之内统名曰宫,正中曰堂,堂之后曰室。"(丰部第一)因而"宫"的潜在义素有"环绕"义,"室"的潜在义素有"内"义。这种潜在义素的不同,决定了两个语素所含语义的不同发展方向。"宫"本指"周垣之内",由此引申为"围墙"。如《礼记·儒行》郑玄注:"宫为垣墙也。"进而引申为"周绕"。如《礼记·丧大记》:"君为庐宫之。"郑玄注:"宫为围障之也。"《尔雅·释山》:"大山宫小山,霍。"郭璞注:"宫为围绕之。"——决定这种语义发展线索的,是"宫"的潜在义"环绕"。而"室"本为"堂之后"。因指"四壁之内",为夫妇所居,故引申为"家室"。如《孟子·万章上》:"男女居室,人之大伦也。"又如《白虎通·爵》:"一夫一妇成一室。"因古代妻子是居于内室的,"室"又引申为专指妻子。如《礼记·曲礼上》:"三十曰壮有室。"郑玄注:"有室,有妻也,妻曰室。"——决定语义发展线索的,是"室"的潜在义"内"。

不仅不同的义素可以使本来同义(近义)的词语发生分化,而且相同的义素,还可以使看来意义无关的词语出现合流,产生共同的语素义。如汉语中表示"很"义的程度副词,即所谓"甚词",非常之多。如"至、极、怪、特、太、精、透、酷、贼、死、杀"等,它们本来的实词意义差别很大,甚至互不相干,但因为都包含"程度上达到极点"的抽象义素,因而在词义发展的道路上出现了类聚现象,产生了共同的意义。

上面所讲的同义词的"分化"和异义词的"趋同",都是由义素制约的。

总之,汉字所记录的是语素,汉语语素的可分性比以词为书写单位的印欧系语言更为明显。因此,汉语以语素为突破口,对语义进行深入研究具有特别重要的意义。

(原载《河北师范大学学报》1988年第4期)

词义的层次与义素的类型

为了对汉语词义进行理性的分析,还需要搞清楚词义的层次及其与义素类型之间的相互关系。

一、词义的层次性分析

经过语言学者一代代的努力和探索,语义(词义)的层次性已经成为公认的事实:《广雅·释诂》卷一:"道、天、地……般……,大也。"王念孙《疏证》:"般,大也。……大学:心广体胖,郑注云:胖,犹大也。……槃,大也……槃、胖并与般通。说文:幋,覆衣大巾也。鞶,大带也。……磐,大石也,义并与般同。说文:伴,大貌,伴与般亦声近义同。"

王念孙所说的"义同"之"义"不同于我们通常所说的词义,具有隐含性。这里,无论《广雅·释诂》所列"道、天、地……般……"诸词,还是王念孙《疏证》所引"般、槃、幋、鞶、磐、胖、伴"诸词,其具体"所指"之义与隐含其中的共同的"大"义,不处在同一个层级之上。

而且,人们还发现,这种共同的词义特征往往是与词的声音线索(或汉字形声字声符)紧密相关的。如:

仑,《说文》:"思也。"《段注》:"思与理义同也。……伦、论字皆以仑会意。"

伦,《说文》:"辈也。"为"人伦"之义。

论,《说文》:"议也。"指包含义理的言论。

沦,《释名·释水》:"水小波曰沦。沦,伦也,水文相次有伦理也。"

轮,车轮。车轮行于轨,运转有序。

纶,丝织品。丝织品则经纬之丝编织有条理。

以上诸词,"所指"各异,而均含"条理"之义。

又如:

清,水不浑浊。

晴,日无障蔽。

精,米去粗皮。

睛,眼珠。目能明见者为睛。

以上诸词,其"所指"各异,而均含"精明"之义。

遘,《说文》:"遇也。"为双方途中相遇。

觏,《说文》:"遇见也。"也为双方互见之义。

媾,《说文》:"重婚也。"《段注》:"重婚者,重叠交互为婚姻也。"

购,《说文》:"以财有所求也。"《段注》:"縣重价以求得其物也。"本义为"悬赏征求"、"重金收买",即以财物作为交换条件。

以上诸词,"所指"之义差异甚大,而同样包含一个共同的意义特征——"相交"义。

上面所讲的词具体的"所指"之义与其隐含的特征义,显然是两种不同的"义",这就体现了词义的层次性。但是,词义为什么具有这种层次性,它们各自是如何形成的,其二者的关系是怎样的,人们如何把握词义这种层次性,这是目前亟待探讨的一个问题。而问题的关键,在于揭示义素自身的层次性问题。

二、词义的层次与义素的类型

词义是由义素构成的,词义的层次性导源于义素的层次性。

构成词的表层"所指义"的诸义素,我们统称之为表义素,由于这些义素对客观事物有具体的指称性,又可称为实义素。

构成词的深层"隐含义"的义素,我们称之为隐义素,由于这些义素体现指称事物内在抽象特征,又可以称为虚义素。

表义素(实义素),是词语所含与指称事物直接相关的义素;

隐义素(虚义素),是词语所含的体现指称事物内在特征的义素。

如"水"这个词,依然《现代汉语词典》的定义,为"无色、无味、无臭的液体"。对其表义素可作如下分析:

水 = [+ 液体 – 颜色 – 味道 – 气味]

而其隐义素则有:

柔软的:如"柔情似水";

随意的、轻浮的:如"水性杨花"。

……

词的表义素(实义素)相关的词,组成同类词,表义素(实义素)相同的词,构成同义词;与此不同,隐义素(虚义素)相同的词构成同源词。因此,词的表义素(实义素)可以通过同类词、同义词的对比来分析;词的隐义素(虚义素)可以通过同源词的系联来揭示。

用相关词对比来分析词的表义素(实义素):

$$\begin{bmatrix} 男人 = [+ 人 + 成年 + 男性] \\ 女人 = [+ 人 + 成年 - 男性] \end{bmatrix}$$

$$\begin{bmatrix} 给 = [+ 使(谁) + 具有] \\ 拿 = [+ 使(自己) + 具有] \end{bmatrix}$$

$$\begin{bmatrix} 记住 = [-停止+知道] \\ 忘记 = [+停止+知道] \end{bmatrix}$$

用同源词系联来揭示词的隐义素(虚义素)：

"多、厚"之义：浓,露多也；

醲,酒厚也；

襛,衣厚皃；

穠,花木厚。

"重叠"义：曾,甑之本字,甑本为两层；

層,楼层；

增,加多,添加,也取重叠之义；

赠,《段注》："赠物与人必增人之物。"也为添加、重叠之义。

对表义素(实义素)和隐义素(虚义素)还可以作进一步的分析：

表义素(实义素)又可以分为类义素和旁义素。如：

父亲 = [+ 直系亲属 + 长辈 + 男性]

母亲 = [+ 直系亲属 + 长辈 – 男性]

作为亲属关系词,"父亲"、"母亲"两词所含表义素中,"直系亲属"为类义素,而其他为旁义素。又如：

乔木 = [+ 木本植物 + 高大的]

灌木 = [+ 木本植物 – 高大的]

其中"木本植物"为类义素,其他为旁义素。

对隐义素(虚义素)又可以分为语源义素和派生义素。如："左"本义为"左手",其表义素为[人手 + 长在人身左侧的]。人有左右两手,左不利而右利,故其隐义素有"差的,卑下的"之义(如柳宗元《送李渭赴京师序》："过洞庭,上湘江,非有罪左迁者罕至。")又由此义素派生出"反对,违背"义(如《左传·襄公十年》："天子所右,寡君亦右之；所左,亦左之。")和"偏邪"义(如《礼记·王制》:"执左道以乱政。"又成语"旁门左道"。)其中"差的,卑下的"为其本义所隐含的义素,为语源义素,而"反对,违背"、"偏邪"的义素,是由语源义素派生的,为派生义素。

旁义素和派生义素具有不确定性,或无限性(一是可以伴随词义的变化而增减,二是可因义素分析粗细的不同而各异),所以人们对词的义素分析具有相对性。

以上是对义素进行的静态分析。此外,对义素还可以进行动态的考察。从词的动态变化上来观察:

词的表义素(实义素)还可以分为现实状态和潜在状态——从而体现了词的多义性。如"母亲"一词可分析为[+直系亲属+长辈+女性]三个表义素,而在"祖国啊,我的母亲"这一句子中,"母亲"所表现的意义是"亲爱"、"可爱"。三个表义素均处于潜在状态。

在不同语境中,一个词的诸义素处于现实状态和潜在状态的情形不断发生变化,就使词语呈现出多义性。如"史",本义为史官,而古代史官兼管"卜筮"和记事二职:因其主记事,故"史"有"史实"(甲)义;又因其管"卜筮",而"卜筮"多文辞,尚虚妄,故"史"又有"文辞繁多(或虚浮)"(乙)义。在一定语境中,当甲义素处于现实状态,乙义素处于潜在状态时,则"史"表现为"历史"、"史书"义。如《论语·卫灵公》:"子曰:'吾犹及史之阙文也'。"当乙义素处于现实状态,甲义素处于潜在状态时,则表现为"文辞繁多(或虚浮)"义。如《仪礼·聘礼》:"辞多则史,少则不达。"《论语·雍也》:"质胜文则野,文胜质则史。"

同样,隐义素(虚义素)也可以表现为显性和隐性。由于隐义素往往制约着词义的发展变化,因而隐义素的显、隐,体现了词义的多变性。如"赊",常用义为"赊欠",指买卖货物时延期付(收)款。赊者则有馀,故该词隐含"数量有馀"(即"多")义,如"胡马迎风起恨赊"(郎士元《闻吹杨叶者》);又由此派生出"空间有馀"(即"远")义,如"北海虽赊,扶摇可接"(王勃《滕王阁序》);又派生出"时间有馀"(即"久")义,如"多难漂零岁月赊"(王安石《和文淑溢浦见寄》)。其隐义素"多"、"远"、"久",在特定语境中,仅有其中之一表现为显性,而其他则表现为隐性。

综上所述,我们可将词义所含义素的层次性用下面的示意图加以表示:

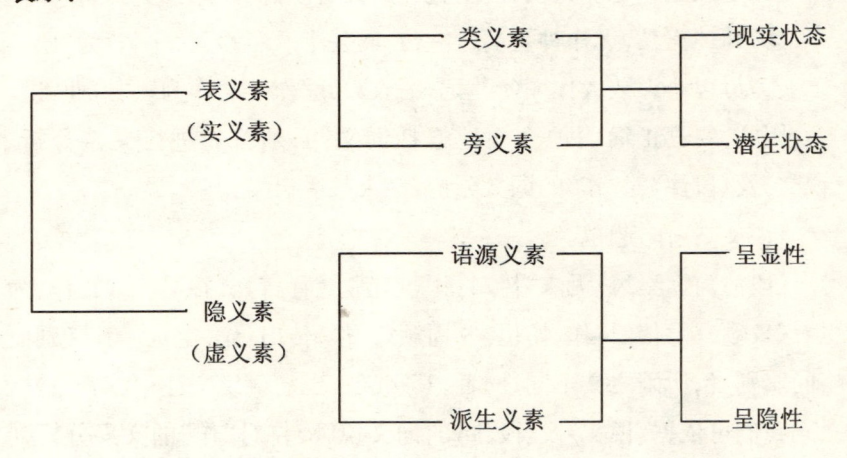

```
                ┌── 类义素 ──┬── 现实状态
   ┌─ 表义素 ──┤            │
   │  (实义素) └── 旁义素 ──┴── 潜在状态
───┤
   │           ┌── 语源义素 ─┬── 呈显性
   └─ 隐义素 ──┤            │
      (虚义素) └── 派生义素 ─┴── 呈隐性
```

三、义素及义素类型的分析与辞书释义

1. 以义素分析为基础确定义项,防止义项设立和说解的随意性。

以往有的语文词典编纂,由于只注意感性材料的归纳,缺少以科学方法为指导的理性分析,往往存在以下毛病:一是义项的设立缺乏概括性,往往把随文释义的说解认为词的稳定义项;二是义项排列混乱,缺乏内在逻辑性。

如《辞海》"作"条关于"作(zuò)"的实词意义共列举了十二个义项:"①工作;做工。②为;充当。③制造。④兴建;造作。⑤开始。⑥创作。⑦作品。⑧起,起立。⑨兴起。⑩振起。⑪当作;作为。⑫发作。"(上海辞书出版社1979年版)这里,由于没有进行义素分析,搞清各个义项之间的内在联系,不仅义项排列显得杂乱,而且也很难全面地概括词义。作为一部综合性辞书,《辞海》所列"作"的义项应当说已为数不少,但我们仍然可以随便找出上述义项所不能概括的用法:

①"孔子愀然作色而对。"(《礼记·哀公问》)此"作"意为"变"。

②"卜人坐作龟。"(《仪礼·士丧礼》)此"作"意为"灼"。

③"苟捷有功,无作神羞。"(《左传·襄公十八年》)此"作"意为"使"。

④"毋以小谋败大作。"(《礼记·缁衣》)此"作"当"作为"、"事业"讲。

因此,要真正简明地全面地概括词义,必须首先进行义素分析。《说文》及《段注》对"作"的词义分析,使人颇受启发:

《说文》:"作,起也。"

《段注》:"《秦风·无衣》传曰:作,起也。《释言》、《谷梁传》曰:作,为也。《鲁颂·駉》传曰:作,始也。《周颂·天作》传曰:作,生也。其义别而略同。别者,所因之文不同;同者,其字义一也。"(《说文注·八篇上》)

我们可依据《说文》及《段注》的词义说解,将对"作"的义素分析列成下面的图表:

$$起也[+开始+行为]\begin{cases}为也[+行为]("开始"义素为潜在状态)\\始也[+开始]("行为"义素为潜在状态)\end{cases}$$

《辞海》的说解及上文所补充的用例,都是"作"的上述义素在具体语境中的灵活说解:

A.[+开始+行为]:兴建、造作;创作;起,起立;兴起;振起;发作;变。

B.[+行为]("开始"义素为潜在状态):工作,做工;为,充当;制造;作品;当作,作为;灼;使;作为,事业。

C.[+开始]("行为"义素为潜在状态):开始。

只要我们搞清词所含义素,就可以有选择地列出能高度概括词义的代表性义项,而对那些"随文释义"的讲法,则不必一一列出。

同时,通过义素分析,方能科学地、完整地认识词义,从而在词典中做到准确释义。如"初",《说文》从字形出发,释为"裁衣之始也",此为讲构形表义的方式——"造意",而非"初"的本义。《尔雅》:"初……,始也",是对一组同义词进行贯通性的释义,也失之宽泛。从早期古代文献看,"初"往往用于追述往事的开始(如《左传·隐公元年》:"初,郑武公娶于申。"孔颖达疏:"杜(预)以为凡倒本其事皆言初。"《宣公二年》:"初,宣子田于首山。"《礼记·檀弓下》:"夫鲁有初。"郑玄注:"初,谓故事。"),为"起初"、"当初"之义。其包含两个义素:[+ 故(以往) + 始(开始)]。"初"字有时泛指"开始",是由于其中一个义素[+ 故(以往)]处于潜在状态的缘故。

可见,对一个词义的内在结构(义素)有一个清楚的了解,就可以有效地防止词典释义的随意性。

2. 充分认识义素的层次性,发挥其在追索词义变化和确定词典义项中的作用。

词深层的隐义素,对于制约词义的发展变化至关重要。因此,通过揭示词的隐义素,就可以理清词义发展变化线索,从而在词典编纂中正确地确定该词的义项。如"息",是一个具有相反、相对意义的含义比较复杂的词,既有"生长"、"增长"义,又有"休息"、"止息"义。这些都可以通过该词的隐义素提纲挈领地把握它。依照《说文》及《段注》的说解:"人之气急曰喘,舒曰息","息"本指"舒缓的呼吸"。这里隐含着两个方面的"区别性特征",即"隐义素":

一是"活的,有生命的"义。因为在自然界中只有生物(动、植物)方能呼吸。由于这一隐义素的制约,"息"在语境中表现出以下的意义:

1)"繁殖、生长"义。如成语"休养生息","生息"为同义连文,"息"为"繁殖、生长"义。

2)"子女"义。如"老臣贱息舒祺,最少,不肖。"(《战国策·赵策》)"子女"为父母所生,也有"生长"义。

3)"增长"义。如"流民既归,户口亦息。"(《汉书·高惠高后文功臣表》)

4)"息肉"义(后写作"瘜")。如"令肉中生小息肉也。"(《说文·肉部》"腥"条)

5)"利息"义。如"贷钱者多不能与其息。"(《史记·孟尝君列传》)

二是"舒缓"义。由于这一隐义素的制约,"息"在语境中表现出以下意义:

6)"休息"义。如"四时之间,亡(无)日休息。"(晁错《论贵粟疏》)

7)"停止"义。如"归去来兮,请息交以绝游。"(陶渊明《归去来兮辞》)

可见,认识义素的层次性,把握词的隐义素,对于了解词义系统,在词典编纂中合理地设置义项,具有重要的意义。

3. 对义素进行动态的考察,全面展示词义。

由于义素在语境中有现实状态与潜在状态(显性与隐性)的变化,为了全面地认识词义,还必须对义素进行动态的考察。

一是部分表义素处于潜在状态,词义发生偏移。如:"惨",《尔雅·释诂》:"忧也。"本指"心理上的痛苦"。其表义素为[＋痛苦＋心理上的]。而在特定语境中,又可以转指人肉体上的"痛苦(或疼痛)"。鲍照《登大雷岸与妹书》:"严霜惨节,悲风断肌。""惨节"为"刺痛骨节","惨"为"刺痛"、"疼痛"义。这是因为在语境中,"惨"的表义素"痛苦"为现实状态,"心理上的"为潜在状态,所以就用来泛指"痛苦(疼痛)"(包括肉体上的"痛苦(疼痛)")了。

二是全部表义素处于潜在状态,隐义素呈显性而独立成义。如:"秋"的常用义为"秋季",而在特定语境中又有"白色"义。陆游《闻雨》

诗:"慷慨心犹壮,蹉跎鬓已秋。"因中国古代五色以白为秋(《尔雅·释天》:"秋为白藏。"郭璞注:"气白而收藏。"),"白"为"秋"是在中国古代特定文化背景下所具有的隐义素。在陆游《闻雨》一诗的特定语境中,"秋"的表义素处于潜在状态,而隐义素("白")呈显性,因而表达了特定的意义。

(原载《河北师范大学学报》1996年第3期)

词的语境义与功能义

提要:从共时的角度来看,汉语词义的变化主要体现在两个方面:一是语境义,是在语义搭配中体现的;二是功能义,是借助语法结构关系来体现的。所谓词的"功能义",是指词"在特定语法结构中的意义",即由词性(或语法功能)不同导致词义变化而形成的新的词义。这种功能义的提取,必须凭借词语所处的语法环境,即词的"语法结构"。由于词的功能义自身具有语义、语法的双重属性,还没有引起人们的高度重视。目前在辞书编纂中,一讲到词的功能,人们往往只注意词性的标注。事实上,在语言实践中,词语的所有的意义和功能,都是以一定的语义表达形式体现的,即自然地融会到释义说解之中。因此,无论辞书是否标注词性,都必须注意科学、准确地表达词语的功能义。

一、论题的缘起

吕叔湘先生曾经说过:"在人们的语言活动中出现的意义是很复杂的。有语言本身的意义,有环境给予语言的意义;在语言本身的意义之中……有单字、单词的意义,有语法结构的意义。"在汉语词汇(词义)研究、词汇(词义)教学和辞书编纂中,人们对词的本义(或基本意义)、引申发展形成的演化义早有认识,近年来对语境义也关注较多;而对"语法结构的意义",即词的功能义,由于其自身具有语义、语法的双重属性,还没有引起人们的高度重视。

就具有词汇形态变化的印欧系语言来说,从功能角度认识和说解词义,应当是一个习以为常的、没有争议的问题。而由于汉语没有印欧系语言那种形态变化,以及词在语境中功能的多样性、语素与其所构成的词语在语法功能上的不一致性等原因,在汉语语文辞书(特别是以单音词释义为主的词典),如何自觉、准确、全面地揭示语词的功能义,尚是一个需要深入探讨和研究的问题。

近年来,围绕汉语语文辞书是否需要标注词性、具体如何标注词性、标注词性的利与弊等,人们展开了热烈的讨论。尽管在认识上没有统一,在实践上人们已经开始了大胆探索,一批标注词性的语文辞书(字典、词典)相继问世。虽然这种做法的是非、利弊尚有待于实践的检验,而这种讨论和探索客观上却启发人们自觉地从功能角度去认识词义和说解词义。

我们认为,语文辞书对词语功能义的说解是与词性标注密切相关而又有本质不同的问题。

二、词义的共时性变体——语境义与功能义

汉语中的词一般总有一个本义或基本意义,是其在言语实践中出现最早或反复出现、使用频率最高的意义。对于长期使用汉语的人们来说,这种本义或基本意义,即使脱离具体的语言环境,也可以为人们所认识和理解。

而语言在历史发展的长河中,为了实现其自身的交际功能,要不断发展和变化,因而词义也必然随着时代的发展而发生这样或那样的变化,这就形成了词义的历史演变。这种演化义是历时性的,其具体的演化形式多种多样,目前此方面研究的论文和专著很多,这里不详作

论述。

而就共时的角度来说,语言中的词义也是复杂多变的。这就需要我们研究和认识其内在规律,并在语文辞书中恰当地说明或体现。从共时的角度看来,汉语词义的变化主要体现在两个方面:

一是语境义,是在语义搭配关系中体现的。

这种在特定语义搭配关系中形成的词义,在语言运用和语言研究中都是很值得注意的。如:

深 ①(道理、含义)深奥;

②(思想、体会)深刻;

③(感情)深厚;

④(颜色)深重(即"浓")。

对于这种在语义搭配关系中形成的词义,语文辞书释义时一般要提示它出现的语境。

端正 ①(物体)不歪斜,保持平衡状态。例:五官端正。

②(作风、思想等)正派,正确。例:品行端正。

词的语境义,在以单音词为主、一词多义的情况相当突出的古代汉语中,表现尤为明显。如:

浓 ①"花茂蝶争飞,枝浓鸟相失。"(南朝梁简文帝《奉答南平王康赍朱樱诗》)

(此"浓"在句中释为"密")

②"浓霜薄霰不可得,太息何时见三白。"(宋陆游《冬暖》)

(此"浓"在句中释为"厚")

③"曩宵曾宿此,今夕值秋浓。"(唐贾岛《慈恩寺上座院》)

(此"浓"在句中释为"深",特指季节)

《说文》十一篇上:"浓,露多也。"《段注》"凡农声字皆训厚。""浓"由"露多"之义,引申为凡"多(厚)"之称,这是其基本意义。上文所释"密"、

"厚"、"深"诸义,是"浓"分别在具体上下文中的灵活说解,属于词的语境义。

词的语境义,有时主要体现在感情色彩的变化上,从而出现正反同词的情形。如:

  报 ①答复;回复。(此为中性词义)例:报以敬仰的目光|报以蔑视的目光。

    ②答谢;回报。(即回复有恩者,为褒义)例:报效祖国|报答父母。

    ③报复。(即回复有怨者,为贬义)例:报仇|报怨。

  爱 ①爱护;喜欢。(此为褒义)例:王安石《题舫子》:"爱此江边好,留连至日斜。"

    ②吝惜;吝啬。(此为贬义)例:《老子》:"甚爱必大费。"

其中"报"的不同色彩的词义同时出现在现代汉语之中,"爱"的不同色彩的词义同时出现在古代汉语之中,这种不同的色彩是通过语境体现的。

  二是功能义,是借助语法结构关系来体现的。

  语文辞书要使读者全面地认识和准确地运用词语,在说解词语的词汇意义的同时,还必须对其在语言中的分布情况或功能进行必要的说明。目前,在辞书编纂中,一讲到词的功能,人们往往只注意词性的标注。事实上,在言语实践中,词语的所有的意义与功能,都是以一定的语义表达形式体现的,即自然地融会到释义说解之中。因此,无论辞书是否标注词性,在其词义说解中,都必须注意科学、准确地表示词语的功能义。

  所谓词的"功能义",是指由词性(或语法功能)不同导致词义变化而形成的新的词义。语文辞书义项的设立基于词的意义及使用功能的变化,这种变化除了历时演变的因素外,就共时的变化来说,可能产生于语义关系,也可能产生于语法组合,更多的是二者兼而有之。这种产生于"语法组合"与"二者兼而有之"的词义,就体现了词的功能义。而这种功能义的提取,必须凭借词语所处的语法环境,即词的"语法结构"。如:

  面 ①脸;头的前部。例:面孔|笑容满面。

    ②当面。例:面谈|面试。

    ③面向着;面对着。例:面壁|背山面水。

以上是目前汉语语文词典中为"面"所列的几个常见义项。语文辞书对"面"的上述义项的划分,主要不在于词汇意义自身,而是功能意义。义项①是"面"的基本意义,一般在句中作主语、宾语,是名词;义项②是"面"作状语,为副词时的释义方法;义项③是"面"作谓语,为动词时的释义方法。可见,无论语文辞书是否标注词性,都必须对词的功能意义进行说明。

  而且,汉语中词性与词的语法功能不是简单的一一对应的关系,有时词性没有变化,而由于语法组合关系的不同,也可以产生新的功能义。如:

  日 ①地球自转一周的时间;一昼夜;天。例:今日|明日。

    ②每天;一天天地。例:日记|日新月异|蒸蒸日上。

  月 ① 计时单位,一年分为十二个月。例:正月|腊月。

    ②每月;一个月一个月地。例:月报|日积月累。

"日"的义项②与义项①的划分,"月"的义项②与义项①的划分,不是在词性上,主要也不是在词汇意义上,而是在功能上,"日"和"月"的第二个义项,分别体现了"日"与"月"用作定语或状语时的释义方法,所释的为词语的功能义。

  在目前的汉语语文辞书中,有些分设的义项,词义的区别,主要是导源于词的功能的变化上。如:

重 ①重要。例:军事重地|重任在肩。

②认为重要;重视。例:重男轻女|重理轻文。

"重"的义项①与义项②的区别,主要不在于词汇意义本身,而在于功能和词性的不同。

埯 ①为点种瓜、豆等作物而挖的小土坑。例:挖一个埯。

②挖小坑点种(瓜、豆)。例:埯瓜|埯豆。

③量词,用于点种的植物。例:一埯儿花生。

"埯"的三个义项,词汇意义同源而且紧密相关,区别在于功能:义项①作名词,义项②作动词,义项③作量词,在句中的语法功能不同。

喜欢 ①愉快;高兴。例:你找到了失散多年的亲人,我们都为你喜欢|他喜欢得一句话也说不出来。

②对人或事物有好感。例:我喜欢文学|你喜欢打篮球|他喜欢热闹|父亲喜欢他老实。

"喜欢"两个义项的区别,主要也不在于词汇意义,而是语法功能:前者为不及物动词的用法,后者为及物动词的用法。

有些词语的义项划分情况相对复杂一些,但实质上仍然是功能义的划分。如:

板 ①板子,泛指某些硬的片状或扁平的东西。例:石板|钢板。

②死板;不够灵活。例:呆板|他为人挺好,就是太板了。

③结成板块。例:板结|地板了,没法锄。

这里,从"板"的义项①到义项②,伴随着词义比喻性的引申(死板——即像硬板子似的),但主要还是词的语法功能从"名词"义项①——→"形容词"义项②——→"动词"义项③的变化。

饱 ①吃足了(与"饿"相对)。例:酒足饭饱。

②充足;充分。例:饱经风霜。

③满足;装满。例:中饱私囊|大饱眼福。

这里,从"饱"的义项①到义项②,是词义由专指——➤泛指的扩大,但就它们与义项③的区别而言,其不同主要不在于词汇意义,而是语法功能,即从形容词——➤动词的转变。

三、词的功能义与辞书释义

(一)语文辞书对词的功能义的收录原则

正如语境义有相对稳定的用法和具有修辞性的偶发(临时)用法一样,功能义也具有稳定性与临时性两种情形:前者一般进入语文辞书,后者一般不进入语文辞书(当然,收录的具体情况则与语文辞书的性质和规模有关)。如:

　　①"老吾老,以及人之老;幼吾幼,以及人之幼。"(《孟子·梁惠王上》)

　　②"齐景公问政於孔子,孔子对曰:'君君,臣臣,父父,子子。'"(《论语·颜渊》)

这里,例①的"老""幼"一般为形容词,例②的"君""臣""父""子"一般为名词,而其中加点的"老""幼""君""臣""父""子"在句中临时充当了动词。

这种功能义明显具有临时性,汉语语文辞书(包括古汉语语文辞书),也是不宜收录的。一般说来,汉语中所谓兼类词,其功能义具有稳定性;暂时活用作他类的词,其功能义具有临时性。当然,就编写具有规范性的现代汉语词典来说,为了合理地收录词语的功能义,还必须进行大量的语料收集工作,通过使用频率的统计来决定取舍。

(二)从功能角度观察辞书释义,补充漏收义项

早期的汉语语文辞书,只关注词汇意义本身,漠视词的用法,对词

的功能义基本上不作说解。对此,姑且不论。即使是现代的汉语语文辞书(包括一些已经标注词性的语文辞书),由于没有自觉地从功能角度观察和说明词义,对词的功能义的说解仍然带有随意性,漏收功能义的情形时常可见。如:

冰

① 名 水在0℃或0℃以下凝结成的固体;

② 动 因接触凉的东西而感到寒冷;

③ 动 把东西和冰或凉水放在一起使凉;

④ 像冰的东西。

(《现汉》)

① 名 水在0℃或0℃以下结成的固体;

② 动 接触低温的东西而感到寒冷▷这里的水真~手。

③ 动 用冰或其他东西使物体变凉▷把西瓜~一~|~过的啤酒好喝。

④ 名 像冰一样白色半透明的东西▷~糖|~片。

《现代汉语规范字典》(以下简称《规范字典》)

上面是《现汉》和《规范字典》对"冰"的词(字)义说解(与论述无关的例句从略),义项的收录和划分基本相同。但是,如果从词的功能角度来分析,有一个重要的形容词义项"寒冷"(如"冰冷","冰凉")没有收录。其实,《现汉》和《规范字典》所列的两个动词义项(义项②③)不是从"冰"的名词意义(义项①)直接引申出来的,而是从"冰"的形容词意义"寒冷"演变而来的。因此,从功能释义的角度来看,应当在"冰"的名词意义(义项①)之后增加一个形容词("寒冷")的义项。

(三)词的功能释义与语文辞书释义的系统性

语言中的词同时处于语义、语法关系中,词的词汇意义与功能义一般是同时存在,并交织在一起的。语文辞书在注意说解词语的词汇意义和功能意义的同时,如何保持自身释义的系统性,是一个很值得注意和研究的问题。

有一种意见认为,应当比照印欧系语言的语文辞书,首先作词性的划分,在此基础上分别进行释义。这种做法对于没有形态标志,而且往往一词兼类、一词多性(如"治"兼有动词、形容词两种词性;"板"兼有名词、形容词、动词三种词性)的汉语来说,恐怕会有许多不便。一是有相当一部分词的词性难于确认。汉语不仅缺乏印欧系语言那样的形态标志,而且词性与句法功能之间不存在简单的一一对应关系。印欧系语言依据形态标志确定词性,其标准具有唯一性;而汉语主要凭借功能确定词性,就不能没有分歧。二是不符合汉语的发展实际和汉语使用者的认知习惯。从汉语相当一部分词语古代词性单一、临时活用作他类,而到现代汉语中发展为兼类词的事实来看,汉语中分属于不同的词性、而词汇意义基本相同或相近的义项,系联的核心是语义,并且这种现实也使汉语的使用者形成了以语义为核心的认知习惯。

基于以上考虑,汉语语文辞书释义的系统性,应坚持以词汇意义为纲、以功能义为目,即采取以词义变化立项为主、以词性或功能变化立项为辅的做法。如:

安 ①稳定。例:坐立不安。
②使稳定。例:安邦定国。
③舒适。例:安闲|安居乐业。
④感到满足舒适。例:安于现状|安之若素。

这里,从"安"的义项①"稳定"到义项③"舒适",为词义的语境转移;而义项①"稳定"与义项②"使稳定"、义项③"舒适"与义项④"感到满足舒适"则体现了词的功能(从形容词到动词)的转变。

为了使汉语语文辞书释义眉目清晰,还可以在词典中将语词的词汇意义基本相同、语法功能不同的词义结为一个义项组,在同一义项组中再按词性或功能的不同分列子义项;子义项的排列,以原始(或常见)词性或功能作为第一子义项,以非原始、非常见词性或功能作为第二、第三子义项。我们这里试为一些语词的词汇意义及功能义划分义项,并同《现汉》和《规范字典》进行对比:

【喜】①形快乐;高兴:狂~｜~出望外｜笑在脸上,~在心里。②可庆贺的;可庆贺的事:~事｜贺~｜报~。……

(《现汉》)

①动欢乐;高兴▷笑在脸上,~在心头｜~出望外｜欢天~地｜欣~｜~色。→②形令人高兴的;可庆贺的▷~事｜~讯。③名值得高兴和庆贺的事▷贺~｜报~｜道~｜双~临门。……

(《规范字典》)

本文释例:

①(a)动快乐;高兴:笑在脸上,~在心里。(b)形使人高兴(值得庆贺)的:~事。(c)名使人高兴(值得庆贺)的事:报~。……

【定】①动平静;稳定:立~｜坐~｜心神不~。②动固定;使固定:~影｜~睛｜手表坏了,表针~住不动了。③动决定;使确定:商~｜~计划｜开会时间~在明天上午。④已经确定的;不改变的:~理｜~论｜~局。……
(笔者注:义项①的词性标注值得商榷)

(《现汉》)

①形安稳;平静▷等大家坐~了再讲｜大局已~｜心神不~｜安~｜稳~｜镇~。→②动使稳固、固定或镇静

▷安邦~国|~影|~居|~了~神。③动确定;决定▷事情还~不下来|断~|否~|规~|商~。⇒④形确定不变的▷~局|~律|~理|~义|~论。……

(《规范字典》)

本文释例:

①(a)形稳定;平静:心神不~。(b)动使稳定;固定:~影|~神。②(a)动决定;确定:商~|~计划。(b)形确定不变的:~论|~局。……

对词汇意义基本相同而词性或功能不同的情况,采取在同一义项组内分设子义项的做法,有利于体现词义的系统性。对于仅有两个"词汇意义基本相同而词性不同"义项的词语,如何排列似乎关系不大。如:

【科学】①名反映自然、社会、思维等的客观规律的分科的知识体系。②形合乎科学的:~种田|这种说法不~|革命精神和~态度相结合。

(《现汉》)

而如果有两个以上的义项(除"词汇意义基本相同而词性不同"的一组义项外,还有其他义项),不同编排方法的效果就大不一样了。如:

【劳动】①名人类创造物质或精神财富的活动:体力~|脑力~。②名专指体力劳动:~锻炼。③动进行体力劳动:他~去了。

(《现汉》)

本文释例:

①名人类创造物质或精神财富的活动。②(a)名专指体力劳动:~锻炼。(b)动进行体力劳动:他~去了。

特别是大型历时性语文辞书,其义项及词性(或功能)的变化相当复杂,如果在义项划分上将词汇意义与词性(或功能)变化相并列,势必造成词义系统的混乱。

(原载《辞书研究》2001年第1期)

词的功能义的层次分析

提要：由词性（或语法功能）不同导致词义变化而形成的不同的词义，我们称之为"词的功能义"。词的功能义包含在词的"语法组合"的全部过程之中，体现在诸多层面之上：一是词的词性层面，即词性的变化（或兼类）对词义的影响；二是词的句法功能层面，即词充当句法成分的改变对词义的影响；三是词的组合搭配层面，即词的搭配关系对词义的影响。

王力先生在《中国语法理论·导言》中指出："词未入句时，是属于词汇的；词入句后，就有了语法的存在。"[①]语言中的词同时处于语义和语法的双重制约之中，词既有词汇属性，又有语法属性，离开对词的语法属性的分析，难以对一个词的意义作出正确的说解。词的组合功能归根到底是由它的意义决定的；同样，词的组合功能与分布也直接影响着词义的变化。由词性（或语法功能）不同导致词义变化而形成的不同的词义，我们称之为"词的功能义"。近年来，词性标注进入语文辞书，标志着人们对词的功能的关注。但是在辞书编纂中揭示词的功能义，只注意词性的标注还是很不够的。词的功能不仅体现在词性上，辞书对词的功能义的揭示也不能仅仅体现在词性标注上。词的功能义包含在词的"语法组合"的全部过程之中，体现在诸多层面之上：一是词的词性层面，即词性的变化（或兼类）对词义的影响；二是词的句法功能层面，即词充当句法成分的改变对词义的影响；三是词的组合搭配层面，即词的搭配关系对词义的影响。

当然,汉语中词的词性、句法功能和组合搭配关系,都具有其在典型语法形态下的基本属性,也有其在非典型语法形态下的变异情况。我们研究词的功能义,重点是认识词在非典型语法形态下词义变化的情况。

一、词的词性变化(或兼类)与词的功能义

语言中的词都分属于一定的词类,词类的属性与词义有着十分密切的关系,确定词义必先分析词性。词性的变化,一般都要引起词义的变化。一词兼类是汉语的一个重要特征,也是汉语形成一词多义的一个重要原因。如:

名词—动词或形容词的兼类:

名词的概念义,可以分为类属义(即表示人或事物的类属)与特征义(即表示人或事物的特征)。名词所含的特征义可以从不同角度进行分类:可以有表示形貌、性状的静态特征,也可以有表示行为动作的动态特征;可以是对名词内涵进行说明、限制的限定性语义特征,也可以是对名词内涵进行描写、修饰的描述性语义特征。而名词所含语义特征的不同,对该名词的功能转化("兼类")的发展趋向及语义的变化,具有很大的制约作用。

首先看名词—形容词的兼类:

一般说来,名词词义中含有描述性语义特征,这个名词才可能成为"名—形"兼类词。如:

【道德】① 名 社会意识形态之一,是人们共同生活及行为的准则和规范。道德通过人们的自律或通过一定的舆论对社会生活起约束作用。② 形 合乎道德的(多用于否定式):这种损坏公物的

行为很不~。[文中例证除特别注明者外,均选自《现代汉语词典》(以下简称《现汉》)。下同]

【科学】①名反映自然、社会、思维等的客观规律的分科的知识体系。②形合乎科学的:~种田|这种说法不~|革命精神和~态度相结合。

【傲气】①名自高自大的作风:~十足|一股~。②形自高自大:他自以为了不起,~得很。

【幸福】①名使人心情舒畅的境遇和生活:为人民谋~|今天的~是先烈们流血牺牲得来的。②形(生活、境遇)称心如意:随着经济的发展,人民越来越~。

"道德"、"科学"、"傲气"、"幸福"各词义项①与义项②释义的不同,源于各词的词性从名词到形容词的转变。

【耐心】①形心里不急躁,不厌烦:~说服|只要~地学,什么技术都能学会。②名耐性:做小学教师得有~|你怎么一点儿~也没有?

【困难】①形事情复杂,阻碍多:这件事做起来很~。③名工作、生活中遇到的不易解决的问题或障碍:克服~。

以上二例中前一个义项与后一个义项释义的不同,源于各词的词性从形容词到名词的转变。

再看名词—动词的兼类:

一般说来,名词词义中含有动态特征义,这个名词才可能成为"名—动"兼类词。如:

【暗探】①名从事秘密侦察的人(多含贬义)。②动暗中刺探:~军机。

【参赞】①名使馆的组成人员之一,是外交代表的主要助理

人。外交代表不在时,一般都由参赞以临时代办名义暂时代理使馆事务。②〈书〉|动|参与协助:~军务|~朝政。

这种名—动兼类的词,就其历史来源分析,大多是谓词从陈述到指称的转化形成的。汉语中的这类词兼有陈述和指称的双重功能,故又称为"名动词"。谓词指称化,如为转指(表示原谓词的施事、受事、与事等),一般词性、词义同时发生变化,应视为谓词名词化,语文辞书中应分别设立义项。如:

【领导】①|动|率领并引导:集体~|党~人民从胜利走向胜利。②|名|担任领导工作的人:~和群众相结合。

【导演】①|动|排演戏剧或拍摄影视片的时候,组织和指导演出工作:他~过五部电影。②|名|担任导演工作的人。

以上词性改变引起的词义变化是转指动词的施事。

【负担】①|动|承担(责任、工作、费用等):差旅费由所属单位~。②|名|承受的压力或担当的责任、费用等:思想~|家庭~|减轻~。

【回信】①|动|答复来信:希望早日~|给他回了一封信。②|名|答复的信:给哥哥写了一封~。

以上词性改变引起的词义变化是转指动词的受事。

【同事】①|动|在同一个单位工作:我和他同过事|我们~已经多年。②|名|在同一单位工作的人:老~|~之间关系融洽。

【同窗】①|动|同时在一个学校学习:~三载|~好友。②|名|同时在一个学校学习的人:他是我旧日的~。

以上词性改变引起的词义变化是转指动词的与事。

动词—形容词的兼类:

"动词"、"形容词"统称为谓词,它们在语法功能上有许多相通之

处,这种兼类在汉语中是比较常见的。如:

【腌臜】① 形 脏;不干净:房子里太~了,快打扫打扫吧。② 动 弄脏;使变脏:穿~这件衣服。③ 形 (心里)别扭;不痛快:晚到一步,事没办成,~透了。④ 动 糟践;使难堪:算了,别~人了。

其中从义项①到义项②,从义项③到义项④,义位的变化主要是词性的变化引起的。

【安定】① 形 (生活、形势等)平静正常;稳定:生活~|情绪~|社会秩序~。② 动 使安定:~人心。

【纯洁】① 形 纯粹清白,没有污点;没有私心:心地~。② 动 使纯洁:~组织。

【方便】① 形 便利:大开~之门|北京市的交通很~|把~让给别人,把困难留给自己。② 动 使便利;给予便利:~群众。

【可怜】① 形 值得怜悯:他刚三岁就死了父母,真~！② 动 怜悯:对这种一贯做坏事的人,绝不能~他。

【奇怪】① 形 跟平常的不一样:海洋里有不少~的动植物。② 动 感到出乎意料,难以理解:我~为什么这时候他还不来。

这里,"安定"、"纯洁"、"方便"、"可怜"、"奇怪"诸词从义项①到义项②,义位的变化也主要是词性由"形容词→动词"的变化引起的。

【碍事】① 动 妨碍做事;造成不方便;有妨碍:您往边儿上站站,在这里有点儿~|家具多了安置不好倒~。② 形 严重;大有关系(多用于否定式):他的病不~|擦破点儿皮,不碍什么事。

【安顿】① 动 使人或事物有着落;安排妥当:~老小|妈妈~好家里的事情又赶去上班。② 形 安稳:睡不~|只有把事情做完

心里才~。

以上是词性由"动词——→形容词"的变化形成的词的功能义。

汉语中词性变化对词义的影响,还体现在实词——→虚词的转化上。如：

动词——→介词的转化对词义的影响：

【挨】①动靠近；紧接着：他家~着工厂｜学生一个~一个地走进教室。②介顺着(次序)：把书~着次序放好｜~门~户地检查卫生。

【给】①动使对方得到某些东西或某种遭遇：叔叔~他一支笔｜杭州~我的印象很好｜我们~敌人一个沉重的打击。③介用在动词后面，表示交与，付出：送~他｜贡献~祖国。

形容词——→副词的转化对词义的影响：

【特别】①形与众不同；不普通：~的式样｜他的脾气很~。②副格外：火车跑得~快｜这个节目~吸引观众。

【干脆】①形直截了当；爽快：说话~利落。②副索性：那人不讲理，~别理他。

有一些词还可以兼有三种(或多种)词性,这种词性的转化也同样会引起词义的变化。如：

【麻烦】①形烦琐；费事：~得很｜这个问题很~｜服务周到，不怕~。②动使人费事或增加负担：~您啦！｜自己能做的事，决不~别人。③名烦琐难办的事情：给你添了不少~｜他现在有~了。

【板】①名片状的较硬的物体：木~｜钢~｜玻璃~。⑦形硬得像板子似的：地~了,锄不下去。⑧动露出严肃或不高兴的表情：他~着脸不睬人。

二、词的句法功能(即充当的句法成分)与词的功能义

汉语中的词不仅具有"兼类"的特点,而且同一词类还往往具有不同的句法功能,这种不同的句法功能也会对词义产生影响。如:

名词作状语(或定语):

【日】④ 名 地球自转一周的时间;一昼夜;天:今~|明~|改~再谈。⑥ 名 每天;一天天:~记|~产量|~新月异|生产~有增加|经济~趋繁荣。

【月】② 名 计时的单位,公历 1 年分为 12 个月。③ 名 每月的;一个月一个月地:~刊|~产量|日新~异|日积~累。

《现汉》中"日"的义项⑥与义项④的划分,"月"的义项③与义项②的划分,主要不是在词汇意义上,而是在功能上,"日"和"月"的后一个义项,分别体现了"日"与"月"用作状语(或定语)时的释义方法,所释的为词的功能义。

再有是"副+名"结构中"名词"的功能与意义。汉语中"程度副词+名"使用频率的增多是一个不可否认的事实。如:

(1)他穿戴很港。

(2)这个地方很郊区。

(3)他假装特学问。

(4)这个人真饭桶。

(5)这个人太草包。

如何认识"副+名"现象是语言学界多年争议,至今尚未取得一致意见的理论问题。但在这种特定的句法结构中,原有名词的功能与意义都发生了明显的变化,是一个不可否认的事实。具有指称功能的名

词词义,可分为概念意义与性质意义两类,进入"副+名"结构中的名词,程度副词对名词中内涵的性质意义起凸现作用,而使其体现指称功能的概念意义弱化,程度副词是作为表层结构中语法手段的标志来表现名词深层的语义特征的。正如胡明扬先生在分析汉语中"副+名"现象时所指出的:由于"汉语没有西方语言那样的形式变化,没法在名词后面加个改变词性为形容词的词缀,所以只能把有关的名词'硬'用在出现形容词的典型环境中","强制改变名词的功能和意义,使其具有形容词的功能和意义"。②词语非常规的功能与意义,实质上是对缺乏显性形态的汉语起到一种补偿的作用。这种"副+名"结构中"名词"的功能与意义一般还主要体现在语用平面上,如上面的例(1)—(3);但如果长期反复使用,就会进入词汇平面(而且可能是形成词的比喻意义的一个重要途径),如例(4)和(5)。这时,语文辞书释义就应予以关注:

【草包】名 用稻草等编成的袋子。②装着草的袋子,比喻无能的人:这点儿事都办不了,真是~一个。

【饭桶】名 ①装饭的桶。②比喻没有用的人。(《现汉》列为一个义项,参照"草包"词条,应分为两个义项)

三、词的搭配关系与词的功能义

有的词不仅词性没有改变,在句子中充当的成分也没有改变,只是与相关词的语法搭配关系不同,也会影响词义的变化。如:

及物动词与不及物动词的变化对词义的影响:

【摆渡】① 动 用船运载过河:先~物资,后~人。② 动 乘船过河:会游泳的游泳过去,不会游泳的~过去。

【笑】① 动 露出愉快的表情,发出欢喜的声音:她~了。② 动 讥笑:她~你。(为了增强对比性,对《现汉》中的例句作了调

整)

其中"摆渡"义项①、"笑"的义项②是该词作及物动词时的释义,"摆渡"义项②、"笑"的义项①是该词作不及物动词时的释义。

同一动词,表主动与表被动也显示不同的词义:

【见笑】 动 ①被人笑话(多用作谦辞):写得不好,~,~。②笑话(我):这是我刚学会的一点粗活儿,您别~。

动词"见笑"的两种不同的功能与释义,源于助词"见"的两种不同的功能与意义:

【见】 助 ①用在动词前面表示被动:~重于当时|~笑于人。②用在动词前面表示对我怎么样:~告|~示|~教|~谅。

同是处于定语位置上的一个名词,由于语法搭配关系不同(领属定语或属性定语),词显示的意义也有不同。名词的概念义包括有外延义与内涵义两个方面,外延义是指该概念所指对象的范围,内涵义是指该概念所反映事物本质属性的总和。而在不同的句法环境里,有的显现外延义,有的显现内涵义。例如:

(1)农民在乡里造反,搅动了绅士们的酣梦。

(2)这并不是为你,是为了成就他绅士风度的性格。

例(1)中的"绅士"是领属定语,它指"旧时有势力,有功名的人",这里显现的是外延义。(2)中的"绅士"是属性定语,是指"举止高雅、很有教养、对女性非常热情而周到",这里显现的是内涵义。[3]

总之,现实语言中(即句子中)的词,同时具有词汇与语法的双重属性,词的全部语法组合关系(包括词的语法属性、句法功能、搭配关系)都在不同层面、以不同方式制约着词义的变化。充分认识词的语法功能在多层面对词义的影响,是人们在语言研究中正确地认识词义、在语文辞书编纂中准确地说解词义的重要方面。

附 注

①见《王力文集》(第一卷),山东教育出版社 1984 年第 1 版。
②见胡明扬《"很激情""很青春"等》,《语文建设》1992 年第 4 期。
③参见蔺璜《定语位置上名词的句法表现及其语义特征》,《山西大学学报》2005 年第 2 期。

参考文献

卢福波　1992　《汉语名词功能转换的可能性及其语义特点》,《逻辑与语言学习》第 6 期。
陆俭明　2001　《关于句法处理中所要考虑的语义问题》,《语言研究》第 1 期。
谭景春　1998　《名形词类转变的语义基础及相关问题》,《中国语文》第 5 期。
中国社会科学院语言研究所词典编辑室　2005　《现代汉语词典》(第 5 版),商务印书馆。

[本文为国家社会科学基金项目"词的功能义研究与语文辞书编纂"(批准号:04BYY024)的阶段性成果之一]

(原载《语文研究》2006 年第 1 期)

词的功能的游移性与
功能词义研究

  提要:在语言结构的深层,语义与语法是融为一体的。词的功能与分布直接影响词义的变化。语言中"非典型成员"在功能上的游移性("一词兼类""一词多用")是一把双刃剑,它不但影响词类与句法结构的划分,也造成词义的变化。

一、功能与词义

  我们知道,国外的语言理论与方法基本上是建立在印欧语研究的基础之上的。由于汉语与印欧语诸语言存在着类型学上的区别,汉语词汇没有印欧语那种显性的形态标志,因而在词汇、语法研究上都具有自身的特点,国外的语言学理论与方法有适应汉语的一面,也有不适应汉语的一面。过去在相当长的时间里,由于对此认识不足,在一定程度上影响了汉语研究的深入发展。

  对于语言,特别是词汇,不仅要研究它的意义,而且要研究它的用法(即功能与分布)。习惯上研究它的意义属于语义学、词汇学的任务,研究它的用法(功能与分布)属于语法学的任务。现代汉语是如此,古代汉语也是如此,比如古汉语中常讲的"词类活用"就是作为语法问题看待的。随着语言研究的深入,人们看到二者是分不开的。

  面对这种情况,语法学界首先觉醒,认识到对于没有显性形态的汉语说来,语法结构的研究离不开功能和语义。近年来在汉语语法研究中,我国的学者从汉语缺乏显性形态的特征出发,结合语义与功能进行词类和句法结构的研究,提出与印欧形态学语法相对的"语义特征分析法""汉语语义语法范畴""语法研究的'三个平面(句法、语义、语用)'的理论",以及在词类区分中使用"功能分析法"等[①],开创了一条独具特色的汉语语法研究的思路,并且取得可喜的进展。语法学者用"典型性"的理论说明了汉语词的功能游移现象,指出:汉语的"词类活用"现象(包括"临时活用→常见活用→兼类→同形词")都是"功能游移现象的不同程度的反映";"典型成员在功能上应该表现出较强的稳定性,非典型成员功能上就会表现出一定的游移性";"汉语的词类和句子成分虽然不是简单地一一对应的,但毕竟存在着一定程度的对应……典型词类实现基本功能时,跟句法成分是对应的;而偏离基本功能时,总要丧失一些特点,并非'没有改变性质'(朱德熙 1985)[②]"(张伯江、方梅 1996)[③]

语法学者所指出的"非典型成员在功能上的游移性",即"一词兼类""一词多用"是一把双刃剑,它不但影响词类与句法结构的划分,也影响词义的变化。例如:

管事　①(动)负责管理事务。

②(名)旧时称在企业单位或有钱人家里管总务的人。

③(形)管用:这个药很~儿,保你吃了见好。

(常见义项例句从略)

"管事"的三个义项,不仅词性与语法功能不同:义项①作动词,义项②作名词,义项③作形容词;而且词的语义所指与语义特征也有很大不同,即使词典不作词性标注,也须单独设立义项。

古汉语中所谓的"词类活用"也不仅仅是词性的变化,不是单纯的语法学所要研究的问题;而是同时伴随着词义的变化,是词汇学、语义学所要研究的问题。如大家都很熟悉的一句古文:"左右欲刃相如,相如张目叱之,左右皆靡。"(《史记·廉颇蔺相如列传》)"刃"作为名词,一般是指代"刀";而在上文中用作动词,意为"用刀杀",词义的核心是"杀"。这种功能变化对词义的影响,需要认真地去研究。

事实上,在语言结构的深层,语义与语法是融为一体的。语法研究的深入,需要借助语义结构的研究;同样,语义研究的深入,也需要借助语法结构的研究。目前,在汉语语法研究中,明确提出"汉语语义语法范畴"等理论,从语义结构和语义特征的分析来揭示语法规则;而自觉地借助语法结构(即词的功能或分布)来研究语义(词义),还没有引起人们充分的关注。在汉语词汇(词义)研究、词汇(词义)教学和辞书编纂中,人们对词的本义(或基本意义)、引申发展形成的演化意义早有认识,近年来对语境义也关注较多;而对词的功能义,由于其自身具有语义、语法的双重属性,尚没有引起人们的高度重视。近年来,词性标注进入语文辞书,开始注意从功能上区分词义和设立义项;但这种局部的、限于应用范畴的关注,还远不能全面揭示语法功能对汉语词义形成和发展的影响。

语义(词义)不仅自身构成极其复杂,而且同语法等其他语言要素密切相关。吕叔湘先生曾经说过:"在人们的语言活动中出现的意义是很复杂的。有语言本身的意义,有环境给予语言的意义;在语言本身的意义之中……有单字、单词的意义,有语法结构的意义。"④就汉语来说,这种"语法结构的意义",就是我们所说的汉语功能词义。

所谓词的"功能义",是指由词性(或语法功能)不同导致词义变化而形成的新的词义。因此,通过揭示汉语深层的"语法—语义结构",自觉地认识词的语法功能对汉语词义形成和发展的影响,从而全面、科学地理解和说明词义,提高汉语语文辞书的释义水平,并为语义(词义)的形式描写与信息处理奠定基础。

二、"语义语境"与"语法语境"

汉语语义的研究主要是凭借语境,汉语功能义的揭示也主要是凭借语境。前者凭借的是"语义语境",后者凭借的是"语法语境"。

"语境"研究是国内外语言学者共同关注的问题,并且在研究中得出大体一致的结论。需要说明的是,传统语言研究注意到语境的两个方面,即由语言因素构成的"上下文"与由非语言因素构成的"情景的上下文"。事实上语言因素构成的"上下文"包括语义、语法两个层面,对缺乏显性形态的汉语来说,揭示词语所处的"语法结构"(即"语法语境")对于词义的研究至关重要,研究词的功能义,重点是要认识"语法语境"以及其同"语义语境"的相互关系。这种功能义的提取,必须凭借词语所处的"语法语境"。如:

成 ①〔动〕完成;实现;成功:徐迟《牡丹》:"到这时他才发现,共产党已~大事,他们打出了一个辉煌的局面,坐了江山。"|~事不足,败事有余。

②〔形〕形定的;现成的:~品|~药。

③〔名〕成果;成绩;成就:坐享其~。

把 ①〔动〕握;执:闻一多《五四运动的历史法则》:"让帝国主义一手~着枪炮,一手提着钱袋,站在背后保镖。"|~稳方向盘。

②〔名〕车把:他刚学会骑自行车,手还不敢撒~。

③〔量〕表示单位:巴金《秋》:"他走到觉新对面那~靠窗的藤椅前,坐下来。"|一~钥匙开一~锁。

上面"成"的三个义项,分别具有"动词""形容词""名词"的语法功能,"把"的三个义项,分别具有"动词""名词""量词"的语法功能。这些义项的显示和确认,是凭借具体的语言材料,即特定的"语境"来完成的。值得注意的是,这里的"语境",不仅是上下文的语义关系,即"语义语境",更主要的是词在句法结构中的位置,即"语法语境"。

三、词语的非常规功能与词义

词语的意义有其典型状态[5]与非典型状态,典型状态表现为词语的基本意义或常规意义,非典型状态表现为语词的灵活意义或非常规意义;语法也有典型形态与非典型形态,典型形态体现词语的常规功能,非典型形态体现词语的非常规功能。一般来说,词义典型状态与语法典型形态下的词语的意义与功能是人们所熟悉的,词义非典型状态与语法非典型形态下词语的意义与功能是人们所不熟悉的。词语功能意义的研究,重点是对非典型语法形态下语义变化的研究。

词语的功能义,可以分为常规功能义与非常规功能义。词语的常规功能义,是在典型语法形态下的功能意义,是在语言的使用中经常出现的,为人们,特别是母语的使用者所熟悉。研究词语的功能义,重点是认识词语在非常规功能下意义的变化。而认识词语的非常规功能义,不仅要搞清词所处的上下文的语义关系,还必须搞清词所处上下文的语法结构关系。这方面,古今汉语的情况是一致的,我们先看古代汉语的例证:

草 ①视天下悦而归己,犹~芥也,唯尧为然。(《孟子·离娄上》)

②未发秋政,则民未敢~也。(《礼记·祭统》)

兵 ①缮甲~,具卒乘。(《左传·隐公元年》)

②左右欲~之。(《史记·伯夷列传》)

"草"例①中"草芥"之"草"是名词,为其常规功能义,指"草本植物的总称";例②中"草"临时用作动词,为非常规功能义,是"割草"之义。"兵"例①中"甲兵"之"兵"是名词,为常规功能义,指"兵器",是古汉语的常用义;例②中"兵"临时用作动词,是"用兵器杀"之义。"草"作"割草"解,"兵"作"用兵器杀"解,不熟悉古汉语语法规则的人,是不易理解的。

美 ①匪女之为~,~人之贻。(《诗经·邶风·静女》)

②吾妻之~我者,私我也。(《战国策·齐策一》)

例①中"美"作形容词,为常规功能下的常用义,是"美好,美丽"之义;而例②中"美"作动词,而且是古汉语语法学上所说的意动用法,是"认为……长得漂亮"之义,为非常规功能义。

饮 ①冬日则~汤,夏日则~水。(《孟子·告子上》)

②晋侯~赵盾酒。(《左传·宣公二年》)

犬 ①弃人用~,虽猛何为!(《左传·宣公二年》)

②少时,一狼迳去,其一~坐於前。(《聊斋志异·狼》)

"饮"的二例中虽然词性没有改变,但功能上有所变化:例①为一般用法,例②为使动用法,非常规功能对词义发生了影响,意为"使……饮酒"。"犬"的二例词性也没有发生本质性变化,但在句中的功能不同,显示的词义也不同:例①名词"犬"在句中作宾语,为常规功能,例②"犬"在句中作状语,非常规功能对词义发生了影响,意为"像犬一样"。对词语的这种非常规功能义,如果不加注意,就可能对词义,乃至句义作错误的理解。

在现代汉语中,词语的非常规功能义也是语言理解与词义说解的难点,同样应当引起我们的注意。如:

板 ①这是一座木~桥。

②他为人挺好,就是太~了。

③地~了,没法锄。

"板"基本词性是名词,词义是"片状的木头",即"木板"。例①体现的是"板"的常规功能与常见词义;例②的"板"用作形容词,意为"不够灵活,缺少变化";例③的"板"用作动词,意为"结成板块"。其中例②和例③词义的变化伴随着词性与功能的变化,体现了词语的非常规功能义。

铁　①这个厂超额完成了今年的钢～生产计划。
　　②～案如山。
　　③王八吃秤砣,～了心了。

"铁"为一种金属元素的名称,是名词。例①正是用的"铁"的这一常规功能与词义。由于铁有"质坚硬"的特性,又可以用作形容词,意为"确定不移",如例②;还可以用作动词,意为"(意志)不可改变"(多用于贬义),如例③。其中例②和例③,特别是例③体现了"铁"的非常规功能义。

以上是现代汉语中名词用作动词、形容词时所体现的非常规功能词义。形容词用作动词也直接影响词义的变化。如"白"与"黑"相对,指"像霜雪一样的颜色",是形容词,引申为"明亮"("白花花")"明白,清楚"("真相大白"),也是形容词用法,都属于它的常规功能。而"白"还可以用如动词:①说清楚;说明;陈述。例:"他一再为自己表～。"②用白眼珠看(表示鄙薄或厌恶):"～了他一眼。"这种词性变化所形成的新的词义,也体现了词语的非常规功能义。

此外,现代汉语中,名词通常作主语、宾语和定语,一般不作状语。名词如果充当谓词性偏正结构的修饰语,即出现在状语的位置上,也显示出非常规功能义。如:

瓜　帝国主义列强企图～分中国。"瓜"意为"像把瓜剖开一样"。

函　本公司备有产品说明书,～索即寄。"函"意为"用信函方式"。

　　客　由于洪水泛滥,交通中断,迫使他～居他乡。"客"意为"在外地"。

名词作状语,在古代汉语中是一种比较常见的现象;在现代汉语中,这些充当状语的名词性成分一般已作为语素与后面的动词组合成双音词。这种非常规功能,显然是古汉语语法与词汇现象在现代汉语中的存留。

四、词语功能的游移性与词义变化的趋向

语法学者在对名词活用的功能进行解释的时候指出:名词功能的基本属性"就最典型的事物而言,它们一般都占据一定的空间……行为动作则与此不同。它们最显著的特点表现在时间方面"。(陈平,1988)[6]强调名词的语法特征往往跟空间特征有关,动词的语法特征往往跟时间特征有关。而且词的功能的游移现象呈现出一定的方向性:就共时平面而言,显示了"体词向谓词转化的方向","而谓词向体词游移却不那么容易"。(张伯江、方梅,1996)[7]

可能与人类的认知心理有关,汉语词义在"语义语境"与"语法语境"的偏移是同步的,而且与词的语法特征的游移性具有惊人的相似性:

词在"语义语境"的偏移经常表现为以空间词表示时间,即"由实到虚"的转移。例如:在人们的"通感"功能形成的词义偏移中,大量表现为将直观的空间感受转化为非直观的时间感受。因此,在语言交际中用空间词表达时间义的情况尤为突出。如:"处",本指"空间",又可以转指"时间"。柳永《雨霖铃》:"都门帐饮无绪,留恋处,兰舟催发。""远"本指"距离远",又可以转指"时间晚"。司马迁《报任安书》:"夫人不能

早自裁绳墨之外,以稍陵迟,至于鞭箠之间,乃欲引节,斯不亦远乎!""浅"本指"水浅",也可以转指"时间短"。司马迁《报任安书》:"又迫贱事,相见日浅,卒卒无须臾之闲,得竭指意。"

我们在考察词的功能的游移现象对语义的影响时发现,汉语的功能词义也表现为体词性向谓词性转化的趋向,即"名词——→非谓形容词——→形容词——→不及物动词——→及物动词"的移位趋向,从左到右,是名词性(空间性)减弱,动词性(时间性)增强的过程,即"由实到虚"的转移。

下面重点分析汉语主要实词词类(名词、形容词、动词)在功能上的游移性及其对词义的影响(其中部分例证引自张伯江、方梅《汉语功能语法研究》一书):[8]

(一)名词功能的游移:

(1)名词用作非谓形容词:

"学院风格""木头房子""塑料口袋""牛皮大衣"——这里,处于定语位置上的"学院""木头""塑料""牛皮"等自身已经不能用数量词来修饰,不能说成"一所学院风格""一根木头房子"等,不具备空间上的可计数性,只体现内涵意义,不表现外延意义。功能已引起词义的虚化。

(2)名词用作形容词:

"他比雷锋还雷锋。"——"雷锋"(第二个)意为"像雷锋那样觉悟高"。

"假装挺学问。"——"学问"意为"学问大"。

(3)名词用作不及物动词:

"这个人可原则了。"——这里"原则"意为"讲原则"。

"别牛了。"——"牛"意为"吹牛"。

(4)名词用作及物动词:

"他爱醋谁就醋谁,反正醋不着我。"——"醋"意为"对……吃醋"。

(二)形容词功能的游移:

(1)形容词用作不及物动词:

"干脆明出来让大家看看。"——"明"意为"挑明"。

(2)形容词用作及物动词:

"靠腌臜了这扇门。"——功能造成了词义的变化:"腌臜"意为"弄脏;使变脏"。

(三)不及物动词用作及物动词:

"你别烦我了。"——功能也对词义产生了影响:"烦"意为"让……烦"。

对词语功能义的认识和把握之所以有很大难度,在于词语功能的变化及其对词义的影响往往是一个渐变的过程,在具体的语境中具有游移性。词语功能义的从"临时用法"到"常见用法",再到"词的兼类",最后分化为"同形词"是一个渐变的过程,前半段属于语用变化问题,后半段属于词性、词义的演变问题。

值得注意的是,词语功能的游移性及其对词义的影响具有多向性:一般体现为"体词的谓词化方向",但也不排除"谓词的体词化转移"。这突出表现在"名动词""名形词"功能与词义的变化上,如"翻译"由指"进行翻译工作"到指"从事翻译工作的人","领导"由"指引,带领"义到"领导者"义等,此方面已有专文论及,这里不再详述。

附 注

① 参见胡明扬《再论语法形式和语法意义》(《中国语文》1992 年第 5 期);胡明扬《语义语法范畴》(《汉语学习》1994 年第 2 期);马庆株《汉语语义语法范畴问题》(北京语言文化大学出版社 1998 年版);胡裕树、范晓《试论语法研究的三个平面》(《新疆师大学报》1985 年第 2 期);范晓、胡裕树《有关语法研究三个平面的几个问题》(《中国语文》1992 年第 4 期);陆俭明《语义特征分析在汉语语法研究

中的运用》(《汉语学习》1991 年第 1 期)。
②参见朱德熙《语法答问》,商务印书馆 1985 年版,第 5 页。
③参见张伯江、方梅《汉语功能语法研究》,江西教育出版社 1996 年版,第 204—215 页。
④见吕叔湘《语文常谈》,三联书店 1980 年版,第 66—67 页。
⑤我们这里用"典型状态"与"非典型状态"的术语来指称词语的常规意义与非常规意义,是为了同语法学中早已习用的"形态"一语相区别。
⑥参见陈平《论现代汉语时间系统的三元结构》,《中国语文》1988 年第 6 期。
⑦同注③。
⑧同注③。

参考文献

符淮青　1996　《词义的分析与描写》,语文出版社。
格雷马斯(A.J.Greimas)　1999　《结构语义学方法研究》(汉译本),三联书店。
贾彦德　1999　《汉语语义学》,北京大学出版社。
利奇(G.Leech)　1996　《语义学》(汉译本),上海外语教育出版社。
吕叔湘　1979　《汉语语法分析问题》,商务印书馆。
石安石　1993　《语义论》,商务印书馆。
汪榕培　2000　《西方学者对词汇学研究现状的综述》,《外语与外语教学》第 4 期。
张斌　胡裕树　1989　《汉语语法研究》,商务印书馆。
朱德熙　1980　《现代汉语语法研究》,商务印书馆。
朱德熙　1982　《语法讲义》,商务印书馆。

(原载《语文研究》2003 年第 4 期)

词语兼类的功能显示与
深层语义分析

提要：词的兼类是汉语词汇和语法研究的重要特征之一。虽然汉语词汇自身缺乏表现其词性与功能的系统的形态标志，但语言追求功能与形式的统一、提高认知效率的共同特征，促使其不断以语音、字形、构词等方式显示其词语的功能变化。而且，汉语的词义与词性有着紧密的关系，这种"兼类"的形成具有语义与语法的双重动因：从表层上看，是词性与功能的转化；从深层上分析，是义位在语言中的运转，是词语所含义素地位的变化。原始义位所含或潜隐的深层语义特征是词语兼类的内在原因。

虽然词的语义——句法功能的转化是语言发展和变化的普遍规律，但词语的"兼类"却是汉语词汇与语法研究中面临的一个特殊的问题。就具有词汇形态变化的印欧系语言来说，词语的本体与变体之间一般有其特定的形态差别，词类与句法成分有着相当严格的对应关系，无我们所谓"兼类"之说。即使对于那些少数同形异类的词，就整个形态语言的语法体系来说，它们是以"零"形式进入该语言的构词体系的，语言学者以"零形转指式"构词法予以解释。而由于汉语没有印欧系语言那种形态变化，"词类跟句法成分（就是通常说的句子成分）之间不存在简单的一一对应关系"[①]，同一词语在不同句法结构中，功能具有多样性。为了科学地分析汉语的词汇、语法现象，必须采取符合汉语规律与使用习惯的名词术语和研究方法,"兼类"之说就应运而生了,并且得到多数语言学者的认可。陈承泽在《国文法草创》[②]中就指出:"西方以有形式上之变化,故一义有数用,而其数用之形式往往不同,因从而纳之于数类。国文虽无此形式上之变化,然义之相近者,其活动范围及次序,亦概相近。"汉语中的每一个词语都具有双重性质,一是语词的词汇意义,即语义属性,一是语词的功能,即语法属性,二者如纸之两面、身之胸背,共存共亡。正因为如此,语言中某一个词语,随着其义位的不断孳生与演变,其语法属性也就可能增加与转化。

一、词语兼类的功能显示

应当说,追求语言功能与形式的统一,提高语言的认知效率,是所有语言的共同特征,古汉语单音节为主的独特的语音形式与方块汉字独特的书写方式,虽然使汉语没有形成印欧系语言那样完整的形态变化,但汉语在自身发展的过程中,不断以语音、字形、构词等方式显示其语词的功能变化。汉语词语兼类的功能显示主要通过以下几种方式:

(一)异读——语音的分化

一字多音是汉语的普遍现象,其中大量是"以音别义",其中一部分兼有"以音别用"的功能。具体方式有四:

一是改变声调:

好(形):hǎo 上声,好人。　　好(动):hào 去声,好逸恶劳。
难(形):nán 阳平,很难。　　难(名):nàn 去声,逃难。
称(动):chēng 阴平,称一下重量。　　称(名):chèng 去声,这个称准不准?
处(名):chù 去声,向何处去?　　处(动):chǔ 上声,处在农村。

二是轻声:

摆设(动)：bǎishè 把物品按照　　摆设(名)：bǎishe 摆放的东西。
　　　　　审美观点安放。
买卖(动)：mǎimài 购买与出　　买卖(名)：mǎimai 生意；交易。
　　　　　售。
练习(名)：liànxí 为巩固学习效　练习(动)：liànxí 反复学习，以求
　　　　　果而安排的作业等。　　　　　　熟练。

三是儿化：

盖(动)——盖儿(名)

滚(动)——滚儿(名)

亮(形)——亮儿(名)

短(形)——短儿(名)

四是改变语音结构(其中有的是改变声母，有的是改变韵母，有的是声、韵同时发生变化)：

传(动)：chuán 世代相传。　　传(名)：zhuàn 树碑立传。

长(形)：cháng 长桌子。　　　长(动)：zhǎng 长庄稼。

弹(动)：tán 弹棉花。　　　　弹(名)：dàn 真枪实弹。

行(动)：xíng 步行。　　　　　行(名)：háng 行列。

乐(动)：lè 快乐。　　　　　　乐(名)：yuè 奏乐。

宿(动)：sù 宿营；住宿。　　　宿(量)：xiǔ 住了一宿。

这种"以音别用"的词语，一些语文辞书往往笼统地作为"同形词"处理。其实，从语源上来认识，除少数意义完全没有联系或在演变中失去联系的应视为"同形词"以外[如：对头(duìtóu，形容词，"正确"义)——对头(duìtou，名词，"冤家"义)；利害(lìhài，名词，"利和弊"义)——利害(lìhai，副词或形容词，"程度深"或"可怕"义)]，大多属于"兼类"词语。

(二)后起字——字形的分化

昏 { 昏(名——黄昏)
　　 婚(动——结婚) }

"昏"本义为黄昏,因古代有"娶妇以昏时"的礼俗,又引申出结婚义。后为以形别义、以形别用,以"昏"表"黄昏"义,另造"婚"字表"结婚"义。

竟 { 竟(动——完毕)
　　 境(名——边境) }

"竟",《说文解字》(以下简称《说文》):"乐曲尽为竟。"本为完毕、终了义。段玉裁《说文解字注》:"曲之所止也,引申之凡事之所止,土地之所止皆曰竟。毛传曰:疆,竟也。俗别制境字。"由此引申为边境之义。后为以形别义、以形别用,"完毕"之义仍作"竟",又造"境"字表"边境"之义。

(三)构词——词形的分化

其一,分化为多音词(主要是双音词):

王:帝王(名)——《荀子·王霸》:"故百王之法不同。"
　　称王(动)——《商君书·更法》:"三代不同礼而王。"

军:军队(名)——《三国志·蜀书·诸葛亮传》:"亮身率诸军攻祁山。"
　　驻军(动)——《左传·僖公三十年》:"晋军函陵。"

重:重要(形)——《论语·泰伯》:"任重而道远。"
　　重视(动)——贾谊《过秦论》:"尊贤而重士。"

其二,附加词缀:

学(动)——学者(名)　　读(动)——读者(名)
作(动)——作家(名)　　画(动)——画家(名)
教(动)——教员(名)　　议(动)——议员(名)
高(形)——高度(名)　　强(形)——强度(名)

寡(形)——寡头(名)　　滑(形)——滑头(名)

二、词语兼类的深层语义分析

词语产生的初期,其语义与功能应当是相对单一的,词语的"兼类"是在语言的发展中词语语义——句法功能转化的结果。口语的遣词造句相对灵活,这种语义——功能转化所形成的"兼类"往往是首先出现在口语之中,以后逐渐进入书面语言的。

词义与词性有着紧密的关系,词义是词类区别的基础。这种"兼类"的形成具有语义与语法的双重动因:一是"兼类"的两个义位语义上有相通之处;二是这种"兼类"的形成与词所处的句法结构有关。

"兼类"词语词性的变化,不单单是造成功能的变化,同时也带来意义的变化,形成新的义位。因此,这种变化不仅有其语法学原因,也有其词汇学原因——义位的形成,有其内在的语义上的原因,即原有义位中有其隐含的义素,而且这种义素上升为义位。

正如马庆株先生所指出的:"语义对语法有决定作用","语义是形成语法聚合的基础,语义成类地制约词语和词语之间的搭配,制约语法单位的组合行为和表达功能"。[③]词语的"兼类",从表层上看,是词性与功能的转化;从深层上分析,义位在语言中的运转,是词语所含义素地位的变化。因此,从原始义位潜隐的深层义素带有的属性基因来分析观察功能转化后所形成的新的义位的语法属性,是探求"兼类"词语的语法功能的一种行之有效的方法。如"衣"在古代汉语中是个兼类词。主要义项有三个:①上衣。《诗经·邶风·绿衣》:"绿~黄裳。"②(泛指)衣服。《诗经·豳风·七月》:"无~无食。"③穿(衣服)。《庄子·盗跖》:"不耕而食,不织而~。"而"衣"的本义(或最早的意义)是"上衣"。"上衣"指"穿在/身体上部的/衣服",包含"穿""身体上部""衣服"三个主要义素。其中"衣服"与"穿"两个义素的地位上升,就分别形成②、③两个"义位"(或"义项")。而义项①、②为名词用法,义项③为动词用法,成为兼类词,而动词义项"穿"的形成是与其本义"上衣"所包含的具有动词属性的义素相关的。

汉语词语的"兼类"情况相当复杂,特别是鉴于"名物化"(即处于主语、宾语位置上的动词、形容词的语法性质)问题是一个争议相当大的问题,我们这里以大家认识比较一致的"名—动""名—形"兼类的问题,进行深层的语义分析。

目前对于词义的分类有多种分析方法④,但就实词中名词、动词、形容词三大主要词类来说,其词义的核心是概念义(或"理性义")。名词的概念义,可以首先分为两个部分:一部分表示人或事物的类属,即类属义;一部分表示人或事物的特征,即特征义。名词所含的特征义又可以从不同角度进行分类:可以有表示形貌、性状的静态特征,也可以有表示行为动作的动态特征;可以是对名词内涵进行说明、限制的限定性语义特征,也可以是对名词内涵进行描写、修饰的描述性语义特征。而名词所含语义特征的不同,对该名词的功能转化,以及形成"兼类"的发展趋向,具有很大的制约作用。

(一)一般说来,名词词义中含有动态特征义,即具有与之直接、固定搭配关系的动作,这个名词才可能成为"名—动"兼类词。

首先看古代汉语中的例证:一些常见的兼类词,其名词词义中都包含着动态特征义。如:

王:《说文》:"天下所归往也。"

《古汉语常用字字典》:①帝王。⑤wàng。称王,统治天下。

名词"王"是天下人所"归往"的、"统治天下"的人,故能兼有"称王,统治天下"的动词意义。

臣:《说文》:"事君也。象屈服之形。"
《古汉语常用字字典》:①男性奴隶。④用作动词。役使；
称臣,做臣子。

名词"臣"是"侍奉"君主的臣子或"侍奉"他人的奴隶,故能兼有"役使""称臣,做臣子"的动词意义。

鼓:《古汉语常用字字典》:①一种乐器。②击鼓；弹奏、敲击乐器。

名词"鼓"是一种"敲击"的乐器,包含着动态的特征义,故能兼有动词"击鼓；弹奏、敲击乐器"的动词义。

再看现代汉语的例证：

把三个钉$_1$钉$_2$在墙上。

用保险锁$_1$把门锁$_2$上。

人大代表$_1$要真正代表$_2$广大人民的利益。

这里,"钉$_1$""锁$_1$""代表$_1$"是名词,"钉$_2$""锁$_2$""代表$_2$"是动词,均是典型的兼类词。其名词意义中明显包含着动态的特征义。而且,究其本源,到底是名词意义在先还是动词意义在先,也是可以讨论的。

总之,特征义来自动态特征的名词才可能经常用作动词。而特征义来自静态特征的名词[如"柿"(《说文》:"赤实果")、"鸿"(《说文》:"鸿鹄也")、稗(《说文》:"禾别也")等)一般不能用作动词,如果在特定语境中用作动词,应属于临时的活用。特征义是名词词义中最重要的部分,是词义引申的基础。通过判断名词的特征义来自静态特征还是动态特征,可以帮助我们判断该名词有没有兼作动词的可能。

(二)一般说来,名词词义中含有描述性语义特征,即隐含形容词的某种性质或状态义,这个名词才可能成为"名—形"兼类词。

"名—形"兼类或称"名转形"有其内在的语义基础。如前所述,名词所含的特征义又可以从不同角度进行分类:可以有表示形貌、性状的静态特征，也可以有表示行为动作的动态特征；可以是对名词内涵进行说明、限制的限定性语义特征，也可以是对名词内涵进行描写、修饰的描述性语义特征。而名词所含的对名词内涵进行描写、修饰的描述性语义特征，是"名—形"兼类的语义基础。如：

  英雄：《应用汉语词典》：①[名]旧指勇武过人的人。②[名]指不畏艰险，奋不顾身，为人民利益而英勇斗争，令人钦敬的人。③[形]具有英雄品质的。

"英雄"的义项①和②是名词用法，均具有描述性语义特征，故其可以兼有形容词用法（义项③），如"～本色"、"～气概"、"他果真～"。

  科学：《现代汉语词典》：①反映自然、社会、思维等的客观规律的分科的知识体系。②合乎科学的。

"科学"的义项①是名词用法，具有描述性语义特征，故其可以兼有形容词的用法（义项②），如"～种田"、"这个提法不～"。

  "名—形"兼类或"名转形"实质是用具有某种性质的事物来表示那种性质。谭景春将名词转变成的形容词的释义方法归纳为四种[5]：1.内在性质义提取法。如：【土气】（名词释义）"不时髦的风格、式样"——（形容词释义）"不时髦"。2.附加性质义提取法。如：【猴】（名词释义）"哺乳动物……"——（形容词释义）"乖巧；机灵"。3.动词添补法。作者认为有的形容词是通过省略或隐含动词而由名词转变来的，譬如"很威风"来自"很有威风"。如：【规范】（名词释义）"约定俗成或明文规定的标准"——（形容词释义）"合乎规范"。4.概括法。作者认为由名词转成的形容词的词义基本上都可以概括地解释为：具有名词的那种性质（或"特点、特色、色彩、特征、品质"等）。如：【封建】（名词释义）"指封建主义社会形态"——（形容词释义）"带有封建社会的色彩"。

  谭先生的分析相当细密。但四种类型的划分并不在一个层面上，其中第四种"概括法"实际涵盖其他三种类型。但文中强调对"名转形"的形容词用法的释义,关键是揭示和描绘该名词所具有的性质义(即"描述性语义特征"),是很具有启发意义的。如:

  肉 ①人或动物体内接近皮的柔韧的物质。②指食物不脆,不酥:这西瓜有点儿~。

  沙 ①细小的石粒:风~|飞~走石。②指食物质地松散而呈细粒状:~瓤儿西瓜。

  基 ①基础:房~|路~。②起头的;根本的:~层|~数。

  鼻 ①鼻子:~梁|~音。②开创:~祖。

  面 ①粮食磨成的粉:麦子~|小米~。②指食物口感上水分少而柔软:这红薯很~|~倭瓜。

  机械 ①利用力学原理组成的各种装置:~专业|~工厂。②比喻方式拘泥死板,没有变化:工作方法太~。

  上面诸例,义项①为对名词用法的释义,义项②为对形容词用法的释义,都是揭示和描绘该名词所具有的性质义。不过,这种性质义(即"描述性语义特征")表现为两种情形:一种是原名词意义中直接显现的,如"肉""沙""基";一种是原名词意义中隐含的,如"鼻""面""机械"。当然,两种情形在词义的发展中可以发生转化。

  总之,词的兼类是汉语词汇和语法研究的重要特征之一。虽然汉语词汇自身缺乏表现其词性与功能的系统的形态标志,但语言追求功能与形式的统一、提高认知效率的共同特征,促使其不断以语音、字形、构词等方式显示其语词的功能变化。而且,从语义与语法(功能)的内在联系来认识,汉语中词的兼类有其深层的语义基础。分析汉语词的兼类现象及其成因,有利于启发人们从语义与语法结合、功能与形式统一的视角认识和研究汉语词汇。

附 注

①见朱德熙《语法答问》,商务印书馆 1985 年版。
②见陈承泽《国文法草创》,商务印书馆 1982 年版。
③见马庆株《结构、语义、表达研究琐议》,《中国语文》1998 年第 3 期。
④见束定芳《现代语义学》(上海外语教育出版社 2000 年版)与王寅《语义理论与语言教学》(上海外语教育出版社 2001 年版)。现代语义学者对"语义的分类"有"四分""二分""七分"之说。〔英〕利奇(G. Leech)《语义学》中将语义分为七种类型:概念义、联想义、社会义、感情义、反映义、搭配义和主题义。
⑤见谭景春《名形词类转变的语义基础及相关问题》,《中国语文》1998 年第 5 期。

参考文献

冯凌宇　2003　《核心义素在兼类词判别中的意义》,《语言研究》第 1 期。
古汉语常用字字典编写组　1993　《古汉语常用字字典》(修订版),商务印书馆。
商务印书馆辞书研究中心　2000　《应用汉语词典》,商务印书馆。
施春宏　2001　《名词的描述性语义特征与副名结合的可能性》,《中国语文》第 3 期。
徐翁宇　1995　《词的语义—句法功能的转化》,《外语教学》第 3 期。
张文国　2000　《词类活用与辞书编纂》,《辞书研究》第 3 期。
中国社会科学院语言研究所词典编辑室　2002　《现代汉语词典》(2002 年增补本),商务印书馆。
钟如雄　1996　《词的意义层级及其词性》,《西南民族学院学报》第 5 期。

〔本文为国家社会科学基金项目"词的功能义研究与语文辞书编纂"(批准号:04BYY024)的阶段性成果之一〕

(原载《语文研究》)2005 年第 1 期)

"隐喻类比"与"近义偏移"

——谈汉语多义词形成的两种主要途径

提要:语言,尤其是语义(词义)的发展,其生成的机制主要不是逻辑的推理,而是心理的联想。体现"相似(相类)"联想的"隐喻类比"和体现"相近(相关)"联想的"近义偏移",是汉语多义词形成的两种主要途径。传统修辞学上"比"、"兴"所体现的"相似(相类)"与"相近(相关)"的认知方式,使我们在汉语多义词形成主要途径的研究上得到启发;心理学上的"相似法则"与"邻近法则"使我们对多义词形成途径的研究得到验证。

近年来,人们对于汉语一词多义形成(或词义演变规律)的探索更多的是从理性的、逻辑学的角度进行的,而且有越分越细的趋势。但是,语言事实的感受,特别是大量新词、新义衍生,给人们一种新的启示:语言,尤其是语义(词义)的发展,其生成的机制主要不是逻辑的推理,而是心理的联想。因此,本文对汉语多义词形成途径的探讨,不侧重于理性的推理,而是侧重于心理的联想;不侧重于苛细的分析,而侧重于整体的思考。其目的在于尽可能描述与说明语义(词义)发生、发展的本来面貌。

一、"相似(相类)"、"相近(相关)"
联想与词义的发展

体现"相似(相类)"联想的"隐喻类比",是汉语词的新义形成的重要途径。隐喻不仅仅是一种语言现象,它更重要的是一种人类的认知现象。隐喻是以喻体和本体的相似性作为意义转移的基础,通过某些方面的相似来表达事物。隐喻以相似性为基础,更重要的是那些通过隐喻而创造出来的相似性。有的是引申前后的义项"形式相似",如"题"由人的"额头"义引申为文章的"题目"之义,引申前后的两个义项"表面相似";有的是引申前后的义项"性质相类","苦"本义为一种味道极苦的植物(草药),后来用以表示五味之一的"苦",进而又由"味苦"引申为"劳作"之"苦"。"大苦"——"苦味"——"劳苦",三个义项"性质相通"。

汉语词义演变的历史研究表明,用来描写人类精神活动的词语几乎毫无例外地源自描述物质活动的词汇。

矮:身材短——(级别、地位)低[他在学校里比我～一级]。

熬:把粮食等放在水里,煮成糊状——忍受(疼痛或艰苦的生活等)[～苦日子]。

薄:扁平物上下两面之间的距离小(跟"厚"相对)——(感情)冷淡;不深。

饼:泛称烤熟或蒸熟的面食,形状大多扁而圆——形体像饼的东西[铁～]。

波:波浪——比喻事情的意外变化[一～未平,一～又起]。

播:播种——传播;传扬。

卑:(位置)低[地势～湿]——(地位)低下[～贱]——(品质或质

量)低劣[~鄙]。

馋:看见好的东西就想吃;专爱吃好的——羡慕;看到喜爱的事物希望得到[看见下棋他就~得慌]。

炒:把食物放在锅里加热并随时翻动使熟——指炒作(倒买倒卖使升值或反复报道抬高身价)。

纲:提网的总绳——比喻事物最主要的部分[~领;大~]。

钻:钻穴穿孔——深入探究事理[~研]。

辣:像姜、蒜、辣椒等有刺激性的味道——狠毒[口甜心~]——妇女性格的泼辣;厉害[她可是有名的~妹子]。

以上是单音词的例证。

暗礁:海洋、江河中不露出水面的礁石——比喻事情在进行中遇到的潜伏的障碍。

暗流:流动的地下水——比喻潜伏的思想倾向或社会动态。

黯然:阴暗的样子——心里不舒服,情绪低落的样子。

把柄:器物上便于用手拿的部分——比喻可以被人用来进行要挟或攻击的过失或错误等。

把关:把守关口——比喻根据已定的标准,严格检查,防止差错。

把脉:诊脉——比喻对某事物进行调查研究,并作出分析判断。

把戏:杂技——花招;蒙蔽人的手法。

半路:路程的一半或中间——比喻事情正处在进行的过程中[他听故事入了神,不愿意~走开]。

包袱:用布包起来的包儿——比喻某种负担。

本末:树的下部和上部,东西的底部和顶部——比喻主要的与次要的[~倒置]。

本钱:用来营利、生息、赌博等的钱财——比喻可以凭借的资历、能力、条件等。

冰冷:(身体或物体)很冷——(感情)冷淡。

臂膀:胳膊——比喻助手。

辫子:把头发分股交叉编成的条条儿——比喻把柄。

窗口:窗户或在墙上开的窗形的口——比喻反映或展示精神上、物质上各种现象或状况的地方。

后门:房子、院子等后面的门——比喻通融的、舞弊的途径。

品位:矿石中有用元素或有用矿物含量的百分率——泛指人或事物的品质、水平。

关节:骨头与骨头之间相连接的地方——起关键作用的环节。

关键:门闩或功能类似门闩的东西——比喻事物最关紧要的部分。以上是双音词的例证。

上面仅是举例的性质,这种"隐喻类比"的词义演变,几乎随处可见。有些语言学家、心理学家甚至认为,可能所有的词都是源自于隐喻。从心理学角度,许多学者认为,类推和隐喻式推理是所有认知活动的基础。

体现"相近(相关)"联想的"近义偏移",在词义的滋生繁衍中也起到重要的作用。词义的近义偏移,是指词在其具体运用的特定语言环境中,产生与其基本意义既有联系、又有区别的新义。词义偏移有其交际客观的需要与内在的制约机制。我们知道,世界上的事物是无穷的,而语言中的词是有限的。这样就形成了以有限的语词表达、反映无穷事物的矛盾(这种情况,在以单音词为主的古汉语中更为突出)。为了解决这个矛盾,语言中就不得不出现词的"代用",即借用语义相关的词。被借用的语词凭借特定的语境(主要是上下文)的提示,表达了与其基本意义既有某种联系、又有明显区别的新义,就形成词义的偏移。如"小"本为"大小"之"小",而在特定语境中却有"精细"之义。《孟子·滕文公上》:"(陈相曰):'布帛长短同,则贾相若;麻缕丝絮轻重同,则贾相若;五谷多寡同,则贾相若;屦大小同,则贾相若。'(孟子)曰:'夫物之不齐,物之情也。……子比而同之,是乱天下也。巨屦小屦同贾,人岂为之哉?从许子之道,相率而为伪者也。'"前一句陈相所说的"屦大小同,则贾相若",为农家观点,其中"小"与"大"相对,为"小"的常用义;后一句"巨屦小屦同贾,人岂为之哉",是孟子反驳农家观点的话,其中"小"与"巨"相对,为"细"义。"巨屦"指粗糙的鞋,"小屦"指精细的鞋,"精细"之"细"与"大小"之"小",语义上既有联系,又有区别,词义在语境中发生了偏移。又如"畏",本为"畏惧"义,而在特定语境中又有"敬服"之义。《论语·子罕》:"后生可畏,焉知来者之不如今也。"《三国志·蜀书·诸葛亮》:"邦域之内,咸畏而爱之。""敬服"与"畏惧"意念相通而又有明显不同,词义发生了偏移。

词义的这种偏移现象,并不是随意的,而是有其内在的规则和制约的。无论其词义偏移的角度怎样,程度如何,其基本义(或常用义)与偏移后形成的新义,虽然具体所指差异甚大,但其深层的内含的意念是相近或相关的,也就是说,这种词义偏移,是受其深层意义制约的。如"绝",《说文·糸部》:"断丝也。从糸,从刀,从卩。"古文"卩"像人形,取人以刀断丝之意。本以丝"断开"的形象表义,基本词义是"断开"、"断绝"。而人们游泳或乘船过河,也可以称"绝",如《荀子·劝学》:"假舟楫者,非能水也,而绝江河。"游泳或乘船过河在人们的意念上,也是把河水"断开"了。还把"穿越"某种物体称为"绝",如《庄子·逍遥游》:"抟扶摇羊角而上者九万里,绝云气,负青天。""穿越"某种物体,在人们的意念上,也是把这个物体"断开"了。

有些词语的近义偏移的生成,还需要凭借特定的语言、文化背景:

一是语言背景。即词义的语境偏移经常是发生在语义相通或相连使用的相关语词之间。如人生活困苦往往饥寒交迫,故往往以"贫寒"连言,"贫"与"寒"词义相关,且经常连用,因之"寒"在语境中发生偏移,也具有"贫困"之义。如《史记·范雎蔡泽列传》:"范叔一寒如此哉!"此"寒"正为"贫"义。又如:"多",本为"数量多",而在特定语境中产生了"称赞"之义。如《史记·商君列传》:"反古者不可非,而循礼者不足多。"此"多"与"非"("非议")相对,为"称赞"(或"认为好")之义。"称赞"(或"认为好")与"多少"之"多"语义相通而又有别,词义在语境中发生了偏移。此义在汉代习用。又如:《史记·樗里子甘茂列传》:"始张仪西并巴蜀之地,北开西河之外,南取上庸,天下不以多张子而以贤先王。"《汉书·张耳陈馀传》:"张王已出,上多足下,故赦足下。"

二是文化背景。即词义偏移受一定社会文化背景的影响。如"户",本指单扇的门。《说文·户部》:"半门曰户。"而在古汉语中,"户"又有"阻止"义。《小尔雅·广诂》:"户,止也。"《左传·宣公十二年》:"王见右广(春秋时楚国兵制,兵车十五辆为一广),将从之乘,屈荡户之。"杜预注:"户,止也。""户"的"阻止"义从何而来?这须从当时特定的文化背景上去寻索:我国古代社会,"户"(单扇的门)一般为内室之门,在礼教森严的上古社会,内室之"户"是不准外人出入的,故"户"在语境中发生偏移(由指称该事物名称的名词,借用为指称该事物功用的动词),演化出"阻止"之义。

具有某种联系的词义之间发生偏移的可能之所以能变成现实,发生偏移后的词义之所以能够引起读者的共鸣,得到他们的认可,这除了特定的客观背景外,还必须有主观的认知条件。这主要表现为:人类认知的"通感(或称联觉)"功能。即人类将自身不同感官和不同的心理感受加以沟通的功能。其中最主要的是把直接的生理感受和间接的心理感受加以沟通。如"惨"从心,指人在心理上"忧伤"、"凄惨"。《尔雅·释诂》:"惨,忧也。"而在特定语境中,又可以转指人肉体上的"疼痛"。《列子·杨朱》:"蜇于口,惨于腹。"张湛注:"惨,痛也。"人们的"通感"功能将心情上的凄惨和肉体上的"疼痛"联系起来,成为词义偏移的心理基础。

在人们的"通感"功能形成的词义偏移中,大量表现为将直观的空间感受转化为非直观的时间感受。因此,在语言交际中用空间词表达时间义的情况尤为突出。如"处",本为"处所"义,而特定上下文中可转指"时间"之义。元稹《鄂州寓馆严涧宅》诗:"何时最是思君处,月落斜窗晓寺钟。"杨万里《儿啼索饭》诗:"朝朝听得儿啼处,正是炊粱欲熟时。""处"均与"时"互文,有其特定的语境提示,"处"作时间解无疑。而"处"的这种语境偏移在唐诗、宋词中屡见,又如:韦庄《浣溪沙》词:"瞥地见时犹可可,却来闲处暗思量。"柳永《雨霖铃》:"都门帐饮无绪,留恋处,兰舟催发。"岳飞《满江红》词:"怒发冲冠,凭栏处,潇潇雨歇。""远"本指"距离远",又可以转指"时间晚"。司马迁《报任安书》:"夫人不能早自裁绳墨之外,以稍陵迟,至于鞭箠之间,乃欲引节,斯不亦远乎!""浅"本指"水浅",也可以转指"时间短"。司马迁《报任安书》:"又迫贱事,相见日浅,卒卒无须臾之闲,得竭指意。"

这种词义的"近义偏移",还往往同"借代(也叫'代称')"的修辞手法相联系,而且具有多种表现形式。如:

以物代人:

兵:本为"兵器"之称——又指"持兵器的人"。

官:本为"官府"(《礼记·玉藻》:"在官不俟屦,在外不俟车。")之称——又指"官吏"。

便衣:"平常人的服装(区别于军警制服)"——又指"身着便衣执行任务的军人、警察等"。

以特征、性状代事物:

须眉:胡须眉毛——指代男子("巾帼不让～")。

绿:本指绿色——又指"叶子";红:本指红色——又指"花朵"。(李清照《如梦令》词:"知否?知否?应是绿肥红瘦。")

以载体、工具或地名等指代相关事物:

札：古代书写字的小木片(《汉书·司马相如传》："上令尚书给笔～。")——又指"书信"(颜延之《赠王太常》："遥怀具短～。")

丹青：本指绘画所用红色和青色的颜料——又指绘画(～妙笔)。

菜篮子：盛菜的篮子——借指城镇蔬菜、副食品的供应("经过几年的努力,本市居民的～问题已基本解决。")

龙井：浙江杭州一个产茶的地名——又成为这种茶叶的代称。

以局部指代全体,以个别代一般：

风骚："风"本指《诗经》中的《国风》,"骚"指屈原的《离骚》——又用来泛指"文学"(毛泽东《沁园春·雪》："惜秦皇汉武,略输文采；唐宗宋祖,稍逊风骚。")

南浦：本为屈原《九歌·河伯》中的一个地名("送美人兮南浦")——后泛指"送别之地"。

红娘：本为《西厢记》中侍女的名字,她促成了崔莺莺与张生的结合——后成为民间对促成美满姻缘之人的代称。

上面也仅是举例性质。事物的相关方面与特征具有多元性,因此这种词的"相近(相关)"的近义偏移具有偶发性与多向性的特点。如"阳"依《说文》："高明也。"(十四篇下)"阳"的意符从"阜",本指高明的地方,即"山南水北"为"阳"。而"山南水北"之所以明亮,是因为"日头"照射的缘故,所以"阳"的词义又转而指"太阳",而且成为它的基本词义。而由于使用语言的人们对这一基本词义的不同体验,形成了许多新的意义：人们感觉到"阳光"是明亮的,因而"阳"有"亮"义。如《诗经·豳风·七月》："载玄载黄,我朱孔阳。"《毛传》："阳,明也。"在阳光的照射下,人们感到温暖,故"阳"又有"温暖"义。如"春日载阳,有鸣仓庚。"(同上)《郑笺》曰："阳,温也。"在人们眼中,"太阳"又是色彩斑斓的,故"阳"又有"色彩鲜明"义。如《诗经·周颂·载见》："龙旂阳阳。"《毛传》："言有文章也。"词义由"山南水北"——"太阳"——"明亮"、"温暖"、"色彩鲜明",多义词的不同义项之间体现了"相近(相关)"的特征。

二、传统"比"、"兴"修辞对多义词形成途径的启示

词义的发展不仅与修辞手段的运用密切相关,而且二者遵循着大体相类的原则。早在《周礼·春官·宗伯》中就有记载:"大(太)师教六诗:曰风,曰赋,曰比,曰兴,曰雅,曰颂。"《诗经·大序》则说:"故《诗》有六义焉:一曰风,二曰赋,三曰比,四曰兴,五曰雅,六曰颂。"《诗经·大序》的"六义"与《周礼》的"六诗"名异实同。关于"六义"的解释,历来研究者虽有种种不同的说法,而唐代孔颖达在《毛诗正义》中的阐释却得到多数学者的认同:"风、雅、颂者,《诗》篇之异体;赋、比、兴者,《诗》文之异辞耳。大小不同,而得并为六义者,赋、比、兴是《诗》之所用,风、雅、颂是《诗》之成形,用彼三事,成此三事,是故同称为义。"按照《诗经·大序》的说法,中国古代文学的表现手法,总其要者,也就是赋、比、兴三者。赋、比、兴是古人对诗歌艺术表现手法的总结,而它们的实质与内涵又是什么呢?

赋:郑玄《周礼·大师》注说:"赋之言铺,直铺陈今之政教善恶。"朱熹在《诗集传》说:"赋者,敷陈其事而直言之也。""赋"就是铺陈直叙,也就是通常说的"铺叙"。

比:郑玄《周礼·大师》注说:"比者,比方於物也。"朱熹在《诗集传》说:"比者,以彼物比此物也。""比"就是比喻,通过刻画外物来比附所要说明的意思。

兴:《毛诗正义》:"兴者,起也,取譬引类,发起己心。"朱熹在《诗集传》说:"兴者,先言他物以引起所咏之词也。"

这里,作为"铺陈直叙"的"赋"暂且不论,"比","以彼物比此物",也

是"相似(相类)"联想的体现;"兴","先言他物以引起所咏之词",也是"相近(相关)"联想的体现。修辞学上的"表现手法"与词汇学上的"引申途径",是语言学上两个不同、但又紧密相关的领域,它们同属于人类心理认知的产物,传统修辞学上"比"、"兴"所体现的"相似(相类)"与"相近(相关)"的认知方式,使我们在汉语多义词形成主要途径的研究上得到启发,也得到验证。

三、心理学上的"相似法则"、"邻近法则"对多义词形成途径的验证

格式塔心理学(Gestalt Psychology),又称完形心理学,1912年创立于德国,后在美国广泛传播和发展,是西方现代心理学主要派别之一。创始人及主要代表人物有德国心理学家维特墨(M. Wertheimer)、考夫卡(K. Koffka)、苛勒(W. Kohler)。该学派是现代西方心理学界一个内容较为复杂、体系较为严整、影响较为广泛的心理学派。他们提出"完形趋向律",认为"只要主要条件允许,心理的组织作用总是力趋于完善","部分相加不等于全体,整体并不等于部分之和"。(《格式塔心理学原理》)完形心理学包含一系列组织原则,认为知觉组织的心理倾向,受四个法则支配:(1)相似法则(law of similarity):刺激中相似者,被组合在一起,视为一个整体。相似的条件可为形状,可为颜色,可为大小等。(2)接近法则(law of proximity):刺激的空间或时间彼此接近时,倾向于被组合在一起。如桌子上散置很多筷子,其中两支较为接近者,倾向被视为一双。(3)闭合法则(law of closure)。(4)连续法则(law of continuity)。(《张氏心理学辞典》)

上述心理学上"完形"结构形成的相关法则中,有两条主要的法则:"相似法则"与"邻近(接近)法则",为认知科学界普遍接受。而这些法

则在语言的发展、词义的生成中同样发生作用。从心理因素来说：隐喻类比是"相似法则"的体现，近义偏移是"邻近法则"的体现。

参考文献

董为光　2004　《汉语词义发展基本类型》，华中科技大学出版社。
任学良　1981　《汉语造词学》，中国社会科学出版社。
宋书文　孙汝亭　任平安主编　1984　《心理学词典》，广西人民出版社。
杨　清主编　1985　《简明心理学辞典》，吉林人民出版社。
张春兴　1992　《张氏心理学辞典》，上海辞书出版社。
张人骏　朱永新主编　1989　《心理学著作辞典》，天津人民出版社。
中国社会科学院语言研究所词典编辑室编　2005　《现代汉语词典》（第5版），商务印书馆。
朱智贤主编　1989　《心理学大词典》，北京师范大学出版社。
束定芳　2000　《隐喻学研究》，上海外语教育出版社。
[清]阮元校刻　1980　《十三经注疏》，中华书局。
[德]考夫卡（Kurt koffka）　1935　《格式塔心理学原理》（*Principles of Gestalt Psychology*），中译本由傅统先翻译，1937年出版。

（原载《长江学术》2006年第2期）

论文学作品中语词的"言外义"

"为人性僻耽佳句,语不惊人死不休。"(杜甫《江上值水如海势聊短述》)古往今来,一些优秀的文学家精心炼句,潜心作文,创作出数不清的名篇、佳句,它们跨越时代的界限,冲破地域的阻隔,世代诵读,千古流传。读到这样的文句,或思绪万千,心潮澎湃;或回味无穷,遐思神驰。

一篇好的诗文,一副名联绝句,为什么会有如此巨大的艺术魅力呢?其中一个重要的原因,就是作者擅长锻词炼字,使作品在语词的运用上具有寓意深长、耐人寻味的"言外之义"。

一、追求语词的"言外义",是文学语言的基本特征

我们知道,词义是具有两重性的,这就是概括义与具体义、确定义与灵活义的对立统一。但无论概括义、具体义(二者又统称为确定义),还是灵活义,它们都是词本身直接体现出来的意义,属于"词内义";而词在使用中,还可以在特定的语言环境中产生一种"词外之义",或者叫做语词的"言外义"。

语词的言外义是词的含蓄义、深层义。科学语言所用的词义都是词内义,文学语言才追求语词的言外义。

应当说,语词的言外义,是文学语言的重要特征,是优秀的文学作

品的重要标志。中国古典诗歌创作中,讲究"诗眼",追求"炼字",这种经过锤炼的字词精妙之处,往往就在于蕴含着词外之义。唐代大诗人杜甫给后人留下许多世代传诵的名篇、佳句,这些脍炙人口的"惊人"之语,无一不是经过反复斟酌而成的。请看他的《登岳阳楼》一诗:

> 昔闻洞庭水,今上岳阳楼。
> 吴楚东南坼,乾坤日夜浮。
> 亲朋无一字,老病有孤舟。
> 戎马关山北,凭轩涕泗流。

其中"吴楚东南坼,乾坤日夜浮"一联,为后人称颂为"雄跨今古"的名句。这两句诗并非写眼前的实景,而是诗人面对洞庭湖水的浩瀚波涛所引起的联想。"吴楚东南坼",一个"坼"字,表明洞庭湖之大,使它成为吴楚两个大国的天然分界;"乾坤日夜浮",一个"浮"字,好像整个天地日月都囊括在洞庭湖水之中了。一"坼"一"浮",如画龙点睛,倾注了作者的主观感受,言外有义,把洞庭湖的辽阔浩瀚及吞吐天地的气势展现在人们面前。

追求语词的言外义,是中国古代文学创作传统,前人给我们留下的"言外有义"名句不可胜记:

> 惊风乱飐芙蓉水,密雨斜侵薜荔墙。

(柳宗元《登柳州城楼寄漳汀封连四州》)

出句写风,说"乱飐芙蓉水",表明风中有雨;对句写雨,用"斜侵",表明雨中有风。且"芙蓉"、"薜荔"都是香花、香草类,本是伟大爱国诗人屈原作品中常见的形象。联想到作者当时的处境,"乱飐"和"斜侵"言外有义,象征在黑暗政治的狂风暴雨中,正直的人遭受无情的摧残。

> 映阶碧草自春色,隔叶黄鹂空好音。

(杜甫《蜀相》)

这两句诗表面上是写武侯祠的景色,而"自"与"空"两字相对,寓意深远:"自"是暗伤不管人世如何变动,春天依旧到来;"空"是慨叹黄鹂徒有好音,而诸葛武侯的功业已成为往事。

   风含翠筱娟娟净,雨裛红蕖冉冉香。

(杜甫《狂夫》)

出句"净"字暗写雨,对句"香"字暗写风。故南宋罗大经《鹤林玉露》评此诗说:"上句风中有雨,下句雨中有风。"

   白鸥没浩荡,万里谁能驯?

(杜甫《奉赠韦左丞丈二十二韵》)

对诗句中所用"没"字,前人曾有非议,认为白鸥不会没入水中。其实,杜甫此诗精妙传神之处,正在于此。"没"意为"隐没"、"消失"之义,它既体现了白鸥展翅翱翔、自由自在的意境,又反衬出万里烟波的广阔。言辞之外有深刻的寓意。

  文学作品中语词的言外义,往往体现于词在特定的语言环境中所产生的附加义。这种附加义,主要表现在语词感情色彩的变化上。

  首先,是在语词的选择上熔铸作者的哀乐之情,达到情景交融的效果。如唐代韩愈《左迁至蓝关示侄孙湘》一诗,有这样一联:

   云横秦岭家何在,雪拥蓝关马不前。

这两句诗,字面上是对自然景色的描写,而内含作者深刻的主观感受:正是由于作者"眷恋朝廷",才会感到"云"也阻挡自己前行的道路;正是由于作者"心情沉重",才会感到"雪"也会拥塞马的征程。一个"云横",一个"雪拥",把诗人对朝廷生活的留恋和被贬官后的沉重心情形象地刻画出来。

  再有,是利用语词感情色彩的多向性,渲染气氛,创造意境。大家所熟悉的《红楼梦》第四十五回中,有《代别离·秋窗风雨夕》一诗,开头四句是这样的:

   秋花惨淡秋草黄,

耿耿秋灯秋夜长；

已觉秋窗秋不尽，

那堪风雨助凄凉！

"秋"是个很普通的表示中性义的词，但也可以表示褒义，代表天高气爽、果实累累的丰收时节，在作家笔下描绘出"空山新雨后，天气晚来秋"的画面，让人产生"随意春芳歇，王孙自可留"的依恋之情；还可以表示贬义，表示万物萧疏的悲凉景色，在人们面前展现"无边落木萧萧下"的凄凉景象，使诗人发出"万里悲秋常作客"的慨叹。《红楼梦》的作者曹雪芹正是利用了语词色彩的多向性，寓情于景，在短短二十八个字的四句诗中，连用六个"秋"字，并同"黄草"、"长灯"、"夜雨"等景色相配，创造出一种极度悲凉的意境，把林黛玉寄人篱下的悲苦心情逼真地显现出来。

二、词的言外义与语法

语词言外义的体现，经常同一定的语法形式的运用相配合。如李白的《黄鹤楼送孟浩然之广陵》一诗：

故人西辞黄鹤楼，

烟花三月下扬州。

孤帆远影碧空尽，

唯见长江天际流。

其中"孤帆远影碧空尽，唯见长江天际流"一联，为古往今来友人送别的名句。诗句的传神之处在哪里呢？它不在于对送别情景的描述，而在于言外有义。而这种言外之义，是用一定的语法形式来体现的。诗句中，"孤帆——远影——碧空尽"是语义相承的三个句子成分，使读者想到：李白送友人孟浩然远行，孟浩然已乘舟东下，李白依恋忘返，故始见

"孤帆",继望"远影",最后什么也看不见了,"唯见长江天际流"。行人远逝,时间良久,而作者仍然伫立江边,其依依惜别之情,见于"言外"。

宋诗的成就虽然远不逮唐诗,但诗人们遣词造句也是煞费苦心的。王安石《船泊瓜州》有"春风又绿江南岸"一句,历来为人称道。而据《容斋随笔》卷八记载,它是经过多次修改才写定的。最初写作"春风又到江南岸",圈去"到"字,注曰"不好",改为"过"。又圈去"过"改为"入",随即又改为"满"。一连改了十几个字,最后才改定为"绿"。这"绿"字用得何以绝妙呢?前面所用的"到"、"过"、"入"都是动词,只是描写了春风、春天的到来。而"满"和"绿"是形容词,这里意为使动;但"满"字还停留在单纯的自然描写上,而"绿"字则注入了作者的联想,其意是"春风的到来使江南变绿"。这样,不仅写出了春风到来的季节特征,还展示了江南水乡春风送暖、万物复苏的自然风光。虽一字之差,"言外之义"让人回味无穷。

三、词的言外义与修辞

语词的言外义,同文学作品的修辞方式的联系更为密切。如:

吴歌楚舞欢未毕,青山欲衔半边日。

(李白《乌栖曲》)

绿杨烟外晓寒轻,红杏枝头春意闹。

(宋祁《玉楼春》)

人面不知何处去,桃花依旧笑春风

(崔护《题都城南庄》)

以上三联诗都是采用拟人的修辞手法,使语词产生耐人寻味的言外之义。例一的"衔"字,仿佛青山有意,欲衔日以增夜长,表现了欣赏"吴歌楚舞"的人们对于长夜宴饮的留恋。例二本来是写杏花盛开的景色,但作者不写"杏花开"而写"春意闹",用经常写人的语词来写物,从而不仅描写了杏花怒放的美景,而且在人们面前展现出一片生机勃勃的春色。例三一个"笑"字,不仅生动地描绘了桃花艳丽的色彩和动人的娇姿,而且暗含诗人对昔日与"桃花相映红"的农家姑娘的思念。

　　这种对语词言外义的追求,虽然用的是修辞手法,但同一般的修辞方式又有不同。它主要是在语词的选择、搭配上下工夫,在特定的语言环境中,追求语词运用的"新"和"奇",从而达到"言外有义"的效果。这种语词的言外义,主要是通过词义内部的矛盾运动来实现的。词义是由义素构成的。词的义素包括性质、程度、范围、色彩等多种因素,它们共同凝结成一个完整的词义。在特定的语境中,或者某一不为人注意的次要义素可能突然显现出来,占据了重要地位;或者如太阳光照在反光镜上发生折射一样,产生歧义,这就形成了词的"言外之义"。杜甫的《闻官军收河南河北》一诗,有这样两句:"却看妻子愁何在,漫卷诗书喜欲狂。"其中"漫卷诗书"的"漫",从字面上讲,就是"漫不经心"、"随随便便"之意,是个表示消极意义的词;可是在特定的语言环境之中,却产生了积极意义。诗人一听到官军战胜的消息,欣喜若狂,连书也看不下去了,而且几乎到了忘乎所以的地步,收拾书籍也是"漫不经心"的。这一个"漫"字,正好反衬出诗人的极度兴奋——"喜",而且到了快要发"狂"的地步。由于言外有义,虽然所用语词平常,创造出的意境却不凡,诗人经过长期战乱流离,即将重返家园的喜悦心情跃然纸上。

　　可见,文学语言中词的言外义,是词义内部矛盾运动的结果,是词义自身两重性和语言自身丰富性的具体体现。

(原载《河北师范大学学报》1986年第4期)

汉语词义演变规律新探

在汉语词义研究中,对词义引申、演变规律的探讨是个重要的、核心的问题。目前,我国语言学界通行的说法,仍是前辈学者从西方引进的词义"扩大、缩小、转移"的三种演变方式说。这一理论来源于德国语言学家保罗1880年出版的《语言史原理》一书。但是,近年来越来越多的语言研究工作者认为,这一理论不能说明词义、尤其是汉语词义引申演变的种种复杂情况。所谓词义"扩大"和"缩小",究其实也只不过是一个词义范围的变化而已;而词义的"转移",又成为无所不包的规律。这样的理论,怎么能说明词义演变的内在规律呢?

因此,探讨汉语词义演变的规律,必须注重民族的特点,立足于对大量汉语词汇引申演变线索的具体深入的、实事求是的分析研究,从中总结出规律性的东西。

我国传统的词义研究取得了优秀的成果。以段玉裁的《说文解字注》(以下简称《段注》)为例,它对于一千余个汉语语词的引申、演变线索进行了细致入微的探讨。重新整理、认识传统词义研究的积极成果,对于我们今天研究汉语词义引申、演变的规律,有着重要的借鉴意义。

为了攻克当前语言研究的难点,探索汉语词义演变的规律,应当认真分析、总结以《段注》为代表的我国传统语言文字学著作中说明的大量词义演变现象,有分析地吸收国外词义演变研究的成果,重新探讨汉语词义演变的原因和主要形式。

一、汉语词义发展演变的主要原因和主要形式

马克思主义唯物辩证法告诉我们：事物发展的根本原因在于事物内部的矛盾运动。在研究《段注》及其他传统语言文字学著作所分析的大量汉语词义演变现象的过程中，我们感到，这一法则同样适用于说明汉语词义演变的规律。词义演变的根本原因，是在一定外部条件下（主要是社会交际的需要）词义内部的矛盾运动。

通过对《段注》所分析的一千余条词义引申线索的研究和归纳，我们看到：个别与一般、具体与抽象的相互转化，是汉语词义演变的主要规律。那么，这种一般规律在词义演变的过程中，都表现为哪些具体的矛盾运动和词义演变形式呢？

词的意义范畴，主要包括其所表达的概念义（其中包括词义的范围、性质、特征、程度等）和附属义（即词所具有的感情、形象、语体风格等方面的色彩）两个方面。词义本身的矛盾运动，主要是围绕这些方面进行的。词义演变的矛盾运动具体可分为以下六个方面：

一是广义与狭义的矛盾；

二是褒义与贬义的矛盾；

三是个性与共性的矛盾；

四是程度轻与重、浅与深的矛盾；

五是一个词内部主要意义与次要意义的矛盾；

六是上述各种矛盾的交错和连续运动。

与上述词义矛盾的六个方面相对应，汉语词义演变表现为以下六种主要形式：

一是词义范围的扩大或缩小；

二是词义褒贬感情色彩的变化;

三是词义比喻性引申;

四是词义程度重轻、深浅的变化;

五是词义重心的转移;

六是词义的辗转引申:其中词义各种矛盾运动的交错,表现为词义引申的多向性;词义内部矛盾的连续运动,表现为词义引申的多重性。

下面,结合《段注》中所分析的大量词义演变现象,对上述六种词义演变方式分别进行具体的说明。

(一)词义的广义与狭义矛盾运动的结果——词义范围的扩大或缩小

目前讲词义演变的许多专著或论文,把词义演变归纳为"扩大、缩小、转移"三种形式,这样,"扩大"与"缩小"就占了词义演变形式种类的三分之二了。其实,它们分别为词义范围变化的一个方面,合其二者,也仅仅是词义演变的一种表现形式而已。

词义表示概念,而概念是客观事物在人们头脑中反映的产物。客观事物所普遍具有的一般与个别、广义与狭义的两重性,必然反映到概念之中。词义既然是概念的体现者,事物概念的两重性一般也要反映到词义之中。人们在使用语言时,出于节省语词的目的,在特定的语言环境中,用表示广义的词表达与之有关的狭义的词义,从而突出事物的特征,这就是词义的缩小;反之,用狭义的词表示与之有关的广义的词义,从而突出事物的普遍性,这就是词义的扩大。当某一词义的转化用法约定俗成,为社会普遍承认之后,就形成了词义范围的变化。

首先是词义范围的扩大。就是用本来为狭义的、表示个别事物的词表达与之联系的广义的、表示一般事物的词义。由于人们认识事物的过程是由个别到一般,汉语中许多语词,其原始意义较窄,后来使用范围逐渐扩大。《段注》等传统语言学著作中,对词义的这种转化,做过

深入细致的分析。例如:

①牲 《说文》:"牛完全也。"

《段注》:"引申为凡畜之称。《周礼·庖人》注:始养之曰畜,将用之曰牲。"(二篇上)

"牲"本指用来祭祀的活牛,而后来词义扩大,引申为"牲畜"的通称。

②气 《说文》:"云气也。"

《段注》:"引申为凡气之称。"(一篇上)

③匠 《说文》:"木工也。"

《段注》:"以木工之称引申为凡工之称也。"(十二篇下)

同"词义的扩大"相反,词义这一矛盾的逆向运动,则是"词义的缩小"。例如:

④瓦 《说文》:"土器已烧之总名。"

《段注》:"凡土器未烧之素皆谓之坯(即坯——引者注),已烧皆谓之瓦。《毛诗·斯干》传曰:瓦,纺专(即'砖')也。此瓦中之一也。"(十二篇下)

"瓦"作为"土器已烧之总名"的一般意义同"纺专"的具体词义,以至后世发展到专指"屋面建筑材料"之"瓦"的词义,体现了词义由一般到个别的演变。

⑤金 《说文》:"五色金也,黄为之长。"

《段注》:"故独得金名。"(十四篇上)

上古时代,"金"本为一切金属的通称,如我们文字学上所说的"金文",实际上是刻在铜器上的文字。随着冶金事业的发展和语言交际的需要,许多金属专有其名(如铜、铁等),"金"的词义范围缩小,成为金属中最主要、最珍贵的"黄金"的专名。

⑥子 最初是"孩子"的总称,不论男孩、女孩,都叫"子",如《论语·公冶长》:"以其子妻之。"这里的"子"就指女儿。后来,女孩

叫做"女","子"的词义范围缩小,专指"儿子"。

这种词义由一般到个别的转变,也是与人们的认识相联系的。固然,人们认识事物一般过程是由个别到一般;但就人们认识事物的深刻程度说来,却是由"笼统"到"精微"。这种认识上的特征反映到词义的演变上,表现为由表示"笼统"概念的一般词义发展为表示"精微"概念的具体词义。

(二)词的褒义与贬义之间矛盾运动的结果——词义感情色彩的变化

汉语中相当一部分语词可以表示基本词汇意义相同而感情色彩相反或相对的两个词义。这种情况最为清楚地体现了汉语词义内部的矛盾运动。这里所说词义感情色彩的变化,包括由褒义到贬义、由贬义到褒义的转化,也包括词的中性义和褒义、词的中性义和贬义之间的转化。

①爪牙　《诗经·小雅·祈父》:"祈父,予王之爪牙。"
"爪牙"古代指勇士,是对武将的敬称,后来多指"帮凶"、"走狗",转为贬义词。

二是与上面逆向的转化,由贬义变为褒义。例如:

②爱　在上古汉语中有一常用词义是"吝惜",为贬义。《诗经·郑风·将仲子》:"岂敢爱之,畏我父母。"《孟子·梁惠王上》:"王无异于百姓之以王为爱也。"《老子》:"甚爱必大费。"均作此解。因为凡是一个人"吝惜"的东西,往往是本人喜爱的,因而又有"喜爱"的意义,多为褒义。

三是词义由中性转化为褒义。例如:

③祥　《说文》:"福也。"

《段注》:"凡统言则灾亦谓之祥,析言则善者谓之祥。"(一篇上)

"祥"古代曾经作"预兆"、"征兆"讲,吉、凶均可称为"祥",是个中性义的词。如《左传·僖公十六年》:"是何祥也？吉凶焉在？"正用此义。后来,随着语言表达准确的需要,吉兆、凶兆分用两词,"祥"只表示"吉祥",由中性义的词转化为褒义词。

四是与第三种情况逆向的转化,即由褒义词转化为中性义的词。例如:

④羊 《说文》:"祥也。"

《段注》:"叠韵。《考工记》注曰:羊,善也。按:羴、義、羑、美字皆从羊。"(四篇上)

"羊"在古代具有"善"义,大概与古人祭祀多用羊有关。因此,"美"、"義"、"善"等字都从"羊"。但在今天,虽然以"羊"为意符的许多字仍然具有褒义,但"羊"本身却毫无疑问地已经转化为一个中性义的词。

五是由中性义的词转化为贬义词。例如:

⑤敌 《说文》:"仇也。"

《段注》:"仇,雠也。《左传》曰:怨耦曰仇。仇者,兼好恶之词,相等为敌,因之相角为敌。"(三篇下)

"敌"、"仇"、"雠",都为"相等"之义,是中性义的词。《左传·桓公三年》:"凡公女嫁于敌国,姊妹则上卿送之。"这里的"敌",正是"匹敌"之义,指两国力量相当。因为力量相当的人或国家往往是战争中的对手,于是引申出"敌人"的意义,由中性义的词转化为贬义词。

六是与第五种情况逆向的转化,即贬义词转化为中性义的词。例如:

⑥加 《说文》:"语相譄加也。"

《段注》:"诬人曰譄,亦曰加……引申之凡据其上曰加。"(十三篇下)

可见,"加"的本义相当于今天的"诬",是贬义词,后来引申为"凡据其上曰加",成为中性义的词了。

以上六种情况,我们统称词义感情色彩的变化。

(三)词义个性与共性矛盾运动的结果——词义的比喻性引申

首先需要说明的是,这里所讲的词义演变的"比喻性引申",与一般讲的比喻意义有所不同。所谓的比喻意义往往有临时性,人们很容易意识到它的比喻性;而所谓"比喻性引申",已在长期使用中成为词的固定意义,甚至取代了词的本来意义,人们通常意识不到它的比喻性。如"香",本指"谷类成熟后的气味",后来成为"美味的通称",这是词义的比喻性引申;而有时也用来表示"人睡得酣"或"某种人或事物受欢迎"(如:"他睡得挺香。""这个人很吃香。"),则是词的临时的比喻意义了。

词的比喻性引申,集中体现了词义"由具体到抽象"的转化,是词义引申、演变的主要形式。在这种词义演变方式中,从词义演变的逻辑关系上,可以分为"由具体到抽象"、"由抽象到具体"两大类;从词义引申前后两个义项的关系来说,一种是"表面相似",一种是"性质相关"。

与人们思维一般为从具体到抽象的特征的相联系,词义比喻性的引申一般是由表示具有某种特征的具体事物的词义,引申出表示许多事物某一共同特征的比较抽象的词义。例如:

①苦 《说文》:"大苦,苓也。"

《段注》:"苦为五味之一,引申为劳苦。"(一篇下)

"苦"本义为一种味道极苦的植物(草药),后来用以表示"五味之一"的"苦",词义变得比较抽象了;进而又由"味苦"引申为"劳作"之"苦","苦"的词义就更为抽象了。"大苦"——"苦味"——"劳苦",三个义项"性质相关"。这种递进式的比喻性引申的结果,使词义越来越抽象。

②题 《说文》:"额也。"

《段注》:"引申为凡居前之称。"

"题"由人的"额头"义引申为文章的"题目"之义,从具体到抽象,引申前后的两个义项表面上有"相似之点"。

词的比喻性引申,也有"由抽象到具体"的情形:

③亲(親) 《说文》:"至也。从见,亲声。"

《段注》:"至部曰:到者,至也。到其地曰至,情意恳到曰至;父母者,情之最至者也,故谓之亲。"(八篇下)

"亲"本义为"情意恳到"(即"恳切")义,引申为专指"父母",由抽象到具体,这也是词义"比喻性的引申"。

以上是讲词义内部特性与共性矛盾运动所引起的词义演变——比喻性的引申。这种词义演变情况,很容易同词义扩大相混淆,这是我们应该特别注意的。其实,词义的比喻性引申与词义扩大是不同的。"词义扩大"是词义的全面扩张,词义演变的结果是由个别到一般;词义的"比喻性引申"是原词义的某一主要特征成为独立的词义,词义演变的结果是由具体到抽象。如"项"从"头后"的词义引申为"凡颈之称"的词义,是词义的扩大;而"硕"由"头大"的词义引申为"大"的词义,则是比喻性的引申。

(四)词义程度深浅、重轻的矛盾运动的结果——词义程度的变化

同词义范围的扩大、缩小一样,词义程度深浅、重轻的变化,也是可以向两个不同方向转化的。首先是由轻到重、由浅到深的变化。例如:

①恨 《说文》:"怨也。"(十四篇下)

"恨"较早词义是"感到遗憾"的意思,程度较轻。《史记·魏其武安侯列传》:"恨相知晚也。"正用此义。后来"怨恨"连用,"恨"又引申出"仇恨"的意义,程度加深了。

与上述变化相反,词义也可以发生由重到轻、由深到浅的变化。例如:

②饿,古汉语中本指因为长久吃不上东西,饿得厉害。《韩非子·饰邪》:"家有常业,虽饥不饿。"说明"饥"与"饿"是有分别的。

《左传·宣公二年》:"见灵辄饿,问其病,曰:'不食三日矣。'"三天没有吃饭,饿得病倒了。可见,"饿"指饿得很严重,词义程度很重。后来,饥、饿界限逐渐消失,词义程度减轻。

(五)词的主要意义和次要意义矛盾运动的结果——词义重心的转移

一般地讲述词义演变的著作,只笼统地讲"词义的转移"。依据词义演变的根本原因在于词义内部矛盾运动的理论及对大量词义"转移"现象的分析,所谓"词义转移",实质上是"词义重心的转移"。如果原来词义中根本不具备某一词义的要素,词义一般是不会向那个方面转移的。词义变化是词义自身矛盾运动的结果,词义"转移"是各个义素所处地位的变化,即"重心的转移"。有少数词义,目前我们还说不清"重心转移"的线索,如"脚"从古代的"小腿"义演变为今天的"足"义,"走"从古代的"跑"义演变为今天的"行走"义,这主要是由于古代语言资料的缺乏,它们的联系暂时尚未被人们认识的缘故。还有少数情况,则是因为与同音词或文字假借相牵混,需要我们细心加以鉴别。

"词义重心的转移"体现了词义演变的规律性与灵活性的对立统一关系,是古今词义变化的又一个普遍的、重要的方式,为了具体地说明"词义重心的转移",可以把它们细分为"理据性的转移"和"特征性的转移"两大类。所谓"理据性的转移",是指词义引申前后甲、乙两个项有逻辑上的相因关系。根据其相因关系的不同,又可以分为"因果转移"、"动静转移"、"物人转移"、"施受转移"、"正反转移"等方面。所谓"特征性的转移",是指在一定语言环境中,原词的次要意义或词义次要特征上升为主要词义。由于词义的次要特征是多种多样的,而且促成词义演变的外部条件又带有很大的巧合性,因而词义"特征性的转移"具有多变性、偶发性的特点,情况较为复杂。下面分别举例加以说明。

第一种类型:词义理据性的转移。具体分为许多小类,这里选择有代表性的五种,试加说明。

其一,因果的转移。指词义从甲义项发展到乙义项,虽然词义重心发生了转移,但二者有前因后果的关系。例如:

①稍 《说文》:"出物有渐也。"

《段注》:"稍之言小也、少也。凡古言稍稍者,皆渐进之谓。"(七篇上)

"稍"的词义由"渐"到"小"、"少",二者有因果上的关联,凡物"渐"(速度)则"小"、则"少"(结果)。

与此相对,词义的发展也可以由"结果"而推至"原因"。例如:

②阳(陽) 《说文》:"高明也。从阜,昜声。"(十四篇下)

"阳"的意符为"阜",本指高明的地方,即"山南水北"为"阳"。而"山南水北"之所以明亮,是因为"日头"照射的缘故,所以"阳"的词义又转移为指"太阳",由"结果"转移到了"原因"。

其二,动静的转移。这种转移往往伴随着动词(或形容词)与名词之间的词类转化。例如:

③客 《说文》:"寄也。"

《段注》:"自此託彼曰客,引申之曰宾客。"(七篇下)

此为由动到静的转移。

④食 《说文》:"△米也。"

《段注》:"引申之人用供口腹亦谓之食。"(五篇下)

"△"即"集",集众米而成食,"食"本为今天所说的"饭食",为静态,是名词;而引申为今天所说的"吃饭",转移为动态,是动词。此为由静到动的转移。

其三,指物与指人的转移。在汉语词汇中,词义移物于人的转化是常见的。例如:

⑤兵 《说文》:"械也。"

《段注》:"用器之人亦曰兵。"(三篇上)

"兵"的词义由指"兵器"到指"持兵器的人",由指"物"转移到指"人"。

⑥东宫 本指封建社会太子居住的地方,后词义转移指"太子"。如《诗经·卫风·硕人》:"齐侯之子,卫侯之妻,东宫之妹。"这是移"物"于"人"的例证。

其四,施受的转移。古汉语中"施受同辞"的现象很多,至后代才分化为两词。如"食"与"饲"、"受"与"授"、"至"与"致"。这种"施受同辞"的现象,也体现了词义重心的转移。例如:

⑦伐 《说文》:"击也。从人持戈。一曰败也。"

《段注》:"《公羊传》曰:春秋伐者为客,伐者为主。何云伐人者为客,读伐长言之;见伐者为主,读伐短言之,皆齐人语也。"(八篇上)

这里,同一"伐"字,既有"伐人"之义,又有"见伐"之义,施受同辞。"伐"本为"击","伐人"是较早的词义,"见伐"是后起的词义,由"伐人"到"见伐",这也是词义重心的转移。

其五,正反的转移。古汉语中词义"相反为训"的现象非常突出。这种词义"相反为训"的现象,多数也是由于词义引申而造成的,也是词重心转移的一种形式。例如:

⑧置 《说文》:"赦也。"

《段注》:"置之本义为贳(shì)遣(即废置——引者注),转之为建立,所谓变则通也。"(七篇下)

⑨忍 《说文》:"能也。"

《段注》:"忍之义亦兼行止,敢于杀人谓之忍,俗所谓忍害也;敢于不杀人亦谓之忍,俗所谓忍耐也,其为能一也。"(十篇下)

同一个"忍"字,既有"残忍"义,又有"忍让"义,词义的重心发生了转移。

这里所讲的词义"正反转移"同前面讲的词义"感情色彩的变化"有

所不同。所谓"词义感情色彩的变化",词的词汇意义基本上没有变化;而词义的"正反转移",词的词汇意义也发生了变化。

第二种类型:词义特征性的转移。即在一定条件下,原词义的某一次要的特征上升为主要词义。例如:

⑩颜 《说文》:"眉之间也。"

《段注》:"凡羞愧喜忧必形于颜,谓之颜色。"(九篇上)

"颜"本义是"眉之间",表示面部的一个部分,这是词义的"重心";由于人之色"形于颜",而引申出"颜色"的意义。次要意义上升到主要地位,词义的重心发生了转移。

⑪向 《说文》:"北出牖也。"

《段注》:"引申为向背字。"(七篇下)

"向"的本义为"朝北的窗子","窗子"是其主要词义,"朝北"是它一个次要特征,而在词义演变中,这一次要特征上升到主要地位,由此引申出"方向"的意义,词义重心发生了转移。

从以上实例可以看出,词义特征性的转移具有很大程度的偶发性和多变性。

这里应当强调指出的是,"词义特征性的转移"也与"比喻性引申"不同。如"晓"由"天明"引申为"凡明之称",这是"词义比喻性引申",引申义是在原词义的主要特征上发展而成的,而且引申前后的词义具有一致性;而"向"由"朝北的窗子"发展出"方向"义,则为"词义特征性的转移",这时原词的次要意义或词义次要特征上升为主要词义。

(六)词义内部矛盾交错或连续运动的结果——词义的辗转引申

上面我们讲了词义内部的五种矛盾运动。事实上,在词义演变的具体过程中,各种矛盾并不是孤立地进行的,而往往是交错在一起的。

词义辗转引申的结果,有三种情况:

一是词义各种矛盾连续运动,使词义沿着一个方向不断引申——

形成词义引申的多重性,即"链锁式引申"。例如:

厌

(一)饱。此义又写作"餍"。《孟子·离娄下》:"其良人出,则必餍酒肉而后反。"

(二)满足。《左传·隐公元年》:"姜氏何厌之有?"

(三)厌恶。《论语·乡党》:"食不厌精,脍不厌细。"

其演变线索可以用下图表示:

饱————————→满足————————→厌恶
　　(比喻性引申)　　　(感情色彩变化)

二是各种矛盾的交错运动使词义同时向不同方向引申——形成词义引申的多向性,即"放射式引申":

法

(一)法令、法律。《史记·游侠列传》:"儒以文乱法,而侠以武犯禁。"

(二)制度。《过秦论》:"内立法度,务耕织。"

(三)效法。《孟子·公孙丑上》:"则文王不足法与?"

(四)方法。杜甫《寄高三十五书记》:"美名人不及,佳句法如何?"

其词义演变线索可以用下图表示:

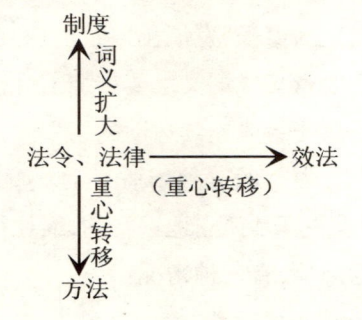

```
           制度
            ↑
            词
            义
            扩
            大
  法令、法律————————→效法
            ｜   (重心转移)
            重
            心
            转
            移
            ↓
           方法
```

三是上述两种演变方式的交叉——形成"词义的综合式引申"。例如：

听

(一)听。《孟子·告子上》："惟奕秋之为听。"

(二)理会。《韩非子·五蠹》："先王胜其法，不听其泣。"

(三)治理、判断。成语："垂帘听政"。

(四)听从。《礼记·曲礼》："三谏而不听，则逃之。"

(五)由着、放任。成语："听其自然"。

其词义引申线索可以用下图表示：

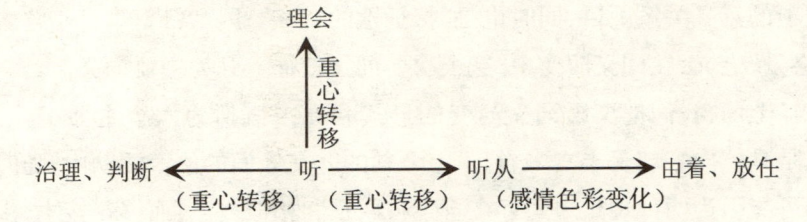

```
                  理会
                   ↑
                  重
                  心
                  转
                  移
                   │
治理、判断 ←──── 听 ────→ 听从 ────→ 由着、放任
         (重心转移)  (重心转移)    (感情色彩变化)
```

在这种词义"辗转引申"中，由于词义内部矛盾的连续运动而产生的词的较远的引申义的情况，最值得注意。这种较远的引申义同词的原始意义的联系曲折复杂；因而，有些人或者把它们看成不可捉摸的东西，而笼统地称为"词义转移"，或者干脆把二者视为意义上不相干的文字"假借"。这两种做法，看来简易省事，但却不能反映词义演变的客观规律，不利于人们深刻理解词义发展的内在联系，不利于人们全面地把握词义系统的来龙去脉。下面，我们举例加以说明。如：

秀　本义为"谷类吐穗开花"，又有"优秀"的意义。

有人没有找到其引申的中间环节，看不到二者的内部联系，而统称为"词义转移"，知其然而不知其所以然。但是，只要我们按词义引申演变的规律来分析，其词义发展线索还是很清楚的。"秀"的本义为"谷类吐穗开花"，经过"词义扩大"的引申，产生"各种草类植物生穗开花"的意义;再经过"比喻性的引申",产生"茂盛"的意义;又经过"比喻性的引申",便产生了"优秀"、"突出"的意义。

通过以上实例的分析可以看出,词的较远的引申义的发展线索是复杂的;但是,只要我们认真找出某一词的各个义项,理清引申发展的中间环节,仍然是能够认识其发展演变的内在规律的。

汉语词义的引申演变虽然可以综合为上述六种主要形式,但它们之间是既有区别,又有联系的。这些形式之间的分野并不是绝对的,在具体的词义演变中,往往有重叠和交叉。例如"爱"这个词,由"吝惜"义到"喜爱"义,从词义感情色彩上讲,是由贬义到褒义的转化;而从两个义项的意义关系上讲,同时也是"特征性的转移",因"吝惜"本身暗含着"喜爱"之义,在词义演变中,这个次要词义特征上升为主要词义。

上面,我们把汉语词义演变的形式和原因概括为六个主要类型。但是具体内容却是丰富多彩、千差万别的。在人们的语言活动中,随时都可能因为两种现象之间存在着某种联系和相似之点,而移花接木、由此及彼地创出新义;而一旦约定俗成,为社会所公认,就形成词义的发展演变。因而,词义的演变,其概括的形式是有限的,其具体变化的情况又是无限的;既体现出客观的规律性,又表现出人类的主观能动性,词义演变的这种复杂情况,是由人们的思维来完成的。

二、思维在词义演变中的作用

语言和思维是两种不同的社会现象。前者是物质的(语音物化的思想),后者是精神的;前者是形式,后者是内容;前者是民族的,后者是全人类的,分别有其各自的特点和规律性,我们不能用思维的研究代替语言本身的研究。然而,语言毕竟是思维的工具,语言本身的内容与形式,都同思维不可分割地联系着。在语言中,语义是思维的体现者;词义的发展,从主观条件上讲,是由人们的思维来完成的。

首先,词义引申演变的完成,在于词义之间的内在联系及人们对这种联系的认识。语言中的一个词由甲义引申出乙义,总是因为这两个意义之间有某种联系。这种联系,一般是客观事物之间所固有的;没有这种联系,词义的演变一般是不能实现的。但是,这种词义之间的联系,只是为词义的引申演变提供了可能性。而词义演变的完成,把词义演变的这种可能性变成现实,还有赖于人们的认识。因而,词义的演变,与人们的思维能力、民族的心理特征和社会风俗习惯都有着极为密切的联系。

同时,从上文关于词义演变的六种主要形式的具体分析中,我们还看到:作为思维工具的语言同思维有对应的规律性。正如人们的思维有逻辑的和形象的两种不同方式一样,词义演变也是以两种不同的方式进行的:

一种是逻辑性的演变——或者叫做概念的、规则的演变。如前面所讲的词义范围的变化、词义程度的变化、词义理据性的转移,一般属于逻辑性的演变。这种演变,或者词义的基本属性没有什么变化,只表现为范围的扩大或缩小、程度的加重或减轻;或者是词义的基本属性按一定的逻辑关系转移。总之,其演变的方向比较固定。这种演变,与人们的逻辑思维相对应,或者说是人们逻辑思维的结果,而不需要人脑的想象、创造或夸张。从思维和语言的关系,即概念和词义的关系来讲,这种词义演变体现了词义与概念的同一性或一致性。例如:

驰 《说文》:"大驱也。"(十篇上)

"驰"本义为"使劲地赶马"。如《左传·成公二年》:"不介马而驰之。"后引申为"奔驰"。词义由"赶马"转移到"马奔驰",词义表达的概念发生了变化,但这种变化是按照一定的逻辑程序(因果关系)进行的,属于逻辑性的演变。

二是形象性的演变——或者叫做特征性的、不规则的演变。如我们前面所讲的词义的比喻性引申、词义感情色彩的变化、词义特征性转移,一般都属于形象性的演变。这种演变,是人的头脑想象、创造、夸张的产物,是按照形象思维的方式进行的。从概念与词义的关系来讲,这种词义演变体现了词义与概念的矛盾性与区别性。例如:

昏 《说文》:"日冥也。"(七篇上)

《说文》所讲的是"昏"的本义。后来引申为表示抽象概念的词义,比喻人的"糊涂",如"以其昏昏,使人昭昭"。这种由"日冥"引申为"糊涂"的词义演变,是词义的"比喻性的引申",属于形象性的词义演变。

以上,我们以传统词汇研究成果为基础,对汉语词义演变的规律提出了一些探索性的看法。从上面的分析中,可以看出,汉语词义演变并不是不可捉摸的。只要我们认真继承前人的研究成果,加以现代的科学的研究方法,就一定能突破词义研究这个难点,推动汉语语言研究的深入发展。

(原载《山西师范学院学报》1984 年第 2 期)

不能"以今律古",也不要"以古限今"

——谈古语词在现代汉语中的理解和运用

提要:目前语言的理解和使用中,"以今律古"或"以古限今"的现象同时存在,混淆了语言的古义(或语源义)与今义,都违背了语言历史发展规则。语言是在历史上发生、发展的,对语言现象,特别是语义(词义)的认识,要注意到两个方面:阅读和注释古代文献应因古文以求古义,切不可"以今律古";在现代语言的使用上也不能"以古限今"。尤其是对现代汉语词义的理解,要更多地关注语言事实。

一、论题的缘起

前几年,有关报刊曾经就"压轴戏"是那一场戏展开过讨论。程乃珊在《看京戏》一文中说:"因为梅兰芳是名角,故而他的戏总是压大轴,按例总是放在最后一个。"王一川先生认为:"排在大轴前面的,即倒数第二个节目,称作'压轴'。压轴者,压在大轴上面之谓也。程乃珊知道梅兰芳'按例总是放在最后一个',但把他的戏称之为'压大轴',可见是说了外行话。"[①]其实,这里涉及词语的古义(或语源义)与今义的问题。

"压轴戏"本为脱胎于徽班的京剧的术语,就该词的古义(语源义)来说,指"倒数第二个节目",不应有争议。清杨懋建《梦华琐簿》曾有记载:"今梨园登场,日例有'三轴子':(《竹枝词》注云'轴'音'纣')'早轴子',客皆未集,草草开场。继则三出散套,皆佳伶也。'中轴子'后一出曰'压轴子',以最佳人当之。后此则'大轴子'矣。大轴子皆全本新戏,分日接演,旬日乃毕。……至压轴子毕,鲜有留者。"②

但是,不管坚守"古义"的人怎样批评人们说"外行话",但在当今的戏曲或文艺演出中,人们习惯将"最后一个节目或一出戏"称为"压轴戏",却是一种客观的事实。至于这种词语意义发生变化的原因,人们给予种种不同的解释,至于哪种解释符合语言发展的事实,我们今天不作讨论。事实上,前人"压轴子""以最佳人当之","至压轴子毕,鲜有留者"的记载,已经蕴含"一场演出最后一个精彩节目"的含义了。

值得注意的是,目前语言的理解和使用中"以今律古"或这种"以古限今"的现象同时存在,它们都违背了语言历史发展规则,混淆了语言的古义(或语源义)与今义,是我们语言使用中值得关注并加以研究的问题。

二、阅读文献不能"以今律古"

首先,我们不能望文生训,"以今律古"。在古代文献的阅读和注释中,应因古文以求古义,切不可以今释古,把后人的观念强加于古人。例如:

    仕而优则学,学而优则仕。(《论语·子张》)

目前通行的一种说法,是把"学而优则仕"译成"读好了书就可以做官"。把"优"释为"优良"。这种讲法,是自相矛盾的。因为《论语》中是互相联系的两句并列的话,如果说,把"优"理解为"优良",用以说解后一句话还可以"望文生训"的话,而用以说解前一句话,就连"望文生训"也行不通了。因为"做好了官就可以读书"是根本不成话的。其实,根据有关资料考察,"优"作"优良"解的词义是汉代以后才产生的。《论语》的写作时代,"优"还没有这个词义。《说文·八篇上》:"优,饶也。"《论语》中"优"字凡三见,均作"饶也"、"有余也"解。上面说的《论语·子张》那两句话,译成现代汉语,应当是:"做事了,有余力要去学习;学习了,有余力要去做事。"(注:"仕"这里也不是一般说的"做官"之义,而是指儒家的"积极求仕"之"仕",指从政做事。)这体现了儒家"仕而学则所以资其仕者益深,学而仕则所以验其学者益广"(朱熹《四书集注》)的思想。在孔子所处的时代,科举制度远未产生,"读书"与"做官"还没有什么必然联系。这里所用的是"优"在先秦时代就有的词义,而后来"优良"的词义是在此基础上引申出来。至于后世随着语言与社会的发展,"优"字产生了"优秀"、"优良"的新义,社会上有了通过读书进入仕途的科举制,人们才赋予"学而优则仕"以新的意义。

又如:汉语"人定胜天"这一成语渊源甚早。现代人由于不了解古今词义的变化,往往把它误解为"人一定能战胜自然"(现代语文辞书释义为"人力可以战胜自然"、"人力能够战胜自然"也是一种模棱两可的说法)。即使是科学技术高度发展的今天,人们也只能是逐步认识和利用自然,也不能说"一定能战胜自然",我国古代的思想家怎么会如此简单地理解人与自然的关系呢?其实,"定"古有"强"义,"人定胜天"的"定"应作"强"解:

  人众者胜天,天定亦能破人。(《史记·伍子胥列传》)
  人定兮胜天,半壁久无胡日月。(宋·刘过《襄阳歌》)
  人定亦能胜天,天定亦能破人。(元·刘祁《归潜志》)
  登门就之,或人定胜天,不可知。(《聊斋志异·萧七》)

上面所引是"人定胜天"一语的来源,诸"定"字均作"强"解。《逸周书·文传》有"人强胜天"一语,可为其佐证。特别是第三例,如果将"定"理解为"一定",岂不是自掌嘴巴,自相矛盾?"人定胜天"的成语,现在究竟做怎样的理解,也是一个值得研究的问题。早年徐特立同志在《怎样发展我们的自然科学》一文中说:"只知道天定胜人,而不知道还有人定胜天,同样是错误的。"[3]显然,这里讲的是人与自然辩证关系的两个方面,这里的"定"只能作"强"解。今天我们主张科学的发展观,强调人与自然和谐发展,恐怕也不能将"人定胜天"理解为"人一定能够战胜自然"。

三、理解词义不能"以古限今"

上面我们讲了问题的一个方面,但与此同时也绝不能忽视另一个方面,即语言是发展的,理解词义又不能"以古限今"。就今天现代汉语的使用上,也是更应该强调的一个方面。这里既有语义(词义)方面的问题,也有语义(词义)与构词相关的问题。

首先看语义(词义)方面的问题。文言文中具有某种特定意义的词语,由于时代和语言的变迁,后人不明其原有的特定含义,作出大相径庭的解释,而这种解释由于适应了社会时俗的心理而得以广泛流传,语言发展中的这种现象,人们一般称之为文言词语的俚俗化。这种词义的变化主要通过两种途径:

一是望文生训,积非成是。词的古义和今义,大抵既有联系,又有区别;不是迥别,而是微殊。后人不加注意,往往误以今义释古语。开始似是而非,不知其误;久而久之,积非成是,另成一义。如"心广体胖"一语出自《礼记》。《礼记·大学》:"富润屋,德润身,心广体胖(pán),故君子必诚其意。"郑玄注:"胖,犹大也。"朱熹注:"胖,安舒也。""胖"本为"安详、大方"之义。"心广体胖",本指人心胸开阔,则举止安详、大方。后俗语转用于养生之道,理解为"心情开阔,身体发胖(pàng)"。"望洋"又写作"望羊""望阳",最早见于《庄子·秋水》:"于是焉河伯始旋其面目,望洋向若而叹"。"望洋"本为联绵词,意为"仰视的样子"。后来凝结成"望洋兴叹"这一成语。"洋"上古并无"海洋"之义。后人不明古义,将"望洋兴叹"误解为"面对海洋发出慨叹",而且创造了"望×兴叹"(如"望山兴叹""望书兴叹"等)的构词格式。成语"斤斤计较",今社会上多数人理解为"一斤一两地计较"。而重量单位的"斤",在古人眼中并非小数目,"斤斤"根本不由"斤两"之"斤"取义。《尔雅·释训》:"斤斤,察也。"丁惟汾《俚语证古》卷一:"昕初文作斤,《周颂·执竞篇》:斤斤其明。""斤"为"昕"之借字,"斤斤"犹"昕昕",取明察之义。"斤斤计较",取计较得极其苛细,不差毫厘之义。又如"不毛"一词,渊源甚古。《周礼·地官》:"凡宅不毛者,谓不树桑麻也。"《公羊传·宣公十二年》:"赐之不毛之地。"何休注:"不生五谷曰不毛。"段玉裁《说文解字注》指出:"毛苗古同音,苗亦曰毛,如不毛之地是。"而后人不明通假,望文生义,把"毛"作为草木的比喻之词,将成语"不毛之地"理解为"寸草不生之地"。以此解古书,则与原意扞格不入。诸葛亮《出师表》:"五月渡泸,深入不毛。"孔明此次出征,本往云南,怎么是"寸草不生之地"呢?只不过是尚未开发,不种庄稼罢了。但今天人们用"不毛之地"形容大西北戈壁滩的生态环境,也无可厚非。这种文言词语在后世的俚俗化现象,一方面是由于古代通行于读书人中的书面语与广大群众运用的口语长期隔膜,在语言的发展中古义隐没,大多数人不了解语言的历史发展,以今释古所致;另一方面也是由于这种俚俗的理解,与某种社会心理相合,产生了交际的效果,适应了造词的需要。

二是谐音成义,另造一词。如"难兄难弟"一语,出自南朝宋刘义庆《世说新语·德行》:"陈元方子长文有英才,与季方子孝先,各论其父功德,争之不能决,咨于太丘(陈寔)。太丘曰:'元方难为兄,季方难为弟。'""难"本读作 nán,原是说兄弟二人才德相当,难分高下。后来人们将"难"误读为 nàn,意指两人同处于困境。《诗经·周南·桃夭》:"桃之夭夭,灼灼其华。""桃"本指桃花,"夭夭"为枝叶茂盛的样子。后人用谐音方法把"桃"改成"逃",以"夭夭"谐"遥遥",成为形容仓皇逃窜的诙谐语。

再看语义(词义)与构词相关的问题。现代汉语中,"救火"、"养病"等词语,语素"救"、"养"按现代汉语中的常用意义(救:"拯救、援助";养:"养护、休养")理解,很难说解双音词的词义。因此,有些人就从古书中寻找依据。《说文》:"救,止也。从攴,求声。""救火"即"止火"。《周礼·天官·疾医》:"以五味、五谷、五药养其病。"郑玄注:"养犹治也。"《礼记·射义》:"酒所以养老也,所以养病也。""养病"即"治病"。[④]这里,通过对语义的历时考察说解词语的做法是有一定道理的,但也有"以古限今"的倾向。这里的"救"绝不简单地等于"止","养"也绝不能等同于"治","救火"与"止火"、"养病"与"治病"都不是同义词。实际上词语在语义或语法上的超常搭配会影响词义的变化,使其发生偏移或错位。"救火",既不是单纯"拯救、援助"义,也非单纯"制止"义——而是双重义:"救火"义为"灭火使免于灾难";"养病"不是单纯的"休养"义,也不是单纯指的"医治、治疗"义——而是"通过休养来治病"。《现代汉语词典》将"养兵"释义为"指供养和训练士兵",而不是简单地解释为"供养士兵",是同样的道理。事实上,古汉语中作"制止、阻止"讲的"救",一般用于"制止"或"阻止"走向邪恶(如:《周礼·地官·司救》:"司救掌万民之邪恶过失,而诛让之,以礼防禁而救之。"《晋书·刑法志》:"原先王之造刑也……所以救奸,所以当罪。"),本身就隐含着"拯救"义,在"救火"、"救灾"等语境中显现出来是很自然的。至于"养"有"医治"义,更是情理中事,俗话说,人有病"三分靠治,七分靠养","养"与"治"在"养病"一语中的语义是可以沟通的。

另外,"之所以"起句是否规范,是自五十年代以来,国内语言学界就开始讨论的问题,当时语言学家普遍认为用"之所以"起句是不规范的。吕叔湘、朱德熙先生说:"'之所以'只用在句子中间,不用在句子头上。"⑤叶圣陶先生更明确地指出:"'之所以'没有资格处于语句开头的位置,它注定得跟在什么东西后头。如果写成书面,它前头必得是文字而不该是句号、逗号或旁的符号。"⑥而在实际语言运用中,"之所以"起句的用法很普遍,而且经常出现在语言学者的笔下。⑦一些语言学者认为"之所以"起句不规范,一个主要原因是传统文言语法中"之"作代词与"其"不同,只能处于宾语位置,不能处于主语位置。为了解决这种理论与实践上的矛盾,有的学者找出了王引之《经传释词》中引述《荀子·王制》中"之所以"等于"其所以"的例证和王氏"之所以,其所以也"的观点,从杨树达《词诠》中找到"'之'字用与'其'字同,用于主位"的结论。⑧这种研究相当深入,对平息这场争论也起到一定作用。但是,如果我们再作进一步的思考,古书中"之所以"相当于"其所以"的用法还不是约定俗成吗?当今用"之所以"起句的语言学者和大量作者,又有几个人研究过《荀子·王制》的虚词用法呢?"之"作为第三人称代词的用法保留在现代汉语中,在语言发展中,它的使用范围为什么就不能扩大呢?

总之,语言是在历史上发生、发展的,对语言现象,特别是语义(词义)的认识,即不能"以今律古",也不能"以古限今"。尤其是对现代汉语词义的理解,要更多地关注语言事实。荀子曰:"名无固宜,约之以命,约定俗成谓之宜,异于约则谓之不宜。"语言是人类思维和交际的工具,语义(词义)存在的合理性是以人们的约定俗成作为条件的。如上文我们谈到的文言词语的俚俗化现象,虽然在词义的发展上伴随着某种曲解和附会,但它们有深厚的群众基础,达到了词义更新的效果,实现了语言的交际功能,我们应当承认其存在的合理性。

附 注

①芜崧《也说"压轴"和"大轴"》,《辞书研究》2003年第3期。
②转引自戴申《压轴戏》,《中国京剧》2003年第10期。
③转引自《汉语大词典》第1卷1044页。
④参见陈明娥《"养病"正解》,《汉语学习》2003年第2期。
⑤吕叔湘、朱德熙《语法修辞讲话》,中国青年出版社1952年版。
⑥叶圣陶《说"之所以"》,《中国语文通讯》1978年第1期。
⑦⑧孙汝建《"之所以"起句的规范》,《语文建设》2000年第6期。

(原载《河北师范大学学报》2006年第4期,
《新华文摘》2006年第18期全文转载)

关于异形词整理和规范的理论思考

提要：汉语异形词的存在，是一种复杂的、多元的语言现象。长期以来，异形词的整理与规范工作步履艰难，究其原因在于理论与方法上的局限。本文借鉴认知语言学范畴化的原型理论认识和说明异形词问题，力求对其进行科学的分类，并提出整理与规范的基本原则。

一、异形词整理的现状所引发的思考

语言文字总是处于动态的发展变化之中，实现语言文字的规范化、标准化，必须通过深入的研究不断地明确"规范"和"标准"。因此，《国家通用语言文字法》"总则"第六条明确规定："支持国家通用语言文字的教学和科学研究，促进国家通用语言文字的规范、丰富和发展。"就汉语的语音、词汇及其所使用的文字（汉字）几个要素来说，《第一批异体字整理表》等的公布实施，在文字（特别是"异体字"）的使用方面有了一个相对规范的标准；《普通话异读词审音表》等的公布实施，在汉语语音（特别是"异读词"）运用上也有了一个相对规范的标准；而在词汇的规范化方面，由于其本身的复杂性与多元性，虽经语言文字管理部门与语言文字工作者多年的努力，工作的成效却不甚明显。特别是形成原因复杂、类型多样的现代汉语异形词的存在，给汉语言文字的学习、使用和语言的信息处理带来不便。因此,现代汉语异形词的整理与规范,就成为实现语言文字规范化的一个重要课题。

对于异形词的规范问题正式提出讨论,一般认为始于1962年殷焕先先生在《中国语文》上发表的《谈词语书面形式的规范》一文,此后语文工作者就此发表的综述性的论文就有数十篇之多,结合教学与辞书编纂就具体词语进行研讨的文章数量之多,难以统计。而且对异形词整理的工作也在不断进行:以确定词汇规范为目的的《现代汉语词典》在编纂之初就对异形词的规范给予高度重视,1960年的"试印本"中就对异形词进行了初步整理,当时称为"不同写法的多字条目"。据有关学者统计,1978年版的《现代汉语词典》共收录异形614组。1977年,当时的中国文字改革委员会还出了一个油印本的《词语整理表》,共收录异形词1744组,面向社会公开征求意见。1987年语文出版社正式出版了朱炳昌编著的《异形词汇编》,收录异形词603组。经过众多语文工作者数十年的艰苦努力,异形词的整理和规范取得了一定成绩,但一些重要的理论和实践问题并未能完全取得一致的认识,尚未得到妥善的解决。

异形词整理与规范的工作之所以步履艰难,甚至时时处于"剪不断,理还乱"的两难境地,至今连异形词的范围与定义也众说纷纭,莫衷一是,这既不能责怪语文工作者的无能,也不能简单归结为研究对象的复杂性。究其原因,在于人们认识上的"误区"以及由此造成的理论与方法的局限性。汉语异形词的大量存在,既有文字使用的原因,也有词汇本身的原因,从本质上说是一种复杂、多元的语言现象。过去,在相当长的一段时间里,人们将整理和规范"字形"(异体字)与"语音"(异读词)的方法简单移植到与其有本质不同的异形词的整理和规范上。早期异形词问题的研讨者往往将"异形词"的整理与"异体字"的整理相提并论,认为"它基本上同异体字的整理属于同一个范畴,是属于汉字规范化范围内的问题","应当划归汉字学的范围,而不应当划归词汇学的范围"①。有的学者虽然指出"异形词的规范根本不同于异体字的整理"②,但当时历史条件下没有、也不可能从语言学理论的高度从宏观上把握这一问题。这就不可避免地使研究、整理与规范工作受到影响。对这样一个复杂、多元的语言现象,传统语言学的理论和方法难以彻底地科学地加以说明和阐释。因此,要从根本上扭转这种局面,必须进行开拓性的研究,通过理论上的创新突破这一难题。

二、范畴化的原型(典型)理论与异形词问题

汉语异形词的存在,从语言内部的构成来讲,涉及文字使用、构词方法、语用表达等多种因素。其形成的条件,就"历时"层面来说,既有深刻的历史、社会渊源,又与词语的俚俗化发展等诸多因素有关;就"共时"层面来说,既与当时的社会文化背景相关,又与语言使用者特定的交际环境、心理有关。对于这样一个相对复杂的语言现象,传统的范畴分类与定义方法是难以驾驭和把握的,必须寻求新的理论与方法。现代语言学理论的研究、特别是认知语言学理论的发展,为我们从整体上、宏观上把握这一问题提供了契机。

认知语言学的研究近年取得长足的发展,但大多数认知语言学研究者的关注点在"句法—语义"方面。在异形词的整理和研究中,我们可以而且应当借鉴这一理论和方法。张敏在《认知语言学与汉语名词短语》③一书中说:"从认知的角度看,范畴化(categorization)可说是人类高级认识活动中最基本的一种,它指的是人类在歧异的现实中看到相似性,并据以将可分辨的不同事物处理为相同的,由此对世界万物进行分类,进而形成概念的过程和能力。""语言形式的意义形成及人们对它

的认识正是人们对所处的世界进行范畴化的结果,因此范畴化首先是语义学关心的对象。"异形词所谓"同义、同音、异形"的三个基本要素中,"同音""异形"二者是比较容易把握的,而"义同"的确定却相当困难。因此,异形词问题的核心要素是语义问题,异形词的整理与研究需要、而且应当采用认知语言学的范畴化理论。而且,"近二三十年来认知科学的研究发现很多概念范畴和语言范畴不是传统的理论所能概括的,这显示更精细的认知和语言研究要求一种新的范畴化理论"。(张敏,1998)著名哲学家维特根斯坦(Wittgenstein)发现有一类概念范畴无法用经典的模式去概括,而是以一种他称作"家族相似性"的原则组织起来的。并论证说:"这样的概念只是由叠合的相似性网络界定出来的。"(见张敏《认知语言学与汉语名词短语》一书)这种与经典的范畴化理论相对的新的范畴理论,即范畴化的原型理论。"原型"一词被用来指称范畴内的最佳成员或典型代表,所以人们可以用典型程度对该范畴内的成员进行分类。"语言里的范畴化并不完全是由充分必要条件决定的,一个范畴内部常常包括中心的部分和扩展的边缘部分。"(张敏,1998)该范畴内的典型成员在功能上表现出较强的稳定性,非典型成员在功能上表现出一定的游移性。[④]那么,范畴化的原型理论(或典型范畴理论)可以用来分析与说明汉语异形词这一复杂、多元的语言现象。

(一)首先,范畴化的原型理论(或典型理论)为异形词的科学分类提供了理论基础。

异形词整理与规范所面临的第一个难题,就是如何确定异形词与非异形词的界限。什么叫异形词? 总括起来,主要有以下几种说法(每种说法往往有多位作者论及,这里只选择其中有代表性的两例):

其一,"异体词[⑤]是指社会上并存并用,音、义完全相同而词形不同的词。"[⑥]"所谓'异形词',也叫'异体词',是指语言中音义相同而文字形式不同的词。"⑦

其二,"异形词指的是一组组意义、用法完全相同,读音相同或十分相近,而只是书写形式不同的词。"⑧"所谓异体词,就是读音相同或相近,意义相同,而词形不同的词。"⑨

其三,"所谓异形词是指词形不同而含义相同并在同一语言环境中可以换用的一组词语。"⑩

其四,"所谓异形词,是一个词位在书面上有若干种不同写法的用词现象。"⑪"异体词不是不同的词,而是同一个词的不同写法。"⑫

上述不同说法,反映了语言文字工作者和语言使用者观察和认识异形词的不同角度。其中第一、二种说法比较通行,区别在于前者主张读音"完全相同",后者主张读音"相同或相近"。其实,读音完全相同,不是异形词的必备条件;而所谓"读音相近"也不能作常规的理解,而需语音上具有同源或对应关系,证明其本源上是一个词。第三种说法,注意了异形词"在同一语言环境中可以换用"(即并存并用)这一重要特征,但完全舍弃语音条件讨论异形词问题,势必将异形词与同义词相混淆。异形词是一个词的不同书写形式,而音、义结合才构成词,确定异形词必须兼及音、义两个要素,因此必须在语音上增加必要的限制条件。第四种说法是变换角度,用"同词异形"定义异形词,从语言表述上来讲,这应当说是非常科学的。但从语言认知的过程讲,要确定两个不同书写形体记录的是不是一个词,还必须从义、音两个方面来考察,所以从操作程序上最终还是殊途同归。下面,用范畴化的原型(典型)理论,就这一问题试作阐述。

一般所谓异形词必备的三个条件(同义、同音、异形)之中,最难把握的是"同义"。什么情况下才是同义,需有用典型范畴的理论去处理。既要看到其核心成员的特征上的典型性,又要承认其非核心成员特征上的游移性。这样,就可以摆脱语文工作者多年的两难境地,对异形词的范畴和分类作出合理的划分,对异形词的定义作出恰当的概括。目前,有这样一种倾向,以单一的"合并"作为异形词整理与规范的目标,将异形词的范围限定得越来越窄,将许多社会公认的异形词,都排除在异形词的范畴之外。这种做法,恐怕是违背语言事实的。依照异形词形成的文字、语言的双重原因和典型范畴的理论,可以对汉语异形词作如下分类:

1. 异形词家族中的典型成员,即狭义的异形词。其中又可分为两类:

一是纯粹由书写用字造成的异形词:

这一类主要是因异体字形成的异形词,其中大量在《第一批异体字整理表》出台后已经统一。也有些虽然异体字整理表中已经整理合一,但语文词典中没有认真贯彻。如"丫(桠)"、"札(剳)"等,括号中的形体已经作为异体字予以废止,《现代汉语词典》中仍然单独立目,并收录了"丫枝"的异形词"桠枝","札记"的异形词"剳记"等。也有些是因为异体字尚未整理而形成的异形词,如:归依——皈依、沙浆——砂浆、殷勤——慇懃、仿佛——彷彿等。

通假字造成的异形词:详实——翔实("详"为本字,"翔"为通假字)、贤惠——贤慧("惠"为本字,"慧"为通假字)、颤栗——战栗("颤"为本字,"战"为通假字)。"圆""元"构成的系列异形词:铜元——铜圆、美元——美圆、日元——日圆等("圆"因当时货币多为圆形得名,后来由于货币的变迁,"圆"理据隐没,而且有书写"趋简"的动因,使用了通假字"元")。

同音拟声词形成的异形词:呼啦——呼喇、骨碌碌——咕碌碌。

同音连绵词形成的异形词:踌躇——踟躅、踉跄——踉蹡。

这一类异形词应尽可能统一书写形式,是以"合并"方式进行整理和规范的重点。

二是语言(语义)与文字双重因素形成的异形词。又可分为两小类：

其一是"社会上并存并用，音、义完全相同而书写形式不同的词"。这是最严格意义上的异形词。如：笔画—笔划、斥责—叱责、起程—启程、简捷—简截、汇集—会集、思维—思惟、夙愿—宿愿、激愤—激忿、含义—含意、承上启下—承上起下。"连""联"组成的系列异形词：连绵—联绵、连缀—联缀等。异形词的异形语素一般是同源词，在构成多音词时其语义上的差别完全隐没。

还有部分是古今字形成的异形词。如"坐""座"形成的系列异形词：座位—坐位；座次—坐次；就座—就坐。"鱼""渔"形成的系列异形词：渔具—鱼具；渔网—鱼网。"分""份"形成的系列异形词：成份—成分；身份—身分；股份—股分。古今字往往具有同源关系，而它们的差异在多音节词中隐没了。

这类异形词中有相当一部分也可以通过"合并"进行规范。但具体实施中也仍然应当持谨慎的态度，因为异形词的"同义"的确定是相当复杂的，只要在语言实践中尚存某种差异，整理中就应该留有余地。

其二是"社会上并存并用，意义相同，读音相近而书写形式不同的词"。这里的"读音相近"不能作通常的理解，而是必须有相同的来源关系，证明其本源上是一个词。具体可分为以下几种情况：

同源词语音上的细微差别：报道—报导、时兴—时行。

古今、方言音变形成的具有对应关系的语音差异：其中古今音变形成的有"伏牺—庖牺""脖梗子—脖颈子"；方言音变的如"肮脏—腌臜""托生—投生"。

音译外来词、方言词、拟声词模拟上的细微差异：冰激凌—冰淇凌（外来词）、腻味—腻歪（方言词）、鼓捣—咕捣（方言词）、扑通—扑冬（拟声词）。

这类异形词仍属于"典型异形词"，因为语音上的细微差异并没有影响它们的意义相同与共存共用。

2. 异形词家族中的次典型成员,即广义的异形词。

语言的交际是多方面的,不仅仅是单一的信息传递。从语言自身来说,包括语义、语用、语体各个因素的制约;从语言交际的背景来说,还要受社会心理、风俗习惯等诸多方面的影响。就由书写形式差异造成的异形词来说,还特别不能忽视汉字以形示义功能对语言使用与解读的影响。异形词家族中次典型成员的差异主要体现在以下几个方面:

(1)语义空间分布上的差异:

其一是语义交叠形成的交叉异形词:

如"伏帖—服帖":二者均表示"驯服、顺从"义,但"伏帖"另表示"舒适"义(心理很伏帖);"服帖"另表示"妥当、平安"义(事情都弄得服服帖帖)。又如"围子—圩子":两个词形都用来指"围绕村庄的障碍物,用土石筑成,或用密植成的荆棘做成",而"围子"另有"围起来作遮挡用的布"的意义,"圩子"另有"低洼地区防水护田的堤岸",二者既有重合之处,又有相异之处,语义上有交叉。

其二是语义包容形成的包孕异形词:

如"申冤—伸冤":"申冤"有两个含义,一是指"自己申诉所受的冤屈,希望得到洗雪";另一个与"伸冤"完全相同,指"洗雪冤屈"。又如"年轻—年青":"年轻"指"年纪不大","年青"指"处在青少年时期",前者的词义范围宽,后者包容在前者之内。

(2)搭配功能上的差异:

如"盈利—赢利",虽然语义相同,可以"换用",但在具体语境中习惯上"盈利"多是构成名词性偏正词组,"赢利"多是构成动宾词组,习惯说"一心赢利",不说"一心盈利"。宏、弘组成的系列异形词"宏图—弘图""宏论—弘论""弘扬—宏扬"等,"宏"的常用义是"宏大",具有形容词性,"弘"的常用义是"扩充、光大",具有动词性,因此作为语素构词时,"宏"与名词性语素组合表现出强势(宏图、宏论),"弘"与动词性语素组合表现出强势(弘扬)。

(3)意蕴(包括理据)上的差异:

其一是理据的不同:

理据的多元性也是异形词"意蕴"上差异的重要方面。如"瞳仁—瞳人":由于瞳孔位于眼的核心位置,故写作"瞳仁";又因为瞳孔中有人像,所以又写作"瞳人"。又如"皇历—黄历":因旧时历法须由皇帝批准方能颁布使用,故称"皇历";又因历书以黄纸为封面,又称"黄历"。此外,"珍珠—真珠""峨眉—娥眉""绛紫—酱紫"等也都是构词理据不同形成的异形词。

其二是所含语素义上的差异:

如"烦乱—繁乱":二者可以通用,但由于所含语素意义上的区别,"烦乱"侧重于"心绪的杂乱","繁乱"侧重于"事情的庞杂"。又如"纯朴—醇朴":二者均为"诚实朴素"之义,但由于所含语素意义上的差异,"纯朴"之义重在"思想单纯","醇朴"之义重在"品德敦厚"。

其三是词语的俚俗化演变:

如"倒楣—倒霉",据清代顾公燮《消夏闲记摘抄》所载:"明季科举甚难得,取者门首竖旗杆一根,不中,则撤去,为之倒楣。"后泛指"运气不好"。后世百姓不明其词义由来,附会其义写作"倒霉",因"霉"指"发霉",也给人一种不好的感觉。此外"名副其实—名符其实""故步自封—固步自封"等,也都是古义隐没,后人依照流俗词源赋予新的理据而形成的异形词。

(4)语用表达(即社会心理)上的差异:

由于汉字具有以形示义的功能,字形往往有表情达意的作用,这也造成异形词选择上的差异:人们习惯上写"噘嘴",而不写"撅嘴";表示疾病的 gēda 写成"疙瘩"觉得合情合理,而饭店的一种面食 gēda 写作"疙瘩"却让人难以接受;"云豆—芸豆""分付—吩咐""丁宁—叮咛",多数人习惯使用后者显然是出于表义鲜明、形象的要求。

3. 异形词家族中的非典型成员,即泛义异形词。

此类也可分为两小类:

一类是意义相同,并存并用,所用字(即"汉字、音节、语素三位一体的'字'")相同而次序不同。如:海拔—拔海、虎踞龙盘—龙盘虎踞、天荒地老—地老天荒、零敲碎打—零打碎敲、断编残简—残编断简、风餐露宿—餐风露宿、手疾眼快—眼疾手快、无足轻重—无足重轻等。

一类是意义相同,并存并用的多音节词(多为三四个音节,音节数目相同,并且多数音节读音相同的词语)。如:敲边鼓—打边鼓、此起彼伏—此起彼落、无精打采—没精打采、五彩缤纷—五色缤纷、评头品足—评头论足、天壤之别—天渊之别、百折不挠—百折不回、坐卧不安—坐卧不宁等。有人主张将此类词语排斥在异形词之外。此类词语实质上是将其中一个语素更换为没有直接语音关系的同义、近义语素,属于同一个词位的变体。在语言的运用中完全是等价物,使用者甚至感觉不到它们的区别。因此,用范畴原型理论来分析,应视为异形词的一类。此类异形词多为四字成语。

从以上分析中,我们可以看到:"同词异形""词义相同、共存共用"是确定异形词的首要条件,音同、音近(含义如前)、音节相同的多音节词中同音(素)异序或其中绝大部分音节读音相同,是确定异形词的必备条件。即使词义完全相同,语言实践中可以"换用",即所谓"等义词"(如江米—糯米、服装—衣裳、端午—端阳、阴电—负电),因不具备上述的语音条件,也不能构成异形词。典型异形词与次典型异形词的区别,在于前者的"共存共用"是无条件的,后者的"共存共用"是有条件;非典型异形词(泛义异形词)与前两者的区别是"同音(素)异序"或个别音节语音上没有联系。简言之,我们以典型异形词为基点,首要条件不充分者,为广义异形词;必要条件不充分者,为泛义异形词。

(二)同时,范畴化的原型(典型)理论关于"家族相似性"的论述可以使我们对异形词之间的复杂的、多元的关系得到合理的阐释。

依据范畴化的原型(典型)理论,有一类概念范畴是按照"家族相似性"的原则组织起来,"其中类别的成员就如同一家族的成员,每个成员都和其他一个或数个成员共有一项或数项特征,但几乎没有一项特征是所有成员所共有的,这样一环环相扣的方式通过相似性而系联起来成为一类"。(张敏,1998)[13]在异形词的家族之中,既有典型的特征显明的个体,也有不够典型的具有层次差异的个体;在特定的语用条件下,它们的语义特征可显可隐,既有共存共用的一面,也有在意蕴与功能上具有差异性的一面。异形词的这些特征都可以用典型范畴的理论来解释,都可以囊括在"家族相似性"的原则之中:如"梅雨—霉雨",在表示自然现象与相关季节的意义时,二者可以通用,而由于构词理据不同,又形成二者"意蕴"上的差异;"工夫—功夫",语言中可以通用,有时语义又有所分工,表现为语义侧重点上的差异,"工夫"多用来指"空闲的或占用的一段时间","功夫"多用来指"花费的时间和精力"与"本领、造诣"相关;"师父—师傅",从以前者为常到以后者为主,体现了现实语用关系的调整等。

三、异形词整理与规范的基本原则

(一)分类的原则

通过用范畴化的原型理论对异形词的分析和研究,我们看到,在异形词这个家族中各类成员所处的地位是不尽相同的,它们在未来的发展趋向也不会相同。异形词的整理和规范不能简单地理解为"合并",

一定要保留其中的某一个词形,废除或淘汰其他词形。而应当通过异形词的研究认识汉语构词的特点和规律,分门别类,区别对待,按照汉语与汉字的发展和使用规律确定规范原则,分别采取合并、并存、分化的不同的整理与规范方法。

异形词家族的众多成员,由于自身典型度的差异与所处语用条件的不同,呈现出不同的发展趋势。异形词的发展趋势一般情况下有这样三种:有可能一种书写形式占有语用的绝对强势,凸显出来成为正体,另一种书写形式弱势明显,最终退出人们通常的交际范围,这两种书写形式就趋向合并;也可能两种词形不分伯仲,在通常情况下"并存并用",在特定语境或交际背景下又有某种"差异性",长期并存于语言系统之中;也有一部分异形词的不同书写形式由于语义侧重点不同或不同的语用取向而发生分化,最终成为两个词。异形词的存在是不可避免的,异形词家族各个成员的存在不一定都具有负面影响,对此要作出实事求是的分析与客观的评判。

需要指出的是,对异形词整理与规范中,有一种完全不考虑字形的片面强调"从简"的误区。我们认为,只要是汉字还在继续使用,汉语的异形词、乃至包括异体字的整理,完全不顾及形、义关系恐怕是行不通的。异形词"叮咛—丁宁""吩咐—分付""蝌蚪—科斗",虽然后者比前者笔画简单,而"叮咛""吩咐"与"蝌蚪"却明显地呈现出语用强势;虽然1955年发布的《第一批异体字整理表》将"噘"作为"撅"的异体字加以废止,但人们习惯上还是写作"噘嘴"而难以接受"撅嘴"。

(二)引导的原则

全国人大法律委员会关于《中华人民共和国国家通用语言文字法(草案)》修改情况的汇报中指出:"实现语言文字的规范化,是一个长期渐进的过程,重在引导,尽可能不用强制手段。"语言文字的规范不仅是靠单一的强制性的行政命令,发布引导性意见也是一种整理和规范的方式,而且可能是一种更积极、更稳妥的方式。异形词之间的关系相当复杂,很多问题需要实践与时间的检验。即使制定出比较切实可行的"方案",也应当坚持动态的引导的原则,确定"倡导"的词形在辞书中列为"主条",其他词形作为"副条",待条件成熟后再作"选用"与"废止"的规定。异形词语义上的隐现是极其复杂的,需要人们静观其变,才能得出正确的认识,作出正确的判断。对此,切不可主观臆断,特别需要注意克服急于求成的思想。汉字简化过程中的经验与教训一定要认真汲取。语言文字的规范与经济规律的运行有很大不同,一时看不准的东西,可以暂时维持现状,这样比走偏方向再走回头路要强得多。

(三)动态的原则

社会的变化,新事物的产生,语言中的新词、新义总是在不断涌现。这里既有语言问题,又有文字使用问题;既涉及语义,又涉及语用,是一种复杂的多元的现象。作为"约定俗成"的语言及其具体运用,只能有相对的同一性,不可能没有差异,这些都为异形词的产生提供了潜在的可能性。例如"势"和"式"是一组同源语素,"势"是指姿态,即表现出来的样子,"式"是指样式,即物体外形的样子,由"式"和"势"组成的系列异形词有"架势—架式""把势—把式""打把势—打把式""车把势—车把式"等,尽管我们可以规范这些异形词,但如果再造出以"式"和"势"为语素构成的新词,人们的不同选择还会形成新的异形词。语言是动态发展的,语言的发展是由人民大众集体来完成的,谁又能预测将来不会造出"同词异形"的新词呢?以"做"和"作"为语素构成的新词不是又出现异形词"炒作—炒做、作秀—做秀"了吗?再以音译外来词为例,总有首译者,而且很难一次就尽善尽美,后人又会有所改进,这就自然形成了异形词,二者或并存并用,或优胜劣汰。如"桑那"与"桑拿",就是近年来音译外来词形成的异形词,由于"桑拿"的"拿"兼有某种语义表达作用,呈现出语用的强势。因此,汉语异形词的整理与规范不可能一劳永逸,而只能是一个动态发展的过程。

附 注

①高更生《再谈异体词整理》,《语文建设》1993年第6期。
②傅永和《关于异形词的规范问题》,《文字改革》1985年第1期。
③张敏《认知语言学与汉语名词短语》,中国社会科学出版社1998年版。
④张伯江、方梅《汉语功能语法研究》,江西教育出版社1996年版。
⑤"异体词"与"异形词"两个术语目前社会上通用,本文使用后者。引文中如使用前者,则保留原貌,不再特别注明。
⑥同注①。
⑦杨剑桥《关于汉语多音节异形词的几个问题》,《复旦学报》2000年第6期。
⑧孟庆章《异形词规范的范围》,《语文建设》1993年第6期。
⑨张文甫《"陪着不是"和"赔着不是"——异体词小议》,《中学语文教学》1977年第4期。
⑩朱炳昌《异形词汇编》,语文出版社1987年版。
⑪周荐《异形词的性质、特点和类别》,《南开学报》1993年第5期。
⑫符淮青《现代汉语词汇》,北京大学出版社1985年版。
⑬同注③。

参考文献

陈亚川 1986 《异形词的规范可与多音字的精简相结合》,《语言教学与研究》第1期。
吕叔湘 1980 《语文常谈》,三联书店。
施春宏 2001 《试论语义关系对异体词显隐和使用的制约》,《语言文字应用》第1期。
苏新春 2001 《〈现代汉语词典〉对异形词的整理及对当前词汇规范的启示》,《语言文字应用》第3期。
殷焕先 1962 《谈词语书面形式的规范》,《中国语文》第6期。
应雨田 1998 《异体词语规范研究述评》,《语言文字应用》第2期。

语文出版社编　1997　《语言文字规范手册》(重排本),语文出版社。
中国社会科学院语言研究所词典编辑室编　1996　《现代汉语词典》(修订本),商务印书馆。

[本文为河北省哲学社会科学规划研究项目(批准号:200105003)的研究成果之一]

(原载《辞书研究》2002年第4期)

联绵词(字)的义界及其二字分合的历史考察

——兼论段玉裁《说文解字注》的联绵字研究

一、论题的缘起

所谓"联绵词(字)",作为汉语中一种特殊的语言现象,在《诗经》《楚辞》及先秦诸子散文中已大量出现,并很早引起学者们的关注。自《尔雅》起的历代"雅书"就有所辑录,自《毛诗故训传》起的历代训诂专书就作了不同方式与不同程度的说解,但并没有明确的称名与标准,一直到宋代张有在《复古编》中才提出"联绵字"这一名称,然而张有当时并未、也不可能给联绵字作出定义。此后,在探讨和说明这种语言现象时,学者们使用了不同的名称。明代方以智著《通雅》收录"謰语"三卷,并为"謰语"下了定义:"謰语者,双声相转而语謰娄也。《新书》有连语,依许氏加言焉。如崔嵬、澎湃,凡以声为形容,各随所读,亦无不可。"[①]虽与张有称说不同,所指范围大体相当。其后清代著名语言学者王念孙著《读书杂志》有"连语"一章,沿用此说,而含义与方氏有异,谓"凡连语之字,皆上下同义,不可分训"。[②]与王念孙同时的清代著名语言学者段玉裁在《说文解字注》(以下简称《段注》)一书中,对联绵词(字)问题作了相当全面的论述。他指出:连绵字合二字以成义,"凡连绵字不可分释"[③];"古有以声不以义者,如犹豫双声,亦作犹与,亦作九豫,皆迟疑之貌"④;"以音为用,制字日多"⑤。不仅对联绵词(字)的语义、语音、用字特征作了细致的描绘,而且在具体的字义说解中,对《说文》原书将联绵词(字)拆开分释的错误进行了纠正。如《说文》九篇下:"嵯,山貌。从山,差声。"《段注》改为:"嵯,嵯峨,山貌。从山,差声。"并且附加说明:"嵯峨二字各本无,今以全书通例补。"在段玉裁看来,"嵯峨"为联绵字,不可分释,因此只能以"山貌"释双音词"嵯峨",而不能去释单音词"嵯"。自段王之说出,"凡连绵字不可分释""凡连语之字……不可分训"在学界成为定论。世传近代学者朱起凤因误释"首鼠两端"而当众出丑,后来发誓攻读,用了三十年工夫,完成了一部专门采集古籍中双音词语的词典——《辞通》,并将这一经历记入该书的自序之中:"前清光绪季年,归自秣陵,觊主讲席,月以策论课士,卷中有徵用首施两端者,以为笔误,辄代更正之,合院大哗,贻书嫚骂,乃知事出范史,并以知前此之读书为太疏略也。嗣是用古人札记法,目有所见,辄随手写录,阅时既久,积秩遂多,初名读书通,今命曰辞通。"⑥至此,分释联绵词(字)在学界几乎就成了望文生训,乃至不学无术的代名词。新中国建立以来,随着现代语言学理论的借鉴与运用,语素理论引入汉语词汇学的研究与教学领域,人们为了将联绵词(字)与普通的双音合成词相区别,将联绵词(字)说成是两个音节、一个语素的双音单纯词,最通行的表述体现在《辞海》对"联绵字"的释义之中:"联绵字,也作连绵字。指由两个音节联缀成义而不能分割的词。"⑦

"连绵字不可分释",这一结论在语言学界已形成共识。但这不是说对任何联绵词(字)都不可以分析它的语源,也不能否认相当一部分联绵词(字)有其发生、发展乃至变异的历史过程。正如不少语素义与词差异较大的合成词的意义,也是不能拆开"分释"的,但这并不影响我们通过分析的方法说明其词义与语素义的复杂关系。事实上,很多公认的联绵词,从语源上说,也不是绝然不可分释的。如"狐疑"一词,固然可依王念孙之说,认为"狐疑与嫌疑一声之转"⑧,但从语源上认为其源于"狐性多疑",也并非穿凿之说,连段玉裁也说:"《离骚》:'心犹豫而狐疑。'以犹豫二字貌其狐疑耳。"⑨又如"膏腴"为"肥沃"之义,而其双音词的意义也是由两个语素合成的。"膏"为"油脂、脂肪"义;"腴",依《说文》:"腹下肥者。"(据《段注》本)是指动物腹部的肥肉,也是"脂肪"之义。而"肥沃"正是"油脂"的引申之义。

汉语的双音词,主要有语法(包括词法、句法)造词、修辞造词和语音造词三大类。其中除单纯的"语音造词"所形成的双音词外,一般都是可以进行语义分析的。通常所谓的"联绵词",不外乎两个方面的来源:其中一类是单纯"语音造词"的,包括取声定名的专用名词,如"布谷"、"知了"等;以声状物的形容词,如"玲珑"、"逍遥"等;外来音译词,如"月氏"、"伽蓝"等。另一类是语法、修辞造词的。这后一类,是在以单音词为主的古汉语的基础上逐渐发展起来的,虽然词义与字面意义已无直接联系,而其语义结构大抵是可以分析或探源的。如:"狐疑"、"狼藉"为主谓式、"寒暄"(意为"冷暖")、"沧桑"("沧海桑田"的缩略语,比喻世事的巨大变化)、"仓猝"为并列式,"螃蟹"(《埤雅》云:"蟹旁行,故里语谓之旁蟹。""旁"后类化作"螃")、"曲蟮"(本称"蟮",因其弯曲而行,故称之为"曲蟮")为偏正式。

事实上,对所谓"联绵词(字)",传统语言学上的理解与当今《辞海》与各种论著、教材中所下的定义有很大差异。因此,为了全面认识"联绵词(字)"这一特殊的语言现象的真实面貌,正确理解和说解联绵词(字)的意义,有必要重新认识我国传统语言学中所谓联绵词(字)的所指范畴,并对部分联绵词(字)中二字的分合关系进行历史的考察。

二、联绵词(字)的义界

　　理论与实践上的矛盾,使人们不得不对这一问题作新的思考:一种是维护成说,这是多数人所采取的态度。认为"联绵词既然是一种单纯词,那么它和同义合成词的性质完全不同。即使有一部分联绵词上下存在同义关系,分开训解似乎也讲得通,如《诗经》中的'辗转、曲局、跋涉'等,但它们并不等于两字意义的简单相加。……因此,不管是单纯式的联绵词,还是联合式的联绵词,都具有表义单一、不可分释的本质特征。任何分拆训释联绵词的做法都是错误的"⑩。一种是另起炉灶。如陈瑞衡《当今"连绵字":传统名称的"挪用"》一文:"当今一般的古代汉语和现代汉语教材或专著,都把联绵字(或称'联绵词')界定为双音节单纯词。……其实,对于联绵字的这种界说和解释,与传统语文学家的联绵字观念是大相径庭的。可以说,这只是一种名称的'挪用'。""也可以说,传统观念的联绵字是一个与单音节词相区别的词汇系统。这就可见,当今界定为双音节单纯词的'联绵字(词)'同传统观念的'联绵字',只是两个内涵和外延都不同的相同的名称。"⑪李运富《是误解不是"挪用"——兼谈古今联绵字观念上的差异》一文进一步指出:"王念孙的'连语'不等于传统的'联绵字',而传统的'联绵字'也不等于今天的双音节'单纯词',它们本是处于不同体系中的不同概念,今人混为一谈,完全是出于误解。"⑫这些学者实事求是地提出质疑的精神,是非常可贵的;但有关连绵词(字)问题在理论与实际上的矛盾与分歧尚未得到解决。

　　目前关于联绵词的定义和已有联绵词典的收词,不仅自相矛盾,而且与人们约定俗成的对联绵词范畴的理解,出入很大。理论观点的绝对化与语言现实的复杂性,使人们不得不作新的思考。因而有必要重新明确联绵词的义界,给它下一个更为合乎语言运用实际的较为确切的定义。我们认为,确定一个双音词所含"语素",是划分联绵词的关键。吕叔湘先生说:"语素可以定义为'最小的语音语义结合体'。""有很多双音节,里边是两个语素还是一个语素可以讨论,例如'含胡'(比较含混,胡涂),'什么'(比较这么,那么,怎么)。这是语素大小问题。"[13]联绵词应当是包含一个语素的双音词;但是,语素本身也存在一个大小、层次问题。因此,语言中的联绵词,不仅指两个音节联缀成义而不能分割的词,还应包括两个原始语素在长期组合中凝结成一个新语素,并且语义发生重大转化的双音词。

依照上述标准,崔嵬、澎湃、嵯峨、觳觫等,这是两个音节联缀成义的词,是联绵词;狐疑、膏腴、含胡、什么等,这是两个原始语素凝结成一个新语素、并且语义发生了重大转化的词,也应视为联绵词。

当然,正如吕叔湘先生所说:"有很多双音词,里边是两个语素还是一个语素可以讨论。"在具体语言中,联绵词和非联绵词之间不能截然地划界,要作具体分析,但区分的原则是可以明确的。至于有些学者将大量公认的合成词收入有关的联绵词词典,只能代表个人的见解,并不能反映语言学界对联绵词(字)的普遍看法。

三、联绵词(字)的历史流变

正确认识和处理"联绵词"这一特殊的语言现象,还需要用历史与辩证的观点重新审视联绵词的历史变迁,对联绵词二字分合进行历史的考察。

正如我们从总体上坚持强调联绵词(字)的单纯性,联绵词应当是包含一个语素的双音词,但是,语素本身也存在一个大小、层次问题一样;我们从总体上强调联绵词(字)的不可分割性,这并不妨碍我们承认在某种历史条件下联绵词(字)与非联绵结构之间可以转化,曾经经历过从"可分到不可分"或"从不可分到可分"的历史演化过程。

一是某些所谓的"联绵词(字)"在语源上或历史上曾经是可以分割的,经历了从非单纯的复音结构向单纯的联绵词的转化。如:

"涟漪"本作"涟猗",源于《诗经·伐檀》,原本"涟猗"("河水清且涟猗")、"直猗"("河水清且直猗")、"沦猗"("河水清且沦猗")并用,显然是一种临时组合,"猗"为语助词。后"猗"受"涟"的影响,类化作"漪",遂成"涟漪"一词。"涟漪"应当是公认的联绵词,而探其语源,乃是词根加后缀所成。

"斤斤"是个叠音的联绵词,为明察之义,看上去与字义无关;而"斤斤"见于《诗经·周颂·执竞》:"自彼成康,奄有四方,斤斤其明。""斤斤"为"昕昕"之借字,"昕"正为明亮之义。

此外,汉字的类化作用,也使得一些本有理据的非单纯的复音结构转化为单纯的联绵词。如:

"峨嵋"本作"峨眉",与"娥眉"(也作"蛾眉")同源。"娥眉"形容美人细长而弯的眉毛;"峨眉"形容高大而秀美的山脉。"峨"为"高"义,如成语"峨冠博带";"眉"比喻山峰像人的眉毛一样秀美。后"眉"受"峨"的影响类化作"嵋",逐渐失去了构词理据,转化为单纯的联绵词。

"螃蟹"本作"旁蟹"。清翟灏《通俗编·禽鱼》:"《周礼·梓人》疏:蟹谓之螃蟹,以其侧行者也。按:语义当正作旁,今字从虫,疑是后人率加。《埤雅》云:蟹旁行,故里语谓之旁蟹,可证。"是以其横行(即往旁边走)而得名,后"旁"受"蟹"的影响,类化作"螃",由偏正式的复合词演化成联绵词。

二是某些联绵词在特定的语境或文化背景下被赋予新的"语源",经历了从单纯的联绵词向非单纯的复音结构的转化。古书中不仅用词上义有多歧,而且用字上音有通假。后人不明通假,望文生训,牵强附

会,对"语源"作俚俗化的说解,并且得到传播使用,这也是联绵词向非联绵词转化的一个原因。如:

"望洋",又写作"望羊"、"望阳",最早见于《庄子·秋水》:"于是焉河伯始旋其面目,望洋向若而叹"。"望洋"本为联绵词,意为"仰视的样子"。后来凝结成"望洋兴叹"这一成语。"洋"上古并无"海洋"之义。后人不明古义,将"望洋兴叹"误解为"面对海洋发出感叹",而且创造了"望×兴叹"(如"望山兴叹"、"望书兴叹"等)的构词格式,并在语言实践中流行。由于文言词语的俚俗化,语言使用者赋予它新的语源,出现了从单纯联绵词向非单纯复音结构的转化。这种情况在汉语的古今演变中是不乏其例的。

三是还有极少数词语经历了可分(合成词)——不可分(联绵词)——可分(合成词)的复杂过程。如:

"狼狈",本作"狼跋",语出《诗经·豳风·狼跋》篇:"狼跋其胡,载疐其尾。""跋"、"疐"均为"踩"义,"胡"指颔部下垂之肉。毛亨传:"老狼有胡,进则蹑其胡,退则跲其尾,进退有难。"以喻进退两难之意。本为可以进行语义分析的复音结构,后来凝结为联绵词,以音为用,制字日多,又写作"猎跋"、"狼贝"、"狼䟽"、"狼狈"。成语"狼狈不堪"正由此得义。世俗不解其意,便望文生义,将"狼狈"释为两种动物之名。唐段成式《酉阳杂俎·广动植》:"或言:狼狈是两物,狈前足绝短,每行常驾两狼,失狼则不能动,故世言事乖者称狼狈。"不仅曲解"狼狈"一词,而且以讹传讹,附会出"狼狈为奸"一语。联绵词又变成可以拆分的复音结构。

"鳳凰",即凤鸟,传说中的瑞鸟,为百鸟之王,本作"鳳皇",见《诗经·大雅·卷阿》:"鳳皇于飞,翙翙其羽。"《书·益稷》:"箫韶九成,鳳皇来仪。""皇"言其大。后"皇"受"鳳"的影响,类化作"凰"。由"鳳皇"到"鳳凰",从可以分析的复音结构变成了不可拆分的联绵词。后来又将"鳳凰"拆开分释,称雄的叫"鳳",雌的叫"凰",显然是一种附会之说。但在语言中流行,如"三凤求凰",并且见于后世的典籍。这样,联绵词又变成可以拆分的复音结构。

据此,我们还认为,联绵词与非联绵词的界限应当是模糊的,人们应当、也只能根据其家族的典型成员来描述它的基本特征。

附 注

① 方以智《通雅·释诂·谜语·小序》,中华书局 1990 年版。
② 王念孙《读书杂志·汉书·第十六》。
③《段注》十三篇上"㧅"条注,上海古籍出版社 1981 年版,658 页。
④《段注》十篇上"犹"条注,上海古籍出版社 1981 年版,477 页。
⑤《段注》七篇上"旖"条注,上海古籍出版社 1981 年版,311 页。
⑥ 朱起凤《辞通》自序,上海古籍出版社 1982 年版。
⑦《辞海》,上海辞书出版社 1999 年版。
⑧ 王念孙《广雅疏证·释训》。
⑨ 同注④。
⑩《河南师范大学学报》1999 年第 6 期。
⑪《中国语文》1989 年第 4 期。
⑫《中国语文》1991 年第 5 期。
⑬ 吕叔湘《汉语语法分析问题》,商务印书馆 1979 年版,15 页。

参考文献

陈瑞衡　1989　《当今"连绵字":传统名称的"挪用"》,《中国语文》第 4 期。
李运富　1991　《是误解不是"挪用"》,《中国语文》第 5 期。
苏宝荣　1990　《试论联绵词典的编写体例》,《辞书研究》第 1 期。
徐天云　2000　《联绵词研究的历史观与非历史观》,《古汉语研究》第 2 期。
董性茂、贾齐华　1997　《联绵词成因推源》,《古汉语研究》第 1 期。
关　童　1995　《联绵词名义再认识》,《浙江大学学报》第 6 期。
吴泽顺　2004　《联绵词的构词特点及音转规律》,《湖南社会科学》第 2 期。

袁雪梅　1998　《试评方以智对"谜语"及联绵词的研究》,《四川师范大学学报》第3期。
周玉秀　1994　《联绵词的构成与音转试探》,《西北师大学报》第4期。
黄宇鸿　1999　《从〈诗经〉看古代联绵词的成因及特征》,《河南师范大学学报》第6期。
梁宗奎等　2001　《试论联绵词的界定及分类》,《泰安师专学报》第1期。

(原载《陆宗达先生百年诞辰纪念文集》,
中国广播电视出版社2005年版)

注重民族特点,坚持汉语词汇
形、音、义的综合研究

尊重汉语的民族传统,坚持汉语词汇形、音、义的综合研究,这是正确地理解和准确地说明汉语词义的一个颇为重要的问题。

汉语词汇是以汉字作为书写符号的。而在象形文字基础上发展起来的汉字,具有明显的表意特征,一般所谓"象形"、"指事"、"会意"不用说了,就是"形声字"也往往用字形标明义类;而与此同时,汉字的表音特征并不发达,即使是"形声字",人们看到声符,也很难准确地读出它的声音。既然汉语词汇同其他民族语言的词汇相比有着不同的书写形式,因而必然导致研究方法上的不同。因此我们一方面要认识汉语同世界其他语言共有的本质特征,又要看到汉语本身所具有的民族特点,在汉语词汇研究中,坚持形、音、义的统一观,注意形、音、义的综合研究。

一、正确认识汉语词的形、音、义的内在联系

我国清代乾嘉时期以前,古代训诂学者对词的形、音、义的关系有过许多论述。他们看到了形、音、义三个方面的联系,却没有摆正三者的关系。直到乾嘉时代,在古音学理论推动下,总结前代语言研究的优秀成果,对这个问题才有了比较全面的认识。其中以戴震、段玉裁、王

念孙等乾嘉时期的语言大师最为杰出,他们的论述也甚为精当。

戴震说:"故训音声,相为表里。"(《六书音均表序》)"疑于义者,以声求之;疑于声者,以义正(同'证')之。"(《转语二十章序》)

段玉裁说:"音生于义,义著于形。圣人之造字,有义以有音,有音以有形;学者之识字,必审形以知音,审音以知义。"(《说文叙注》)

王念孙说:"《说文》之为书,以文字而兼声音训诂者也","训诂声音明而小学明"(《说文解字注序》)。

这些语言大师在进步的语言文字观点指导下,通过对古代文献扎扎实实的研究而得到的精辟见解,对于我们今天正确认识汉语词汇形、音、义的辩证关系,具有十分重要的意义。

在马克思主义语言学理论的指导下,总结前人对汉语词的形、音、义关系的论述,我们应当怎样认识三者的关系呢?

首先,必须纠正传统语言文字学中"词"、"字"混淆的错误,把语言和文字加以区别,认识汉语词汇书写形式同音、义关系的相对性。语言和文字是两个意义范畴不同的概念。对于语言来说,我们可以而且只能从语音和语义两个方面来分析语言自身的结构。而文字是记录语言的书写符号,对语言来说它是外在的因素。语言的产生要比文字的产生早得多,文字是在语言的基础上产生的。在二者的关系中,语言是第一性的,文字是第二性的,前者是内容,后者是形式。因此,我们应该认识到,一方面,汉字同其他文字一样,是记录有声语言的符号,词形同音、义的联系是相对的,词形归根到底不能统摄音和义,"以形为纲"的研究方法是站不住脚的。另一方面,汉字终究是有表意特征的,词的书写形式同词义的关系较其他语言更为密切,分析词形,对说解词义有很大的益处。这是汉语的一大特点。我们在汉语词汇研究中,应该充分重视和利用这一特点。

其次,就语言本身来说,我们还应该明确"音生于义",词义制约读音的关系,认识汉语词汇音、义关系的相对性。每种语言中的词都是由声音和意义两个方面构成的,义是词之内容,音是词之形式。内容决定形式,因而词义对词音不能没有制约或决定作用。但是,在语言的音、义结合中,什么样的词音同什么样的词义结合,并没有什么必然的理由,而是由社会约定俗成的。这一点早在荀子的《正名篇》中就谈到了:"名无固宜,约之以命,约定俗成谓之宜,异于约则谓之不宜。"具体到一个词,它的读音与意义,只有事实上的相对的关系,没有什么必然的、绝对的关系。否则,世界上语言的多样性就成为不可思议的了。然而,在一种语言的发展过程中,为了指称事物、造词以及记忆、使用的方便,在其词汇的音、义之间,往往有规律化、系统化的特点,形成了"音近义通"的现象。因此,通过词音探求词义是词义研究的一个重要方面;但是,我们绝不能由此误认为音、义之间有什么必然的联系,把相对联系绝对化。因此,有些人主张的词义研究"完全依赖声音"的观点,也是站不住脚的。

总括以上两个方面,我们应当怎样简要地说明汉语词汇形、音、义三者之间的关系,如何正确地坚持形、音、义的综合研究呢？首先,在形、音、义三者关系中,音、义两要素是第一位的,形是第二位的;在音、义关系中,义又是第一位的,音是第二位的。因此,"音生于义,义著于形",在词的形、音、义三者之间,词义是联系的核心。在汉语词汇研究中,只有坚持词义统摄词音和词形的方法,才能摆正三者的关系;避免"以形为纲"、拘于字形、望文生训或完全依赖声音、随意破字、乱定"通转"两个方面的偏向。

二、汉语词义与音、形之间的错综关系

汉语词汇形、音、义之间的复杂关系,不仅表现在某一个单独的词

上(这在上面已经谈及),而且表现在词与词之间的关系上。在词与词之间的关系上,那种音异、形异、义异的词,是两个不同的词,如"我"、"你"。那种音同、形同、义同的词,是本词。这两种情况与其他词是没有纠葛的。除此而外,汉语词与词之间形、音、义的关系,主要表现为以下六种情况:

一是音同、形异、义异——同音词。

如:"敢"、"赶"。

二是音同、形同、义异——用同一字书写的不同的词。

如:"乌呼"的"乌"与"乌鸦"的"乌"。

三是音同、形异、义同——异体字。

如:"乃"、"迺"。

四是音异、形同、义异——同形词(即通过一字异读表示两个词)。

如:"将帅"之"将"与"将要"之"将"。

五是音异、形同、义同——异读词。

如:"石"表示"十斗"的容量单位时,有 dàn 和 shí 两读。

六是音异、形异、义同——同义词。

如:"怒"、"忿"。

上述六种情况,都反映了汉语词与词之间的错综关系,造成了词汇研究的复杂情况。

由于汉语一词本身以及词与词之间形、音、义的关系纵横交织,错综复杂,加之传统的语言研究中"词"与"字"的界限不很分明,因而使许多概念纠缠在一起。我们只有弄清它们之间的区别与联系,才能建立起汉语词汇学的科学体系。

三、坚持词的形、音、义综合
研究的具体方法

在明确汉语词汇形、音、义的关系之后,我们参照传统训诂学的研究成果,从三个方面叙述在词汇研究中贯彻形、音、义综合原则的具体做法。

第一,划清词之本义与字之本义的界限,用形、音、义结合的方法,正确认识和求得词的本义。

不仅在传统训诂学著作中,而且在目前一些讲词义的书中,大都存在着把词的本义同字的本义混为一谈的情况。诚然,词的本义同字的本义的联系是密切的,有许多时候甚至是一致的。但是,二者从理论上讲是属于不同范畴的概念,在事实上也有很大矛盾。我们必须从理论上和实践上划清二者的界限,认清二者的关系,才能准确地说解词的本义。

词的本义是词的原始的、基本的意义;字的本义是造字之初、与其形体结构相联系的意义。这样就出现了许多矛盾:语言的产生比文字的出现早得多,开始词的本义完全脱离文字而独立存在;文字表示语言,是以表音为其基本特征的,我们不可能完全通过字形而了解词的本义;文字产生初期,词多字少,往往用同一个读音相同的字代表两个或几个不同的词,如在上古汉语中"避"、"辟"、"僻"、"躄"都写作"辟"。由于上述几个方面的矛盾,就使词的本义同字的本义之间产生了以下几种情况:

一是语言中的一个词有同它的原始意义相联系的、并且产生较早的书写形式,即所谓本字,这时词之本义与字之本义是一致的,如"木"、"本"、"末"等。

二是语言中有些词,我们看不出它的书写形式与词义之间的联系,却可以从读音中推知其词义的来源。

三是有相当一部分词,我们无法从词形和读音两个方面的线索得知它们的本义,而只能从其使用的具体语言环境中,以及多义词各个义项的关系中确定其本义。

因此,坚持形、音、义的综合研究,我们在探求汉语词的本义时可以具体采用三种方法:

一是以形说解本义。一般来讲,对可以求得本字的词来说,词的本义就是凭借汉字字形反映出来的一个单音词的最早的词义。在这种情况下,我们认识词的本义,主要是依靠字形。许慎的《说文》就是这样一部专著,它至今仍是我们说解词的本义的重要的参考书。例如:

"目,人眼,象形,重童子也。"(卷四上)

"本,木下曰本,从木,一在其下。"(卷六上)

"秉,禾束也,从又持禾。"(卷三下)

"雅,楚乌也。……从隹,牙声。"(卷四上)

以上四例,依《说文》条例,一为象形,二为指事,三为会意,四为形声。许氏都是从字形出发说解本义的。

但是,由于《说文》说解字形时,是以小篆为主,兼采古籀的,因而有很大的局限性。随着甲骨、金文的大量发掘和考释,《说文》中一些含混不清和错误的说解逐步得到澄清和纠正,这就为以形说解本义提供了更为可靠的依据。例如"行",《说文》训为"人之步趋",即"行走",而甲骨文作╬,可见"行"的本义应是像十字路口那样的道路,不是"行走"。

不过,以形说解词的本义也不能孤立地进行。不仅依据小篆不行,就是依据甲骨、金文乃至更早的文字也不行。因为文字是记录语言的符号,不是图画,语言中词汇用字形来表义具有约定俗成的性质,它带着很大的人为规定性,如果专注于"一点一画求之,必至于妄说"(黄侃语)。我们看到,同一个形体,往往可以表示两个或几个不同的词义,如"田"、"畢"、"番"等字,在形体上都有一个共同的部分"田"。而田地之"田",是种植庄稼的土地;"畢"中的"田",表示用来捕捉鸟兽的网子;"番"中之"田",表示野兽的脚掌。倘若我们单凭字形说解本义,就会带有很大的主观臆测的性质。所以,必须有具体的语言材料作佐证。如前所述"行"作"道路"解,不仅在于与甲骨文的形体相符,而且因为从《诗经》"遵彼微行"(《豳风·七月》)、"寘彼周行"(《周南·卷耳》)、"厌浥行露"(《召南·行露》)等原始的语言材料中得到确凿的证明。

二是以音证本义。对于汉语中的许多词,为了把握其词义系统,了解其发展和演变的脉络,仍有必要确定它的本义或基本意义。词是声义的结合,在没有文字形成作为依据的情况下,从声音线索去探求词的本义,也是一个重要的方法。应当说,只要有充分的佐证材料,这种方法的可靠程度并不比通过形体说解本义差。东汉刘熙的《释名》就是通过声音追索语词命名的由来,也就是以音证本义的。虽然其中主观、荒谬之处不少,但也有许多精当的说解,可供我们借鉴。例如:

"沦,水小波曰沦。小文相次有伦理也。"(《释名·释水》)
这是用同音字"伦"来探求"沦"这个词的本义。

《毛诗诂训传》和郑玄的"毛诗笺"、"三礼注"大量运用"推原"的训诂方法,也是试图通过声音求本义的。如:

《诗经·召南·行露》:"何以速我狱?"《毛传》:"狱,确也。"可见,古人认为"狱"是确定曲直的地方,这是"狱"的本义。

《礼记·祭法》:"人死曰鬼。"郑玄注:"鬼之言归也。"

《礼记·王制》:"古者公田籍而不税。"郑玄注:"籍之言借也。"
这一类训诂,有些讲的词的本义,有的虽然未必就是本义,但由于它探索了语词命名的由来,因而我们可以由此推知词的本义。当然,由于当时人们对语音"古今之变,方俗之别"尚没有正确的认识,他们以声音求本义的做法还带着很大的盲目性。

其后宋代的"右文说",可以说是把"声训"理论化的标志。"右文说"的始倡者王圣美认为形声字左边形符标明义类,右边声符标明意义,把声音同词义直接联系起来了。这是一个了不起的发现。虽然"右文说"没有完全摆脱自汉以来主形派的束缚,缺乏正确的语言文字观点,误以"右声"为"右文",而且把音、义关系绝对化,但它冲破近千年来传统见解的首创之功,是无可否认的。只要我们批判其形而上学的错误,继承其合理内核,则对于我们今天了解词的本义,是大有好处的。"右文说"至今绵延不绝,正是这个原因。

清代学者"因古音以求古义"的理论和方法,对我们有直接的借鉴意义。他们能够用历史发展的观点,认识古今的语音之变,以古音为线索,以文献为佐证,因而使"以音证本义"的方法比较科学和完备了。例如:

《说文》卷五上:"鼖,大鼓谓之鼖。"《段注》:"凡贲声字多训大。如《毛传》云:坟,大防也;颁,大首貌;汾,大也,皆是,卉声与贲声一也。……微与文合韵最近。符分切,十三部。"(《说文解字注》,上海古籍出版社1981年版,下同)

段氏对词义的说释,显然是受"右文说"影响的,但又与之有本质上的不同:一是段氏列举词义,均以古书训诂为依据,有具体的语言材料来印证,比起"右文说"论者所讲的"波者水之皮"这一类望文臆测,要可靠得多;二是段氏主"右声",而不拘"右文"。他所谓"凡贲声字多训大",包括从"分"得声的"颁"、"汾",因"分"、"贲"同属段氏"古韵十七部"的第十三部。段氏看到古今音变,因古音以求古义,"卉"、"贲"后世本不同声,段氏用古韵"微与文合韵最近"的道理,说明上古"卉声与贲声一也","凡贲声字多训大"的道理。清代语言大师们这种"以音证本义"的深刻见解和严谨态度,很值得我们学习和继承。

三是以语言材料定本义。汉语中有相当一部分语词,我们没有办法从形体或声音线索去寻找它的本义。但是,作为语言中的一个词,它的词义系统是客观存在的。为了便于了解和掌握其词义系统的内在联系,我们仍需找出它的本义。那么在这样的情况下怎样确定它的本义呢?就是靠语言材料。具体方法是:把这个词在文献语言和口语中的用例全部找出来,互相比较,一是看哪一个用法在语言材料中出现较早;二是看哪一个词义是基本的,其他词义是从这个基本词义派生的。一般地说,在语言材料中出现较早的、派生其他词义的基本词义,就是我们要找的词的本义。例如:

"来"这个字是"麦"的本字。语言中"回来"之"来"这个词,一开始就用的是假借字。这样,要讲"回来"之"来"这个词的本义,就不能以词形作依据;从声音上看,目前也找不到"来"这个词得义的缘由。这样,我们就只能以语言材料确定它的本义了。"来"主要有以下词义:①"来往"之"来";②招致;③以来;④将来;⑤表示动作的趋向。……通过比较可以看到:"来往"之"来"是"来"这个词出现最早的、基本的词义,是该词的本义,其他词义是由此引申出来的。

其实,这种用语言材料确定本义的方法,才是最可靠的方法。不仅无形、音作为可靠依据的语词,需要语言材料证明其本义;就是有形、音可依据的语词,也往往要靠语言材料验证其本义。例如《说文》卷四下:"初,始也。从刀从衣,裁衣之始也。"而在古代文献中,从来就未见到"初"当"裁衣之始"讲的用例。倒是《尔雅·释诂》"初、哉、首、基……始也"的讲法切合实际,因为它是从古书训诂中综合出来,它所依据的是客观的语言材料。仔细体会古书用例,还会发现,"初"还不同于一般的"始"。在先秦古籍中,它往往用于追述过去的事情,如"初,郑武公娶于申"(《左传·隐公元年》),"初,宣子田于首山"(《左传·宣公二年》)等,具有"起初"、"当初"的意义。这样,从语言学角度,我们只能说"初"这个词的本义是"起初"、"当初",不能说其本义为"裁衣之始",因为那样讲没有什么实际意义,在语言材料中没有得到证明。在我们今天看来,"裁衣之始"是从字形体现出来的造字之意,而不能理解为词的本义。

第二,从词汇形、音、义统一的观点出发,划清"义有多歧"与"音有通假"的界限,明确汉语的词义系统。

义有多歧和音有通假,这是汉语词汇形、音、义错综复杂关系在语言的具体运用中出现的情况。古书之所以难读,汉语词义之所以不易掌握,这是一个重要的原因。

义有多歧,是词义引申的结果。一个词从其本义发展演变出来的许多意义,尽管纷繁复杂,但有着内在的联系,属于一个词义系统。

音有通假,是指文字的假借。尽管一个词义与另一个词义读音相同,甚至书写形式也相同,但由于两个词义之间没有什么关联,因而只能认为是文字的同音假借,从语言学观点看,它们分属于两个不同的词。

词义的引申和文字的假借,从理论上是很容易分别的,但在具体词义的说释中却往往纠缠在一起,难于分辨。而要正确认识汉语的词义系统,就必须划清词义引申和文字假借的界限,把文字的假借同词义本身的发展变化区别开来。对于一个具体的词,它的本义和较近的引申义跟同音假借是比较容易区别的;而词的较远的引申义,由于它和本义的联系非常曲折,难于看清,就容易和同音假借的现象混淆起来。段玉裁《说文注》就往往引申、假借不分。朱骏声《说文通训定声》虽明确分开引申(他称为"转注")与假借的条目,但对具体词义的说解,往往与常规不合。如:诛,本义为"以言相责",即"讨",引申为"诛杀"之义,朱氏认为是"殊"字的假借。从古书用字角度而言,朱氏的说法是有道理的;但从词义的发展系统而言,朱氏的说法是不可取的,因为说"诛"的"诛杀"之义是借于"殊",没有文献资料作证据。

王念孙《广雅疏证》说:"凡事理之相近者,其名即相同。"(卷六上)语言中有些近义词,其读音相同或相近;随着词义的发展演变,有些引申后的词义彼此牵合。我们不能因此而打乱其词义系统,乱定"假借"。以"诛"为例,其词义引申的线索应当是:先由"以言相责"的"讨",发展为用武器的"讨伐",再演变为"诛杀",这属于层递式引申的方式,它符合词义程度由轻到重引申的规律。

所以,假借纯粹是一种假音;由一个词的本义直接或间接发展出来的词义,即使与另一词读音相同,仍应视为原词的引申义。这样,有利于建立汉语的词义系统,防止把词义的产生看成孤立的、偶然的现象。总之,从词的甲义到乙义,如果读音相同,意义相连,则为词义的引申;如果仅读音相同,而意义无关,则属于文字的假借。

第三,坚持形、音、义的综合研究,探求词的语源。

探求词的语源,进行语源学的研究,这是汉语词汇研究的又一个重要方面。清代以前,我国传统的训诂学只讲同源字,不讲同源词。目前一般的语言学著作,对同源字与同源词也往往不加区别,实质上是把同源词局限在同源字的范围之内。深入进行词的语源的研究,必须弄清二者的区别,打破字形的界限去探求词的同源。

这方面,清代学者已给我们开了好头。其中尤以段玉裁《说文解字注》(简称《说文注》或《段注》)、王念孙《广雅疏证》在词的语源研究上成就最高,见解也颇精审。如《说文》卷十二下"或,邦也"条下《段注》:

"邑部曰:邦者,国也。盖'或''国'在周时为古今字,古文祇有'或'字,既乃复制'国'字,以凡人各有所守,皆得谓之'或',各守其守,不能不相疑,故孔子曰:或之者,疑之也。而封建日广,以为凡人所守之'或'字未足尽之,乃又加'口'而为'国',又加'心'为'惑',以为疑惑当别于'或',此孳乳浸多之理也,既有国字,则'国'训邦,而'或'但训'有',汉人多以'有'释'或'。毛公之传《诗·商颂》也,曰:域,有也。……'域'即'或',……毛诗'九有',韩诗作'九域',纬书作'九囿'。盖'有'古音如'以','或'古音同'域',相为平入。"

这里,段氏通过说明字形孳乳、古书异文和训诂以及古音考证等方法,证明"或"、"国"、"有"、"域"、"囿"五词,古音相近,意义相通,其中"或"、"国"、"域"三个词和"有"、"囿"两个词分别形体相关,都出于同一语源。

王念孙的《广雅疏证》在清代可以称得上是汉语语源学杰出的著作。他的"因古音以求古义,引申触类,不限形体"的理论,虽说意在推求古训,但在今天看来,却是研究语源的至精之论。如《广雅疏证》释诂卷一"道、天、地……般……,大也"条说:

"般者,《方言》:'般',大也。……《大学》:'心广体胖'。郑注云:'胖',犹大也。《士冠礼》注云:弁名,出于槃,'槃',大也。言所以自光大也。'槃'、'胖'并与'般'通。《说文》:'幋',覆衣大巾也。'鞶',大带也。《讼·上九》:'或锡之鞶带'。马融注云:'鞶',大也。《文选·啸赋》注引《声类》云:'磐',大石也。义并与'般'同。《说文》:'伴',大貌。'伴'与'般'亦声近义同。凡人忧则气敛,乐则气舒,故乐谓之般,亦谓之凯;大谓之凯,亦谓之般,义相因也。"

王氏为了说明"般、槃、胖、幋、鞶、磐、伴"出于同一语源,既以形体解字(如"般、槃、幋、鞶、磐"),又以声音求之(如"般"与"胖、伴"),又以词义证之(如引证文献用例,又指明"大、般、凯""义相因也")。他以词形为起点,以古音为枢纽,以古训为证据,形、音、义综合考察,紧紧把握住同源词的内在联系,旁推交通,驾驭自如。

近代学者章太炎先生强调说:"治小学者,在乎比次声音,推迹故训,以得语言之本。"(《国策论衡》)他继承并发展段、王的研究成果,著成《文始》一书,成为近代语源学的奠基之作。该书的最大特点,就是打破形体的界限去探求语源。如"贯"、"关"、"环"等词在形体上毫无联系,而章氏却正确地分析它们在音、义上是同一语源。当然,《文始》的理论有其片面性,容易导致主观臆测;但它从理论上冲破字形的束缚,第一次明确地说明同源词"义从音衍,谓之孳乳"的派生原理,第一次系统地从声韵通转去探讨语词的同源,这种创始的功绩则是不可磨灭的。

依据前人的成果和汉语形、音、义综合研究的原则,我们认为汉语的同源词可以分为两大类:第一类是有形体联系的(主要是声符相同),其中又分两种,一种是由分化字表示的同源词,如"取"与"娶","反"与"返";一种是由孳生字表示的同源词,如"般"和"磐"、"槃"等。第二类是没有形体联系的同源词(如"或"与"囿")。但是,无论哪一种类型,它们都必须具备以下两个条件:一是声音相同或相近;二是意义相同、相近或相关。同源词必须出自同一语源,就是说它们得声(即"命名")的由来是相关联的。这一点最为重要,否则即使音、义相同或相近,也不能叫同源词。如"顶"与"颠"读声相近(顶,端母耕部;颠,端母真部。它们的古声母相同,韵部相近);《说文》:"顶,颠也。""颠,顶也。"它们的本义相同,都是"头顶"的意思;它们命名的由来是相同的,可见二者为同源词。反之,"辱"与"侮"现代读音相近(辱,日母屋部;侮,明母侯部。它们的古声母相差较远),在"欺负"的意义上两词是相通的。但依《说文》:"侮,伤也"、"伤,创也";"辱,耻也",它们的本义并不相同,命名的由来并不相关,所以不能认为是同源词。

(原载《四川师范学院学报》1982 年第 4 期,人大复印报刊资料
《语言文字学》1983 年第 2 期全文转载,与宋永培合写)

论段玉裁《说文解字注》的词汇研究

　　清代乾嘉时期,是我国传统语言文字学发展的鼎盛时期。段玉裁(字若膺,号懋堂,江苏金坛人,生于 1735 年,卒于 1815 年)和他所作的《说文解字注》(下文简称《说文注》或《段注》)正是这一时期的主要的代表人物和代表著作之一。《段注》问世以来,对我国语言文字学界产生了巨大的影响。它不仅推动了许慎《说文解字》(以下简称《说文》)一书的研究、普及和传播工作,形成了"家有洨长之书,人习说文之学"的"许学"热潮;而且对许多问题颇有创见,自成一家之言,对传统语言文字学的发展做出独特的贡献。一百多年来,众多的语言文字学者从事《段注》的研究工作,或为之发凡,或为之补正,或论其功过,或承其体制,著述繁富,自成源流,世人称之为"段学"。但是,由于许慎《说文》本身是一部字书,段氏又是为之作注的,因而以往对《段注》的研究,大多数是从文字学方面进行的,而对其在词汇研究方面的巨大成果,却没有引起人们足够的重视。我们认为,许氏《说文》虽然以形为主,而又不局限于文字,"说文之为书,以文字而兼声音训诂者也"(王念孙《说文注·序》);且段氏虽然为"许书"作注,但却不受原书的局限,他较全面地继承了前人语言文字学研究的积极成果,并把它同《说文》的注释有机地结合起来,形成自己的独特见解,从而成为一部名垂后世的综合性的语言文字学巨著。

　　段玉裁所处的乾嘉时代,随着语言文字学的全面发展,一些杰出的语言学者开始注意用历史发展的观点和较为科学的方法来研究语言现象,并且重视对有声语言的研究。段氏的《说文注》正是通过用历史发展的观点,对汉字形、音、义进行综合的分析研究,从而进一步明确了"词"的观念,注重了词的研究,在汉语词汇研究中取得了创造性的成果。《段注》不仅提出了初步的词汇理论,而且在汉语词义系统、词义辨析、词义演变、词义与词的结构形式的关系方面,进行了大量的分析、综合工作。以《段注》为代表的优秀的语言文字学著作,奠定了我国近、现代汉语词汇研究的基础。深入研究和继承这批宝贵的语言学遗产,对于发展今天的汉语词汇研究,具有直接的、重要的借鉴作用。

段氏在许慎《说文》的基础上,利用清代古音学研究的成果,对《说文》所收汉字进行了形、音、义的综合分析,并同经、史、子、集丰富的语言材料互相印证,从而对汉语词汇学提出了比较系统的见解,这是段氏在实践上和理论上的一大创造。

一、在理论上,他更为明确地提出了"词"的观念和初步的、较有系统的词汇理论

我国传统的语言学,很少有理论和方法方面的专门著作,但这决不意味着传统的语言学中没有自己的理论观念和体系。根据文献记载,我国很早就有关于词的理论。我国最早的词汇研究是同哲学浑融一起的。那时把现在所说的"词"或"字"叫做"名"。郑玄曾经说过:"古曰名,今曰字,其实一也。"(转引自《说文叙·注》)春秋战国时代的"名"、"实"之争,实际上也涉及词汇观点的论争。公孙龙在《名实篇》中说:"正其所实者,正其名也。……夫名,实谓也。"这就是说,"词"是事物实体的称谓。荀况的《正名篇》则更为明确地提出"名闻而实喻"的观点,并且指出"名无固宜,约之以命,约定俗成谓之宜"。就当时的历史条件

来说,这些见解应当说是相当深刻的。把"词"的研究从哲学中分离出来,最早而明确地进行专门论述的,应当说是东汉的许慎。他在《说文》一书中说:"词,意内而言外也。"这种说解,从观点上讲,可以说同荀况的"名闻而实喻"的说法是一脉相承的;但已同浑融哲学观点中的"名"的提法不同,明确地使用了"词"的概念。

但是,在当时历史条件下,人们不可能对词的本质有一个明确的认识。无论是荀况,还是许慎,他们关于词的概念和理论,都带有极为明显的朦胧的特点:荀况的说法意在阐明哲学观点,并非特指语言;许慎《说文》中的所谓"词",从其对字的说解中看,主要是指我们今天所谓的"虚词"(如《说文·白部》:"者,别事词也";《矢部》:"矣,语已词也";《口部》:"各,异词也"),有时也指部分"形容词"(如《说文·白部》:"鲁,钝词也")。因而,都没有认识词的本质特征,都不能说有了明确的"词"的观念。

段玉裁在《说文注》中,则继承前人语言研究的优秀成果,发挥和完善了荀况"名与实"、许慎"意与言"的观点,明确地指出词为声音与意义的结合。他说:"意者,文字之义也;言者,文字之声也;词者,文字形声之合也。"并且指出:"形在而声在焉,形声在而义在焉。"(九篇上"词"条注429页——本文所标页数均为上海古籍出版社1981年第1版《说文解字注》的页码)可见,段氏是从形、音、义统一的观点来研究词的。这里,段氏虽然把词说成"形声之合",没有完全摆脱字形束缚和传统观念,没有能从理论上完全划清"字"与"词"的界线。但是我们从他的"有是意于内因有是言于外谓之词"(同上)的结论中,可以清楚地看到,段氏是把词看成义、音的结合体的,是当作有声语言来看待的,因而对词的本质有了相当深刻的认识。虽然,段氏也说过"词者……此谓摹绘物状及发声语助之文字也"的话,但他并没有把"词"的含义局限于许慎《说文》所限定的范围,因为他在下文紧接着说到:"积文字而为篇章,积词而为辞。孟子曰：不以文害辞，不以词害辞也。孔子曰：言以足志，词之谓也。"显然，这里段氏认为"辞"为"篇章"；而"词"是与"文"、"文字"、"言"相对应的概念，绝不仅限于许慎所指的"虚词"和少数"形容词"。（均见九篇上"词"条注）因此，这无论比起荀况的"名闻而实喻"，还是许慎笼统的"意内而言外"的提法，都要深刻得多、系统得多了。

  段玉裁不仅明确地提出词的观念，而且较为完整、系统地提出用历史发展的观点，对汉字（即词）的形、音、义进行综合研究的理论，这是段氏在词汇理论上的最大贡献。他在《说文叙·注》中说："许君以为音生于义，义著于形。圣人之造字，有义以有音，有音以有形；学者之识字，必审形以知音，审音以知义。""一字必兼三者，三者必互相求；万字皆兼三者，万字必以三者彼此交错互求。"在为王念孙著《广雅疏证》所写的序文中他更加深刻地论述了汉字（即词）形、音、义的关系，指出："小学有形、有音、有义，三者互相求，举一可行其三；有古形、有今形、有古音、有今音、有古义、有今义，六者互相求，举一可得其五。古今者，不定之名也。三代为古，则汉为今；汉魏晋为古，则唐宋以下为今。"这里，段玉裁强调：对词的形、音、义，不仅要做"横"的综合分析，而且要进行"纵"的历史考察。段氏的这些论述，集中地体现了他用历史的、辩证的观点研究语言所得的深刻结论，是其正确的词汇理论的集中表现，也是其著作《说文注》一书的指导思想。在这种历史发展观点和综合研究方法的指导下，他认识到"声与义同原"（一篇上"祯"条注），对许慎《说文》一书所收九千余文，"立十七部以综核之"。（王念孙《说文注·序》）既重视字形，"因形以说音说义"（《说文叙·注》），又不局限于字形，注意对有声语言的研究，具备了较为正确的语言学观点；认识到汉语"一词多义"的内在联系，注意了词义的引申、演变现象，初步探讨了词义的系统性和发展变化的规律性；并在一定程度上注意到词与词的结构形式之间的联系。从而创造性地提出汉语词汇研究的初步理论，为指导当时的词汇研究和推动近、现代汉语词汇理论的创立和发展作出了重要的贡献。

段氏《说文注》在词汇理论上的贡献,还体现在其词汇研究中较为系统而科学的方法上。《段注》在说解词义的过程中,创立了一整套辨析同义词、区别反义词、联系同源词、说明词义系统等方面的名词术语,丰富了汉语词汇研究的理论和方法。如《段注》中常用辨析同义词的是"统(浑)言之"与"析言之"、"专词"与"泛词"、"属"与"别"等成对的概念;常用来比较反义词的是"反对之辞"、"对文"、"反对语"、"某为某之反对"、"反对之义"等术语;常用来联系同源词的是"某与某音同义近"、"凡从某之声多有某义"等语;常用来说明词义系统的是"某引申之为某"、"某引申之为凡某之称"、"某以为某"、"某借为某",前二者用来说明词的引申义,后两者意在指明假借。此外,凡沿用前人术语,段氏也都加以阐明,尽可能给予科学的说解。如《段注》中许多发凡许书体例的说明,其中就包含着词汇研究的理论和方法。例如一篇上"橐"条注(6页):"凡言读若者,皆拟其音也。凡传注言读为者,皆易其字也。注经必兼兹二者,故有读为,有读若。读为亦言读曰,读若亦言读如。字书但言其本字本音,故有读若,无读为也。""读为"、"读曰"和"读若"、"读如"这两对常用术语,前人有时混用,世人亦往往讹乱之,而《段注》从其不同功用出发加以分辨,使之含意清楚,界限分明。清代学者梁启超曾经说过:"凡欲一种学术之发展,其第一要件,在先有精良之研究方法。"(《清代学术概论》)《段注》词汇研究方法,是近于科学的。其所使用的术语和方法,是在说解的具体实践中总结和提炼出来的,具有其系统性和严密性,因而对后世影响较大,有些至今被我们所沿用。方法的科学性和系统性,进一步证明了理论本身的深刻性和完整性。《段注》在词汇研究方法上的总结归纳工作,是具有超越前人的独创性的,这也是段氏在词汇研究理论方面的成就之一。

二、在实践上,《段注》提供了创造性的研究成果和可供借鉴的研究方法,奠定了汉语词汇研究的基础

1. 注意用发展的、联系的观点和综合性、比较的方法诠释词义。

(1)《段注》较早而且较全面地、自觉地总结出汉语词汇"本义——引申义——假借义"的词义系统,并且运用于全书的词义说解之中,对汉语词义系统理论的建立具有首创之功。

在《段注》问世之前,我国传统语言学中,说解字义(也就是我们今天所说的词义)较详,而且影响较大的是张玉书等人奉诏所编的《康熙字典》和阮元等人所编的《经籍籑诂》。《康熙字典》虽号称"无一义之不详,一音之不备矣"(《康熙字典·序》),但却未能理清词义源流及其演变。近人黄侃批评该书在讲字之本义、引申、假借之义时"无所甄明,先后失次"(《论康熙字典之非》)。与段玉裁同时代的阮元等人所编的《经籍籑诂》一书,虽在凡例中申明"诂以本义前列,其引申之义展转相训者次之",古训、古注收集颇详,但却仓促成书,有杂乱无章、材料堆砌之嫌。段氏在称赞此书之时,也尖锐地批评了它的缺点:"《经籍籑诂》一书甚善,乃学之邓林也,但如一屋上散钱不上串。拙著《说文注》成,正此书之钱串也。"(《与刘端临第二十四书》)可见《段注》之要在于"串",在于用汉语词义的系统性通贯全书。这也正是《段注》胜过前贤的独到之处。

《段注》首先最为明确地提出了"凡字有本义,有引申之义,有假借之义"的词义系统的理论(《经韵楼集》卷五),而且确定了区别词的本义、引申义与假借义的标准。正如江源在《段注》后序中说的:"许书之要,在明文字之本义而已。先生发明许书之要,在善推许书每字之本义

而已矣。""本义明而后余义明,引申之义亦明,假借之义亦明。"《段注》根据汉字形、音、义统一的原则,认为凡与形体结构相符合的为本义。他认为"圣人造字,实自象形始","依形以说音义而制字之本义昭然可知",只有同形体相合的才是字(即词)的本义。而后由本义发展变化而产生的意义为引申义。并依据"用此字之声而不用此字之义者乃可定为假借"(均见《说文叙·注》)的原则来权衡假借义。例如:

  豫:《说文》:"象之大者,贾侍中说不害于物。从象,予声。"

  《段注》:"此豫之本义,故其字从象也,引申之凡大皆称豫。……大必宽裕,故先事而备谓之豫,宽裕之意也。宽大则乐,故释诂曰:豫,乐也。……亦借为舒字,如洪范:豫恒燠若,即舒恒燠若也。亦借为与字。……侍中说豫象虽大而不害于物,故宽大舒缓之义取此字。非许书则从象不可解。"(九篇下459页)

这里,《段注》首先根据许慎《说文》对字形的分析,指明"象之大者"是豫的本义;又从本义出发,根据古代文献中的具体用例,说明了"凡大皆称豫"——"宽裕"——"先事而备谓之豫"——"乐"等各引申义及其相因关系;然后把音同而与本义没有直接联系的用例定为假借,指明豫"亦借为舒字"(舒:《说文》:"伸也,从舍,从予,予亦声。"),"亦借为与字"。

  当然,确定字(或词)的本义还需要从历史发展来考察,需要历史文献作佐证,需要从形、音、义几个方面进行综合的分析研究。但是,汉字是具有表意特征的文字,汉字的形体对确定词的本义有很大的作用。《段注》所坚持的确定本义、引申义和假借义的方法是基本可行的,为汉语词义系统的研究奠定了基础。

  其次,在说解词义时,《段注》非常注意各个词义的纵横关系:一方面抓住本义,由本义统摄其他意义,提纲挈领;另一方面,还重视词义与词义之间相互比较,触类旁通。例如:

  饰:《说文》:"㕞也。"

《段注》："又部曰：馭，饰也。二篆为转注（段氏所谓'转注'，犹言互训也。——笔者注），饰拭古今字，许有饰无拭，凡说解中拭字皆浅人改饰为之。……凡物去其尘垢即所以增其光彩，故馭者，饰之本义也，而凡踵事增华皆谓之饰，则其引申之义也。"（七篇下360页）

这里，段氏不仅讲明"饰"的已经不为人们所注意的"擦拭"的本义，而且讲明词义由"擦拭"发展到"装饰"的引申线索和内在联系；同时说明了被释词"饰"与释词"馭"的相互关系（即"转注"）。仅寥寥数语，把一个词的此一义与彼一义，本词与他词的关系讲得一清二楚，使人们得其要领，一目了然。

又如：

遴：《说文》："行难也。"

《段注》："《汉书》：遴柬布章，遴简谓难行封也，引申为遴选，选人必重难也。"（二篇下73页）

"遴选"之"遴"应作何解，一般人大抵是知其然而不知其所以然。《段注》从本义出发说解之，找出本义"行难"同引申义"选人必重难也"的相因关系，使人不仅知其然，而且明了其所以然了。

又如：

叿：《说文》："止也。"

《段注》："书传云：叿，至也，至则止矣，其义一也。"（二篇上67页）

这里，《段注》在"叿，止也"，"叿，至也"两个相对甚至相反的说解中，发现并指出其词义之间的联系，使人们深通词义的由来和流变。

段氏这种通过掌握词义系统说解词义的方法，反映了词义客观的内在联系，是具有科学性的。

(2)《段注》还系统地揭示和总结了汉语词义的相反同根现象，注意对同源派生词的研究归纳。

我国古代的训诂学者早就注意到了汉语中一个词同时表现两种相反、相对意义的现象,并在古书注解中作过说明。但是,大量地、系统地总结归纳这种语言现象,并且有意识地探索这种语言现象的成因,则是从乾嘉学者开始的。《段注》在这方面的成就也非常突出。段氏在词义说解中,对具有相反同根特征的语词,首先指明其相反或相对的两种词义,然后具体地、细致入微地分析两种词义的联系及其形成的原因。下面列举数例:

①置:《说文》:"赦也。"

《段注》:"置之本义为贳(shì)遣,转之为建立,所谓变则通也。"(七篇下 356 页)

依段氏说,"置"的本义是"贳遣"(即废置),而又引申出"建立"(即"安置")的意义。旧事物的废置和新事物的建立,往往是密切相关的,"置"的这种词义的变化具有深刻的现实基础。段氏认识到"变则通",说明他是具有一定的辩证思想的。

②仇:《说文》:"雠也。"

《段注》:"雠,犹应也。《左传》曰:嘉偶曰妃,怨偶曰仇。……仇为怨匹,亦为嘉偶,如乱之为治、苦之为快也。"(八篇上 382 页)

仅此一例,段氏同时说明了"仇"与"妃","乱"与"治","苦"与"快"三对相反同根词。

③颠:《说文》:"顶也。"

《段注》:"颠为最上,倒之则为最下,故大雅'颠沛之揭',传曰:颠,仆也。"(九篇上 416 页)

④贾:《说文》:"市也。"

《段注》:"市买卖所之也,因之凡买凡卖皆曰市,贾者,凡买卖之称也。"(六篇下 281 页)

⑤ 爻:《说文》:"放也。"

《段注》:"放,仿古通用。……教字、学字,皆以爻会意。教者,与人以可放也;学者,放而像之也。"(十四篇下748页)

同一个"爻",既有"教导"的意义,又有"学习"的意义,施予和接受同用一词。

⑥ 选:《说文》:"遣也。"

《段注》:"选遣叠韵。《左传》'秦后子有宠于桓,如二君于景。其母曰:弗去,惧选。鍼适晋,其车千乘。'按,此选字正训遣。"(二篇下72页)

"选"同时具有"留"和"遣"两个相反的词义。有"留"必有"遣",两义看来相反,其实相因也。

词义的这种相反同根的现象,是事物的对立统一规律在语言当中的表现,是词义内部矛盾运动的结果。段玉裁当时虽然还不可能从理论上认识到这一点,但他能具体地、深刻地分析词义的这种矛盾现象,说明他在词汇研究中具有朴素的辩证法思想。在当时来说,这是难能可贵的。

在注重相反同根词研究的同时,《段注》还对词的同源派生现象进行了研究和归纳。段氏通过对汉字进行形、音、义的综合分析,认识到"声与义同源",因而能冲破形体的束缚,从声音线索探求汉语词汇意义的由来及其历史的发展。既注意到汉字(即词)同声符者词义上的联系,又注意到虽声符不同而语音相通者词义上可能发生的联系,并能从具体的语言材料中来证明这种联系,因而总结归纳出大量的语词同源派生现象,进一步深刻地认识和掌握了汉语词汇的内在联系。例如:

襛:《说文》:"衣厚皃。"

《段注》:"凡农声之字皆训厚。醲,酒厚也;浓,露多也;襛,衣厚皃也,引申为多厚之称。"(八篇上393页)

犦：《说文》："白牛也。"

《段注》："白部曰：皠，鸟之白也。此同声同义。"（二篇上 51 页）

以上两例，《段注》是从形声字的声符来推求同源字的语源。段氏吸收了宋代王圣美"右文说"的成果，而又把它加以改造。他既重视字形，又不拘于字形，变"右形"为"右声"，提出"以声为义"说（据龚自珍语），因而能够打破形体界线探求词的语源。例如：

犥：《说文》："牛黄白色。从牛，麃声。"

《段注》："黄马发白色曰骠。票、麃同声。然则犥者，黄牛发白色者也。《内则》：鸟皫色，亦谓发白也。"（二篇上 51 页）

这里，"票""麃"虽然形体上没有联系，段氏也根据"票、麃同声"的事实和"于声得义"的原则，找出它们音义的来源。

或：《说文》："邦也。"

《段注》："邑部曰：邦者，国也。盖'或'、'国'在周时为古今字，古文祇有'或'字，既乃复制'国'字。以凡人各有所守，皆得谓之'或'。各守其守，不能不相疑，故孔子曰：或之者，疑之也。而封建日广，以为凡人所守之'或'字未足尽之，乃又加'囗'而为'国'，又加'心'为'惑'，以为疑惑当别于或，此孳乳浸多之理也。既有国字，则'国'训邦，而'或'但训有，汉人多以'有'释'或'。毛公之传《诗·商颂》也，曰：域，有也。……'域'即'或'。……毛诗'九有'，韩诗作'九域'，纬书作'九囿'。盖'有'古音如'以'，'或'古音同'域'，相为平入。"（十二篇下 631 页）

这里，段氏通过字形孳乳，古书异文与训诂、古音考证等方法，证明"或"、"国"、"有"、"域"、"囿"五词，古音相近，意义和得义由来相关，其中"或"、"国（國）"、"域"三字和"有"、"囿"两字分别有形体上的联系，出于同一语源。其中前三词（"或"、"国"、"域"）和后两词（"有"、"囿"）之间,虽然没有形体上的联系(即共同的声符),但由于它们音近义通,且词的得义由来有关,段氏也能透过字形阻隔,求得它们的共同语源。

(3)通过引证丰富的语言资料,对汉语同义词、反义词进行出色的比较、辨析和研究。

在说明词义的同时,通过对形、音、义的分析,结合古书例证,对大量的意义相同或相近的语词进行了综合与辨析。《段注》辨析同义词,从其内容方面讲,是极其广阔而精微的;从其辨析的原则讲,是有的放矢的;从其辨析的形式讲,也是多种多样的。在内容上,它从词语的词汇意义、使用条件、语法特征、古今异语、方俗之别等方面进行了认真分析比较。在词义辨析的处理原则上,对于人们不大注意其区别的同义、近义词,段氏注意"同中求异",从不同角度指出其细微区别;对于人们不大注意其联系的同义、近义词,段氏则"异中求同",综合全书,加以归纳、联系。在辨析形式上,有的是一对一地比较,有的是一组一组地分析(前者如一篇上:斋:"戒絜也。"段注:"斋戒或析言,如七日戒,三日斋是";后者如一篇上:"礿,夏祭也。"段注:"释天曰:春祭曰祠,夏祭曰礿,秋祭曰尝,冬祭曰蒸。"),有的是仔细地研求其说解词与被说解词之间的区别与联系,有的是言此词而连及彼词(前者如二篇上:"呻,吟也。"段注:"呻者,吟之舒;吟者,呻之急";后者如一篇上:"天,颠也"。段注:"此以同部叠韵为训也,凡门,闻也;户,护也;尾,微也;发,拔也;皆此例。"),有的是直言"某与某音义相同","某与某音近义亦近",有的是以说"转注"而贯其通。总之,在《段注》中,每一个词者不是孤立的,都是与其他词相比较、相联系而存在的。

首先,段氏是"同中求异",深入细致地论及同义、近义词的通别。《段注》比较同义词的"同"与"异"的主要方法有三种:一是"对释其义";二是"因音辨义";三是"综合比较"。下面分别加以说明。

一为"对释其义":这是《段注》说明同义、近义词区别的最主要的方法。例如：

①疾：《说文》："病也。"

《段注》："析言之,则病为疾加；浑言之,则疾亦病也。"(七篇下348页)

②不：《说文》："鸟飞上翔不下来也。"

《段注》："《公羊传》曰：弗者,不之深也。俗韵书谓'不'同'弗',非是。"(十二篇上584页)

③氓：《说文》："民也。"

《段注》："按：此则氓与民小别,盖自他归往之民则谓之氓。"(十二篇627页)

④沚：《说文》："小渚曰沚。"

《段注》："《召南》传曰：沚,渚也,此浑言之；《秦风》传、《尔雅·释水》曰：小渚曰沚。此析言之也。"(十一篇下553页)

以上四例,前两例是从词义的程度轻重上进行辨析,后两例是从词义范围的大小上进行区别。其中①③④例都是从说解词和被说解词的相互关系中来说明词义之别的；而例②是言此及彼,在"不"这个词的说解中联系到与之相关的"弗"这个词。

⑤唁：《说文》："吊生也。"

《段注》："……吊失国曰唁,此言吊生者,以吊生为唁,别于吊死为吊也。"(二篇上61页)

⑥适：《说文》："之也。"

《段注》："按：此不曰往而曰之,许意盖以'之'与'往'稍别。逝、徂、往,自发动言之；适,自所到言之。故变卦曰之卦,女子嫁曰适人。"(二篇下71页)

以上两例,是从词汇的使用条件上进行辨析,其中例⑤比较的是"吊"与"唁"一对词,例⑥是分析的"适"、"之"、"往"、"徂"、"逝"这一组词。

⑦嘆:《说文》:"吞歎也。"

《段注》:"按:嘆、歎二字今人通用,毛诗中两体错出,依《说文》则义异,歎近于喜,嘆近于哀。"(二篇上60页)

⑧弑:《说文》:"臣杀君也。"

《段注》:"按:述其实则曰杀君,正其名则曰弑君。《春秋》,正名之书也,故言弑不言杀。(三篇下120页)

以上两例是从词义的感情色彩上进行区别的。

⑨胄:《说文》:"兜鍪也。"

《段注》:"古谓之胄,汉谓之兜鍪,今谓之盔。"(七篇下354页)

⑩苑:《说文》:"所以养禽兽。"

《段注》:"古谓之囿,汉谓之苑也。"(一篇下41页)

以上两例是从古今异语上进行词义辨析。

⑪逆:《说文》:"迎也。"

《段注》:"逆、迎双声,二字通用。……《方言》:逢、逆,迎也。自关而西或曰迎,或曰逢,自关而东曰逆。"(二篇下71页)

上例为从方(言)俗(语)之别进行词义辨析。

二为"因音辨义"。《段注》用"因声求义"的方法说明同义词的"同中之异",其方法是有创造性的,有些具体词义的辨析也是很精彩的。例如:

《说文》:"啾:小儿声也。""喤:小儿声。"

《段注》:"啾谓小儿声,喤谓小儿大声也。"(二篇上54页)

"啾"与"喤"两个词,许氏《说文》对它们的说解是一样的,均为"小儿声"。《段注》则根据其二者得声的不同(十四篇上·金部"锽"条:"按:皇,大也,故声之大字多从'皇'")说明了它们词义上的区别,使人很受启发。

有些词义的分别,许慎《说文》虽概括地作了说明,《段注》也通过声音线索阐明其词义差别之所以然。如:《说文》八篇下"见部"有数十个表示各种不同的"视"的近义词。许氏原书的说解是十分简约的。《段注》用"因音辨义"的方法,说明其词义的由来及其差别。现举数例:

  覼:"大视也。"注曰:"目部曰:瞲,大目也,故覼为大视。"

  覭:"小见也。"注曰:"如溟之为小雨,皆于冥取意。"《释言》曰:"冥,幼也。"

  覯:"遇见也。"注曰:"覯与遇叠韵。走部曰:遘,遇也。覯从见则为逢遇之见。"

《段注》采用"因音求义"的方法注解许说,不仅使我们加深了对各个词义的理解,而且辨明了各个词义之间的细微差别。

  三为用"综合比较"的方法辨析同义、近义词。汉语中有些同义词之间的关系比较复杂。它们或是其中一个词的意义包括于另一个词的意义之内,或是两个词只是在某些方面、某些义项上为同义词,在其他义项上又不是同义词。对于这种同义词,《段注》利用综合分析的方法,说明它们的异同。例如:

  《说文》:"改:更也。""更:改也。"

  《段注》:"更训改,亦训继,不改为继,改之亦为继。"(三篇下 124 页)

通过《段注》的分析,我们可以知道,"更"与"改"的词义范畴不同,"更"的"继续"之义是"改"所没有的。

  又如:

  亡:《说文》:"逃也。"

  《段注》:"逃者,亡也,二篆为转注,亡之本义为逃,今人但谓亡为死,非也。引申之,则谓失为亡,亦谓死为亡。"(十二篇下 634 页)

"亡"的本义为"逃",由此而发展为一个多义词。就"出亡"的意义来讲,它与"逃"为同义词,就"丧失"的意义来讲,它同"失"为同义词;就"灭亡"的意义来讲,它同"死"为同义词。《段注》通过综合分析词义,讲清了同义词之间的复杂情况。

另一方面,《段注》是"异中求同",打破形体"同部"、"异部"的界线,归纳联系同义、近义词。

《段注》归纳同义、近义词,有些是直接注明的。据统计,书中标出"某与某部某字同"、"某与某音同义近"、"某与某音义略相近"、"某与某义相通"的就有近三百处。(据郭在贻《〈说文段注〉与汉语词汇研究》一文,载于《社会科学战线》1978 年第 3 期)例如:

①趒:《说文》:"跳也。"

《段注》:"跳,一曰跃也;跃,迅也;迅,疾也,然则趒与趣同义。"(二篇上 63 页)

②越:《说文》:"度也。"

《段注》:"与辵部逑字音义同。"(二篇上 64 页)

③裨:《说文》:"接也,益也。"

《段注》:"会部曰:䘙,益也。土部曰:埤,增也。皆字异而音义同。"(八篇上 395 页)

其中例①是通过字义的辗转相训来联系同义词的,例②是通过"音近义通"的原则来联系同义词的,例③是通过形声字共同的声符相系同义词的。从上面的实例中,我们可以清楚地看到,《段注》综合同义词也是贯彻形、音、义综合研究的原则的,这种联系,具有较为可靠的科学性。

《段注》归纳同义、近义词,更大量的是以"转注"形式出现的。照段氏的说法:"异字同义曰转注","转注,犹言互训也,……数字辗转互相为训","就一字为注,合数字则为转注"。(《说文叙·注》)而且强调:"凡转注有各部互见者,有同部类见者"(一篇下"莊"条注),"类见于同部者易知,分见于异部者易忽"。(《说文叙·注》)段玉裁依据他自己对"六书"中"转注"的理解,把"建类一首(段氏认为'类'指'义类'),同意相授"的词,一一加以联系。虽然他对"转注"的理解未必合于许慎的原意,而其对《说文》中所收同义、近义词进行的系统的综合、整理工作,却是颇有成就的。现举数例:

①惧:《说文》:"恐也。"

《段注》:"恐下曰:惧也,是为转注。"(十篇下506页)

以上为见于"同部"的"转注"。凡同部互训而两字又相邻者,《段注》往往不再标明"转注",如"颠,顶也","顶,颠也"(九篇上416页),这是出于节省文字的目的,其同样为见于"同部"的"转注"。

②仝(即全):《说文》:"完也。"

《段注》:"宀部曰:完,全也,是为转注。"(五篇下224页)

③裼:《说文》:"但也。"

《段注》:"人部曰:但者,裼也。故此云裼者,但也,是为转注。……凡全书异部而互训者视此。"(八篇上396页)

④覺:《说文》:"悟也。"

《段注》:"心部曰:悟者,觉也,二字为转注。"(八篇上409页)

以上为见于"异部"的"转注"。

段氏认为:"转注"不仅"限于二字",也可以是三个或更多的字互训。如《说文》七篇下:"窒,塞也","寘,塞也",段氏也视为"转注",他指出:"窒、寘皆曰塞也,则与塞为三字是也。"基于这种认识,《段注》把《尔雅》"释诂、释言、释训"用一个常用词解释许多同义词的做法,也都看成"转注"。(以上引语均见《说文叙·注》)

段玉裁的"转注"说,除依据许慎"据形系联"原则说明"同部"的"转注"外,而且综合了大量"异部"互训的"转注"。而《段注》所谓"同部"、"异部"的"转注"其互训字往往有语音上的联系,如"颠"、"顶"为双声兼叠韵(段注:"顶颠异部叠韵字"),"但"(端母寒部)、"裼"(定母锡部),声母、韵母都相近(依照段氏古韵十七部说,"但"为十四部,"裼"为十六部),"完"(疑母寒部)、"全"(从母寒部)为叠韵。这样,《段注》就不仅为归纳《说文》同义、近义词做了浩繁而有意义的工作,而且也为汉语语源学的研究提供了重要的依据。

事物是相反而相成的。《段注》在大量辨析同义词的同时,对《说文》中的反义词也进行了对比研究。段氏区别反义词,其目的在于更加深刻地说明词义。例如:

①稀:《说文》:"疏也。"

《段注》:"稀与稠(jī,意为'农作物稠密'——笔者注)为反对之辞。"(七篇上 321 页)

②窈:《说文》:"深肆极也。"

《段注》:"窈与窘(jiǒng,意为'困惑')为反对之辞。"(七篇下 346 页)

③面:《说文》:"颜前也。"

《段注》:"与背为反对之称。"(九篇上 422 页)

④辍:《说文》:"车小缺复合者也。"

《段注》:"此与辵(chuò)部'连'成反对之义。连者,负车也。"(十四篇上 729 页)

从上面诸例中可以看出,在意义相反而又相关的一组词中,只有通过两者的比较才能更准确、深刻地理解词义。《段注》对反义词的分析比较,说明段氏已比较清楚地认识到词义的这种矛盾现象,并注意利用这种矛盾来说解词义。

2. 具体地分析说明了大量的"一词多义"现象,注意了对词义具体与概括的两重性和词义引申演变规律的探讨。

(1)认识到汉语"一词多义"的特征及其词义之间的相因关系,并试图说明"一词多义"现象产生的原因。

古代汉语是以单音节词为主的，"一词多义"是汉语词汇的一个重要特征。依据《康熙字典》、《经籍纂诂》、《中华大字典》、《辞海》等辞书的统计，一词几个、十几个义项的非常之多，就是多达几十个义项的也不乏其例（当然，有些义项的划分是不恰当的，这一点本文后面将要谈到）。对于这一点，古人早就有所注意。例如《毛诗诂训传》对"作"这个词，就有"起也"、"为也"、"始也"、"生也"等不同的解释；杜预注《左传》，对"为"这一词，其说解至少有十几种。《尔雅》、《广雅》、《广韵》诸书，对"一词多义"的现象也很重视，并对同一词的数义采取了兼收并蓄的做法。如《尔雅·释诂》："猷，谋也"，"猷，道也"，又云"猷，已也"。但是，对汉语"一词多义"的渊源及其流变，却很少有人深入地探讨过。从目前掌握的汉语传统语言文字学的资料来看，应当说，全面地、系统地分析研究"一词多义"的孳生演变关系，始于段玉裁的《说文注》，这是段氏对传统语言文字学的最大贡献之一。据有人统计，《段注》全书分析词的引申义的达七百八十余条。（据周祖谟《论段氏说文解字注》一文，见《问学集》）

《段注》对多义词的解释，从不堆砌、平列，而是顺藤摸瓜，逐层说解。例如：

①北：《说文》："乖（意为'违背'——笔者注）也。"

《段注》："乖者，戾也，此于其形得其义也。军奔曰北，其引申之义也，谓背而走也。……又引申之为北方……北方，伏方也，阳气在下，万物伏藏，亦乖之义也。"（八篇上 386 页）

这里，《段注》在依据字形（两人相背）确定"北"的本义之后，又指明了其词义由"违背"——"败北"——"北方"的发展线索。

②哉：《说文》："言之间也。"

《段注》："哉为间隔之词，……两者之际曰间，一者之竟亦曰间，一之竟即两之际也，……又训哉为始，凡竟即为始。"（二篇上

57页）

这里，讲明了"哉"这个词由"间"义——"竟"义——"始"义的发展过程。由"间"到"竟"，两义有空间上的联系，由"竟"到"始"，两义相反而实相因。

③目：《说文》："人眼也。"

《段注》："目之引申为指目、条目之目"（四篇上129页）

此例中，"目"由"人眼"之义发展、引申出"条目"之义，二者之间有共同的词义特征，其间有"性质相关，以此喻彼"的联系。

④殷：《说文》："作乐之盛称殷。"

《段注》："此殷之本义也。如易豫象传是，引申之为凡盛之称；又引申之为大也；又引申之为众也；又引申之为正也，中也。"（八篇上388页）

这里，《段注》说明了"殷"由"作乐之盛"——"凡盛之称"——"大"——"众"——"正"（"中"）的引申线索。

《段注》不仅说明了"一词多义"的内在联系，而且从多方面探讨了汉语"一词多义"现象产生的原因。从全书中段氏对词义引申、演变现象的说明中，我们可以初步归纳出形成汉语"一词多义"的四个方面的原因：

其一，《段注》注意了词义历史发展所形成的古今之变。例如：

骤：《说文》："马疾步也。"

《段注》："按：今字骤为暴疾之词，古则为屡然之词。凡《左传》、《国语》言'骤'者，皆与'屡'同义。"（十篇上466页）

这里，《段注》不仅讲明词义的古今之变，而且提出确切的文献证据。这些结论至今使人确信不疑。

屦：《说文》："履也。"

《段注》："晋蔡谟曰：今时所谓履者，自汉以前皆名屦，……

《易》、《诗》、《三礼》、《春秋传》、《孟子》皆言履,不言屦。周末诸子,汉人书乃言屦,诗易凡三履,皆谓践也。然则履本训践,后以为屦名,古今语异耳,许以今释古。"(八篇下 402 页)

此例中,段氏不仅明确指出:"履"由"践"义发展到"屦"名,是由于词义历史演变的结果,而且指出词义演变的大略历史时期。

其二,是在语词运用中,由于词义之间的某种联系(意念上的和形式上的)所导致的词义引申而形成的"一词多义"。这是汉语"一词多义"现象产生的主要途径,对于这种情况,《段注》也作了说明。例如:

灵:《说文》:"巫也。"

《段注》:"引申之义如谥法曰:极知鬼事曰灵,好祭鬼神曰灵,……毛公曰,神之精明者称灵,皆是也。"(一篇上 19 页)

这里,"灵"的词义由"巫也"——"极知鬼事"——"神之精明者",显然有其意念上的内在联系。

呈:《说文》:"平也。"

《段注》:"今义云示也,见也。"(二篇上 58 页)

"呈"的词义由"平"——"见"("示"),地"平"则易"见",二词义之间也有意念上的联系。

节:《说文》:"竹约也。"

《段注》:"约,缠束也。竹节如缠束之状。……引申为节省、节制、节义字。"(五篇上 189 页)

从"竹节"到"节省",引申前后的义项之间有"形式相似"的联系。

其三,汉语字形的分合、更替,也是形成汉语"一词多义"的复杂情况的原因之一。汉语中有一些词,它们的书写形式、原始词义并不相同,而其间又有"音近义通"的关系,在使用中往往为了书写简便而合并成同一的书写形式。这种情况,同纯粹"依声托事"的文字"假借"不同,也是形成汉语"一词多义"的一个原因。例如:

趨:《说文》:"行迟也。"

《段注》:"今人通用慢字。"(二篇上 65 页)

"慢"从"心",依《说文》:"慢,惰也。""惰,不敬也",本义为"轻慢",后与"趨"通用,具有"行迟"之义。可见,"快慢"之"慢"的词义,是从"趨"字合并过来的。

气:《说文》:"云气也。"

《段注》:"气氣古今字。自以氣为云气字,乃又作餼为廩氣字矣。"(一篇上 20 页)

这里,"云气"之"气"变作"氣","廩氣"之"氣"变作"餼",但作为"氣"这一词来说,其见之于文献的,既有"云气"之词义,又有"廩氣"之词义。而"气""氣""餼"三个字又读音相同,意义相通,这也不同于一般的文字"假借"。这是由于文字更替而形成的"一词多义"。

其四,依照我国传统语言文字学对汉语词义系统是"本义——引申义——假借义"的认识,《段注》把"假借义"也视为"一词多义"的内容,因而文字的同音假借也是形成汉语"一词多义"的一个方面的原因。例如:

答:《说文》:"小尗也。"

《段注》:"假借为酬答。"(一篇下 22 页)

薿:《说文》:"茂艸也。"

《段注》:"古多借用为俟字,如说大人则薿之及凡言薿薿者皆是。"(一篇下 30 页)

这种文字假借,虽然旧义往往废而不用,但从整个字(即词)义的历史发展来讲,依照传统语言文字学对词义系统的理解,仍可视为"一词多义"。

《段注》对"一词多义"内在联系的分析及其形成原因的探索,是很有启发性的,对于我们今天研究汉语词义的发展有直接的借鉴意义。

(2)发现和注意到词义概括性与具体性、确定性与灵活性的关系,并试图以此来指导词义的说解,坚持在具体的语言环境中分析确定词义。

段玉裁在严元照《尔雅匡名·序》中曾经说过:"吾见读《说文解字》而于经传、《尔雅》不能通,钼铻不合,触处皆是,浅人遂谓小学与治经为二事。然则从事小学将以何为也?"

段氏所提出的问题十分重要。在我国传统的语言文字学中,字书与"传注"及其汇集——雅书,体现了两种不同的词义研究方法。前者重在探求词义之渊源,以求其本;后者重在理词义之流变,以明其用。二者从表面上看来是矛盾的,而实际上又是互相联系、相辅相成的。但是,认识二者的联系并把它们有机地结合起来,并不是一件容易的事情。只看到二者的矛盾而不能沟通它们之间的联系,这是一般训诂学者的通病。段氏的独特贡献在于:通过总结前代训诂学者的经验和教训,运用"以字考经,以经考字"的研究方法,把字书的研究同"传注"及雅书研究有机地结合起来,把对词义之渊源的探求同词义之流变的研究有机地结合起来。段氏在回答他在《尔雅匡名·序》中所提出的问题时明确地指出:

"谓《说文》为纲,谓《尔雅》、《方言》、《释名》、《广雅》诸书为目可也。"

在《说文叙·注》中进一步强调说:

"《说文》、《尔雅》相为表里,治《说文》而后《尔雅》及传注明;《说文》、《尔雅》及传注明,而后谓之通小学。"

正是这种对字书和"传注"及雅书的综合研究,使段氏得以对汉语词义的概括性与具体性、确定性与灵活性有了相当深刻的认识,并把这种认识运用于《说文注》的词义说解之中,使汉语词义说解逐渐走上科学的道路,从而使汉语词义研究达到了一个新的高度。作为人类思维与交际工具的语言,它的词义首先是概括的、为社会所公认的,因而是客观的,这就是词义的概括性和确定性,就是传统字书所研究的对象;但是,词只有当进入具体的语言环境之后,才能体现其意义的单一性和鲜明性,才能更为具体与生动,这种词义的具体性和灵活性,就是传统"传注"及"雅书"所研究的主要对象。

首先,《段注》说解词义注意了其概括性与具体性的统一。这种例子,《段注》中是很多的。如:

①长:《说文》:"久远也。"

《段注》:"久者,不暂也;远者,不近也。引申之为滋长、长幼之长,今音知丈切;又为多余之长、度长之长,皆今音直亮切。"(九篇下453页)"古长不分平上,其音义一也,长短、滋长、长幼,皆无二义。"(八篇下"兄"条注405页)

"长"是个多义词,其中常用的有"滋长"、"年长"、"长度"等义。《段注》指出,这些意义是互相联系的,有其共同点,"久远"(久,指时间之"长";远,指空间之"长",二者可以概括一切之"长")可以概括"长"的上述各个词义。这样,其在说解词义的过程中,既注意到词义的具体性,又认识到其概括性。

②释:《说文》:"解也。"

《段注》:"《广韵》曰:捨也,解也,散也,消也,废也,服也。按:其实一'解'字足以包之。"(二篇上50页)

《广韵》中对"释"的说解,也是由"传注"中汇集来的。《段注》通过《说文》和《广韵》对"释"的不同说解的对比中,简单明了地体现出词义概括性与具体性二者的区别与联系。

③属:《说文》:"连也。"

《段注》:"属,今韵分之欲、市玉二切,其义实通也,凡异而同者曰属。……州、党、族、闾、比者,乡之属别,……介、次、市,亭之属

别小者也。凡言属而别在其中,如秫曰稻属、稬曰稻属是也;言别而属在其中,如稗曰禾别是也。"(八篇下 402 页)

"属"在汉语中是一个意义较广的词。但这个多义词的各个义项中,"连属"为其共同的词义要素,体现了词义的概括性。《段注》对这样一个多义词的说解,既指出其词义的概括性,强调"其义实通也,凡异而同者曰属";同时又说明了词义的具体性,指明其今有"之欲"(zhǔ)、"市玉"(shǔ)两读,又例举了"乡之属"、"亭之属"、"稻属"等具体用例。

上面所讲的词义的概括性和具体性,都是词所固有的比较稳定的意义,反映了词义的确定性。但是,词在使用的过程中,由于某种特指或修辞上的需要,词义又表现出极大的灵活性。这就体现了词义的确定性与灵活性的对立统一。对于这种情况,《段注》在词义说解中也给予注意。例如:

①彻:《说文》:"通也。"

《段注》:"《孟子》曰:彻者,彻也。郑注《论语》曰:彻,通也,为天下通法也。按:《诗》'彻彼桑土',传曰:裂也;'彻我墙屋',曰毁也;'天命不彻',曰道也;'彻我疆土',曰治也;各随文解之,而通字可以隐括,古有彻无辙。"(三篇下 122 页)

《段注》在这里通过对《说文》:"彻,通也"条作注,讲明了"传注"与字书的不同,"传注"可以而且应当"随文解之","字书"则要注意"隐括"。前者体现了词义的灵活性,后者体现了词义的确定性。"彻"的基本词义为"通",《毛诗诂训传》在具体上下文中,分别把它讲为"裂也"、"毁也"、"道也"、"治也"。这些解释并不是该词的常用的、固有的意义,而是"彻"的基本词义"通"在具体的语言环境中的灵活说解,具有某种临时性。《段注》把"传注"中"随文解之"的灵活说解和《说文》对基本词义的概括沟通起来,体现了词义确定性与灵活性的统一。

②怀:《说文》:"念思也。"

《段注》:"念思者,不忘之思也。《释诂》《方言》皆曰:怀,思也。《诗·卷耳》《野有死麕》《常棣》传同,若《终风》传曰:怀,伤也;《释诂》曰:至也;《匪风》《皇矣》传曰:归也;《皇皇者华》《板》传皆曰:和也,皆引申之义可以意会者也。"(十篇下505页)

"怀"的本义"念思",引申之义为一般的"思",这是"怀"的常用的词义。至于"怀"在《毛诗诂训传》中讲为"伤也"、"至也"、"归也"、"和也",并不是"怀"的固定的引申义,而是"怀"的常用词义"思"在具体上下文中的灵活说解。这种词义的灵活说解与词的固定引申义不同,在说解词义时,往往是容易"意会"而难于"言传"的,所以《段注》称之为"引申之义可以意会者",既把它们与词的一般引申义加以区别,又强调其可以"意会"的特征,可谓恰到好处。

从上面的分析中可以看出,《段注》对汉语词义概括性与具体性、确定性与灵活性的两重性的认识是相当深刻的。段氏的深刻见解超过前人和同时代的其他人,对于我们今天进行汉语词汇研究很有借鉴意义。

(3)发现和分析了词义之间个别与一般、具体与抽象的矛盾现象,并用它来分析说明词义的引申演变线索。

在汉语语词中,其本义或较早的原始词义往往比较具体,而较晚的后起义(即引申义)往往比较抽象。(当然,也有与之相反的情况,但例证较少)而在词义由具体到抽象的发展过程中,比喻性的修辞手段往往起很大的作用。《段注》在大量汉语词汇引申途径的探求中,发现和注意了这种现象,并自觉地运用这一规律,说明汉语词义引申演变的线索。

汉字是具有表意特征的文字。由它所表示的词的本义或原始意义也往往同某种具体的形象联系着。而这种特殊的形象性往往决定着词义引申的方向。人们在使用语词时,出于交际的需要,按照本民族的思维习惯和词义的形象特征,通过联想或打比方的方法,而赋予其新的意义,从而实现了词义的引申。而在这种引申的过程中,词义由具体到抽象、由个别到一般的发展,是最为常见的现象。《段注》举出大量的实例说明这种情况:

①晦:《说文》:"月尽也。"

《段注》:"引申为凡光尽之称。"(七篇上 305 页)

②晓:《说文》:"明也。"

《段注》:"此亦谓旦也,俗云天晓是也,引申为凡明之称。《方言》:觉、晓、哲,知也。"(七篇上 303 页)

以上两例,是由原表示具体事物的词义的某一特征出发,引申为表示许多事物某一共同特征的词义。从词义的内容上讲,后者比前者抽象化了。其中例②"晓"的词义由"旦也"引申为"凡明之称";在某些方言中又进而引申为"知也"(即"聪明"的意思),由"天气明亮"引申为"思想的透彻",这是一步步地抽象化了。

③气:《说文》:"云气也。"

《段注》:"引申为凡气之称。"(一篇上 70 页)

④修:《说文》:"饰也。"

《段注》:"修者,治也,引申为凡治之称。"(九篇上 424 页)

以上两例,原词为表示个别事物的词义,引申后词义明显扩张,成为表示一般事物的词义了。

上面诸例,段氏都标明"引申为凡某之称",这是比较明显的例证;《段注》中还有许多词义的引申过程,虽然没有一一标明,但在具体的说解中,段氏仍然阐明词义由个别到一般、由具体到抽象的发展过程。例如:

⑤牢:《说文》:"闲也,养牛马圈也。"

《段注》:"引申之为牢不可破。"(二篇上 52 页)

"牢"之词义由"牛马圈"引申为"牢不可破",显而易见,是由表示具体概念的词义发展为表示抽象概念的词义了。

⑥若:《说文》:"择菜也。"

《段注》:"若正训择,择菜引申之义也。"(一篇下 42 页)

这里,"若"由"择菜"的词义发展出表示一般"选择"的词义。

在汉语中,许多虚词也是由实词转化而来的。其中大多数为"假借"用例;但有些虚词,同其原来实词用法保持意念上的联系,其引申线索明显可见。这种情况,也体现了词义由具体到抽象的发展。这方面,《段注》也作了说明。

⑦盖:《说文》:"苫也。"

《段注》:"引申之为发端语词。"(一篇下 42 页)

"盖"作为发端语词,往往有总结前文之意。如:"于所不知,盖阙如也。"(《说文叙》)"屈平之作《离骚》,盖自怨生也。"(《史记·屈原贾生列传》)这种虚词用法同"盖"作"苫"(即"遮盖")讲的实词意义,是有意念上的联系的。《段注》对词义引申线索的探求,可谓精微矣!

诚然,汉语词义的演变经常表现为由个别到一般、由具体到抽象的发展过程。但是,个别与一般、具体与抽象是对立的统一,人们的思维完全可以把二者沟通起来。因而词义的演变也可以表现为与上述情况相反的变化,即从一般到个别、从抽象到具体的发展。《段注》对这种情况,也有说明:

⑧伪:《说文》:"诈也。"

《段注》:"徐锴曰:伪者,人为之,非天真也。故人为为伪是也。荀卿曰:桀纣性也,尧舜伪也。人之性恶,其善者,伪也。不可学、不可事、而在人者谓之性;可学而能、可事而成之在人者谓之伪。"(八篇上 379 页)

这一注释中,《段注》纠正了许书之误,指明"伪"的原义是"人为"之义,并非恶辞,"欺诈"之义是后起的,从"人为"到"欺诈",词义由抽象、广泛而变得具体单一了。

⑨瓦:《说文》:"土器已烧之总名。"

《段注》:"土器未烧之素皆谓之坏(即坯),已烧皆谓之瓦。毛诗《斯干》传曰:瓦,纺专(即砖)也。此瓦中之一也。"(十二篇下638页)

《段注》指出了"瓦"作为"土器已烧之总名"的一般词义同"纺专"的具体词义之间的联系,这则是词义发展由一般到个别的例证。

《段注》所说明的这种词义由抽象到具体、由一般到个别的转变,也是同人们的认识相联系的。固然,人们认识世界的一般过程是由个别到一般、由具体到抽象;而就人们认识事物的深刻程度来说,却是由"笼统"到"精微",由"粗略"到"细致"。这种认识特征反映到语言方面,就体现为表示"笼统"概念的一般的、抽象的词义发展为表示"精微"概念的个别的、具体的词义。

总之,《段注》所揭示的汉语词义"个别与一般"、"具体与抽象"的互相转化的现象,是符合人们认识事物的规律的,至今是启发我们研究汉语词义演变的重要方法。

3. 注意并研究了汉语词汇的意义与其结构形式之间的相互关系。

我国传统的训诂学在进行词汇研究的过程中,偏重于对词义的研究,而对词的结构形式,特别是对词义与词的结构形式的关系,很少有人系统地研究过。段玉裁从有声语言的角度研究词汇,因而能够不受字形分割的局限,对词的结构形式、词义与词的结构形式的关系予以注意;特别是对汉语词汇从单音节向双音节发展过程中引起的语义变化,进行了较为深入的探讨与研究。

(1)强调"合字为名",对汉语复音词的构成提出初步的理论观点。

我国古代的训诂学者,由于受"字"的局限,对文献中出现的双音词,往往是拆开分解的。如《诗经·豳风·七月》:"九月肃霜,十月涤场。"

这里的"肃霜"犹言"肃爽","涤场"犹言"涤荡"。而毛传误而分释曰:"肃,缩也,霜降而收缩万物。涤,帚也,场工毕入也。"这种做法,就当时来讲,已甚觉迂曲。随着汉语词汇的发展,复音词日益增多,这种以"文"(指字)害"辞"(指词)的做法的弊病日趋增多,致使闹出许多望文生训的笑话。如"踌躇",又写作"首鼠"、"首施"。世传近人朱起凤因误释"首鼠两端"而当众出丑,后来发誓攻读,用了三十年工夫,著作了一部连语词典——《辞通》。段玉裁《说文注》,把《说文》对词义的说解同历史文献中丰富的语词用例相沟通,以古音学为基础,以经传异文为凭借,发现了汉语中许多双音词只取单音词之音,不取单音词之义的情况,明确地提出"合字为名"及"凡连绵字不可分释"(十三篇上"綊"条注)等主张。

首先,在《说文注》中,段氏对前人把双音词支离强解的错误,本着音、义统一的原则,进行了纠正。例如:

"犹豫"一词,本为双声连语,但历代注家多误解其义。自《水经注》、《颜氏家训》拆解其义,以"猶"为兽名以后,世人多承其谬。甚至像孔颖达《五经正义》、颜师古《汉书注》、李善《文选注》、司马贞《史记索隐》这些训诂大家之作,也牵强而附会之。许慎《说文》则仅解其字,未释其为双音词。(当然,也有较为正确的,如王逸注《九歌》:"君不行兮夷猶。"即以"猶豫"释"夷猶",不拘形体)《段注》则以"因音求义"的方法,对此语作出极为正确的说解:

猶:《说文》:"玃属。"

《段注》:"《正义》云:《说文》:猶,玃属;豫:象属。此二兽皆进退多疑,人多疑惑者似之,故谓之犹豫。按:古有以声不以义者,如犹豫双声,亦作猶与,亦作允豫,皆迟疑之皃。"(十篇上 477 页)

段氏说解明白、准确,并且对前人说解进行了评述,确为不易之论。

其次,许慎《说文》几经传抄、改订,段氏所见到的传本,错误之处也

不少。有关复音词误释的,《段注》也都作了改正。如:

许慎《说文》九篇下"山部":

"嵯:山皃。从山,差声。"

《段注》改正为:

"嵯,嵯峨,山皃。从山,差声。"

并且附加说明:"嵯峨二字各本无,今依全书通例补。"

在段氏看来,"嵯峨"为连语,不可分释。因此,只能以"山皃"释双音词"嵯峨",而不能去释单音"嵯"。无论许慎原书如何,《段注》所改是否合许书原意,但这种观点,无疑是正确的。

此外,许书对有些复音词的说解虽则不误,但过于简略,对此《段注》也加以阐发。如:

珣:《说文》:"医无闾之珣玗琪。周书所谓夷玉也。"

《段注》:"《尔雅》曰:东北之美者有医无闾之珣玗琪焉。璓琪同。医无闾,山名,……珣玗琪,合三字为玉名。……皆东夷语。"

（一篇上 11 页）

"珣玗琪"是古代来自我国少数民族的借词。这里,《段注》不仅强调了"合三字为玉名",而且指明语词的来源。

旖:《说文》:"旖施,旗皃。"

《段注》:"旖施叠韵字,在十七部。许于旗曰旖施,于木曰橢施,于禾曰倚移,皆读如阿那。《桧风》'猗傩其枝',传云:猗傩,柔顺也。《楚辞·九辨》《九叹》则皆作旖旎,《上林赋》'旖旎从风',张揖曰:旖旎,犹阿那也。《文选》作猗狔,《汉书》作椅柅,《考工记》注则作倚移,与许书禾部合。知以音为用,制字日多。"（七篇上 311 页）

这里,许书的说解是正确的。《段注》通过博考群书,列举了"旖施"一词的大量不同的书写形式,不仅进一步证明了《说文》的正确说解,而且阐明了"以音为用,制字日多"的道理,对汉语双音词的构成提出了初步的理论观点。

(2)《段注》不仅注意到"合字为名",而且强调"凡单字为名者,不得与双字为名者相牵混"(十三篇上"蛸"条注),"凡物以两字为名者,不可因一字与他物同谓为一物"(四篇上"鹖"条注),注意到词从单音节向双音节的发展过程中,原单音节语素意义上的变迁。例如:

①琰:《说文》:"璧上起美色也。"

《段注》:"高注《淮南》、颜注《司马相如传》皆云:琬琰,美玉名,此当合二字为一名,别是一物。"(一篇上12页)

这就是说,"琰"作为一个语素,在双音词"琬琰"中的意义同独立为单音词时意义是不同的,构成词的语素,随着词的结构形式的不同,其意义也在发生变化。

②苦:《说文》:"大苦,苓也。"

《段注》:"凡合二字为名者,不可删其一字以同于他物。如单云兰,非芄兰;单云葵,非凫葵是也。此大苦断非苓耳。"(一篇下27页)

③玗:《说文》:"石之似玉者。"

《段注》:"锴释以珣玗琪,非也。珣玗琪合三为玉名,单言珣者,玉器也;单言琪者,弁饰也;单言玗者,美石也。"(一篇上16页)

其中例②段氏批评了许说之误,例③段氏又批评了徐锴之非。通过以上两例,《段注》告诉我们,单音词并非双音词的"简写",双音词也并非单音词的简单拼合。其词义应具体地加以分析和考察。这就进一步明确了词义与词的结构形式的相互关系。

《段注》对词义与词的结构形式关系的这种发现和说明十分重要。它不仅可以帮助我们更加准确地说解词义,而且对我们今天研究汉语词义与词的结构形式的关系,也颇有启发。

三、《段注》词汇研究成果的地位及其渊源

1.《段注》在汉语词汇研究史上的地位

前面我们概括地叙述了《段注》词汇研究的主要成果。从这里我们可以看出：汉语从传统词汇研究向近、现代词汇研究发展的过程中，以《段注》为代表的优秀的语言文字学著作，处于承前启后的重要地位。

根据有关汉语言学史著作的分析，我国传统的词汇研究，大致可以分为三个时期：一是兴起时期，时间在先秦至西汉。这一时期词汇研究的特点主要是，单纯的词义研究，其前期的代表著作为"史籀"、"三苍"和散见于先秦经传中的训诂资料，这是汉语词汇研究的开端；其后期的代表著作是《毛诗诂训传》和《尔雅》、《方言》，其中《毛诗诂训传》是第一部随文释义的词义学著作，《尔雅》、《方言》则为最早的通释语词的词义学专著。这一时期，词的概念是朦胧的，词义训释也较为零乱。二是发展时期，时间由东汉至清前期。这一时期词汇研究的特点是"字"、"词"研究的结合，词义与词形、词义与词音的研究相联系。其前期的代表著作有许慎的《说文》、刘熙的《释名》和郑玄等人的训诂著作。其中《说文》是以形为主进行词汇研究，因形以说义；《释名》是以音为主的词汇研究，因音以求义。其后期的代表著作是唐陆德明、孔颖达等人和宋代朱熹等人的经传注解，他们已注意用形、音、义结合的理论观点说解词义。宋代王圣美的"右文说"，则是这一时期代表性的理论观点，它试图从理论上探求词的音义联系，但有很大程度的片面性。这一时期的音义相"结合"，同我们下面所讲的"综合"不同，这种"结合"，尚未能把握其三者的辩证关系，研究中往往顾此失彼。三是全盛时期，清乾嘉时期至近代。这一时期的特点是注重对有声语言的研究，对汉语词汇进行"综合"的发展的形、音、义的分析，并产生了初步的词汇理论。这一时

期最杰出的代表著作是段玉裁的《说文注》和王念孙的《广雅疏证》。其中《段注》把古音学成果用于字义的训释,开创了汉语词汇形、音、义"综合"研究的先河,并提出了较为系统的词汇理论。简单回顾总结汉语词汇研究的历史,可能清楚地看到,段玉裁的《说文注》在我国词汇研究史上,是集传统词汇研究优秀成果之大成的鸿篇巨制。

段玉裁和《说文注》在汉语词汇研究中的重要地位,还表现在与其同时代的其他语言学者和语言学著作的关系。在清代学者中,治《说文》之学者上百家,具有开创之功且影响最大的是段玉裁的《说文注》。在声名赫赫的"说文四大家"中,段玉裁也是独占鳌头的。王念孙把《说文注》誉为"千七百年来"未有之作;章太炎则说:"段氏为《说文注》,与桂馥、王筠并列,量其殊胜,固非二家所逮。"(《国故论衡·小学略说》)在清代致力于词汇研究的学者中,影响最大的有段玉裁、王念孙、朱骏声三人。而其中朱骏声的《说文通训定声》是在《段注》问世之后著作的,深受其影响;虽"其能明辨六书,通转注、假借之旨","以声为径,以义为纬",在条分缕析上较《段注》系统、完整,但就词义综合研究的广度和深度来说,比《段注》却相差颇远。段氏同王念孙相比,就各自在语言学上的成就来讲,是不能妄论高下的。他们在语言研究中所凭借的对象不同,段氏治《说文》,重在从本义出发说解词义;王氏治《广雅》,重在探求词的声、义之源。正如黄侃所说:"段氏以音运文,王氏以声统义。"而两家之说往往暗合,彼此服膺。以段氏的代表作《说文注》同王氏的代表作《广雅疏证》相比较,段氏"以音运文",就探求词义"纵"的联系(即词义系统和演变规律)讲,段胜于王;王氏"以声统义",就探求词的"横"的联系(即因音求义,探求语源,归纳同源词,比较同义词等)讲,则段不及王。用王念孙的未竟之作《说文解字校勘记残稿》同《段注》相比,因同治一书,最能说明二人词汇学观点的异同。如对《说文》一篇下"莫"条的说解:虽然二人都强调"莫"从"茻"得声,批评大徐本妄改许书,而段氏重在说明词义发展线索,指出"莫"的本义为"日将冥","引申之义为有无之无";王氏则重在说明"莫"字得声之由来,指出"𦯗古音莫补反,与莫声相近,𦯗今通作莽"。可见,段、王二人在词汇研究上是有异曲同工之妙的。然而,就通过字书、雅书之比较认识和说明词义的概括性与具体性、确定性与灵活性的辩证关系上,《段注》独具匠心,在我们今天看来,段氏之灼见,确非王氏和他人所及。《段注》反复强调"说字"与"解经"之别,"字书"与"雅书"之异。例如:

《说文》:"菰:在木曰果,在艸曰菰。"

《段注》:"各本作在地曰菰,今正。考《齐民要术》引《说文》在木曰果,在艸曰菰,以别于许慎注《淮南》云:在树曰果,在地曰菰。然则贾氏所据未误。后人用许《淮南》注,臣瓒《汉书》注改之。惟在艸曰菰,故菰字从艸。凡为传注者,主说大义;造字书者,主说字形,此所以注《淮南》、作《说文》出一手而互异也。"(一篇下 22 页)

用我们今天的话来讲,这里所说的"主说字形",就在于说明词义的**概括性和确定性**;"主说大义",重在阐发词义的**具体性和灵活性**。

而在这一问题上,王念孙的认识是模糊的,他曾以字书的词义说解误驳毛传。例如:

《经义述闻》卷七:"瓜瓞唪唪:《生民篇》:瓜瓞唪唪。《毛传》曰:唪唪然,多实也。家大人曰:唪唪,茂盛之貌,不必专训多实。《说文》曰:玤,读若《诗》曰:瓜瓞唪唪,是唪唪本作菶菶。菶,艸盛也。……《广雅》曰:菶菶,茂也。是菶菶为草木茂盛之通称。"

上文所引《说文》之释,指词的概括义,而毛传的说解是指词在《诗经》此篇中的具体义和灵活义,二者本无矛盾;王念孙误批之,说明他对词义概括性与具体性、确定性与灵活性的认识,是逊于段氏的。

从以上分析中,我们可以说:《段注》是我国传统词汇研究的最杰出的代表著作之一,也是我国近、现代词汇研究的一部重要的奠基之作,给《段注》作这样评价,应是当之无愧的。

2.《段注》词汇研究成果的渊源

段玉裁之所以能完成《说文注》这部"体大思精"的语言文字学著作,并在词汇研究中作出如此巨大的贡献,与他善于继承并发展前人的优秀成果是紧密相关的,有其深刻的历史渊源。

(1)《段注》词汇研究的远源。

清代吴修《昭代名人尺牍小传》中记载:段玉裁"湛深经史,尤精六书"。段氏"湛深经史",远承郑玄训诂之学;其"尤精六书",祖述许氏《说文》之学。段氏自己曾经说过:《说文注》"其要在以经注许,以郑注许,而尤要在以许注许"。(《与刘端临第二十二书》)《段注》词汇研究的远源,可以追溯到汉代的许(慎)、郑(玄)之学。如果说,清代的"朴学"来源于"汉学",那么,"段学"则发端于许、郑之学,《段注》词汇研究的成果基于我国传统"字书"与"雅书"(包括经传注释)研究的结合。

段氏为许慎《说文》作注,并极力推崇许说,这是人所共知的事实。他在批评《史籀》、《仓颉》、《训纂》、《滂熹》、《凡将》、《急就》等字书"不得字形之本始,字音字义之所以然"之后,盛赞《说文》为"前古未有之书,许君之所独创","以字形为书,俾学者因形以考音与义,实始于许,功莫大焉"(《说文叙注》)。显然,段氏是把《说文》视为划时代的著作的。另一方面,段氏在写作《说文解字读》(即《说文注》的前身)的同时,并著有《诗经小学》、《毛诗诂训传小笺》、《周礼汉读考》、《仪礼汉读考》,深受笺《毛诗》、注"三礼"的汉代大经学家郑玄的影响。许慎认为:"盖文字者,经艺之本,王政之始",其治小学,是从经学出发,并为经学服务的;郑玄则是汉代凌驾于古今文学派之上的著名训诂大师。段氏远承许、郑之学,虽然在思想观念上不免蒙受其错误影响,但从语言文字学角度上讲,却促使他把我国传统语言文字之学的两个系统——字书研究和经传注释的研究("雅书"是传注的汇集,属于同一系统)有机地结合起来,以《说文》贯通群经,从而自觉或不自觉地发现和说明了汉语词义内部的辩证关系,在一定程度上认识了词义发展变化的规律及其系统性,从而在汉语词义研究上达到一个新的高度。

此外,段玉裁同许慎、郑玄还有一个共同的治学特点,就是"博采通人","兼取百家之长"。正如段氏所说:"郑君之学,不主于墨守,而主于兼综;不主于兼综,而主于独断。"(《经义杂记·序》)段氏不仅认识到这一点,而且继承和发扬了许、郑这些长处。据黄侃《冯桂芬说文段注考证书目》,段氏作《说文注》,引经、史、子、集诸书达二百二十余种,"于周秦两汉之书无所不读,于诸家小学之书靡不博览"(卢文弨《说文解字读·序》)。对汉唐及历代语言文字学者的优秀成果,无不加以继承。除许、郑之外,为经传作注疏的毛亨、马融、贾逵、服虔、杜预、陆德明、孔颖达等人的观点,都是他称述的对象,《尔雅》、《方言》、《释名》、《广雅》、颜之推《颜氏家训》、李善《文选注》、颜师古《匡谬正俗》等,也是他经常引证的著作。对于前代学者的研究成果,他既善于肯定其功绩,又敢于指出其弊病。清代考据之学的一个重要特征是"尊汉抑宋"。对宋学往往是"记短则兼折其长,贬恶则并伐其善"。而段氏与其他许多学者不同,他既尊崇"汉学",也不盲目排斥"宋学"。他在为《朱子小学》所作的跋中曾经说:"汉人之小学,一艺也;朱子之小学,蒙养之全功也。"并且自叹:"喜言训诂考核,寻其枝叶,略其根本,老大无成,追悔已晚。"(钱穆《中国近三百年学术史》)我们知道,宋代小学受理学影响,有附会、凿空之弊;但其不迷信前人,注重理据,善于阐发"新义",却远非"汉学"所逮。《段注》同"述而不作"的其他研究《说文》的著作不同,其既是"述者",也是"作者",自成一家之说,《段注》的这一特点,显然同宋代重在阐发"新义"的学风有关。《说文注》在进行词汇研究中,不仅旁征博引,而且注意综合分析,进行理论性的多方探讨,这同样也是由于接受了"宋学"的影响。

(2)《段注》词汇研究的近源。

《段注》的词汇观点及其对词汇研究的巨大成就,与他的老师戴震、同辈学者、友人王念孙等人的思想观点和学术观点的影响,有着极为直接的关系,这可以说是《段注》词汇研究成果的近源。

清代顾炎武之后,江永、戴震继起,在语言学这个学术领域中逐渐形成了清代"汉学"中心的"皖派"。这个开始与惠栋为代表的"吴派"相对峙、继而走向合流的"皖派",经历了"本以承统走入革命,重自革命返归承统"的曲折的发展道路(钱穆《国学概论》),由此而形成其以"实事求是、无征不信","断制谨严、条理精密"为特征的优良学风。而戴震正是"皖派"学风的开创者和最优秀的代表者,他具有进步的学术思想和较为正确的语言文学观点。戴震自幼好学深思,"读书每一字必求其义,塾师略举经传训解之,意每不释;因授以许氏《说文解字》,大好之,学三年,尽得其节目"(钱穆《中国近三百年学术史》)。"渐观古圣人制作之本始,又疑许氏于故训未能尽,从友人假《十三经注疏》读之"(戴震《与是仲明论学书》)。在由读经传到攻《说文》,又以《说文》贯通经传的反复过程中,戴震悟出了"知一字义当贯群经"的道理,并由此而形成其"由字以通其词,由词以通其道"的治学方法。(同上)戴氏这种以《说文》贯通经学的治学方法,给了段玉裁以极其深刻的影响。正如段氏弟子陈焕在《说文注·跋》中所说:"闻诸先生曰:昔东原之师言,仆之学,不外以字考经,以经考字。余之注《说文解字》也,盖窃取此二语而已。"真可谓一语道破渊源。"戴学后门,各家甚众",而段玉裁及高邮王氏父子"最能光大其业"(梁启超《清代学术概论》)。正是在戴震学术观点和治学方法的影响和熏陶之下,段玉裁既长于经学,又长于音韵、训诂、文字之学,既精通字书,又熟知雅书和六艺群经训诂。他以其所长注解《说文》,并以之贯通群经训诂,因而能深知体要,"由文以得其辞,由辞以得其志"。(段氏书《干禄字书》后)他用历史发展的观点,对词汇进行形、音、义的综合研究,览词汇古今之演变,融形、音、义为一体,从而分析、归纳、总结出汉语词汇研究的理论和方法。"青出于蓝而胜于蓝",为汉语词汇研究作出独特的贡献。

此外,与段玉裁同时代的另一个语言大师王念孙,是段氏的好友,正如王氏在《说文注·序》中所说:"余交若膺久,知若膺深。"他们在学术上交往甚密,并且在许多观点上相合,他们之间的影响也是不可忽视的。

(3)段玉裁刻苦的治学精神和严谨的治学方法。

段玉裁在汉语词汇研究中取得创造性的成果,除了历史的和社会的条件之外,其本人刻苦而严谨的治学态度更是极为重要的。他在给戴东原师的信中曾经写道:"余暇无他嗜好,孜孜于古遗经及小学,诚盛心盛事也。"(见刘盼遂《段玉裁先生年谱》)为著作《说文注》,他更是呕心沥血,《段注》始创于乾隆四十一年(公元1776年)先为长编,名《说文解字读》,后简练成注,到嘉庆十二年(公元1807年)才最后完成,先生用了三十一年的时间。此前,他先著成《六书音韵表》等著作,实际上是为注《说文》所做的准备工作。段氏暮年,《说文注》完成之后,曾语意深长地说:"吾似春蚕一般,茧既成惟待毙焉。"(陈焕《师友渊源记》)可见,其将毕生精力,萃于是书。段氏不仅有刻苦、勤奋的治学精神,而且具备极其严谨的学风。他把其师戴震"学有三难"的教诲视为治学宗旨,不仅力求"淹博",而且十分注重"识断"与"精审"。他还把戴氏反对"出于空言以定其论,据以孤证以信其通"(戴震《与姚孝廉姬传书》)的主张奉为信条,其作《说文注》一书,征引繁博,审订精详。无论对于他所推崇的前代语言大师,还是对他深深尊敬的老师,他都不盲从。段玉裁"师事戴先生,忠且敬","虽耄年称先生必垂手拱立"。(陈焕《师友渊源记》)段氏之尊戴,可谓至矣。而其《说文注》一书中,"先生之言非也"、

"先生之说非是"之语,时而可见。他这种严肃的治学精神是非常可取的。

(原载《文科教学》1983年第1—3期)

辞书学部分

词的义系、义点、义位
与词典的义项

一、义系、义点与义位

我们知道，文字对于语言，语言对于它所反映的客观世界，总是相对滞后的。汉字（包括异体字）至多也不过五六万个，而汉语的词汇是极其丰富的，以为数有限的汉字表示丰富的汉语词汇，所以会有文字的假借。而汉语的词汇终究是有限的，而它表示的客观和主观世界却是无限的，以有限的语言表示无限的世界，这就需要一词数用、一词多义。一个词语在特定语境中所表达的与其基本意义相近、相关，而又有这样或那样区别的话语意义，就是这个词的义点；随着语言表达的需要和语言的历时发展，一个词语的义点总是处在横向或纵向的动态变化之中。一个词语在语流中呈现的全部义点的总和，就是这个词的义系。

词典概括词语的意义，实质上就是要说明它的义系，而义系是由义点组成的。可是，任何一部辞书没有必要、也没有可能将所有义点加以收录和释义，这就要对基本意义相同、只是由于上下文不同而显示出差异的义点加以归并，这就是该词语的义位。辞书正是通过排列和说解义位来反映词的义系的。所以，辞书的义项是反映义位的，义位是辞书概括和划分义项的依据。只有全面、准确地概括一个词的全部义位，词典才可能实现准确、科学的释义。

但是,在现实的言语中,词语直接显示的并不是它的义位,而是各个义点,义位是人们在义点的基础上概括出来的。义位是人们头脑对词语义点进行加工的产物,而这种加工应当反映、符合语言的客观实际,因而它具有主观和客观的双重属性。

经过对词语义点的归纳概括而确立义位,通过义位确定词典的义项,这是中外历代辞书编写的共同的思维过程。中国传统训诂学史上曾经产生过随文释义和通释词语意义的两大类训诂著作和两种释词体例。这种随文释义的训诂著作,就是历代的注释书,其随文所释之"义",实质上就是词语的义点;而通释词语意义的专书,就是指历代的字典、词典,其所通释之"义",从理论上说,就应当是词语的义位(当然,有些是概括不当的)。没有大量随文释义的训诂著作,就不可能产生通释词语意义的专书;没有对一个词语的各个义点的说明、收集和概括、加工,就不可能认识它的义位。

汉语分为古代汉语和现代汉语两个大的发展阶段,而古代汉语又分为两个系统:一是以先秦口语为基础而形成的上古汉语的书面语以及后代作家仿古作品中的语言,即所谓"文言文";一是六朝以后在北方话基础上形成的古白话。由于"文言文"不仅与现代汉语很有隔膜,就是与秦汉以后的历代的口语也严重相脱离。因此,历代学者对汉语"文言文"作品做了大量的注释工作,这实质上是对词语义点的随文释义的说明,为后人编写辞书奠定了很好的基础。而相比之下,古白话同现代汉语的差别要小得多,一般说来,有一定现代汉语阅读能力的人,也就能大致看懂古白话。人们对于能够读懂的东西往往也就不再去专门研究它,因此后人对古白话作品注释不多。人们对古白话的理解,主要是靠已有的语言经验,而不是靠注释的说解。而对现代汉语的理解,几乎全是靠语感。这样就出现了一种看起来非常反常的现象:专门的古汉语词典或综合性辞书中的古汉语词义,前人在大量注释(义点的解释)

的基础上,进行了比较好的义位概括;而近、现代汉语词典或综合性辞书的近、现代汉语词义,由于没有详尽的注释为基础,编者对其义点的认识往往是模糊的,对义位的概括就不可避免地带有主观性和随意性。有些现代汉语方面的词典,或者是照搬现有辞书的释义,或者是凭借语感设立义项,甚至许多例句也是编者自造的。这样,就很难做到没有遗漏地收集词语的各个义点,全面地认识它的义系,更难以科学地概括它的义位,为辞书义项的设立奠定基础。

二、义位的概括、划分与检验

(一)义位的归纳

如前所述,词语的全部义点组成它的义系,而义位是在义点的基础上提炼出来的。义位的确定、划分、表述,应当而且只能是一种概括的、近似的描写,不可能、也没有必要穷尽一切个别情况,特别是那些只有在具体语境中才得以闪现的临时意义。义位的基本特点是具有稳定性和概括性。

传统语义研究和辞书编写,是通过语料归纳的方法来提取义位的,这就难免有见仁见智的弊端。特别是在人们对其所熟悉的语言的语词意义,往往不注重理性分析,凭借语感确定义项,就更加容易出现以偏概全和似是而非的情况。因此,对词语义位的概括和划分,必须依照"展示义点,排列义系,确定义位"的程序,从微观(义点)和宏观(义系)两个方面来把握义位:

义点——→义位←——义系

(微观)　　　　　(宏观)

一个词语的多个义位,是简明的、概括的,而又应当能够涵盖该词的全部义点,如实地反映该词的词义系统。

这里,最主要、最基础的工作,是在尽可能全面地收集语料的前提下,充分展示义点。目前,辞书中义项概括不全、不当,主要原因是语料收集不全,因而未能充分展示义点,或对义点的提取有误所致。

首先,是由于义点不全而造成义项失收。如:

浪　①波浪。②像波浪起伏的东西。③没有约束;放纵:放~｜~费。(《现代汉语词典》,下文简称《现汉》,与论述无关的例句从略)

浪费　对人力、财物、时间等用得不当或没有节制。(《现汉》)其实,"浪费"有两义:①空费,白费:由于计划不周,造成原材料的浪费。②对人力、财力、时间等没有节制:铺张浪费。其中义项①没有"放纵"义。显然,在"浪"下应增加一个义项:空,白白地。而且,这一义项是近代汉语就有的。唐寒山《诗》:"终归不免死,浪自觅长生。"宋苏轼《赠月长老》:"功名半幅纸,儿女浪苦辛。"康有为《正月二日避地到星坡得》诗:"平生浪有回天志,忧患空余避地身。"……此"浪"均作"空"、"白白地"解。现代汉语中虽然已不独立成词,但作为语素义,仍保留在"浪费"等词语中。

喜　①快乐;高兴。②可庆贺的;可庆贺的事。③称怀孕为"有喜"。④爱好。⑤某种生物适宜于什么环境;某种东西适宜于配合什么东西。(《现汉》)

从"喜"作语素的词语来看:"喜酒"指"结婚时招待亲友的酒或酒席","喜联"指"结婚时所用的对联","喜糖"指"结婚时招待亲友的糖"等等,"喜"均指"与结婚有关的(事)"。因此,在义项②、③之间,应增补一个"婚姻,婚事"的义项。而"婚姻,婚事"和"称怀孕为'有喜'"两个义项,均为义项②"可庆贺的;可庆贺的事"的引申义。

话匣子　〈方〉①原指留声机,后来也指收音机。②比喻话多的人。(《现汉》)

例一：他是个话匣子，什么事也保不了密。

例二：他这个人，话匣子一开就没完没了。

义项②可以说解例一的"话匣子"，用到例二中就讲不通了。看来需要增加一个义项：指话多人的口。而将原来的义项②改为义项③。（注：此例参照《语言文字应用》1997年第2期陆俭明文）

  巡视　到各地视察。（《现汉》1983年版）

例一：洪水还没有退去，他只好从楼上的窗口探出半个身子，巡视雨后的星空。（刘兰生《探索星空奥秘的年轻人》，全日制十年制学校初中课本《语文》第六册，人民教育出版社）

例二：他把禾场的人巡视了一遍，什么也没有说。（王兆军《拂晓前的葬礼》，江苏文艺出版社）

从这些语料看，"巡视"应增加一个"环顾，往四下里看"的义项。《现汉》（修订本）作了相应的改动：

  ①到各处视察：师首长～哨所。②往四下里看：～着四周的听众。（注：此例参照《语言文字应用》1996年第1期吴永德文）

为了尽可能避免义点的失收，还应注意新词、新语中所体现的词的新的语素义。如：

  炒　①烹调方法，把食物放在锅里加热并随时翻动使熟。②指倒买倒卖。③〈方〉指解雇。（《现汉》）

目前通行的"炒新闻"、"炒名人"这些词语中"炒"的用法，显然是上述义项所不能概括的。《现代汉语规范字典》增加了"反复报道抬高身价"的义项，正是依据新的语料提取义点，进而归纳出新的义项的。其实，"倒买倒卖"（《现代汉语规范字典》作"通过买进卖出获利"）、"反复报道抬高身价"，都是由"炒"的基本意义"反复翻动使熟（热）"引申出来的。由于词义所指有了明显变化，应当另立义项。

在具备语料的情况下，准确地提取义点，也是全面地概括词义的前

提。义点说解有误,义位的概括就失去了基础。如:

  小道儿消息 道听途说的消息。(《现汉》1983 年版)

在"某人好传播小道儿消息"句中,"小道儿消息"不一定是道听途说的,只要是"非官方、非正式途径传播的消息",均为"小道儿消息"。《现汉》(修订本)释义已改为"指道听途说的或非正式途径传播的消息",对义点的提取显然有了改进。

  蹬 《四角号码新词典》:踩,践踏:蹬梯子|蹬自行车。

  《新华字典》:踩,践踏:蹬在凳子上。(引)脚向下用力:蹬三轮车|蹬水车。

  从词语的实际使用情况来看,上面的概括是不够准确的。如:小说《西游记》中的孙悟空"蹬倒八卦炉",传统杂技节目中的"蹬坛子",小孩睡觉不安稳"蹬被子"等,就不宜释为"踩、践踏",更不能释为"脚向下用力"。《现代汉语词典》将"蹬"释为"腿和脚向脚底的方向用力",显然有更强的概括性,同以前的释义相比,更为准确了。(此例参照《语言文字应用》1997 年第 2 期冯瑞生文)

  总之,义点的收集、归纳是否全面,义点的提取是否准确、得当,是语文辞书释义的基础,是编写高水平语文辞书首要的、必备的条件。我们必须从理论上认识提高汉语词典、特别是现代汉语词典释义水平的这一根本方向。当然,这种展示义点的工作,是浩繁而巨大的。

  为了做到辞书释义的准确、全面,同时还应注意从宏观上把握义位,即发挥义系的调控作用。词在语流中的意义是复杂的、多变的,但也不是任意的。在语言系统中,每一个词都有它自己的能指的意义。而且,表示单一意义的词是少数,大部分词是多义的,有本义(或基本意义),也有引申意义,形成自己的词义系统,即义系。每个多义词的义系,都有其自身产生的依据和演变发展的线索以及它在整个词汇系统中的确定位置。义位(义项)的概括,即要以义点为基础,又要在宏观上受义系的制约。把握义系,就使我们避免无根据地设立义项和按词使用的不同场合随文立义,造成义点提取的失误和义位(义项)归纳的偏差。

在字典、词典中,由于宏观上的义系把握失控,造成释义不当的情况,还是时常可以见到的。如《辞源》(1979修订本):

  合　①闭,收拢。②和同,融合。③聚会。④全,满。⑤配。⑥比拟。汉桓宽《盐铁论·论灾》:"夫道古者稽之今,言远者合之近。"⑦符合。⑧回答。⑨古代称交战曰合。⑩应当,应该。⑪与,和。⑫乐谱记音符号之一。⑬合子,盛物的器皿。(引文中无关的例句从略)

这里,义项⑥"比拟"的概括与"合"的义系偏离。从所举例证看,《盐铁论·论灾》一语,完全可以译为"称述古代的事情是为了考察今天的事情,谈论久远的往事是因为它与目前的事情相合。"此"合"即为"相合,符合"义,可以归入义项⑦。如果串讲"夫道古者稽之今,言远者合之近"一语的大意,前句为"道古察今",后句为"言远比近",也只能算是随文释义的说解,是不应在辞书中列为义项的。《汉语大词典》"合"条将其实词义项扩展为32项,《辞源》所列13个义项几乎全部收录,单单取消了"比拟"这一义项,应当说是有道理的(当然《汉语大词典》新立义项也有不当之处,此不赘述)。

(二)义位的划分

微观的义点显示和宏观的义系把握,为义位的归纳奠定了基础。但多义词的各个义位之间的界限并不是那么明确的,因此,多义词的义位划分也是认识词义系统的一个难点。在实践中,人们逐步认识了划分义位的两种基本方法:

一是断层区分法:

胡明扬等先生所著《词典学概论》(中国人民大学出版社,1982年)

中指出:"义项在多义词的整个词义系统内部是相对独立的,但是义项之间又有联系,因此原则上应当在意义联系最薄弱的地方划分义项。"这一观点受到语言学界和辞书学界同仁的赞同,认为提出这一原则是"新颖的"、"很有见地的"(《辞书研究》1983 年第 1 期汪耀楠文和 1989 年第 6 期韩敬体文)。这一方法,可以概括成断层区分法。

目前,一些新出版的大型的语文辞书,在资料收集上作了浩繁而艰巨的工作,其始创之功是巨大的。但在义项的划分和提炼上,有不少地方需要改进。现试举一例:《汉语大字典》(四川辞书出版社、湖北辞书出版社,1993 年)"甘 gān"条总共列了 15 个义项,其中前五个义项是:

①美味。《说文·甘部》:"甘,美也。"段玉裁注:"甘为五味之一。而五味之可口皆曰甘。"……《战国策·韩策二》:"臣有老母,家贫,客游以为狗屠,可旦夕得甘脆以养亲。"

②甜,五味之一。《洪武正韵·覃韵》:"甘,甜也。"《诗·邶风·谷风》:"谁谓荼苦,其甘如荠。"

③觉得甜,觉得好吃。《韩非子·说难》:"异日与君游于果园,食桃而甘。"

④美味的食物。《孟子·梁惠王上》:"为肥甘不足于口与?"

⑤嗜,爱好某种食物。……《书·五子之歌》:"甘酒嗜音。"

这里,义项①"美味"与义项④"美味的食物",义项③"觉得好吃"与义项⑤"爱好某种食物",不仅词义紧密联系,难以分开,词性也完全相同,中间没有断层,是不宜分列义项的。其中义项④"美味的食物"即为义项①"美味"的"借代"用法(而且从所举例句看来,前者"甘脆"与后者"肥甘"均代表美味食物,几乎没有区别)。义项③和义项⑤都是"甘"的动词用法,为"觉得甜美(即认为甘)"义,如果剔除随文说义的成分(义项⑤的例句《书·五子之歌》:"甘酒嗜音。"孔传:"甘、嗜,无厌足。"古注以"嗜""甘"互训,有随文释义的成分),也没有多大区别。依照以断层区分义位(义项)的方法,此五个义项,应当合并为三个：

①甜,五味之一。②(引申)美味。③(用作动词)认为甜美,觉得好吃。

二是频率统计法：

一般说来,一个词在语言实践中反映了不同的事物或表达了不同的概念,并有一定的使用频率,才能确定为不同的义位。因此,一个义点在语言实践中出现的频率的多少,也是我们划分义位的重要依据。在词义发生变化时,有的是临时的,有的是稳定的,临时的用法,不能看作词的义位。在语流中反复使用的义点,是词的比较稳定的意义,应当定为义位;而在语流中偶然显现的义点,是词的临时义或语境义,一般不是独立的义位,应当归入相近、相邻的义位。如古代汉语中,用空间词表示时间义的情况是常有的：

处：

杜甫《述怀》诗："沉思欢会处,恐作穷独叟。"

高九万《归寓舍》诗："梅欲开时多是雨,草财(才)生处便成春。"

韦庄《浣溪沙》词："瞥地见时犹可可,却来闲处暗思量。"

以上诸例,"处"均作"时间"解。

浅：

《战国策·赵策二》："寡人年少,莅国之日浅。"

司马迁《报任安书》："相见日浅,卒卒无须臾之闲,得竭指意。"

唐祖咏《家园夜坐寄郭微》："月出夜方浅,水凉池更深。"

以上诸例,"浅"均指"不久,时间短暂"义。

远：

司马迁《报任安书》："夫人不能早自裁绳墨之外,以稍陵迟,至于鞭垂之间,乃欲引节,斯不亦远乎!"

此"远"与"早"相对,为"(时间)晚"义。

《汉语大字典》收录了"处"的"时间"义和"浅"的"不久,时间短暂"义,而没有收录"远"的"(时间)晚"义。应当说,是遵循了频率统计的原则。因为"处"的"时间"义唐宋文学中屡见,"浅"作"时间短暂"解的词义历代文献中也有较多的例证;而"远"的"(时间)晚"的词义用例很少,具有临时性。

(三)义位的检验

义位的划分是否有概括性,概括得是否得当,还须凭借一定的方法来检验。最常用的方法我们可以称之为是语境还原法。

人们对词义的理解必须凭借一定的语言环境,当人们使用词语的时候,特定的语言环境将该词义系中的某一义点显现出来,使人们得以了解它的意义。因此,义位划分是否得当,可以用语境还原的方法,即"义位加语境——显示义点"(可以用一个公式来表示:义位 + 语境 ≈ 义点)的方法进行检验。一般说来,用已有义位加语境能够显示的义点,则无须再设新的义位。如:

《现代汉语词典》:"倒¹dǎo"列有五个义项(义位),其中"④(戏曲演员的嗓子)变低或变哑:他嗓子倒了,不再登台。⑤(食欲)变得不好:倒胃口。"这里显然是以义点立项的。如果这些义点不能再作更高层次的概括,当然可以立为义项。但实事并非如此。《现代汉语规范字典》中,"倒¹dǎo"不仅把《现汉》的两个义项概括成为一个义项,而且增加了"倒牙"的例证:"④动(人的某些器官)受到损伤或刺激使功能变差▷倒了嗓子|倒胃口|牙给酸倒了。"《现代汉语规范字典》的义项④在与"嗓子"、"胃口"、"牙"等词语搭配的语境中,完全可以清晰地显现"倒嗓子"、"倒胃口"、"倒牙"等话语中所包含的"倒"的义点,显然有更强的概括性。对此,《现汉》以义点分头立项的做法,既显得烦琐,又有概括不全的毛病。

三、义位与义项

从理论上讲,词义学中的义位即相当于语文词典中的义项。但在实践中,语文辞书编纂中义项的设立又有相当大的灵活性。目前,汉语语文辞书编纂中,义项分合的处理,主要是由所编词典的规模、功用和性质决定的。

从辞书的规模、功用上分析,一般是:

大型语文词(字)典,以语文专业工作者为主要服务对象,应以义位为义项,尽可能对词语的义位、义系作客观的反映;

中小型语文词(字)典,主要供各级各类学校的学生和具有中等文化程度的人使用,应力求简明扼要,以简驭繁,舍弃部分使用频率较低的义位(即生僻义),合并相邻、相近的义位,因而这类词典的义项有时与义位相当,有时则大于义位。

这里,以不同规模的词(字)典对"母"一词的说解为例试作分析:

《汉语大词典》(汉语大词典出版社,1986—1994年)中除假借用法和百科性义项外,共列 11 个义项:

①母亲。②称家族、亲属中之女性长辈。③乳母。④对妇女的敬称、美称。⑤人母仪范。⑥哺育;抚养。⑦雌性的。多指动物。⑧本源;根本。⑨物之能产生他物者。⑩并比之物中的重者、大者、粗者(与轻者、小者、细者谓"子"对称)。⑪指凹凸配套部件中的凹件。

《现代汉语词典》中除用作"姓氏"的义项外,只列五个义项:

①母亲。②家族或亲属中的长辈女子。③(禽兽)雌性的(跟"公"相对)。④(~儿)指一凸一凹配套的两件东西里的凹的一件。⑤有产生出其他事物的能力或作用的。

同《汉语大词典》相比,《现汉》所列义项的减少,固然与受词典性质的限制、不收"母"的古义(如《汉语大词典》的义项⑤、⑥、⑩)有关,而主要还是大型语文词典与中型语文词典义项划分的不同原则造成的:其中义项⑧"本源;根本"与⑨"物之能产生他物者"意义相近,合并为一个;义项③"乳母"为义项①的派生义,义项④"对妇女的敬称、美称"为义项②的派生义,没有单独立项。

《新华字典》则减少为四个义项:

①母亲,妈妈,娘。②对女性长辈的称呼。③雌性的。④事物所从产生出来的。(引)一套东西中间可以包含其他部分的。

这里,同《现汉》相比,将义项④、⑤合并成一个义项;同《汉语大词典》相比,将其义项②、③、④明确地概括成一个义项"对女性长辈的称呼"。

有的中小型语文辞书,为了既尽可能全面地概括词义,又做到节省篇幅,释义简明,还往往把相近义位合并成一个义项组。如《古汉语常用字字典》(商务印书馆,1993年修订版)的"高"字条:

①高,与"低"相对。(又)高度。②等级或程度高。(又)(年龄)大。③高超,高尚。(又)尊敬,崇尚。

义项分合的处理,也与语文辞书的性质有关。如上所述,历时性语文辞书(如《汉语大字典》、《汉语大词典》)或现代语文辞书(如《现汉》、《新华字典》)义项概括的范围一般是等于或大于义位;而描写历史语言的断代辞典和专书辞典,义项概括范围有时小于义位,为了增强对词语发展轨迹的描述性,有以义点立项的情形。如《诗经词典》(四川人民出版社,1986年版)对"彻"的说解:

①治;治理。《大雅·公刘》五章:"度其原隰,彻田为粮。"②轨道;常轨。《小雅·十月之交》八章:"天命不彻,我不敢效,我友自逸。"③撤去。④拆毁。《小雅·十月之交》:"彻我墙屋,田卒污莱。"

⑤取;剥取。《豳风·鸱鸮》四章:"彻彼桑土,绸缪牖户。"(与论述无关的例句从略)

依照《古汉语常用字字典》的说解,"彻"的基本义项有两个:①通达,贯通。②通"撤"。撤去。从《诗经词典》所引例句来看,义项①、②为"通达,贯通"的语境义,义项④、⑤为"撤"的语境义,都是以义点立项的。

(原载《辞书研究》1999年第1期,与武建宇合写)

汉语语文辞书的词性标注
及其对释义的影响

　　提要：汉语语文辞书的词性标注，扩大了辞书的信息功能，势必对传统的释义方式(包括义项设立与释词用语两个方面)产生相应的影响。本文从以下两个方面阐述了个人的看法：一是词性标注对义项设立的影响。对长期困扰汉语语文词典编纂的所谓"名动词"的义项设立问题提出较为科学的便于操作的处理方法。二是词性标注对释词用语的要求。说明了如何正确认识和处理释词与被释词的词性关系，指出了在此方面存在的"误区"。

　　语文词典不仅要说明词义，还要说明用法，而标明词性是说明词的用法的主要方法之一。汉语不仅缺乏印欧语那样的形态标志，而且词类与句法成分之间不存在简单的一一对应关系，这就使语文辞书的词性确认和标注成为一个难度相当大的问题。并且，就汉语来说，一个词的意义总是在语义关系和语法组合中体现的，而其词义和语法功能又需通过一定的释义方式来显示，因此，强调对词的词性及语法功能的说明，就必然对语文词典的释义(包括义项设立和释义用语)产生相应的影响。当前，这是语言学界和辞书学界关注、并且存在分歧的问题。本文就词性标注对语文辞书义项设立和释词用语的影响谈一谈个人的看法，特别是对长期困扰汉语语文辞书编纂的所谓"名动词"的释义问题，力求提出较为科学、便于操作的处理方法。

一、汉语语文词典词性标注与义项的设立

语文辞书义项的设立基于词的意义及使用功能的变化,这种变化除了历时演变的因素外,就共时的变化来说,可能产生于语义关系,也可能产生于语法组合,更多的是二者兼而有之。那么,从词义与功能统一的角度来看,都有哪些类型的变化应当在语文辞书中单独设立义项("设立义项"下文又简称"立项")呢?

就一般的汉语语文辞书说来,对于词性转变、语义同时有明显变化的用法,在词典中单独立项,似乎没有多少争议,如"一把锁"的"锁"与"锁门"的"锁","翻译英文"的"翻译"与"英文翻译"的"翻译"(指人);对于语义没有明显变化,而语法特征有不同程度改变的情况,是否需要单列义项,是一个需要深入研究的问题。目前,对此不仅认识上存在分歧,实践中也处理不一。有一些标注词性的语文词典,对于词语表现为不同语法特征时基本意义没有明显区别的用法,一律单独列为义项,辞书学界和语言学界存在着争议;这种做法有无必要,也确实值得探讨。这种情形,突出表现在汉语的动词指称化,即通常所说的"名动词"的处理上。《现代汉语词典》(以下简称《现汉》)虽然没有为实词标明词性,但在立项和释义中也已注意到语义与语法功能的双重变化。为了便于说明问题,我们这里将有关辞书的释义与《现汉》的释义加以比较。

第一类,谓词指称化后为"自指"的:

首先看动词。

(1) 顾虑　〈动〉恐怕对自己、对别人、对事情不利而不敢照自己的本意说话或行动;担心。

〈名〉恐怕对自己、对别人、对事情不利而不敢照自己的本意说话或行事的心理。

(《现代汉语实词搭配词典》,以下简称《搭配词典》)

《现汉》归纳为一个义项:恐怕对自己、对别人或对事情不利而不敢照自己本意说话或行动。

(2)研究　〈动〉探求事物的真相、性质、规律等;考虑或商讨。
　　　　　〈名〉进行研究的活动。

(《搭配词典》)

《现汉》所列两个义项均为动词用法,没有单列名词用法:①探求事物的真相、性质、规律等。②考虑或商讨(意见、问题)。

(3)建设　〈动〉创立新事业或增加新设施。
　　　　　〈名〉建设工作。

(《汉语实用词典》)

《现汉》归纳为一个义项:创建新事业;增加新设施。

(4)学习　〈动〉从阅读、听讲、研究、实践中获得知识或技能。
　　　　　〈名〉学习的活动;学习的知识。(此条中"学习的知识"的释义不妥)

(《汉语常用词用法词典》,以下简称《用法词典》)

《现汉》归纳为一个义项:从阅读、听讲、研究、实践中获得知识或技能。

同类的动词还有"分析、支持、斗争、选择、准备、调查、冲突、检查、检验、生产、管理、出版、训练、实习、影响、保证、改革、照顾、变化"等等。

形容词也有类似的情况。

(1)危险　〈形〉①不安全。
　　　　　　　　②有导致祸乱可能的。
　　　　　〈名〉有遭到损害或失败的可能。

(《汉语实用词典》)

《现汉》仅列一个义项:有遭到损害或失败的可能。

(2) 困难 〈形〉①事情复杂,阻碍多。
②生活穷困,不好过。
〈名〉复杂、难办的事情。

(《新编现代汉语多功能词典》,以下简称《多功能词典》)

《现汉》列有两个义项,是词性相同、语义有别:①事情复杂,阻碍多。②穷困,不好过。

第二类,谓词指称化后为"转指"的:

(1) 领导 〈动〉指引,带领。
〈名〉担任领导工作的人。

(《多功能词典》)

《现汉》虽未标注词性,释义也列动、名两个义项:①率领并引导朝一个方向前进。②担任领导的人;领导者。

(2) 导演 〈动〉排演戏剧或拍摄电影时,组织和指导演出工作。
〈名〉担任导演工作的人。

(《搭配词典》)

《现汉》释义也列动、名两个义项:①排演戏剧或拍摄电影片的时候,组织和指导演出工作。②担任导演工作的人。

以上两例,一为联合结构,一为动宾结构,"名词化"后均转指动词的施事。

(3) 负担 〈动〉承担(责任、工作、费用等)。
〈名〉承受的压力或担当的责任、费用等。

(《搭配词典》)

《现汉》释义也为动、名两个义项,且二者释义的表述相同,显然《搭配词典》的释义借鉴了《现汉》。

(4) 回信 〈动〉答复来信。

〈名〉答复的信。

(《汉语实用词典》)

《现汉》与《汉语实用词典》处理相同,不仅分列动词、名词两个义项,而且因"名词化"前后注音方式不同(《现汉》动词注音为 huí∥xìn,名词注音为 huíxìn)或结构方式不同(《汉语实用词典》动词标为"支配式",名词标为"偏正式")而分立词条。

以上两例,一为联合结构,一为动宾结构(名词化后转化为偏正结构),"名词化"后转指动词的受事(即动词所表动作行为支配的对象)。

(5)同事 〈动〉在同一单位工作。

〈名〉在同一单位工作的人。

(《搭配词典》)

《现汉》因注音方式不同而分为两个词条:【同事】tóng∥shì 在同一单位工作。【同事】tóngshì 在同一单位工作的人。"名词化"后转指与事。

这种动词指称化后表示"转指"的词很多,一般为转指与这个动词相关的施事(编辑、指挥、招待、裁判、校对、出纳、领队等)、受事(穿戴、贷款、存款、包席、炖肉等)、与事(同学、同谋、同窗等)、工具(补贴、救济、扶手、靠背等)等。

上面所列第二类,《现汉》与所列其他辞书义项设立大体相同,目前也没有太大分歧;所列第一类,《现汉》与所列其他辞书义项处理不同,目前争议和分歧较大。

首先,对于这种动词、形容词没有标记的指称化(特别是"自指")的情况,是否发生了词类转化,语言学界持有不同看法。朱德熙先生曾经说:"汉语词类跟句法成分(就是通常说的句子成分)之间不存在简单的一一对应关系"。(朱德熙,1985)"有的语法著作认为主语和宾语位置上的谓词已经转化为名词。这种说法是有困难的",其原因是:"第一,主宾语位置上的动词和形容词仍旧可以受副词修饰";"第二,事实上绝大部分的动词和形容词都能作主宾语,如果说主宾语位置上的动词和形容词都转化为名词,那就等于说汉语的动词和形容词几乎都能转成名词"。(朱德熙,1982)朱先生认为:"同类的词在不同的语法位置上表现出的语法性质可以不一样"(朱德熙,1980),这是"动词和形容词兼有名词的性质"(朱德熙,1985)。他认为谓词性成分作主宾语,是谓词"变成了可以指称的对象",即"在意念上表示指称"。(朱德熙,1982)这种情况属于谓词指称化,而不能说是名词化。朱先生把它们称为"名动词"和"名形词"。

即使认为这种情况属于词性的变化,是否需要在语文辞书中单独立项,也仍值得商榷。语文词典的主要任务是分析和说解词的意义,所以其释义要分列义项。辞书义项设立的依据主要是词义变化。如果仅是词性不同,词义没有明显变化,单独立项的做法就很难让人接受。胡明扬先生的意见是:"如果在意义上实在难以区分时,可以采取在同一义项下标出两种词性的办法,对'学习'只列一个义项,标〈动〉〈名〉。"(转引自《中国语文》1999年第3期)不少作者撰文发表了类似的看法:"在体例上我们可以考虑采用这种方式:把动词和由其转化成的名词放在同一义项之下,标出它们各自的词性。"(董秀芳,1999)"至于名动词究竟是明确分为动、名两个义项释义好,还是不另立名词义项而只是笼而统之地'浑释'好,还有待我们深入进行研究、展开讨论方能取得一致认识。"(徐复岭,1999)

事实上,谓词(主要是动词)的指称化的情况是比较复杂的,需要分析研究,区别对待。吕叔湘先生曾经指出:"语义没有明显的变化,但是语法特点有不同程度的改变,改变到什么程度就该认为词类已经转变,颇难决定。这个问题主要发生在'动词名用'上,情况相当复杂,需要专门研究。"(吕叔湘,1979)朱德熙先生也曾经说过:"从语义的角度看,谓词性成分的名词化有两种。第一种单纯是词类的转化,语义保持不变。""第二种除了词类的转化以外,词义也发生明显的变化。""前一种名词化造成的名词性成分与原来的谓词性成分所指相同,这种名词化可以称为自指;后一种名词化造成的名词性成分与原来的谓词性成分所指不同,这种名词化可以称为转指。"(朱德熙,1983)不过朱先生所说的"自指"和"转指"限于有形式标记。后来学者在研究中进一步看到:"汉语谓词性成分不用加任何形式标记也可以名词化,并且名词化后也是转指与这个谓词性成分相关的施事、受事、与事、工具等等。"(姚振武,1996)值得注意的是姚文的补充(即没有形式标记的名词化)又仅限于"转指"。

基于谓词指称化的不同情况及目前语法、语义研究的现状,在语文辞书编纂中对于由词性标注引发的义项设立问题,我们提出以下处理办法:

(一)音、义结合而成词。如谓词指称化过程中伴随着语音或结构的变化,一般是谓词已转化为名词,而且应看成是两个词,在语文辞书中分列词条。如:"摆设 bǎishè(把物品按照审美观点安放)"和"摆设 bǎishe(摆放的东西)",后者读轻声;"告诉 gàosù(受害人向法院告发)"和"告诉 gàosu(说给人,使人知道)",后者也读轻声。

在谓词指称化的过程中,注音方式不同的(如"回话"作动词注音为huí//huà,作名词注音为huíhuà)、结构方式发生变化的(如"定局",一是动词,指"作最后决定",为动宾结构;一是名词,指"确定不移的形势",为定中结构)也应分列为不同词条。

我们认为,《现汉》在"凡例"中,将"形同而音、义不同的"(如"公差",一音 gōngchā,指"机械制造业中,对机械或机器零件的尺寸许可的误差";一音 gōngchāi,指"临时派遣去做的公务")、"形同音同,但在意义上需要分别处理的"(如"加热使燃烧"的"燃点"和"某种物质着火燃烧所需最低温度"的"燃点")、"注音方式不同的"(如"借款",作动词注音为 jiè∥kuǎn，作名词注音为 jièkuǎn)三条原则作为"多字条目"同形词分立词条的原则，是基本可行的。

（二）谓词指称化，如为转指（表示原谓词的施事、受事、与事等），一般词性、词义同时发生变化，应视为谓词名词化，语文辞书中应分别设立义项。如上文我们所举的"第二类"例证，即"谓词指称化为'转指'"的"领导"、"导演"、"负担"、"回信"、"同事"等，就属于这种情况。

（三）谓词指称化，为自指的，语法特征发生变化，词义没有明显变化，在语文辞书中不再单独立项，而是通过"例句"及附加说明的做法显示其不同的语法功能。如：

检查 〈名动词〉为了发现问题而用心查看。A. ［作谓语］a.带宾语：~证件｜~纪律。b.不带宾语:海关~｜质量~。c.带补语：~得仔细。B.［作主、宾语］a.作主语：~开始｜(很)严格。b.作宾语：停止~｜允许~｜进行全面~。C.［作定语］~机关｜~对象。

从目前汉语语文词典编纂的现状看，对动词、形容词指称化的释义处理上随意性的情况还是相当严重的。如：

(1) 表现 〈动〉显示出来。
〈名〉行为或作风中表现出来的东西。
(2) 表演 〈动〉戏剧、杂技、舞蹈等演出；把情节或技艺表现出来；做示范性的动作。

（《现代汉语辞海》）

同一部词典，同为"自指"类的指称化，一个列动词、名词两个义项，一个仅列动词义项。一些标注词性的语文辞书甚至自乱其例，如《搭配词典》的"顾虑"词条中"顾虑产生了""顾虑打消了""顾虑增加了"等例句在动词、名词两个义项下同时出现。

《现汉》在处理动词、形容词指称化的问题上，由于没有明确的操作

原则,也存在不规范的地方:

一是不应分而分。如:【实验】①为了检验某种科学理论或假设而进行某种操作或从事某种活动。②指实验的工作。指称化后为"自指"("实验"与"实验的工作"所指相同),也另立了义项。又如:【广播】①广播电台、电视台发射无线电波,播送节目。有线电播送节目也叫广播。②指广播电台或有线电播送的节目:听广播。义项①没有单列例证,义项②仅举一个例证:"听广播"。其实,此例证放在义项①下也未尝不可。可见义项的设立值得再作研究。

二是应分不分。如:【赞助】赞同并帮助(现多指拿出财物帮助)。"赞助"转指动词所表行为(动作)所凭借的工具——指用来帮助别人的资金或财物。此处应设名词性义项而未设。又如:"补贴"分列义项①"贴补"和②"贴补的费用",而性质完全相同的"补助"却仅列一个义项:"从经济上帮助(多指组织上对个人)"。而"发补助"的"补助",指"用来补助的(钱或物)",也为转指,应另立义项。

总之,汉语中的"名动词"与"名形词"兼有陈述和指称的双重功能。其指称为转指的,不仅语法功能发生变化,词义重心也发生转移,词典中应分列义项;其指称为自指的,语法功能有别,而词义基本上没有变化,则无须另立义项。那种主张用"……的活动(行为、工作、心理、情况等)"释义,把本来没有形式标志的语言表达方式强作形式标记,另立义项,既不符合汉语表达的实际习惯,也违背词典释义的概括性原则。

二、汉语语文词典词性标注与释词用语的要求

随着语文辞书词性标注问题的提出,人们对语文辞书释义的用语也相应提出了新的要求,这就是释词用语与被释词语词性一致的问题。

从语文辞书释义总的原则上讲,这种要求是合理的。不仅标注词性的语文辞书应当如此,不标注词性的语文辞书也应尽量保持释词与被释词词性的一致。如《现汉》的释义:

(1)【沉思】深思;【吃惊】受惊;【答拜】回访。

(2)【年景】年成;【名帖】名片;【暖房】温室。

(3)【粗鄙】粗俗;【坦率】直率;【恬静】安静;宁静。

以上(1)组为以动词释动词,(2)组为以名词释名词,(3)组为以形容词释形容词。

不过,现代语文词典的编纂,为了释义的准确,大量是用词组(又称结构或短语)来释词。这时一般仍要注意释词与被释词在词性上的对应。如符淮青《词义的分析和描写》中列举了语文词典释义的模式:

(1)揪　紧紧抓住。

攀　抓住东西向上爬。

挠　用手指轻轻地抓。

以上为用动词性词组释动词。

(2)赤子　初生的婴儿。

大汉　身材高大的男子。

笔　写字画图的工具。

以上为用名词性词组释名词。

(3)明亮　光线充足。

悠久　年代久远。

亲善　(国家之间)亲近友好。

以上为用形容词性词组释形容词。

但如果不区分情况、条件,将语文辞书释词与被释词词性一致这一相对的原则绝对化,势必将辞书释义引入"误区"。如针对《汉语大词典》(以下简称《汉大》)"苍白,灰白色""苍黄,暗黄色"等词条的释义,有人提出批评:"语法常识告诉我们:'白''黄'等属形容词,而'白色''黄色'等是名词。同理,'苍白''苍黄'属形容词,而'灰白色''暗黄色'则是名词,用后者解释前者便有违词性相应的原则。""对于其他表示颜色的形容词,不管是《汉大》还是《现汉》,释义中也都有类似的词性照顾不周的问题。"(徐复岭,1999)应当说,这种批评是有偏颇之处的。

首先是这一理想化的原则并不是在任何情况下都能行得通的。一种语言中真正的等义词很少,特别是词性、词义完全相同的词,为数更少(从语言使用的简明性原则来说,同一种语言中要自然排斥、淘汰那种语义、语法、语用完全相同的词)。因此,为了尽可能准确释义,就不可避免地要变换表达方式。如:

【事宜】关于事情的安排、处理。(《现汉》)
　　　　关于事情的安排和处理。(《汉大》)
　　　　关于事情的安排和处理。(《辞海》)

从《辞海》所引古今例句("讨论春耕事宜";李德裕《赐回鹘可汗书》:"亲问事宜")来看,被释词"事宜"为名词,而释词为介词词组。

【事略】传记文体的一种,记述人的生平大概。(《现汉》)
　　　　文体的一种,记述人或事的梗概……(《汉大》)
　　　　传记文的一种。记述人物事迹的大略。(《辞海》)

被释词"事略"为名词,而释义部分的前一半为名词性词组,后一半为动词性词组。

【甜】像糖和蜜的味道。(《现汉》)
　　　像糖或蜜的味道。(《汉大》)
　　　糖和蜜的味道。(《辞海》)

被释词"甜"为形容词,而释词《现汉》《汉大》为动词性词组,《辞海》为名词性词组。

我们上面不厌其烦地引述三部通行汉语语文辞书大体相同的释义

内容,是想说明上述词条的释义是目前社会认同的表达方式,这种释词与被释词在词性上的关系应当引起我们的注意。

其二,在语言实践中,释词与被释词、指称词语与被指称词语,也不应当有词性完全一致的苛求。朱德熙先生在《现代汉语语法研究》中指出:"我们说动词和名词是不同的词类,可是用来指称动词的名称'动词'本身却是名词";"我们可以用'什么'来指称谓词,但'什么'本身却是名词性的";"'什么'跟它所替代的词语法性质不一定相同"。(朱德熙,1980)如符淮青先生《词义的分析和描写》对"表性状的词意义的分析"一节中列举了"词典对性状词的释义"的四种类型:

1. 准定义式和定义式

  痛 疾病创伤等引起的难受的感觉。

  迷茫 广阔而看不清的样子。

  油绿 有光泽的深绿色。

2. "(适用对象)+性状的说明描写"式

  滑稽 (言语动作)引人发笑。

  滂沱 (雨)下得很大。

3. "形容……"式

  势利 形容看财产、地位分别对待的恶劣表现。

  悠扬 形容声音时高时低而和谐。

4. "……的"式

  常任 长期担任的。

  专门 专从事于某一项事的。

除3、4类"形容……"、"……的"有形式标记的外,其他两类中,有相当一部分释义都不符合释词与被释词词性一致的要求。

三是在现代语文辞书中,随着释义准确性要求的提高,用同义词释义的做法相对减少,语文辞书中大量采用的是定义式的释义方式。而定义式本身就是一种将事物概念化、名物化的说解方式。"定义,亦称'界说'。揭示概念的内涵或语词的意义的方法。"(《辞海》1999年版)正如列宁所说:"下'定义'是什么意思呢? 这首先是把某一个概念放在另一个更广泛的概念里。"(《唯物主义和经验批评主义》)定义式对动词或形容词的释义,常用表达方式为"……动作(行为等)"或"……样子(景象等)"——释词用语自身名词性,表义结果为动词性。例如:

  冷落 寂静衰败。(对释词素义)

    冷冷清清。(用同义近义词语)

    不热闹。(用反义词的否定式)

    萧条破败的景象。(定义式释义)

  开 不关闭。(有关词语的否定式)

    使关闭的东西舒张分离。(说明词义所包含的动作行为及其关系对象)

    使合拢的东西舒张分离的动作。(定义式释义)

(符淮青《词的释义》)

  从上面的对比中可以看到,定义式释义往往用名词性词组说解动词或形容词。因此,主张追求"释词与被释词词性一致",但不应当排除定义式概念化(或名物化)的说解方法。

参考文献

程 荣 1999 《汉语辞书中词性标注引发的相关问题》,《中国语文》第3期。
辞海编辑委员会 1999 《辞海》,上海辞书出版社。
董秀芳 1999 《从谓词到体词的转化谈汉语词典标注词性的必要性》,《辞书研究》第1期。
符淮青 1986 《词的释义》,北京出版社。
符淮青 1996 《词义的分析和描写》,语文出版社。

冯志纯、周行健主编　1995　《新编现代汉语多功能词典》,当代中国出版社。
郭　锐　1999　《语文词典的词性标注问题》,《中国语文》第 2 期。
贾培成主编　1992　《汉语实用词典》,新蕾出版社。
李晓琪等编　1997　《汉语常用词用法词典》,北京大学出版社。
吕叔湘　1979　《汉语语法分析问题》,商务印书馆。
倪文杰等主编　1994　《现代汉语辞海》,人民中国出版社。
徐复岭　1999　《〈汉语大词典〉语法问题指瑕》,《辞书研究》第 6 期。
姚振武　1996　《汉语谓词性成分名词化的原因及规律》,《中国语文》第 1 期。
张寿康、林杏光主编　1996　《现代汉语实词搭配词典》,商务印书馆。
中国社科院语言所词典室编　1996　《现代汉语词典》(修订本),商务印书馆。
朱德熙　1980　《现代汉语语法研究》,商务印书馆。
朱德熙　1982　《语法讲义》,商务印书馆。
朱德熙　1983　《自指和转指》,《方言》第 1 期。
朱德熙　1985　《语法答问》,商务印书馆。

(原载《辞书研究》2002 年第 2 期)

词性标注与"词性"
术语的"泛化"

摘要:汉语语文辞书中对不成词语素的语法属性是否标注和用什么样的"术语"标注,是一个存在争议的、棘手的问题。本文认为:语素的语法属性的标注对于词的语义和功能的理解都是非常必要的。目前一些辞书为语素所标注的词性,是一种"泛化"的"词性"。"词性"术语的泛化现象既有其特定的认知基础,也有其自身内在的条件。

一、论题的缘起

自从20世纪90年代全面标注词性的汉语语文辞书出现后,对于如何标注词性,用什么样的术语标注词性的问题,人们一直在理论上进行探索,在实践中也在不断进行尝试。"一旦将词性标注引入词典,就要考虑语素的语法属性是否标和怎样标的问题,这是标注词性的普通语文词典编纂中最棘手的问题。"[①]对于"语素"是否标注词性和怎样标注词性的问题,目前的语文辞书大体采取以下两种做法[②]:一是"不区别词和非词,只标语法功能","在单用不单用上主要通过例句来体现,能单用的都先举出单用的例子,表示具有词的身份"。《现代汉语规范字典》正是采用的这种方法,在该字典的"前言"及"凡例"中指出:"词性是词的属性。字典中的'字',可能是一个词,也可能只是一个语素,但更多的情况既是词,同时又是语素,而绝大多数语素在古代汉语中往往就是词。为了统一起见,除了连语素都不是的字以外,都标注了词性。""随义项逐条标注词性。一个字在一个义项下,既能独立成词,又能作语素的,按词的语法功能标注词性;只能作语素的,比照类似的词标注词性。语素义的词性,只表示它在合成词中的性质,并不表示由它组成的合成词都具有这种性质。"③另一种是"区别词和非词,是词的标注词性,是不成词语素的标'素'"。《现代汉语学习词典》④等采取了这样的做法。一些学者认为:《现代汉语学习词典》"区分了词和非词、词义和词素义。这对外国学生学习汉语十分重要。例如:尘[素](1)飞扬的尘土:灰尘/除尘。(2)指世俗人间:尘世/红尘。……'尘'在现代汉语中以语素义构词,《学习》(指《现代汉语学习词典》)标注为[素],从而使学生避免把'尘'当作词用,造出'桌子上有很多尘'这样的病句"。⑤对于目前汉语语文词典给单音词与不独立成词的单音节语素一概标注词性的做法,一些学者表示了不同意见,认为:"词的构成成分不可能还有词性","辞典在标注词性时,一定要把单音词素和单音词严格、稳妥地区别开来"。⑥语文词典中注意区别语素与词的功能是必要的,也需要而且能够采取适当的方式加以区别。但如果因噎废食,主张取消对单音节语素的词性标注,那就很值得商榷了。

固然,对不成词语素的词性标注,只能反映语素在构词时的内部组合能力,而不能反映由该语素在构词后在句子(或短语)中的语法功能。但这是两个不同层面的问题,应当在不同层面去解决:语文词典根据其自身的性质与规模,在单音词(或语素)之下,都要收录一定数量的复音词,对不独立成词语素组词后语法功能的描述,应当是复音词词性标注的任务。

这里,需要澄清的关键问题有两个:一是汉语语文词典中对不成词语素需要不需要标注词性? 如果需要标注,用什么术语来标注词性?

二、汉语中语言学术语的"泛化"现象及其认知基础

认为"词的构成成分不可能还有词性",从形式逻辑讲似乎是有道理的;而大多数人习惯并且认可这种表达方式,主张为语素标注词性,也是有其特定的原因的:那就是语言学术语(或概念)的"泛化"。这种术语(或概念)的"泛化"是指相关领域的术语(或概念)因其具有某种内涵的相似性而使人们对其作广义的理解,并将某一领域的术语(或概念)移植而运用于另一领域。

这种情形在语言研究中是不乏其例的。如人们在说明汉语复合词的"造词类型"时,在"句法学造词"一类中,又分为"主谓式"(霜降、地震)、"谓宾式"(主席、将军)、"补充式"(说明、证实)、"并列式"(人民、朋友)、"主从式"(皮鞋、铁路)等。⑦以前有的学者虽然承认复合词"大部分同语法结构的某种近似,也是不容否认的",但却不赞成用习惯上描述短语(或句法)结构的"主谓关系(即主谓式)、动宾关系(即谓宾式)、述补关系(即补充式)、联合关系(即并列式)、偏正关系(即主从式)"等术语说明复合词的内部结构关系,认为"复合词的两个结构项之间的结合关系,往往像是句法成分之间的结构关系。如:a.'博物馆''大自然'……'仿佛是"定语——中心词"的定中关系' b.'追加''徒劳'……'仿佛是"状语——中心词"的状中关系' c.'司机''开刀'……'仿佛是"动词——宾语"的动宾关系'……这里说'仿佛是',意味着并不就是。在一个词的内部存在词与词的句法关系,这是荒谬的,逻辑上绝对讲不通。复合词的结构成分是词素,而不是词,词素之间的结构关联当然不能是句法现象"。并且创制了"陈述格、支配格、补足格、质限格、态饰格、并联格"等一套新的指称复合词结构关系的术语。⑧这种试图严格

区分"术语"层级的想法是有一定道理的,但在语言学习与研究的实践中并没有被人们所接受,传统的表达方式依然通行,而且并没有让使用者感到不便,也没有造成概念的混乱。针对 20 世纪 90 年代以后一些学者对构词分析的理论与方法提出的质疑,符淮青先生指出:"现有的构词法分析有它的较强的解释能力","构词法的分析对正确解释词语的意义有重要的作用"。并举出《现代汉语词典》的例证进行具体的说明:"(1)尘垢:灰尘和污垢;(2)真诚:真实诚恳;(3)浅见:肤浅的见解;(4)轻信:轻易相信;(5)畏难:害怕困难;(6)保健:保护健康;(7)年迈:年纪老;(8)礼成:仪式结束;(9)藏书$_1$:收藏图书;(10)藏书$_2$:图书馆或私人收藏的图书。……(1)(2)词的结构是并列式,释义词语的结构也是并列式;(3)(4)词的结构是偏正式,释义词语的结构也是偏正式……我们不能认为被解释的词的结构同释义词语的结构相同是一偶合,应该说正是由于正确分析了合成词的结构,采用了同合成词结构一致的释义词语,才正确解释了词的意义。"[9]

这种语言学"术语"(或概念),当然也包括其他"术语"(或概念)的"泛化"是以人类普遍存在的"隐喻"的认知方式为其心理基础的。西方对于隐喻(metaphor)研究具有悠久的历史,20 世纪七八十年代,隐喻研究出现了一个新的视角:隐喻不仅被看成一种修辞手段,更是一种思维方式,是人们在思想中对于不同的事物特征建立联系的方式或机制。其中最有影响的是 Lakoff 等人的研究,其观点突破了传统的"隐喻修辞观",提出"隐喻认知观",指出:隐喻不仅是语言的修辞手段,而且是一种概念体系和思维方式。隐喻在日常语言的运用中是相当普遍的,隐喻也是"人们对抽象范畴进行概念化的有力的认知工具",语言中的许多抽象概念都是通过隐喻表达的。如计算机科学里的"病毒"概念便是生物学"病毒"的隐喻化。在隐喻的形成过程中,两种本似无联系的事物之所以被相提并论,是因为人类在认知领域对它们产生了相似的联想,换言之,它们有某些特征是共同的,产生了"家族相似性",于是人们用更为熟悉的事物的特点去解释、评价、表达相对陌生的事物。语言学"术语"(或概念)的"泛化"现象正是这种隐喻认知的具体体现。[10]

三、汉语中语言学术语"泛化"的自身条件

人类的认知规则为语言学术语(包括"词性"这一术语)的"泛化"提供了心理基础,而汉语自身的结构特征则是术语"泛化"的内部条件。

首先,是汉语不同层级单位之间语法结构的一致性,为"词性"术语的泛化提供了共时层面的现实条件。朱德熙先生深刻揭示了汉语语法结构的特点:"汉语的句子的构造原则跟词组的构造原则基本一致"[11];"复合词结构和句法结构是平行的"[12]。汉语句子——短语(词组)——复合(双音)词的内部结构具有一致性,而所有这些具有一致性的"结构"的底层是语素。这种不同层级单位之间内部结构的一致性,主要指其组合功能的一致性;而这种组合功能的一致性,来源于不同层级单位自身属性的一致性。既然如此,用来说明构成"句子(或短语)"的词(当然也包括复合词)的功能的"词性"这一术语,也可以用来说明构成词(这里只能是复合词)的语素的功能(或属性)。

同时,汉语"词性"术语的泛化也可以从"词——语素"的历史演化、"词——语素"属性的游移性得到历时的说明。事实上,语言各个层面语法属性是相互关联的:在现代汉语中不能单独使用的语素在古代汉语中大多能单独使用,现代合成词中的语素在古代一般为单音词。如《现代汉语学习词典》:"财[素]金钱和货物的总称:钱~丨~物丨发~丨~宝丨~主。""财"在现代汉语中为不成词语素,一般不能单独使用。而在古代汉语中,是可以独立使用的单音词。如《荀子·成相》:"务本节用财无极。"这里的"财"是独立的词,为名词。而现代汉语中不独立成

词的语素"财"在组合成双音复合词"财物""发财""财主"时,从其在复合词中的组合功能来看,也是名词性的。语素功能属性,显然是源于单音词的词性。而且,有些"词——语素"处于游移状态。即一个词在一个义项之下,既能独立成词,又能作语素,如"救",在现代汉语中既能独立成词(例句:"我们一定要把他～出来),为动词;又能作构词语素(例:"挽～""营～"等),其组合功能也是动词性的,词的属性与语素的组合功能也表现出一致性。这样,人们就完全有理由用表示词的功能的术语指称语素的组合功能,从而形成"词性"术语的泛化。

四、泛化的"词性"与语素的"词性"标注

实际上,汉语语文词典中给不成词语素所标注的词性也是一种"泛化"的"词性",这种"词性"标注虽然不能说明语素构词后的语法功能,重在说明其"内部关系"与"组合功能",但对于复合词词义的理解是非常重要的。汉语语义的底层单位是语素,认识汉语复合词的意义一般要揭示构成语素之间的语义关系和语法组合关系,而识别构词语素的"词性"(即"组合功能")是认识其组合关系的前提。

当然,本文并不是说汉语语文辞书中对不能独立成词的语素的语法功能的标注方法不需要继续探讨和改进,而是说不要受表达"术语"的局限而争论不休。汉语的词义与词性都是一种动态的语言现象,汉语古今变化及其渐进性所形成的语言的"游移现象"暂且不论,仅就现代汉语的内部分层也是相当复杂的。吕叔湘先生曾经指出:语言中的一个成分是否成词"实际情况"比较复杂,有下面几种值得研究的情况:"(1)一般不单用,但在一定的格式里可以单用。楼:楼房,大楼,前楼,后楼(一般);但三号楼。……(2)一般不单用,但在专科文献里可以单用。氧气(一般);氧(化学)……(3)一般不单用,成语、熟语里可以单

用。老虎(一般);前怕狼,后怕虎(成语)。言语(一般);你一言,我一语(熟语)。(4)说话不单用,文章里可以单用。云彩(说话);云(文章)。"[13]"现代汉语实际上是一个不同质的系统,可以说是由不同层次的成分混合而成,主要有历史层次和领域层次两个方面的层次。现代汉语书面语实际上是不同历史层次的混合体,其中主要可以分出两个层次:现代白话层次和文言层次。""领域层次主要可区分日常语言层次和专业语言(包括科技语言)层次。"[14]随着词汇学、语法学研究的深入及其在辞书编纂实践中的综合运用,词性标注的体系与方法将会进一步科学和严密。如有的学者就提出词性标注多层划分的问题:"不区分词和非词,只按语法功能划分名、动、形……,是划分了一个层次;区分词和非词,属于词的,再按语法功能划分名、动、形……,属于不成词语素的不再划分,是划分了两个层次。当然,还可以划分三个层次,即不成词语素再划分为名词性语素、动词性语素、形容词性语素等,现在还没有语文辞书这样标注。"[15]这种设想应当说是很有道理的,这不仅有利于读者对词的功能与分布的认识,更有利于读者对复合词词义的理解,这对于提高汉语语文辞书的价值与功用无疑是非常重要的。当然,语文辞书词性(或功能)标注划分的层次越多、越细,需要词汇学、语法学提供的研究成果的深度和难度就越大,这还有待于广大语言学与辞书学工作者的努力。

附 注

①程荣《汉语辞书中词性标注引发的相关问题》,《中国语文》1999年第3期。
②李志江《关于语文辞书词性标注的探讨》,《中国辞书学文集》,外语教学与研究出版社2000年版。
③李行健主编《现代汉语规范字典》,语文出版社1998年版。
④孙全洲主编《现代汉语学习词典》,上海外语教育出版社1995年版。

⑤李红印《对外汉语学习词典对语素、词的结合能力的说明》,《中国辞书论集》,商务印书馆1999年版。
⑥王世友《现代汉语字典标注词性的几个基本问题》,《辞书研究》2001年第4期。
⑦符淮青《汉语词汇学史》,安徽教育出版社1996年版。
⑧刘叔新《汉语描写词汇学》,商务印书馆1990年版。
⑨符淮青《构词法研究的一些问题》,《词汇学理论与实践》,商务印书馆2001年版。
⑩徐萍《隐喻的普遍性及其文化阐释》,《苏州大学学报》2000年第4期。
⑪朱德熙《语法答问》,商务印书馆1985年版。
⑫朱德熙《语法讲义》,商务印书馆1982年版。
⑬吕叔湘《汉语语法分析问题》,商务印书馆1979年版。
⑭郭锐《语文词典的词性标注问题》,《中国语文》1999年第2期。
⑮同②。

(原载《辞书研究》2006年第3期)

"隐喻"认知、词义变化与辞书释义

提要:"隐喻"认知是人类普遍存在的一种思维方式,也是词义引申变化的一种途径。通过"隐喻"形成的那种以"家族相似性"的原则组织起来的表示抽象概念与集合概念的词或词的义项,是形象思维的产物;对于这类义项,语文辞书传统的建立在理性的、逻辑的思维方式基础之上的"定义式"的释义方法,是难以全面概括和准确释义的,而应当采取其他的释义方法。

一、论题的缘起

现代语文辞书,其常用的释义方式有以下三种:其一,用同义词解释词义。其源于传统辞书的"直训"。其二,是给词语下定义。其源于传统辞书"义界"的释义方式。即用词组或句子阐明语词所表概念的内涵和外延。其三,是描写、说明或比喻。[①]其中给词语下定义的释义方式,是现代辞书使用最广的方法。不仅在语言中找不到同义词的词语,必须用下定义的方法释义;即使可以找到同义词的词语,采取定义式释义,也有利于加深读者对词义的理解。如:

舌　人和动物嘴里辨别滋味、帮助咀嚼和发音的器官。(《新华字典》,以下简称《新华》)

鼻　嗅觉器官,也是呼吸的孔道。(《新华》)

"舌"、"鼻"这一类词,语言中没有或没有常见的同义词,词典中只能采取定义式释义。

又如:

  口 嘴,人和动物吃东西的器官。有的也是发声器官的一部分。(《新华》)

  酷 残酷,暴虐、残忍到极点的。(《新华》)

这里,首先以同义词释义,接着又用下定义的方法释义。显然有利于加深读者对词义的理解。

但是,定义式的释义方法也不是在任何情况下都能行得通的。在语文辞书编纂中,编写者经常遇到词义概括不全、甚至难于概括的情况。如:

  深 ①从表面到底或从外面到里面距离大的,跟"浅"相反:深水.深山.(《新华》)

    ①从上到下或从外到里的距离大(跟'浅'相对):深耕|深山|这院子很深。(《现代汉语词典》,以下简称《现汉》)

这一定义的概括应当说是已经颇费思索,但却很难做到准确、全面,"深空""深夜"的"深"既不是"从上到下",也很难说是"从外到里"。

  吃 ①咀嚼食物后咽下(包括喝、吸):吃饭.吃奶.吃药。(《新华》)

    ②把食物等放到嘴里经过咀嚼咽下去(包括吸、喝):吃饭|吃奶|吃药。(《现汉》)

虽然辞书编者试图全面、准确释义,但"定义"本身就出现了矛盾:"吸""喝"是与"咀嚼"无关的。这也就谈不到准确了。

  好 ①优点多的;使人满意的(跟"坏"相对):好人 | 好东西 | 好事情 | 好脾气 | 庄稼长得好。(《现汉》)

此处①所释为"好"的基本词义,恐怕概括得未必恰当。好与坏相对,是性质问题,而不是优点多与少的问题。以《现代汉语词典》自身所举例证来说,"好人"就未必是"优点多的"、"使人满意的"人。我们平时讲"某某是个好人",一般是指这个人"本质(或基本品质)好"。

人们在辞书释义上这种表现为无能为力、捉襟见肘的现实,固然与目前词汇学研究的发展水平有关;但也绝不能仅仅责怪人类的无能,而与词义自身构成及发展变化的复杂性有直接的关系。依照语文辞书的说解,所谓"定义"是"对于一种事物的本质特征或一个概念的内涵和外延的确切而简要的说明"。它是人类理性思维的产物。但是,这里的问题在于:一是词的释义未必都是对"事物的本质特征"的说明;二是有些"概念的内涵和外延"很难作确切的概括。传统的辞书释义方式,对概念的定义是以传统的范畴化观念为基础,建立在由亚里士多德理论发展起来的以"充分必要条件"作为反映语词概念的理论之上的。语言研究的现状、辞书编纂的实践与认知语言学的发展使这一传统理论和观念面临新的挑战。[2]

二、"隐喻"认知与词义发展

隐喻(metaphor)是人们对抽象范畴进行概念化的有力工具,语言中的许多抽象概念都是通过隐喻表达的。在隐喻形成过程中,两种本来好像没有联系的事物之所以被相提并论,是因为人类在认知领域因它们具有某些共同特征而产生了相似的联想,因而人们可以用相对熟悉的事物的特点去解释、评价、表达相对陌生的事物。在语言的产生和使用过程中,人们创造和使用的词汇的初始意义往往是表示具体事物的,当人们从这些具体概念中逐步获得了抽象思维能力的时候,往往会借助于表达具体事物的词语表达抽象的概念。如:

气 《说文》:"云气也。"《段注》:"引申为凡气之称。"

色　《说文》:"颜气也。"《段注》:"引申之为凡有形可见之称。"

肉　①人或动物体内接近皮的部分的柔韧的物质。某些动物的肉可以吃。②某些瓜果里可以吃的部分:枣肉|桂圆肉|冬瓜肉厚。③〈方〉不脆;不酥:肉瓤儿西瓜。④〈方〉性子慢,动作迟缓:肉脾气|那个人太肉,一点儿利索劲儿也没有。(《现汉》)

在汉语中,"气"由特指"云气"到泛指"气体"(空气、煤气、沼气、毒气等),"色"由特指人的"脸色"到泛指"色彩"(红色、绿色、黄色、五颜六色等),由表示具体事物的概念到表示集合概念;"肉"由专指"人或动物的肉"到转指"瓜果的肉",再到指"物体的质地肉"和"人的性子肉",由表示具体事物的概念到表示相对抽象的概念或特征,都是隐喻思维(即相似联想)的产物。

这种"相似联想"对词义的影响,有些是不同民族语言彼此相通的。如:把描写人体自身的词汇扩大应用于自然界或其他事物:"脚"由初始的"人脚"义到"山脚"(the foot of the mountain)义,"口"由初始的"人口"义到"河口"(the mouth of a river)义,"腿"由初始的"人腿"义到"桌腿"(the leg of a table)义,"眼"由初始的"人眼"义到"针眼"(the eye of a needle)义等,英语和汉语都有这种隐喻认知所形成的词义扩展。[③]

有些隐喻联想对词义的影响,则带有明显的民族性与人文性。如:

斗　《说文》:"十升也。象形。有柄。"《段注》:"上象斗形,下象其柄。斗有柄者,盖象北斗。"

"斗"像斗形,是古代用来舀酒的器具(《说文》所释"十升也"当为引申之义)。天上的北斗七星的排列也呈有柄的酒斗之形,因二者"表面相似","斗"又引申指星名。

题　《说文》:"额也。"《段注》:"引申为凡居前之称。"

"题"本指人的额头。《楚辞·招魂》:"雕题黑齿。"正用此义。由于文章的标题在文章之前,与额头在人的脸面之上有"某种相似之点"而引申为"标题""题目"义。

从上面的分析中我们可以看出,以隐喻认知为途径的词义引申在很大程度上是人们形象思维方式的产物,具有偶发性、多元性的特点,二者或是因为"表面相似",或是因为"性质相关",就可以移花接木地派生出新义。对于这类语词,传统的建立在理性、逻辑性思维方式基础之上的、以揭示"充分必要条件"为特征的定义式的释义方式显然是难于把握的。

传统语文辞书对概念定义的释义方式,是源于由亚里士多德理论发展起来的以"充分必要条件"(sufficient and necessary condition)为基础的传统的范畴化的"经典理论"。从认知的角度看,范畴化(categorization)是人类高级认识活动中最基本的一种,是指人类通过对世界万物进行分类,进而形成概念的过程和能力。但是,认知科学的发展,语言研究的深入,使人们发现,许多概念范畴和语言范畴不是这种传统的理论所能概括的,语言里的范畴化并不完全是由充分必要条件决定的,有些抽象的词是没有充分必要的语义成分的。著名哲学家维特根斯坦(Wittgenstein)发现有一类概念范畴无法用传统的经典的模式去概括,而是以一种"家族相似性"(family resemblance)的原则组织起来,其中类别的成员就如同一家族的成员,每个成员都和其他一个或数个成员共有一项或数项特征,但几乎没有一项特征是所有成员都共有的。并举出"游戏"(game)一词为例:下棋、玩纸牌、打球、奥运会等都被叫做"game",但其包含的语义特征中没有一条是所有的 game 都共有的。这种概念范畴显然是传统的定义方式所无法概括的。④

而这种以"家族相似性"为特征的概念范畴,是通过"隐喻"认知的思维方式形成的。西方对于隐喻的研究具有悠久的历史,人们开始是从修辞的角度探索隐喻的奥秘的。到 20 世纪后期,隐喻研究出现了一个新的视角,即隐喻不仅被看成一种语言的修辞手段,而且是一种概念体系和思维方式,突破传统的"隐喻修辞观",提出"隐喻认知观"。[5]

语言和思维是两种不同的社会现象,分别有其各自的特点和规律性,我们不能用思维的研究代替语言本身的研究。然而,语言是人类思维的工具,语言本身的内容与形式,都同思维不可分割地联系着。在语言中,语义是思维的体现者,词义的发展,从主观条件上讲,是由人们的思维来完成的。思维不仅影响和决定着语言的形成和发展,而且不同的思维方式还影响乃至决定着词义形成和发展的类型。

从语言与思维关系来说,语言中的词语可以区分为两个大的类别:一类是表示具体事物与具体概念的词或词的义项,其内涵与外延相对清晰;一类是表示抽象概念与集合概念的词或词的义项,其内涵与外延都相对模糊。传统的以揭示"充分必要条件"、分析语义构成成分反映词语概念的释义方式,是建立在理性的、逻辑的思维方式的基础之上的。这种释义方式用以说明表示具体事物与具体概念的词或词的义项,是可行的,也是目前大量汉语语文辞书采用的释义方法。而那种以"家族相似性"的原则组织起来的表示抽象概念与集合概念的词或词的义项,是通过"隐喻"形成的,是形象思维的产物。对于这类词或词的义项,人们无法确切地分析出其语义构成成分,而只能认识其中隐含的使人们产生"相似联想"的某种或某些语义特征。对此,以展示"充分必要条件"为手段的传统的定义式的释义方式显然是无能为力的。如果勉为其难,结果只能是顾此失彼,漏洞百出。

三、词义的"隐喻"扩展与语文辞书释义

由于人们创造和使用词汇的时候,往往有借助于表达具体事物的词语表达抽象的概念的认知机制,语言中存在表示"内涵与外延相对清

晰"的具体概念与表示"内涵与外延都相对模糊"的抽象概念和集合概念使用同一词语的情况,我们在编纂汉语语文辞书时只能根据不同的情况采取不同的释义方法。对语言中以"隐喻联想"为途径、由具体词义派生出抽象词义的词语,其具体词义与抽象词义不仅不能归并在一个义项中释义(有些语文辞书目前是这样做的),而且应当采取不同的释义方法。

一般说来,对一个词语表示"内涵与外延相对清晰"的具体事物与具体概念的词或词的义项,可以而且适宜采取定义式的方法进行释义;而对表示"内涵与外延都相对模糊"的抽象概念与集合概念的词或词的义项,则应当采取其他的释义方法。如:

"深"的基本意义为"水深",如果用定义式进行概括的话,可以释义为"从水面到水底的距离远"。由于人类认知领域的"相似联想","深"又以隐喻扩展的方式衍生出其他许多意义,被运用到相对抽象的领域:

①深远(泛指从外到里的距离远):这个院子很深。

②(进入的时间)久:深夜|深秋。

③(颜色)浓:这张画的颜色太深。

④(感情)厚:深情厚谊。

⑤深奥:这本书的内容很深。

⑥深刻:英雄人物对他的影响很深。

……

这些"义项"与"(水)深"义有意念上、特征上的联系,但其概念的内涵与外延都很难用定义的方式截然划界。

"吃"的基本意义是"吃饭",如果用定义式进行概括的话,可以释义为"把食物等放到嘴里经过咀嚼咽下去"。由于人的"相似联想","吃"又以隐喻方式扩展出其他许多意义:

①喝;吸(泛指从口中咽下):喝药|喝奶。

②吸收(液体)：这种纸吃墨。
③(某一物体)进入(另一物体)：这条船吃水浅。
④(在军事或棋戏上)消灭(对方)：吃掉敌人一个团|用车吃他的炮。
……

"吃"的这些义项("从口咽下""吸收""进入""消灭")都与"吃"的基本词义中的某一特征在意念上有"某种相似性"的联系，而又很难找到一个所有义项"共有的特征"。

由于传统的概念(定义)的方式与隐喻认知形成词义的某种不相容性，对隐喻联想派生的词义的释义，不必受传统释义方式的拘泥，强作"定义式"的说解。那么在语文辞书中，对通过"隐喻认知"衍生的表示"抽象概念与集合概念"的词义如何释义的问题，就成为目前语言学与辞书学共同的亟待研究与解决的课题。

目前比较可行的是采取同义词释义。如：

寒　　冷(跟"暑"相对)
罕　　稀少
坦　　平
简明　简单明白
清凉　清新凉爽
骄傲　骄傲专横　　(以上例证均见《现汉》)

但也确实有释义笼统乃至不够准确的之处。

因此，语文辞书中也经常采取比喻、描写或说明的方法释义。如：

黄　像金子或向日葵的颜色。(《新华》)
红　像鲜血那样的颜色。(《新华》)

这里，《新华字典》用"金子"和"向日葵"比喻"黄"色，用"鲜血"来比喻"红"的颜色，是浅显易懂的，很容易为人们所理解。

池　　①[名]池塘:游泳池|养鱼池。②[名]澡堂:华清池|温池。③[名]四周高,中间洼的地方:花池|乐池|舞池。④[名]研磨并且贮墨的砚台洼处:砚池。⑤[名]剧场正厅前部:池座|池子……

程度　①[名]文化教育、知识、能力等方面所达到的水平:初中文化程度|知识程度不高。②[名]事物发展变化所达到的范围、限度:他破坏公物的情况已达到犯罪的程度。

(均见《应用汉语词典》)

以上是描写或说明。对于这类建立在隐喻认知基础之上的"内涵与外延都相对模糊"的表示集合概念或抽象概念的词,词典的编者没有、也很难作统一的定义式的概括,而是分列义项加以描写,或分类加以说明。

此外,随着"充分必要条件"作为一种释义理论受到越来越多的语言学与辞书学工作者的质疑和批评,国外学者根据现代认知科学发展起来的"原型"(prototype)理论应用于辞书释义。原型理论的实质就是在解释某种现象时将属于这类现象的某个典型个体视为原型,并在认识这个原型总体特征的基础上,把握这类现象中的其他个体,从而达到释义的目的。每个原型特征表达式的所指包括原型成员和非原型成员两种,或叫做中心成员和外围成员。典型的个体就可充当一类物体或事件的原型,在释义中非原型与原型之间的关系可用"原型+/－非原型的区别特征"来表述,通过适当的抽象归纳,用元语言表述出来就可成为语词的释义。[6]

总之,对于人类隐喻认知思维方式所形成的词义变化,传统的"定义式"的释义方法是无能为力的,我们不必再知其不可而强为之。对于这种情况,在语文辞书中如何释义,如何概括和表达,是一个极其复杂的问题,还需要人们不断地研究和探索。

附 注

①苏宝荣《词义研究与辞书释义》,商务印书馆 2000 年版。
②章宜华《论充分必要条件与原型理论释义功能》,《辞书研究》2001 年第 4 期。
③徐萍《隐喻的普遍性及其文化阐释》,《苏州大学学报》2000 年第 4 期。
④张敏《认知语言学与汉语名词短语》,中国社会科学出版社 1998 年版。
⑤同③。
⑥同②。

(原载《辞书研究》2004 年第 1 期)

词典的语言释义和语用释义

一、论题的缘起

语用学的核心是研究语境中话语的解释问题,与之相关的领域非常广阔,辞书学正是其中之一。目前,人们往往把语用局限在修辞表达上,这种狭隘的理解是可以商榷的。

一般认为,语文词典所收录词的义项,是该词常用的、稳定的意义,人们称之为语言义;而词在特定语境(包括特定交际背景和特定上下文)中临时的、灵活的意义,人们称之为语用义(即前人所谓的"随文释义"之"义"),是不宜收入辞书的。

但是,词典编纂的实践同这一理论认识是存在着矛盾的。特别是近年来,人们对词义断代和动态的考察,大大突破了这一界限,一些阻碍人们阅读古籍的临时义和反映词义发展趋向的灵活义,越来越引起语言研究者和词典编纂者的关注,并不同程度地被收入辞书。

首先,是断代词典和俗语词典,它们收录的反映词语时代特征和语体特征的义项,大量是词在特定语境中的灵活义。这类义项,同该词的基本意义在意念上有着或明或暗的联系,但在语境中具体所指有别,发生了明显的偏移。而且,无论是当时或后世,都没有能作为固定的意义保存下来,带有临时性。如张相《诗词曲语辞汇释》中"快"、"甜"二例:

快,犹好也。《陈抟高卧》剧四:"命不快,遭逢着这火醉婆娘。"

《张协状元》戏文:"你命快,撞着我一道行。"《渔樵记》剧三:"问道:'伯伯!王安道哥哥好么?'我说道'快'。"

《说文·心部》:"快,喜也。"人"喜"则心情好,"快"与"好"意通,故"快"在特定语境中可作"好"解。但这一意义始终没有固定下来。

甜,美好之义。刘太保小令《干荷叶》:"脸儿甜,话儿粘,更宜烦恼更宜忺。"《黄钟宫》,汤舜民《刮地风犯》:"则为他撒正庞甜,引的人魂离壳。"庞,面庞也。庞甜,即脸儿甜也。

《说文·甘部》:"甜,美也。从甘从舌,舌知甘者。""甜"为美味,"甜"与"美"意通,故在特定上下文中可作"美"解。但这一意义也未能固定下来。

语词在语境中语用义的灵活性,是从来就有的,这就使语言中有限的语词适应了无限的交际功能的需要。因此,对词的灵活义的说解,在代表早期书面语言的断代词典中也有体现。如向熹《诗经词典》:

彻　①治;治理。《大雅·公刘》五章:"度其原隰,彻田为粮。"《毛传》:"彻,治也。"……②轨道;常轨。《小雅·十月之交》八章:"天命不彻,我不敢效,我友自逸。"《毛传》:"彻,道也。"……③撤去。《小雅·楚茨》五章:"诸宰君妇,废彻不迟。"《郑笺》:"诸宰撤去诸馔,君妇笾豆而已。"(4)拆毁。《小雅·十月之交》五章:"彻我墙屋,田卒污莱。"《郑笺》:"乃反彻毁我墙屋。"⑤取;剥取。《豳风·鸱鸮》四章:"彻彼桑土,绸缪牖户。"《毛传》:"彻,剥也。"《通释》:"盖彻取桑根之皮。"

《说文·攴部》:"彻,通也。"此为本义。"彻"又通"撤"。"彻"的基本意义是"通"和"撤",其他(如治理、拆毁、剥取等)则为语境中的灵活义。

《古汉语常用字字典》对该词的释义,在体例上有明显的不同:

彻　①通达,贯通。《列子·汤问》:"汝心之固,固不可彻。"[引]深透,透彻。……②通"撤"。撤去。《左传·襄公二十三年》:

"平公不彻乐。"[又]拆除。……[又]撤退。……"

《古汉语常用字字典》将"彻"的基本的、常用的意义(①通达,贯通。②通"撤"。撤去。)分项列出。其他转义(如"拆除"等)则附属于两个基本义项之下。

除上述断代词典外,一些综合性的大型语文词(字)典,也往往收录语词的部分灵活义。如《汉语大字典》：

　　户　⑦阻止。《小尔雅·广诂》："户。止也。"《左传·宣公二年》："王见右广,将从之乘,屈荡户之。"⑧虫鸟的巢穴。《礼记·月令》："蛰虫坏户。"

其中义项⑦是特定交际背景,即特定社会文化背景下的转义。《说文·户部》："半门曰户。""户"(即单扇的门)一般为内室之门,在礼教森严的古代社会,内室之"户"是不准外人出入的,故"户"用作"阻止"义。义项⑧为"户"的另一常用义——"住户"义在上下文中的灵活义。因为人之"户"(住户、住室)与鸟之"穴"有某种相似之点,故可临时移用。

词(字)典中对一些广义动词的说解,更是采录了大量的语境中的灵活义。如《中华大字典》"为"字条：

　　④学也。《论语·述而》："抑为之不厌。"……⑧治也。《论语·里仁》："能以礼让为国乎何有。"⑨敷也。《礼记·曲礼》："则主人请入为席。"⑩属也。《国策·秦策》："不战而已为秦矣。"⑪说解。《孟子·告子》："固哉高叟之为诗也。"……

对于说解词义的两种方法,前人早有论述：

　　《说文·三篇下》："彻,通也。"《段注》："按：《诗》'彻彼桑土',传曰：裂也；'彻我墙屋',曰：毁也；'天命不彻',曰：道也；'彻我疆土',曰：治也。各随文解之,而'通'字可以隐括。"(着重号引者所加,下同)

段氏在"作"条注又说："其义别而略同。别者,所因之文不同；同者,其字义一也。"在"徵"条注说:"依文各解,义则相通",这里所讲的"各随文解之"、"别者,所因之文不同"、"依文各解",即说解在特定语境中的临时的、灵活的意义,就是所谓的"语用释义"。

对于词在语境中的临时的、灵活的意义,词(字)典中如果一概加以排斥,恐怕是不适当的,因为词的语境灵活义具有临时性、多变性,情况相当复杂,往往成为人们阅读古籍和理解语言的障碍,词(字)典编纂中不能回避这一问题。但是,目前词(字)典中将词的临时的、灵活的意义同常用的、稳定的意义混为一谈的做法,也是不可取的,这不仅不便于读者使用,而且打乱了词义的内在系统,不利于人们提纲挈领地理解和把握词义。

二、语言释义和语用释义

在语文词典的编纂中,既要防止把语境灵活义与词的基本的、常用的意义相混淆,保持词典释义的系统性;又要帮助人们解决古籍阅读和言语交际中的实际障碍,注重词典的实用性,语词释义应当注意到语言释义和语用释义这样两个层次。

我们这里所说的语言释义,是指解说词离开其特定语境而人们可以理解的、常用的、稳定的意义;语用释义,是指解说词离开其特定语境(交际背景和上下文)难以理解的、临时的、灵活的意义。关于词的语言释义,前人论述很多,此处不加赘述。这里着重说明词的语用释义的问题。

词的语用释义,主要体现在以下两方面:

一是词的交际语境义,即词义在特定社会、文化背景或交际环境下发生了移位。这类词的语用义与其常用义往往相差甚远,不通过语用分析,人们很难看到它们之间的联系。如:

(1)宅,常用义为住宅。在古汉语中,又用作"墓地"义。《礼记·杂记上》:"大夫卜宅与葬日。"室,本指"内室",常用义为"房屋"、"住室"。在古汉语中,也用作"坟墓"义。《诗经·唐风·葛生》:"百岁之后,归于其室。"

中国古代社会,以黄老之学为代表的道家学说,对人们的思想影响深远,道家鼓吹"相对论",抹杀生与死、好与坏的区别。在这种社会意念下,用人生之"住宅"、"住室"之词表示死后"墓地"、"坟墓"之义。

(2)凿,常用义为凿子,是挖槽或穿孔用的工具。而古汉语中,又用作"情"义。《庄子·外物》:"心无天游,则六凿相攘。"陆德明《经典释文》:"谓六情攘夺。"因为传统观念中,认为人体耳、目、口、鼻及心之窍是人之情感发生之所在,故用为此义。

二是词的上下文语境义,即词义在特定上下文中发生某种偏移。这类词的语用义与其常用义意念相通而所指有别,而且往往具有多向性。如:

(1)事,本义指职务。《说文·史部》:"事,职也。从史,之省声。"常用义为事情,事务。在特殊语境中,可以有多种临时义。如钟嵘《诗品·总论》:"至于吟咏情性,亦何贵于用事?"此"事"作"典故"解。《朱子语类》类130:"后事发,文及甫下狱。"此"事"作"案情"解。

(2)客,常用义为客人。而在特定语境中,也可指外来的敌人。《孙子·行军》:"客绝水而来,勿迎之于水内,令半济而击之。"客人、敌人均自外而来,在这一点上意念相通。

词的语言释义和语用释义,也不是一成不变的,是可以转化的。有些词的灵活义可以成为该词在某一时代的常用义。如:处,本为表空间的词,在特定上下文中也可表时间。"处"作"时"解,在唐诗、宋词中用例很多,已成为当时的习惯用法。

有些则可以成为后世历时的常用义。如:

畏,常用义为"惧怕",由于这一词义在特定上下文中发生偏移,用作"敬畏"、"敬佩"义。这一用法出现很早。《广雅·释训》:"畏,敬也。"《论语·子罕》:"后生可畏,焉知来者之不如今也。"《三国志·蜀书·诸葛亮传》:"邦域之内,咸畏而爱之。"这种词义历代沿用,而且通过"后生可畏"这一成语保留至今。

这时的语境义已发展成为词的引申义,则属于语言意义的范畴了。

在词义研究和词典释义中,区分词的语言释义和语用释义是非常重要的。在词义的整体研究中,区别词的语言义和语用义,正如掌握词的常用义(即语言义)需要区别本义和引申义一样,可以帮助我们提纲挈领地全面地把握词义。我们必须首先了解词的语言义,才能持其主干,识其常态;进而认识词的语用义,才能寻其支脉,探其变通。

词义研究和词典编纂中,不了解、不认识词的语用义是不行的,因为这样不能够理解和说明语言运用中的复杂现象;同样,对语言义、语用义不加分别,兼收并蓄,也不行的,因为这样主次混淆,必然淹没和掩盖词义的内在系统。因而,必须深刻认识词义自身的这种两重性,进而把握词典释义的这种两重性。

三、语言释义和语用释义的运用

在认识词的语言释义和语用释义的两重性之后,在语文词典的编纂实践中,应当如何具体运用这一理论处理和解决词的释义问题呢?我们认为:并不是每一部语文词典、每一个词条都必须进行语用释义,而应区别词典内容、使用对象的不同分别对待。

(一)以语言学习为目的而编纂的一般语文词典,主要是进行语言释义。

词的基本意义和常用义,是词义的主干,必须首先掌握好,才便于提纲挈领、举一反三地把握整个词义。特别是供各类学生学习使用的语文词典,更是如此。在学生对一个词的基本义、常用义尚不十分清楚的情况下,过多地罗列语词的临时义、灵活义,反而会喧宾夺主,妨碍学习者对基本词义的理解。而且,在掌握了一个词的基本意义之后,其多数语境中的临时义、灵活义,读者可以依据具体的使用环境去体会和理解。

(二)专门的语用词典和汉语特殊词义词典则应以语用释义为主。

为了从静态(即贮存状态)和动态(即使用状态)两个方面认识词义,应当编纂专门的语用词典,作为一般语文词典的补充。目前陆续编写的汉语特殊词义词典(如王瑛著《诗词曲语辞释例》等)中,绝大多数特殊词义是与特定语境相关的,这类词典,则主要应当采用语用释义的方法。

语用释义绝不能误认为把一个词"随文释义"的讲法全都搬入词典,这样就混淆了注释与词典的不同。进入词典的语用义,应当具备以下两个条件:一是主要的、具有独立列为词典义项价值的。郑奠先生在《中型现代汉语词典编纂法》一文(《中国语文》1956 年 8 月号)中曾经举例作过说明:"'架上净是科学书'和'净说不干'两句里的'净'都是'没有别的东西、单纯'的意思,如果我们拘于具体环境,认为第一句里的'净'是'全'的意思,第二句里的'净'是'只'的意思,把它们在词典里并列起来(见《同音字典》),不免失之于繁琐。"二是语境义与常用义相距较远,不单独释义读者难于理解的,如上文所讲的"户"的"阻止"义等就属于这种情况,都应进行语用释义。

(三)有些词典则应当是语言释义和语用释义并用。

这主要包括两种情况:一是断代的和专书的词典,二是历时的、大型的语文词典。这些词典不仅应当指出其词基本的、稳定的内在系统,还应说明其具体运用中的临时的、灵活的动态变化,从而达到完整、细致地反映词义全貌的目的。

　　当然,这种语言释义和语用释义并用的语文词典,也不能主次不分,将两者混而为一。而是应当坚持以语言释义为纲、以语用释义为目的释义原则,将词在语境中临时的、灵活的意义分别附属于相关的基本和常用义之下。以前文所举"户"为例,其语言义和语用义的隶属关系应当是这样的:

　　　　①单扇的门,一般指内室之门。[语用]阻止。②住户。[语用]虫鸟的巢穴。

　　有些词的语言义与语用义的隶属关系尚不十分明晰,可先进行语言释义,即将其基本义、常用义依次排列在词条前;然后进行语用释义,即将语境中的灵活说解一律排列在词条之后。

　　总之,在语文词典的释义中,要以词的语言义统摄和推求词的语用义,以语用义补充和丰富词的语言义,从而达到整体地、全面地、动静结合、纵横双向地认识词义的目的。

　　　　　　　　　　　(原载《辞书研究》1994年第1期)

专科辞典的语词释义和
概念释义

随着科学的发展和文化的普及,社会要求现代人类掌握比前人更多的知识,而人类开阔视野、扩大知识面的方法,莫过于利用辞典。因而各种各样的专科辞典就应运而生了。而专科辞典的释义,包括概念释义和语词释义的双重任务。

一、专科辞典释义的两个层次——
语词释义和概念释义

专科辞典(包括综合性辞典的专科词条,下同)是以"知识性释义"为主的,但也存在"语词性释义"的问题。人们查阅专科词条时的求知欲与查阅语文词条时的求知欲是不完全相同的。人们查阅专科词条的目的,一是要知道所查名词术语的字面意义,即命名的由来,二是要了解其所蕴含的科学内容。这就要求专科词条具有两种不同的释义层次:即语词释义和概念释义(也可称为"知识性释义")。

专科辞典的这两种层次的释义方式,以往的辞书已经自觉或不自觉地运用过。如《辞海》(1979年修订本,下同):

"伶官　乐官。《诗经·邶风·简兮序》:"卫之贤者仕于伶官。"(郑玄)笺:"伶官,乐官也。伶氏世掌乐官而善焉,故后世多号乐官为伶官。"

相传黄帝时伶伦作乐,故称乐官及戏剧演员为伶人。"伶官"之名源于"伶伦",显然,释义中所引郑玄笺中的"伶氏世掌乐官而善焉,故后世多号乐官为伶官"一语,是对"伶官"这一词语的得名由来进行说解。

又如《辞海》:

"平水韵　原为金代官韵书,供科举考试之用。平水是旧平阳府城(今山西临汾市)别称,因刊行于此,故名。有两种:一种将宋代《礼部韵略》注明同用之韵悉数并合,……共一百零六韵……其韵见于金王文郁《平水新刊礼部韵略》……又一种分一百零七韵……为宋末刘渊《壬子新刊礼部韵略》所本。"(引文有省略)

其中"平水是旧平阳府城(今山西临汾市)别称,因刊行于此,故名",就是对"平水韵"命名的由来进行的语词性说解,即语词释义。

专科辞典是否注意释义的两个层次,效果是很不一样的。我们可对比《辞海》中的以下两个词条:

"积微居小学金石论丛　文字训诂学书。五卷,又补遗一卷。近人杨树达撰。收辑有关文字、训诂、声韵、语法及金石等论文一百三十九篇,用甲骨文、金文同《说文》相参证,探求字源;用古书音义同现代方言相参证,探求语源。"

"佩文韵府　分韵编排的辞书,清张玉书等奉敕编。正集四百四十四卷,拾遗一百十二卷。康熙时刊行。'佩文'为清帝书斋名。此书合《韵府群玉》、《五车韵瑞》两书加以增补。……"

同样是书名的说解,由于释义的方式不同,其效果大不一样:其中前条,人们读后,该书何以称"积微居",仍不得其解;后条则有"'佩文'为清帝书斋名。此书合《韵府群玉》、《五车韵瑞》两书加以增补"一语,其前句说明该书何以名"佩文",后句说明"韵府"一词的由来。人们读后,不仅从内容上认识了它,而且从语言上理解了它。

另外,同一个词条,由于不同辞书在释义中采用的方式不同,所产生的效果不同,这种情形,更是发人深省。如"尖团音"这个词条,《辞海》和《中国语言学大辞典》(江西教育出版社,1991年版)的说解分别是这样的:

"尖团音　尖音和团音的合称。声母 z[ts]、c[ts']、s[s]跟 i[i]、ü[y]和以 i[i]、ü[y]开头的韵母相拼,叫尖音;声母 j[tɕ]、q[tɕ']、x[ɕ]跟 i[i]、ü[y]或以 i[i]、ü[y]开头的韵母相拼,叫团音。"(《辞海》)

"尖团音　即'尖圆音'。尖音,也叫'尖字'。同'圆音'相对。指古代精、清、从、心、邪五母的字中今韵母或介音是[i]、[y]的。如"将"、"节"等。"尖音"一名最早见于清代存之堂1743年编撰的《圆音正考》。因该书精、清、从、心、邪五母用尖头的满文字母 c、j、s 拼写,故名。圆音,也叫'团字'、'团音'。同'尖音'相对。指古代见、溪、群、晓、匣五母的字中今韵母或介音是[i]、[y]的。如'姜'、'结'等。'圆音'一名最早见于清代存之堂编撰的《圆音正考》。因该书见、溪、群、晓、匣五母用圆头的满文字母 k、g、h 拼写,故名。'圆'后讹为'团'。"(《中国语言学大辞典》)

"尖团音"一名的由来,历来是个悬案。读了《辞海》的说解,也只能从概念上了解它。而《中国语言学大辞典》在吸收语言学界新的研究成果的基础上,从"概念"和"语言"两个层次上进行了释义,明确地揭示其语词的字面意义,从而使"尖团音"这一词条的科学内涵和字面意义一目了然,使读者不仅知其然,而且深知其所以然。这种对比,正好说明了语词性释义在专科词条释义中的重要性。

正因为以往的辞书进行这种双重释义不是完全自觉的,所以还存在明显的不足之处。如:

"经义述闻　训诂文字学书。清王引之撰。三十二卷。将《周易》《尚书》《毛诗》《周礼》《仪礼》《大戴礼记》《礼记》《左传》《国语》

《公羊传》《谷梁传》《尔雅》诸书,审定句读、讹字、衍文、脱简,其中训释大都述其父念孙之说,故名。它解决了汉以来不易解决的许多经学问题,是研究文字、训诂、音韵的参考书。"(《辞海》)

"其中训释大都述其父念孙之说,故名"为语词性释义,但仅讲了书名曰"述闻"之意,而未明确说明书名云"经义"之由。且对"述闻"一语的说解,也欠明确、完整。如加以补充,效果会更好些。该条的语词释义似可以改写成这样:"因该书是为阐明儒家经典义蕴而作,故称'经义';其中训释大都为转述其父王念孙之说,故名'述闻'。'述闻'取'父述子闻'之意。"

二、专科辞典语词释义和概念释义的相互关系

我们知道,语言中的词和哲学上的概念,是既有联系、又有区别的分属于两个不同范畴的东西。概念,是反映对象的本质属性的思维形式;而语言中的词,即各种事物的"称谓",其功用在于把该事物同其他事物区别开来。语言中的词,有时只是标明事物的某一突出特征,而并不揭示它的本质属性。因此,在词与概念的关系上,"异名同实"和"名同实异"两种情况都是经常存在的。认识词与概念这种对立统一关系,对于正确处理专科词条的语词释义和概念释义的关系,是非常重要的。

在专科辞典释义中,概念释义在于揭示该术语的科学内涵,而语词释义则在于说明其得名的由来。它们既彼此分工,各有其职,又相互联系,相互补充,相互制约。

首先,专科辞典的语词释义和概念释义具有一致性。词,是概念的语言存在形式。语言中的大量语词,特别是科学术语,是直接代表概念的本质属性的,二者是一致的。因此"名闻而实喻",该词条的语词释义,可以直接补充它的概念释义,使概念释义形式化、通俗化。如朱骏

声《说文通训定声》一书,作为一个专科词语,《辞海》是这样进行说解的:

> "说文通训定声　文字学书。十八卷,又柬韵一卷。清朱骏声撰。根据《说文》九千多字,又增附七千多字,从中分析形声声符一千一百三十七。再依古韵归并为十八部。变更《说文》体例,按古韵及形声声符排比。先就字形构造考明本义,次以古书中通用之义,分列为'转注'、'假借'、'别义'等项,兼载'声训'、'古韵'。认为转注即属字义引申,与《说文》解释不同。而以声音、训诂相通之理阐明《说文》,甚为详密。"

这里显然只有概念释义,没有明确的语词释义。人们对朱书的命名不得其解。其实,书名本身就表明了全书的内容和体例:"曰'说文',表所宗也;曰'通训',发明转注假借之例也;曰'定声',证《广韵》今韵之非古而导其源也。"(《说文通训定声·奏呈》)朱氏自己的这番话,岂不是对该书名称和内容的最好注解?如果专科词条的编者能够同时从语言上释义,就可以让读者一目了然。

另一方面,在专科辞典的编写中,语词释义与概念释义也具有明显的矛盾性和区别性。特别是对专科词语中大量存在的"异名同实"和"名同实异"的情况,认识这种区别性显得特别重要。对于这种情况,专科词条如果只进行概念释义,人们就不可能得知其命名的由来,就没有真正完成辞典释义的任务;而只有从语言和概念两个方面释义,并且说明二者之间的联系,才算对该词语进行了完整的释义。如传统汉语音韵学上的"声母"这个概念,还有"声纽"(或简称"纽")、"字母"(又简称"母")两个不同的称谓,这属于"异名同实"的情况。对此,如果仅仅简单地从概念上释义,即指出"声母"(又称"声纽、字母")是"音韵学术语。指一个汉字音节开头的辅音"。(《辞海》)"声纽","音韵学术语。……声母的别称"。(同上)"字母","音韵学术语。声母的代表字"。(同上)

这显然是不够的。"声母"何以称"声纽",又何以称"字母",读者仍然是只知其然,不知其所以然。对于这种情况,在"声纽"下,还应当进行语词释义:"纽,即枢纽之义,古代音韵学者认为声母是字音的核心和语音转化的枢纽,故名";在"字母"术语下,也应当进行语词释义:"古代音韵学者用汉字作为声母的代表字,故声母又称字母"。对比两种不同的说解方式,其效果显然是大不一样的。

对于"名同实异"的专科词语,更需要进行语词释义。如汉语音韵学上又有所谓"阴声韵、阳声韵"和"阴声调、阳声调"两组不同的概念,都用了"阴、阳"这个称谓,许多读者由于不懂古人所用"阴、阳"一词的含义,往往误认为两组概念有内在的联系(即阴声韵与阴声调有关,阳声韵与阳声调有关),甚至把它们混在一起。对此,我们也必须在进行概念释义的同时,进行语词释义,才能划清界限,避免由于释义不当而给读者造成的混乱。如解释"阴声韵、阳声韵"的时候,应当说明"阴、阳代表语音特征相对的两类韵母,与声调的阴、阳无关";在解释"阴声调、阳声调"时也应当作同样的说明。

三、专科辞典语词释义和概念释义的基本要求

语词释义,不是任何一部专科辞典,或者专科辞典的任何一个词条都需要的,但却应该是高水平专科辞典必不可少的释义方式。

那么,在专科辞典的编写实践中,对语词释义和概念释义的关系应当如何处理,应当分别有什么具体要求呢?我们认为,主要应当做到以下三点:

其一,首先要从思想上认识专科辞典释义的两重性,把语词释义变成编写者的自觉行动,列入专科辞典的编写体例。除语词释义和概念

释义完全一致的部分现代科学术语外,对有关词条在进行概念或知识性说解的同时,要进行语词释义。特别是对字面意义与其所表达的概念之间的联系隐而不显的词条,要从语言上说明其称谓的由来。例如:"刑天"这个词条,《辞海》的说解是:"刑天,神话人物。因和天帝争权,失败后被砍去了头,埋在常羊山。但他不甘屈服,以两乳为目,肚脐当嘴,依然拿着盾牌和板斧挥舞着。见《山海经·海外西经》。"没有对"刑天"从语词上释义。而袁珂编著《中国神话传说词典》(上海辞书出版社),在"刑天"词条中,则加上"刑天即断首之义……"一语,其语词释义简明、扼要,但却收到单纯概念或知识性释义所无法达到的效果。

又如《亲属称呼辞典》(吉林教育出版社,1988年版)对"粉侯"一词的说解:"粉侯〈古〉皇帝的女婿,即驸马。据《世说新语·容止》载:三国时,魏何晏面白如敷粉,取魏公主,得赐爵为列侯。由此,称皇帝的女婿为粉侯。"对此,如果仅从专科知识上释义,指出"粉侯,〈古〉皇帝的女婿,即驸马",读者就会感到莫名其妙,似懂非懂;而当读者看完了词条的语词性释义后,则涣然冰释,明白畅晓。

其二,要明确专科辞典语词释义和概念释义的不同要求。人们阅读专科词条,对语词释义和概念释义的要求是不完全相同的:语词释义,是让读者从字面上了解这个词语,因此,必须扣紧词条中的有关词语,简明、准确地作出定义式的解释。而概念释义,是要揭示该词语所代表事物的本质属性,向读者提供完整、准确、科学的知识和最新信息,全面反映其历史和现状及有关新的研究成果。

这里,必须注意到,专科词语要科学、完整、准确地进行概念释义,是不容易的;同样,要简明、准确地进行语词性释义,也绝非轻而易举的。准确地进行语词性释义,不仅需要对"词语"本身有深刻的理解,还必须对其来龙去脉进行历史、科学的考察。如对"钟馗"一词,《辞源》是这样说解的:

"钟馗 传说唐玄宗病疟,昼梦一大鬼,破帽、蓝袍、角带、朝靴,捉小鬼啖之。自称终南进士钟馗,尝应举不第,触阶死。玄宗觉而瘳,诏吴道子画其像。其说自唐已盛行,时翰林例于岁暮进钟馗像,并以赐大臣。民间亦贴钟馗像于门首。宋元明之际犹然。惟改悬于端午,不知自何时始。按《周礼·考功记》、《礼·玉藻》皆有终葵,用以逐鬼,后世以其辟邪,有取为人名者,后又附会为食鬼之神。"

此条释义偏重于知识性的介绍,而缺少简明扼要的概括。释义的开始,似应点明"钟馗,传说中能驱鬼除邪的神话人物"。在语词性释义上,则不足之处较多。"钟馗"何以又称"终葵","终葵"到底为何物,为什么能"逐鬼"、"辟邪"? 人们看完词条释义后,均不得其解。要明确地进行语词性释义,说明"钟馗"这一词语的来龙去脉,必须对古代文献进行考核。《说文解字·木部》:"椎,所以击也。齐谓之终葵。"(此依《段注》本)《周礼·考工记》注曰:"终葵,椎也。"依照语言学者的考察,"终葵"为"椎"的方音缓读。古人认为"椎"(即"终葵")能驱鬼避邪,故将其附会成打鬼之神,并借用同音字写作"钟馗"。可见,正确地进行语词性释义,可以收到一语破的的效果,使读者茅塞顿开。

现行辞书中,对专科词条的释义,有些从知识性释义到语词性释义都比较规范,值得总结和借鉴。如《辞海》关于地名"申"、"春申江"等一组词条的说解,就较好地注意了释义的两个层次及其基本要求:

"申 上海市的别称。以境内黄浦江别称春申江,简称申江而得名。"

"春申江 简称申江。上海市境内黄浦江的别称。误传战国时楚春申君黄歇疏凿此江而得名。"

两个词条均是开始进行知识性释义,随后进行语词性释义。不仅释义完整,而且表述上层次清晰,用语简明扼要。

其三,抓住薄弱环节,提高专科辞典的语词释义水平。目前,专科辞典语词释义水平不高是一个突出的矛盾,致使不少词条读后使人感到似是而非。因此,提高辞典编写者的语词释义意识和语言表达能力,应当作为重点加以解决。在这方面,上海辞书出版社 1990 年出版的《简明马克思主义词典》带了一个好头。该书对绝大部分词条进行了语词释义,而且有不少条目释义准确、精当。如"实事求是"一条,首先引用颜师古《汉书集注》对班固《汉书》中所用"实事求是"一语的注解:"务得事实,每求真是也。"又引用毛泽东同志在《改造我们的学习》一文中对这一词语所作的新的解释:"'实事'就是客观存在着的一切事物,'是'就是客观事物的内部联系,即规律性,'求'就是我们去研究。"然后再从哲学概念上去释义。又如"氏族"一条:"氏族,亦称'氏族公社'。'氏族'一词来源于拉丁语 gens,意为血族团体。是原始社会基本的社会经济单位。……"其中前两句为语词释义,后句为概念释义,既释其概念,又述其源流。这一成功的经验,值得引起广大辞书编写者的重视和效法。

(原载《辞书研究》1991 年第 4 期)

词的语言意义、文化意义与辞书编纂

近年来,随着文化语言学研究的深入,词的文化意义逐渐成为人们关注的对象,对词的语言意义和文化意义的关系的研究,成为对词义两重性研究的一个重要方面。但是,对诸如文化意义的确切所指是什么,它同词的一般意义(即语言意义)的关系怎样,在辞书编纂中应当如何对待和处理词的文化意义等问题,尚未见有人作出深入的分析和明确的回答。本文就这一问题试作探讨。

一、词的语言意义和文化意义

这里,词的文化意义和语言意义是一组相对的概念:词的语言意义,是指词的以概念义为核心的基本意义及由语言本身因素所形成的派生义;词的文化意义,是指词在特定社会文化交际背景下所获得的意义。

词的文化意义,需要联系特定的文化背景才能解释清楚,光从语言本身去说明,是难以奏效的。如:

艾,即艾蒿,古称"冰台"。"冰台"一名,隐含着特定的文化意义,从语言文字本身是难以意会的。《说文·艸部》:"艾,冰台也。"《段注》:"张华《博物志》曰:削冰令圆,举以向日,以艾于后承其影,则得火。"原来,古人取火的一个途径,是把冰削成类似聚光镜的形状,举以向日,而将光的焦点集于艾蒿之上,使之燃烧起火。艾蒿由此得"冰台"之名。又如"杜撰",作为双音词,为"没有根据,凭主观想象捏造"义。但其词义非由语言自身因素所得,也无法单纯从语言上解释,而必须联系其产生的文化背景:据王楙《野客丛书》卷八记载:"杜默(人名)为诗,多不合律,故言事不合格者为杜撰。"再如"说项",唐李绰《尚书故实》:"杨祭酒敬之爱才,公心赏之江表之士项斯,赠之诗曰:'几度见诗诗尽好,及观标格过于诗。平生不解藏人善,到处逢人说项斯。'斯因此名振,逐登高科。"杨敬之到处夸耀项斯的优点,后遂用"说项(或'说项斯')"表示替人讲好话、讲情的意思。

并不是所有的词语都具有文化意义。词的语言意义与文化意义的关系,具体表现为三种情况:

一是有些词语只有语言意义,没有文化意义,属非文化词语。在汉语中,这主要指一些意义非常具体、稳定的基本词汇,如山、水、鸟、虫、桌椅、门窗等。

有些词语一开始就是在特定文化背景下产生的,只有文化意义,没有一般的语言意义,属文化词语。如:"闰",即闰月,为馀分之月。历法纪年和地球绕太阳运行一周的时间的差数,多余的叫"闰"。《说文·王部》:"闰,馀分之月,五岁再闰。告朔之礼,天子居宗庙,闰月居门中,从王在门中。《周礼》曰:闰月王居门中终月也。""闰"字(即词)的产生,就同历法置闰和古代的祭祀礼节相联系,它所表现的词义,为文化意义,该词属文化词语。又如双音词"秦晋"表示联姻关系(唐人小说《霍小玉传》:"然后妙选高门,以求秦晋。"),因春秋时秦晋两国世代通婚而得义;"赋闲"一词表示失职无事之义,是由晋代潘岳辞官居家后作《闲居赋》而得义,均属于只有文化意义,没有一般语言意义的文化词语。

而语言中的大量词语,是既有语言意义、又有文化意义的。这些词语,大多是开始仅有语言意义,而后来在特定的社会文化背景下逐渐获

得文化意义的。这种具有语言意义和文化意义双重性质的词,是我们进行词义说解时特别应当注意的。如:

"青"、"白"、"赤"、"黑"、"黄"本为颜色词,在上古社会以五行(木、金、火、水、土)配五色、配五方(东、西、南、北、中)的文化背景下,它们都获得表示"方位"的文化意义。

"马"本为一种牲畜之名,而在以马为主要作战工具的古代社会,又专指"武装",人们也赋予它新的文化意义。《说文·马部》:"马,怒也,武也。"《隋书·五行志下》:"马者,武也,言为武也。"古人认为:"马者,兵象。"马是用来打仗的,故又把主管军事的人称为"司马"("司"为"主管"之意,"马"指"武装")。这种文化意义显然是特定历史时代的产物。

"肖",《说文·肉部》:"肖,骨肉相似也。从肉,小声。"本指人相貌相似。进入父系社会,以父子相肖为美,不肖为丑恶。"不似其先,故曰不肖也。"(《说文》)"不肖"为"不贤"之义,"肖"又获得了"贤"义。

从上面的分析中,可以看出词语的文化意义有两个来源:一是专门为表示文化意义而创制的词语,即文化词语;二是非文化词语的特定的社会文化背景下被赋予文化意义。这就为我们正确认识词语的文化意义指出了明确的目标。

二、词的文化意义的基本特征

如上所述,词的文化意义,是指词在特定社会文化交际背景下所获得的意义。其形成和发展,主要不是语言自身因素决定的,而是一定的社会文化背景下的产物,有其自身特定的形成条件。因此,词的文化意义具有以下三个方面的特征:

1. 词的文化意义与词的字面意义相距较远

由于词的文化意义,主要不是语言自身因素形成的,不是词语基本意义本身延伸的结果,因此,我们很难从词的字面意义去直接推求它。如:古代汉语中,习惯上用"而立"指人年龄三十岁,用"不惑"指四十岁,用"知天命"指五十岁,用"耳顺"指六十岁。其源来自孔子认为人的不同年龄阶段,道德修养程度不同的观点:"子曰:'吾十有五而志于学,三十而立,四十而不惑,五十而知天命,六十而耳顺……"离开这一文化背景,我们决然不能将词的字面意义与其特指的文化意义沟通起来。

有些词语的文化意义,甚至到了断章取义的地步。不同特定背景联系,简直无法理解。如:"友于",《论语·为政》引《书》曰:"友于兄弟。""友"为动词,"于"为介词,而后人用"友于"作为"兄弟"的代称。如陶潜《庚子岁五月中从都还阻风于规林》:"一欣侍温颜,再喜见友于。"按汉语语法规则,"友于"一语中,动词"友"和它后面的介词不能组合成词,无所谓语言意义;"友于"之所以能组成一个双音词,作为"兄弟"的代称,是由《书》、《论语》中的"友于兄弟"一语移花接木而来,是一定文化背景的产物。对这种词的文化意义的理解,是不能拘于字面意义的。

2. 一般有确切的语源

词语的文化意义,一般是有确切的语源可考的。而且,也只有通过推求其语源,后人才能全面、正确地理解它。如:华夏民族习惯用"腊月"指称农历十二月份。"腊月"这一词义是与一定文化背景相关的,属于词的文化意义。"腊月"是由"腊祭"得名的。古代社会中,习惯于农历十二月举行腊祭。上古社会,人们把农历十二月用犬获取禽兽叫做猎(獵),用猎得的禽兽祭祖就叫腊(臘),故称十二月为腊月。"腊月"一词的月份意义,是词的文化意义,是有确切的语源可考的。

有些地名的命名也有特定的文化背景,亦属词的文化意义。如"庐山",据《中国古今地名大辞典》(商务印书馆)记载:"古名南障山。周时匡俗隐此,定王征之不见,使使者访之,则空庐存焉。故名庐山,一名匡山。""庐山"原由古人结庐隐居于此而得名,通过考察其命名的由来,可以看清其文化意义形成的来龙去脉。

3. 有明显的民族性和时代性

首先,词的文化意义有鲜明的民族色彩。如汉民族习惯上称"婚丧"事为"红白喜事",其"白喜事"指的正是"丧事"。"丧事"又何以称为"喜事"? 这也是汉民族特定文化背景的产物。在中国古代长期战乱频仍、动荡不安的社会环境中,以黄老之学为代表的道家学说,对人们的思想影响深远。道家崇尚"相对论",抹杀生与死、好与坏的区别。在这种社会意识下,用表人生(结婚意味着生子)"喜事"之词表人死"丧事"之义。

同时,词的文化意义也有特定的时代性。我国古代的民族意识中,又以"狂乱"为恶,以"闲静"为美,所以"静"的常用义为"安静"(《诗经·邶风·柏舟》:"静言思之。"毛传:"静,安也"),又特指一种美德,为"贞静"义(《诗经·邶风·静女》:"静女其姝。"毛传:"静,贞静也")。"贞静"是词在一定时代背景下的文化意义。

三、词的文化意义与辞书释义

在认识词的语言意义与文化意义的关系,并了解词的文化意义的基本特征后,在辞书编纂中,应当如何认识和对待词的文化意义呢?

其一,在语文词典编纂中,应当注意收录、说解词语的文化意义,引起读者的关注。我们知道,由于词语的文化意义与词的字面意义相距较远,而与特定的社会文化背景相关联,因此往往也比较难懂,造成人们理解语言、阅读古籍的障碍,因此,注意文化意义的阐述,应当成为辞书释义中的一个方面。

其二,说解词的文化意义,要进行词义的溯源工作,说明其来龙去脉。

词典不仅要收录词的文化意义,而且应当力求准确、深刻地进行释义。而要真正说明词的文化意义,必须进行词义溯源工作。

有些词的文化意义,必须放在一定的社会背景下,才能理解。如"染指",指沾取不合名分、非所应得的利益。语出《左传·宣公四年》:"楚人献鼋于郑灵公。公子宋与子家将见,子公之食指动,以示子家,曰:'他日我如此,必尝异味。'及入,宰夫将解鼋,相视而笑。公问之,子家以告。及食大夫鼋,召子公而弗与也。子公怒,染指于鼎,尝之而出。"离开这个特定的背景介绍,就字面望文生训,就无法理解该词的文化意义。又如"日角",释义为"额骨中央隆起如日,叫做'日角'。旧时相术家以为是帝王或贵人的面相"。语源于《后汉书·光武帝纪》:"身长七尺三寸,美须眉,大口,隆准,日角。"《文选·刘峻·辩命论》:"龙犀日角,帝王之表。"离开具体的文化背景,人们简直无法知道"日角"为何意!

有些词语的文化意义,还须联系特定的民族文化,才能明了其意。如"巫",本义为巫师,即以装神弄鬼替人祈祷为职业的人。又有"医师"之义。而"巫"所以有"医师"之义,与汉民族医师的最初来源相关。《说文·酉部》:"醫,治病工也。……古者巫彭初作醫。"原来华夏民族最初是"巫师"作"医师"的。又如"地图",何以又称"舆图"?这里,"舆图"一词的"地图"之义,也与汉民族的文化背景有关。《史记·三王世家》:"御史奏舆地图。"司马贞索隐:"谓地为舆者,天地有覆载之德,故谓天为盖,谓地为舆。"显然,"舆图"的"地图"之义,与华夏民族对于天、地的观念有关。

其三,要注意多层次、多角度释义。

首先,对于兼有语言意义和文化意义的词语,释义中要注意区分其语言意义和文化意义。如"后门"一词,有两个常用义:(1)房子或院子后面的门。(2)比喻通融、舞弊的途径。其中义项(1)为语言意义,义项

(2)为文化意义。"研究研究"这一动词的重叠形式,也有两个常用意义:(1)考虑或商量(意见、问题)。(2)与"烟酒烟酒"谐音,指要当事人送礼才能办事。显然,义项(1)为语言意义,义项(2)为文化意义。

其次,还要在释义中指明其时代性及使用的区域性等。

词语的文化义有其鲜明的时代性,这也是我们释义中应当注意的。如"寺"本为古代的官署名。《说文》三篇下:"寺,廷也,有法度者也。"汉代以后官舍通称为寺,如大理寺、鸿胪寺等。据《洛阳伽篮记》所载,东汉明帝时,天竺僧人以白马驮经东来,初止于鸿胪寺,遂取寺名,立白马寺于洛阳雍关西。后世"寺"遂指供佛之地。

词的文化义通常还有其特定的区域性。如:"厕"在汉语中,有时既作"厕所"解,又可作"猪圈"解。《汉书·武五子传》:"厕中豕群出。"这种文化义的形成,最初有其特定的地域性。中国南方气候潮湿,人们习惯居住在楼阁之上;而乡间养猪,住宅的旁侧之阁上层作厕所,下层作猪圈。这种习俗至今在一部分南方农村仍然延续着。故"厕"兼有"厕所"和"猪圈"二义。

(原载《辞书研究》1996年第4期)

汉语特殊词义探源与
语文词典编纂

编写古汉语专业词典和大型语文词典,都要涉及汉语的一些特殊词义。了解这种与汉语语词常用义相距较远的特殊词义,对于深入理解古代文献,全面认识汉语词义的历史发展,是十分重要的。

对于这种特殊词义,目前的有关词典,大多数采取"先列义项,后举书证"的做法,对其词义来源不作探讨和说明。读者阅后,仅知其然,而不知其所以然,不仅增加了死记硬背的负担,而且往往因莫明其妙而对词义说解产生怀疑。

笔者认为,在古汉语专业词典和大型语文词典编写中,对于一些人们感到陌生的特殊词义,应简明扼要地说明其词义来源。这样,不仅可以帮助读者溯本求源,启发人们举一反三,增强理解和把握汉语词义的能力,提高辞书的理论水平和实用价值;而且汉语特殊词义的形成,与汉语、汉字的特征和汉民族心理紧密相关,词典对汉语特殊词义进行探源,有利于揭示汉语自身的特殊规律,体现汉语语文词典的民族特色。

根据笔者编纂《古汉语特殊词义词典》的体会,汉语特殊词义,就其形成的原因来说,是多种多样的,但却不是杂乱无章的。如果词典对其中带有规律性、系列性的东西加以总结、归纳,不仅可以帮助人们提纲挈领地把握已识的"特殊词义",还可以在方法上启发人们去认识未知的"特殊词义"。汉语特殊词义的形成,究其来源,主要有三种情况:一是汉语与汉字彼此纠葛、相互作用所致;二是词义在相关词的影响下发生变异;三是词义在漫长的发展历史中出现断层。下面,就词典编写中对汉语特殊词义进行探源的问题,具体从六个方面试作说明。

一、文字的更替与特殊词义

有些词具有与其本义或常用义相去甚远的特殊词义,这种词义不是其自身发展演变的结果,而是因文字的更替所致。如"速",《说文·辵部》:"疾也。"本为"疾速"义,而古汉语中又有"召、请","招致"义。如成语"不速之客","速"为"召、请"义;《左传·闵公二年》:"危身以速罪。""速"为"招致"义。"速"的特殊词义(召、请,招致)同其常用词义(疾速)没有意念上的联系,不是引申形成的,而是文字更替的结果。《说文》"速"字条,收有古文(异体)作"警","警"从"言",古人"召、请"以"言","警"当为"召、请"义的古字或专字。后世"警"废而不用,二字合成一字,故"速"兼有二义。又如:"摧"从"手",本为"摧折"之义。而古汉语中又释为"悲伤"义(《孔雀东南飞》:"阿母大悲摧")。对于这种情况,王力先生曾表示疑义:"《辞海》(此指 1936 年版)'摧'字下有一个意义是:'犹悲也。司马光诗:空使寸心摧。'其实'寸心摧'的'摧'也就是'摧折'比喻用法,不应该另立一个意义。"(见《龙虫并雕斋文集》第一册 335 页)而实际上,"摧"的"悲伤"义在古汉语中不乏其例,确实存在。这也是文字更替形成的。《广雅·释诂》:"慛,忧也。""悲伤"之义本作"慛",后世均写作"摧"。

二、汉字的形象特征与特殊词义

多义词的义项,一般是由其基本义引申发展而来的,是抽象思维的结果。而汉语的词义变化却不限于此。具有表意特征的汉字,不但能以自己的形象特征表现词义,而且能影响词义自身的发生和发展。由于汉字形体屡经演变,由早期汉字的形象特征所诱发的词义与该词的常用义的联系隐而不显,这也形成了汉语语词的特殊义。如"麗(丽)"在古汉语中有"附著"这一特殊义(《周易·离卦》:"百谷草木丽乎土"),其与"丽"的常用义(美丽)在意念上有联系,它们都依附于"丽"字的视觉形象。"丽"字古作丽(见《说文》十篇上),象两张有纹而美的鹿皮相并之形。从"有纹而美"的视觉形象出发,就表达了"美丽"的意义;从"两张鹿皮相并"的视觉形象出发,就表达了"附著"的意义。这种汉字的视觉形象,有时把毫不相干的词义联成一体。如"合",古文字作合,上为倒口,象器和物与其盖相合之形,本为"盒"义(即"盒"之本字);而一人回答另一个人的问题,也有两口相合的形象特征,故"合"又有"答"义(《左传·宣公二年》:"既合而来奔。"《毛传》:"合犹荅(即答)也")。"合"又为"答"之古字。又如"尤",其常用义为"突出、特别"义,古汉语中又有两个特殊义:"罪过、过失"义(《诗经·小雅·四月》:"废为残贼,莫知其尤。"《论语·为政》:"言寡尤。")和"指责、怨恨"义(司马迁《报任安书》:"动而见尤,欲益反损。"又成语"怨天尤人")。后者与前者词义没有直接的联系,均源于"尤"的形象特征:"尤"小篆作㞋,金文作㞋,象人手上有赘物之形,当为"疣"之本字。手上有"疣",异于常人,故有"突出、特别"之义;"疣"为人体之病,词义虚化,则产生"罪过、过失"义;名词用作动词,则有"指责、怨恨"义。

三、形义裂变与特殊词义

汉字以形表义,一般为整体表义,有时也可以局部表义。这种以形表义多向性所造成的词义裂变,也是汉语特殊词义形成的原因之一。"乱"兼有"纷乱"和"治理"二义。"乱"本作"𤔔",篆文作𤔔,上下为手,中为乱丝,以手理乱丝,则表"治理"之义;而以局部表义,仅取其丝乱之象,则表"纷乱"之义。又如"旅",《说文》七篇上:"军之五百人为旅。"甲骨文"旅"作㫃,象众人在军旗下相随之形。以整体表义,则为"军旅"之义;而以局部表义,仅取众人相随,则表"共同"义(《国语·越语》:"吾不欲匹夫之勇也,欲其旅进旅退也")或"行走"、"行走之人"义(《孟子·梁惠王上》:"行旅皆欲出于王之涂")。

四、"假借同义"与特殊词义

所谓"假借同义",即同义词形成过程中,穿插着文字"假借"的作用。这是汉语特殊词义的一个来源。如古汉语中"言"有"为"义。孟浩然《夏日宴卫》:"言避一时暑,池亭五月开。"王维《宿郑州》:"此去欲何言,穷边徇微禄。"此两句诗中,"言"均作"为"解。"言"何以有"为"义?因"言"与"谓"同义,"谓"与"为"通,故"言"也有"为"义。(见蒋绍愚《唐诗词语札记》,《北京大学学报》1980年第3期)

五、词义相关传递与特殊词义

在汉语词汇中,意义相关或相近的语词之间相互影响,也会使词义发生流转变化,形成汉语的特殊词义。这种词义的传递,主要有两种情况:

一是以相关词的意念相通为枢纽的词义传递。如"肤"在古汉语中有两个特殊词义:其一,是"颜色"义。《孟子·公孙丑上》:"北宫黝之养勇也,不肤挠,不目逃。"王引之认为"不肤挠"之"肤"非指皮肤,而是指颜色。为什么呢?他在《经义述闻》三十一卷解释说:"人之颜色见于皮肤,故古人以'肤色'并言。……肤色相连,故'色'亦可谓之'肤'。"简言之,人之"色"见于人之"肤","肤"、"色"相关,故在特定条件下,"色"之义可传递给"肤"。其二,是"肤"有"美"义。《广韵·虞韵》:"肤,美也。"《诗经·豳风·狼跋》:"公孙硕肤,赤舄几几。"毛传:"肤,美也。"袁宏道《赠李云峰》:"西湖多奇山,其肤乃在水。"人之"美"在"肤",二义相关,故在特定条件下"美"之义可以传递给"肤"。

二是以相关词的同义义项为枢纽的词义传递。这就是甲、乙两词有一个相同的义项A(即在A义上为同义词),而甲词又有另一个义项B,在词义发展中,甲词将其特有的义项传递给乙词,使乙词也具有了B义。如"存"与"在"都有"存在"之义,在这一义项上为同义词。而"存"又有"问候、关心"之义。《说文·子部》:"存,恤问也。"在使用中,"存"的"问候、关心"之义也传递给"在"。如《左传·襄公二十六年》:"寡人淹恤在外,二三子皆使寡人朝夕闻卫国之言,吾子独不在寡人。"杜预注:"在,存问之。"

六、词义断层与特殊词义

在有文字记的三千余年的汉字发展历史中,汉语的词义发生了巨大变化。有些古义与今义相通,而有些则古义与今义迥别;有些古义与今义并行,而有些则古义隐而今义存。这种"古义与今义迥别"或"古义隐而今义存"的语词,在我们阅读古代文献时,也会成为难于理解的"特殊词义"。而这种"特殊词义",往往是该词(字)的本义或古义。如"超",其常用义为"超出"、"超过",而古汉语中又有"跃上"之义。《左传·昭公元年》:"子南戎服入,左右射,超乘而出。"《左传·僖公三十二年》:"秦师过周北门,左右免胄而下,超乘者三百乘。"此"超乘"均指"跳跃上车",而非指"后车超前车"。《说文·走部》:"超,跳也。"此所谓特殊义"跃上"恰恰为其本义。又如"谢",其古汉语常见义有"感谢""辞绝""道歉"诸义,而又有"告诉"这一特殊义。《孔雀东南飞》:"多谢后世人,戒之慎勿忘。""谢"从"言","告诉"及"辞绝""道歉""感谢"诸义,皆与"言语"有关,"告诉"也当为古义。再如"成",其常用义为"完成"、"成为"等,而古汉语中又有"击"这一特殊义。《吕氏春秋·长攻》:"反斗击之,一成,脑涂地。"甲骨文"成"作㪨(见高明《古文字类编》349页),象兵器之形。"兵器"为"击"之具,"击"当为"成"之古义。

汉语词义,尤其是汉语特殊词义形成的原因是极其复杂的。上面列举的六个方面,不可能说明汉语中全部特殊词义的成因。但实践的结果表明,多数汉语特殊词义的来源,是可以从这里得到说明的。如果古汉语专业词典和大型语文词典能对"特殊词义"进行这样的探源工作,必将明显地提高其理论价值和实用功能。

(原载《辞书研究》1990年第6期)

文字的动态考释方法
与字典本义

正确地考释文字的形义来源,确切地说明其本义,是汉语字典编纂重要的基础性工作。就多数汉字来说,人们凭借《说文解字》、古文字资料及有关的古代文献,已经作了比较深入的考释,并在字典编纂中作了正确的处理。但目前仍有相当数量的汉字,形义来源不明,字义发展线索不清,使字典的编者和读者都视为缺憾。这些遗留下来的疑难问题,用通常的字形结构分析方法,很难彻底解决。因此,必须进行方法的更新,对字形、字义进行动态的考察,从而解决这些难题,提高汉语字典编写的质量。这种动态的考释方法,前人自觉或不自觉地运用过,但尚未能从理论上认识和总结。本文就这一问题,试作论述。

一、寻流溯源,借今字识古字

占汉字绝大多数的形声字,并不都是如东汉许慎《说文解字》中所说的"以事为名,取譬相成"的意符、声符的合成物。有相当一部分形声字,是以其声符为原始形体,逐渐孳乳、派生的。这种由原始形体所派生出的形声字,从文字形体上讲,同原始形体是古字与今字的关系;从蕴含的语义来说,是引申、分化的关系。而且有些后出的形声孳乳字,恰恰反映了原始形体所代表的古义。而由于字体的更迭,语义的演化,长期作声符使用的原始形体的本来含义往往隐而不显,成为我们进行文字考释、古籍整理和字典编写的难点。对于这种情况，必须认识文字的历史变迁，寻流溯源，凭借今字来显示古字的本来面目。如：

兀，《说文·儿部》："高而上平也。从一在人上。"读《说文》的说解，"兀"字的形、义来源仍不了然。但联系今字解之，则该字的形、义关系豁然开朗。《说文·髟部》："髡，剔发也。从髟，兀声。"《说文·一部》："元，始也。从一从兀。"甲骨文中"元"作 $\bar{\bar{\lambda}}$，象人身上有头，依字形，本义当为人头（《左传·僖公三十三年》："狄人归其元。"正是"人头"之义），小篆字形发生了讹变。可见，《说文》中从"兀"（"髡"以"兀"为声，实兼表意）之字，均与人或人头有关。甲骨文中"元"作 $\bar{\bar{\lambda}}$，而"兀"作 $\bar{\Lambda}$，象在人头之上有所剔除（即剔发）之形，"兀"当为"髡"之古字。故"兀"在古代文献中有"斩断"义（即"剔发"义之引申），如《庄子·德充符》："鲁有兀者叔山无趾，踵见仲尼……"又有"光秃"义（"剔发"则"秃"，也为引申义），如杜牧《阿房宫赋》："蜀山兀，阿房出。"借后起之今字，人们对意义隐晦的古字有了明晰的了解。

周，《说文·口部》："密也。从用口。"《说文》释义与析形无关，不足为据。而从"周"得声之"稠"字，正是"稠密"之义。甲骨文中"周"作 $\boxplus$，象田中农作物茂密之形，"周"正为"稠"之本字。传说中古代后稷为尧舜时代主管农业的官，故其所属部族以"周"命名。"周"部族重农。"周"也取农作物生长稠密、丰茂之意。古文字"周"（$\boxplus$）作为部族之名后，随加"口"旁作 $\boxplus$，以示政令之所出。篆文讹变为"从用从口"，使其形义关系隐没。借后起之字"稠"，人们可以窥其端绪。

兑，《说文》："说也。从儿，㕣声。"《说文·言部》："说，说释也。"《段注》："说释即悦怿。""说"即"悦"。"悦"从"兑"，二字形、义相关，然"从儿，㕣声"之说不可解。"兑"甲骨文作 $\bar{\bar{\lambda}}$，下从儿（即人），上为口，口旁两画象人口两侧有纹理之形，人悦则口旁有纹理。"兑"即"悦"之古字。《释名·释天》："兑，悦也。物得备足，皆喜悦也。"文献中"兑"多用为

"悦"字。《庄子·德充符》："使之和豫，通而不失于兑。"陆德明《经典释文》："兑，悦也。"《荀子·不苟》："见由则兑而倨，见闭则怨而险。"

某，《说文·木部》："酸果也。从木，从甘。"读了《说文》，"某"为何物，仍不了解。然系联后起今字，则一清二楚。《说文·木部》："梅，枏也。可食。从木，每声。楳，或从某。"原来，"某"即"楳"之古字，后更换声符写作"梅"。"某"后世作为代词，完全是文字的假借。

差，《说文·左部》："差，贰也，差不相值也。从左，从巫。"形、义关系不明。差，《集韵》："仓何切。"又音 cuō。《广雅·释诂》："差，磨也。"王念孙疏证："差之言磋也。""差"从巫从左，"巫"像禾麦穗之形，"左"为左手之形，取以手搓物之意，当为"搓"、"磋"之古字。"搓（磋）"则物与物相背，故引申出"差错"、"差别"诸义。

这种古字义晦，借今字可识古字者为数甚多。如借"持"识"寺"，借"熨"识"尉"，借"语"识"吾"，借"斧"识"父"，借"援"识"爰"，借"圃"识"甫"，借"拂"（音 bì）识"弗"，借"绥"识"妥"，借"冕"识"免"，借"奶"识"乃"，借"髯"识"冉"，借"馆"识"官"，借"鞭"识"更"，借"切"识"七"，借"扭"识"丑"等。

这种借今字识古字，有时还需横向系联同一古字派生的一组同源字。如：

匕，《说文·匕部》："匕，相与比叙也。从反人。匕，亦所以用比取饭，一名柶。"

许慎《说文》于此字有二释：一为反人之"匕"，一为"饭匕"。然反人之"匕"实为何意，"饭匕"之"匕"又为何物，则需借后起的同源字才能弄清楚。首先看从反人之"匕"。许慎《说文》在"包"字下说解云："男左行……女右行。"据此，篆文向左之"人"（人）当泛指人，或特指男人，为尊者；而向右之"人"，即反人（匕）则指女人，为卑者。此说可否成立，可以从"匕"派生的同源字进行考察。《说文·女部》："妣，殁母也。从女，比声,妣,籀文妣省。"女性之先母从匕,匕表女人,卜辞中称先祖之配偶还直书为"匕"。又《说文·牛部》:"牝,畜母也。从牛,匕声。""牝"从"匕",泛指雌性的家畜或兽类。"乮",后写作鸱或鲍("包"即"胞"本字),从匕,本指雌鸟,引申指老年的妓女。再有"甚",金文作叚,从甘从匕,即甘(沉)于女色。如《老子》:"是以圣人去甚,去奢,去泰。"金文"甚"所从之"匕"也取"女性"之义。可见,"匕"所派生之字,多有女性(雌性)之义,"匕"当本指"女人"。而"饭匕"之"匕"为何物,也可以从后起之字得到启发。《说文·匕部》:"匙,匕也。从匕,是声。"《方言》第十三:"匕谓之匙。""匙"与"匕"同义,只是增加了声符"是"而已。原来古之"匕"即今之"匙",本义为勺。综上所述,反人之"匕"指女人,饭匕之"匕"为勺之象形字,篆文中两字因形近而误为一字,故《说文》此条中一字两释。

二、沿源讨流,由古形释今字

对汉字进行动态的考释,不仅可以寻流溯源,借今字以识古字,还可沿源讨流,借古形以识今字。如:

家,《说文·宀部》:"居也。从宀,豭省声。"汉字"家"的形、义来源,是一个众说纷纭的问题。清代段玉裁在《说文解字注》中对许慎《说文》关于"家"字的说解曾经提出疑义:"此字为一大疑案。豭省声读家,学者但见从豕而已;从豕之字多矣,安见其为豭省声耶?""窃谓此篆本义乃豕之居也,引申假借以为人之居……豢豕之生子最多,故人居聚处借用其字。"自此,注家蜂起,新说迭出:一是古代社会家庭养猪说。"家从豕者,人家皆有畜豕也。"(清徐灏《说文解字注笺》)二是"家"本为"陈豕于屋下而祭"说。"古家字从宀从豕,凡士祭以羊豕,古者庶士庶人无庙,祭于寝,陈豕于屋下而祭也。"(吴大澂《说文古籀补》)或曰:"家,庙也。从宀从豕,庙中供牺牲也。"(郑慧生《释"家"》,河南大学学报1985年第4期)三是"家"字"从宀从豕","《集韵》:亥古作豕。亥(𠀉)下云:一人男一人女也。……亥为一男一女而生子,非家而何?"

而验之古文,许氏"家""从宀,豭省声"的说解不误。"家",甲骨文多作𠩺,"宀"下之形体𢽾与"豕"有别,于豕之腹下增一短画,表示为牡豕,正为"豭"之古字。其后书写趋简,渐与"豕"相混。甲骨文之"𢽾"与后世之"豭"为古今字(古字为象形字,今字为形声字),"家"字所从之"豕",为甲骨文"𢽾"(象形字)之省,许慎《说文》用今字(形声字)表述之,自然可以讲为"豭省声"。"家"从宀,从古文𢽾,既从古文"𢽾"得声,又从古文"𢽾"得义,取"𢽾"在"宀"下之义,其本义为"繁殖"。文献证明,古代养豕有阉割之俗(《说文·豕部》:"豮,羠豕也。"),饲养"𢽾"(牡豕),则是专门供繁殖用的。由"繁殖"义派生出"家庭"和"家族、宗族"两个基本词义,并派生出"嫁"(《说文·女部》:"嫁,女适人也。"本指女嫁,也含"生育、繁殖"义;又引申为"嫁接",其"繁殖"之义愈显)、"稼"(《说文·禾部》:"稼,禾之秀实为稼。""秀实"即含"繁殖"之义)等同源字。

兩,《说文·网部》:"二十四铢为一兩。从一,网平分,亦声。"《说文》于此字析形说义皆误。为了弄清"兩"的形、义来源,也必须从古字形体上加以说明。《说文》:"网,再也。从冂,阙。易曰:参天网地。"网、兩本为一字。在古文字中,于某字上部有平横者,往往又加一短横(如"雨"字作冎,也作雨)。"兩"初文当作𠔝,乃截取古文字"车"字的部分形体而成,是由古文字中"车"字分化出来的。甲骨文"车"作𨊠,金文作𨏉,均像一辆车之形,"𠔝(即兩)"像截取"车辆"形体的一部分。"兩"与"辆"同义,即"辆"之初文。文献中"兩"也多用为"辆"义。如《汉书·赵充国传》:"卤(通'掳')马牛羊十万余头,车四千余兩。"古车有两轮(或曰有两輗,可驾两马),故引申为数词"兩"。《说文》所释"斤兩"之义,当为假借。(参见于省吾《释兩》)

儒,《说文·人部》:"柔也。术士之称。从人,需声。"而术士何以称"儒","儒"又何以有柔义,使人不得其解。甲骨文中"儒"作🧍,从大从∷,金文作🧍,从雨,从大,均像人沐浴濡身之形。上古原始宗教举行祭礼之前,司礼者须沐浴以致诚敬,后世引申以"需"为司礼者之专称。篆文中伪作从雨、从而的"需"。"需"之义,用作动词又写作"濡",用作名词又写作"儒","儒"、"濡"均为"需"之分化字。"儒"家主祭祀、重礼制、行教化,如人沐浴之濡身,故称之为"儒"。没有对古文字形义来源的追溯和认识,是不可能确切理解"儒(即需)"的意义的。

丘,《说文·北部》:"土之高也,非人所为也。从北,从一。一,地也。……一曰:四方高,中央下为丘,象形。"《说文》两种说解,均就小篆形体望文生训,不可取。"丘"何以为"四方高,中央下"? 甲骨文中"丘"作⚊,金文中作⚊,像二山峰(二丘)之形。而甲骨文"山"作⚊,"山"大"丘"小,故"丘"字源于"山"字而省其中峰。"丘"本指小土山。

䀠,《说文·䀠部》:"左右视也。从二目。"瞿,《说文·隹部》:"鹰隼之视也。从隹,从䀠。"《段注》:"经传多假瞿为䀠。"而"䀠"究竟为何意?"瞿"何以从"䀠"?《说文》未能明示。金文中"䀠"作⚊,像因惊恐而睁大的两眼,正如鹰隼等凶猛鸟类的双目。"䀠"当为"瞿"之古字。《说文·心部》:"懼,恐也。从心,瞿声。""懼"从"瞿"或"䀠",也取惊恐之意。对古字形的考释,加深对从"䀠"之字意义的理解。

專,《说文·寸部》:"六寸簿也。从寸,叀声。一曰:專,纺專。"《说文·叀部》:"叀,小谨也。从幺省,屮财(即'才')见也,屮亦声。"《说文》就小篆析形说义,误。甲骨文"叀"作⚊,像纺锤之形。《说文》:"一曰:專,纺專。""叀"当为"專"之本字。甲骨文"專"作⚊,取以手旋转纺锤之意。"转"字当由此派生。

公,《说文·八部》:"公,平分也。从八从厶,八犹背也。韩非曰:背厶为公。"《韩非子·五蠹》:"自环者谓之私,背私谓之公。"先秦时代说字解经,多牵强附会,许慎此处据之以形说义,已非文字构形表义本源。甲骨文中"公"作凸,金文作凸,既不从厶,也不从八,像瓮口及瓮之形,"公"当为"瓮"的象形初文。瓮为早期氏族社会中储粮、储水的大型瓦器,为氏族所公有,故引申为"公家"、"公共"诸义。"公"字意义抽象化之后,后人另加意府(瓦)造出"瓮"字(或完全用形、声合成的方法另造"甕"字)来表示其本义。

这种以古形释今字的做法,为了正确地认识古字构形表义的方式,有时还须横向联系古代的社会文化背景。古文字虽然具有以形表义的特征,而这种形、义关系的建立,是同当时的社会文化背景及人们的思想观念密切相关的。而随着时间的推移,古人当时的特定观念已鲜为人知。如:

弃(篆文𢍘),《说文·华部》:"捐也,从廾。推华弃也。从云,云,逆子也。弃,古文弃。"甲骨文"弃"作(𢍘),像双手持箕中婴儿抛弃之,与《说文》字形相合。然而,所弃何以为"逆子"?《说文》之意仍不可解。这就需从古代文化背景上去考察。《列子·汤问》:"越之东有辄沐之国,其长子生,则鲜(杜预注左传云:人不以寿死曰鲜,谓少也)而食之,谓之宜弟。"这种记载,正是反映了父系氏族社会形成过程中,在婚姻关系尚处混乱状态的情况下,为了保证家庭财产继承权而形成的婚后遗弃长子的风俗。"弃"字以弃子表"抛弃"之义,显然与这种古代风俗有密切联系。

总之,正如纷复繁杂的社会文化现象,可以从社会文化的历史发展中得到说明,语言(或方言)的横向差异,可以从语言(或方言)的历史发展中追溯成因一样,对文字的动态考释,可以显示汉字为字形嬗变所隐没的形义联系,帮助我们在字典编写中正确地认识和说解字的本义,提高汉字字典的编纂质量。

(原载《辞书研究》1993 年第 1 期)

文字的多源性与字典本义的说解

汉语字典的编纂应当把什么作为释义的基点？人们会不假思索地回答:本义。确定汉字本义的入手点应当是什么？人们也会做出肯定的结论:字形。这些看来不言而喻的道理,却时常成为字典编写者面临的棘手的问题,在编写工作中往往争论不休。这种理论与实践的矛盾,起源于文字自身的多源性。

一个汉字的本义,一般是指与字形联系的、在文献中出现最早的意义。可是,在研究《说文解字》和其他古文字著作的过程中,我们看到,不仅《说文》对字形的分析常有与甲骨文、金文等早期文字不一致的地方,而且一些以甲骨文、金文为研究对象的古文字学著作中,有时也因形体多歧而释义各一。遇到这种情况,以往不少古文字研究者和字典编写者,习惯用甲骨文、金文形体来纠正小篆形体,用早期的甲、金文形体纠正后出的甲、金文形体,经常指斥后者析形"伪误",说义"非是"。这种依据早期文字形体考释字义的方法,在一般情况下是可行的,但绝不能以偏概全,因为现在已经发现的古文字资料,对于全部曾经存在过的古文字来说,只是零星或片断的一小部分,相当一部分小篆形体,并不一定来源于目前所见到的甲骨文或金文。

历代相传的"圣人造字"的单一来源说,早已为古文字研究的实际所否定。一个汉字形体,不止一个来源的现象,前人早已有所认识。荀子说:"好书者众矣,而仓颉独传者一也。"(《荀子·解蔽》)鲁迅先生则以历史唯物主义的观点,作了更为深刻的说明:"在社会里,仓颉也不止一个,有的刀柄上刻一点图,有的在门户上画一些画,心心相印,口口相传,文字就多起来了,史官一采集,便可发敷衍记事了。"(《且介亭杂文·门外交谈》)他们说的都是事实。

我认为正确地认识文字的多源性,实事求是地进行字形分析,不仅可以使语言文字工作者从那种无谓的争论中解脱出来,而且对于恰当地处理字典中文字本义的说解,科学地进行字典释义,也有着十分重要的意义。本文试就文字多源性的表现形式及其在字典中的释义方式,作些尝试性的说明。

一、原始性异源。即甲骨文、金文和小篆在构形表义方式上一开始就没有联系。这种原始性异源,具体分为两种情况:

其一,是原始构形不同而所表本义也不同的。如:

东:"动也,从木。官溥说:'从日在木中。'"(《说文·六篇上》)高亨《文字形义学概论》:金文"东"(東東)、甲骨文"东"(東東)"非从日在木中,当是古橐字,盛物之囊也。两头开口,以绳束之。东字正象橐形。"①《说文》依小篆分析,"东"的字形"从日在木中",本义为"东方",而依甲骨文的形体分析,"东"的中间不从"日",其形另有所本,本义为"盛物之囊",后来借为"东方"之"东"。两说似均可通,而构形各异,本义也不同。

牙:"牡齿也,象上下相错之形。"(《说文·二篇下》)古人以为"牙"与"齿"有别,口腔两侧的槽牙叫"牙"。小篆"牙"(㸦)像槽牙上下交错之形,其说可通。而夏渌《释甲骨文春夏秋冬》一文认为:甲骨文"牙"(𠔿 𠔿)(此字前人误与甲骨文"屯"字相混,夏文详辨之)"实为叶芽的'芽',因牙齿从牙床冒出,借作'牙',另加草头作'芽'代表本义,古籍本作'牙'。小孩称'牙'或'伢'、小将称'牙将',皆缘于'芽'本作'牙'。"②《说文》中与"牙齿"有关的字共 47 个,其中形旁从"齿"的有

文字的多源性与字典本义的说解　329

45个,从"牙"的仅有两个,夏说也持之有故。两种形体当各有所本。

　　共:"同也,从廿卄。"(《说文·三篇上》)

高亨《文字形义学概论》:"金文'共'(�)非从廿,当为古'供'字,奉(捧)也。像两手奉物之形。"③有人则认为:甲骨文"共"(�)"象两手向上举一件东西意","本义似应为'拱'"。④依小篆,许氏以为"共"从廿卄,用二十双手表示许多人共同合作之意。据《说文》所收古文(㠱),"共"则为四只手朝一个方向用力,也为"同"义。此说可以成立。但据金文和甲骨文,"共"则为两手捧一物或两手举一物,同字形吻合,也可言之成理。并且可以在古代文献中找到证据:"贡之不入,寡君之罪也,敢不共给?"(《左传·僖公四年》)此"共"正为"供"义。"为政以德,譬如北辰,居其所而众星共之。"(《论语·为政》)此"共"正为"拱"义。

　　其二,是构形不同而所表本义相同的。如:

　　　明:"照也,从月从囧。朙,古文明从日。"(《说文·七篇上》)

篆文"明"字和古字"朙"字有从囧和从日之不同,甲骨文"明"(㊉㊉)也有不同形体,有从囧(像窗形)与从日之异。"从月从囧",取月照窗上之明意;"从日从月",取日月相映之明意。两字同为"会意",构形意念有别,而所表本义相同,均为"明亮"之义。

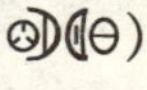

　　　虹:"蟦蝀也。状似虫,从虫,工声。"(《说文·十三篇上》)

甲骨文中"虹"(㇌)像彩虹之形。小篆为形声字,甲骨文为象形字,构形方法不同,所表本义相同。

　　　疾:"病也。从疒矢声。""疒,倚也,人有疾病,像倚著之形。"(《说文·七篇下》)

"疒"小篆(㇌)像人有疾在床之形。甲骨文"疾"(㇌)从大(即人形),旁加一矢,以人中箭受伤喻人之害病。两字构形方法不同(小篆为形声,甲骨文为会意),构形意念也不同(一取病卧于床,一取人中箭伤),然而所表示的本义是相同的。这种"构形不同、本义相同"的情况,形成了汉字的古今异体字,体现了汉字形义联系的多样性。

对于这种"原始性异源"的汉字,字典中应当允许异说并存。对其中"构形不同而本义有别"的异源字,字典编者应据所释对象的不同(甲骨文、金文、小篆等),有针对性地选择与字形相符的一种说解;但要承认异源的合理性,不要厚此薄彼,否定与己见相异的其他说解。

二、讹变性异源。即小篆形体与甲骨文、金文或其他古文有关,但中间发生了讹变。这种讹变,或是出于当时人的误解,或是追求书写的简便。其中又分为两种情况:

一是有理据的讹变。即讹变后的字形,人们依据当时的观念,赋予了新的意义。如:

> 折:"断也。从斤断艸,谭长说。……篆文折从手。"(《说文·一篇下》)

甲骨文、金文"折"(𣂌𣂑)确像以斤(斧)断草之形,篆文从扌(即手),显然为断草之形连写而成,纯属讹变。然以手持斤断物,也言之成理。讹变后的字形,人们赋予其新的理据,建立了字形与字义之间的联系。

> 年:"谷孰也。从禾,千声。《春秋传》曰:'大有年'。"(《说文·七篇上》)

容庚《金文编》:"年,从禾,从人,人亦声。《说文》非是。"甲骨文、金文"年"(𢆉𢆉)以"人"负"禾",像人背着庄稼,表示有收成的意思。"人"兼表声,是会意兼形声字。而小篆写作"秊",变成了从"禾"、"千"声的纯粹形声字。从字形上看,小篆之"千"显然是因为与甲骨文之"人"形体相似讹变而成。这种变化,一方面可能是因为文字的读音发生了变化,以声符"千"取代了声符"人",另一方面也与文字发展的纯形声化趋向、表义成分相对消弱有关。小篆形体虽与甲骨文、金文不符,但以形旁"禾"标明义类,以声旁"千"更准确地标明其变化后的读音,完全符合一般形声字的构形原则。讹变的形体建立了新的理据。

对于这种"有理据的字形讹变",应当历史地承认既定事实,对讹变前后的文字,依形各解,分别说明其形、义关系。既不能固守古形,无视发展;也不能拘于今形,割断历史。

二是无理据的讹变。即讹变后的字形已失去形、义联系,成为纯粹的标音符号。对此类情况,切不可附会字形,妄说字义。如:

爲:"母猴(即猕猴)也,其为禽好爪,爪,母猴象也。下腹为母猴形。王育曰:爪,象形也。"(《说文·三篇下》)

试加揣测,许意以为猴性好动,其爪不能安宁,字形突出其爪,意在以爪好"动"来表示"行为"义。我们这样说,看来还是使人费解。甲骨文的发掘,揭开了这个谜。甲骨文"爲"像人以手牵象之形。以"役象以助劳"表达"劳作"之义,这是"为"的本义。小篆"爲"之"爪"即甲骨文之"又"(即"手"),两者字形上有联系,但讹变后的小篆形体失去了表义功能。

又如:得,甲骨文形体,从"手"持"贝"("贝",古代曾作货币使用,故有"钱财"义),本为有所获之意。又有加"彳"旁的,"彳"为"行"("行"本义指四通八达的道路)之省,表示在道路上拾到贝而有所获之意。小篆变作"得","贝"讹变为"见",字形与字义失去了联系。

奔:金文"奔",上部像人挥动双臂跑起来的样子,下面是三只脚,表示跑得很快,字之本义为"快跑"。而小篆误为"犇",把止(脚)变成了屮(草)。许慎将其分析为"从夭,贲省声"的形声字。《说文》省声之字,若无异文为证,往往不可信,此正是一例。小篆之"奔"显然为金文"奔"之讹变,《说文》释为"贲省声",是牵强附会,不能说明形、义的联系。

对于这种"纯粹讹变"的汉字,千万不可就后起之形附会字义。而必须溯本求源,进行字形复原工作,依据早期字形,寻求形义联系的理据和文献证据,恰当地说解其本义。

三、演化性异源。语言和文字都处于发展变化之中,文字的形义关系也不能例外。随着社会存在和人们观念的变化,字的形义关系也相应地发生变化,这就形成演化性异源。如:

伐:甲骨文"伐"(𢦍),右像戈形,左像人形,且戈砍在人头上,表示"砍杀"之义。而小篆"伐"(伐)戈已不在人头之上,《说文》依小篆说解:"击也。从人持戈。"不少注家以甲骨文纠正《说文》"从人持戈"的分析。其实,小篆的"伐"是同甲骨文的"伐"既有联系又有区别的。这种字形区别同字义的演化是互相关系的。"伐"最初为"砍杀"义,故有甲骨文的构形;但在群雄争霸的春秋战国时代,"伐"产生了一个特定的常用字义——"征伐"义,适应表义的需要,字的形体也在原有基础上发生了演化,从"以戈砍人头"变为"人持戈作战"。《说文》依据演化后的形体分析,说明了字形与字义的关系,是无可非议的。

众:甲骨文以"三人"构形(𠈌),最初当是以"三人为众"表义,其本义为"众人"。甲骨文中又有在三人之上加一"日"的构形(𠱧),当指"在日光下从事农业劳动的众人",已带有阶级色彩了。后来,随着奴隶制的加强,到金文和小篆中(𠱧𠱧),上面的"日"演化为"目",表示"在别人监督下从事劳动的人",显然是指"奴隶"了。这种字形的变迁,体现了字义的演化。后来,众字在文献中既有"众多"义,又有"地位低的人"、"一般人"义,字形的演化正是与这种历史现象相联系的。

对于这种演化性异源,应当历史地说明其字形发展过程,依据字形的演化分别说明其表义方式。并据字形的不同时代和与之相应的社会存在和思想观念,分别说明其本义。如我们对甲骨文的"伐"字进行说解,当以"砍杀"为本义;而对小篆"伐"字进行说解,则应以"征伐"为本义。

四、人文性异源。我们知道,以形表义的汉字,其形、义联系的建立,无论前人"造字",还是后人"识字",都是以人们的思维为枢纽的。

古人联想造字,后人联想识字,两种思维活动很难保持完全的一致性。这也形成人们对文字本义的不同理解。这种异源,是同人们的社会意识相联系的,我们称之为人文性异源。如:

  夫:"丈夫也,从大,一以象簪也。周制以八寸为尺,十尺为丈,人长八尺,故曰丈夫。"(《说文·十篇下》)

今有人认为"夫"字"像人的肩膀上有根扁担"之形⑤,用以指"成年男子"。甲、金文构形与小篆相同,"夫"的字形古今没有多大变化,但由于人们识字的联想不同,形成不同的说解。《说文》依据古代男子成年戴簪加冠的礼制,释"一"为簪形,固然可为一说;然此种礼制起于何时,其与"夫"字产生之先后,不可确知,故释"一"为担形,也言之成理。

  安:"静也,从女有宀下。"(《说文·七篇下》)

《说文》释为"静也",当以"安逸"、"安心"为本义,意是古人认为有了房屋和女人方可安心。在孔子慨叹"未见好德如好色者也"(《论语·子罕》)的社会背景下,这种字义说解,未必不能成立。可是,后人为了避粗俗,往往将其本义释为"安全",意为女人在房子中才安全,重新建立了字形、字义之间的联系。

  又如,表示天干的"甲"、"乙"、"丙"、"丁"四字,其本义历来说解不一。许慎《说文》本已异说并存:一说"甲,从木戴孚甲之象","乙,像春草木冤曲而出",又说"甲像人头","乙承甲,像人颈","丙承乙,像人肩","丁承丙,像人心"(《说文·十四篇下》)。后又有人据《尔雅》,释"丁"为鱼枕、"乙"为鱼肠、"丙"为鱼尾(《尔雅·释鱼》)。此外,还有以"甲"为"盔甲"之形,"乙"像"刀"形,"丁"为古"钉"字⑥,"丁"为"镐"初文⑦等。注家蜂起,众说纷纭。这种分歧,主要不在于字形本身,而是人们对同一字形的不同联想造成的。

  对于这种"人文性异源",不必急于强求统一,也应避免无休止的争论,而让不断发掘的古文字资料和古文献证据决定弃取。字典编者对此可以择善而从。

　　综上所述,文字的多源性是汉字发展的历史事实。在实践上承认这种事实,从理论上科学地说明这种事实,对于改进汉语字典的编写工作,是十分必要的。这样,既可以排除"不可知论",防止在字形分析和字义说解中各逞其志,主观臆测;又可以纠正思想僵化、固执一端的偏向,避免陷入无休止、无意义的争论。

附　注

①高亨《文字形义学概论》135 页,齐鲁出版社 1981 年版。
②《武汉大学学报》(社科版)1985 年第 5 期。
③见该书 158 页。
④陈涛、董治国《学生常用汉字浅释》167 页,天津人民出版社 1981 年版。
⑤黄绮《部首讲解》21 页,天津人民出版社 1962 年版。
⑥高亨《文字形义学概论》228 页。
⑦陆宗达、王宁《古汉语词义答问》,甘肃人民出版社 1986 年版。

(原载《辞书研究》)1988 年第 5 期)

词义的语境偏移与
语文词典释义

　　词义的语境偏移,是指词在其具体运用的特定语言环境中,产生与其基本意义既有联系、又有区别的新义。词义的语境偏移,是词义灵活性的最主要表现形式,也是促成词义发展的一个重要原因。

一、词义语境偏移的客观存在与制约因素

　　这里所谓的"词义的语境偏移",不同于词义引申,它往往具有临时性和多变性。词义在具体语境中的这种偏移现象,有其客观的基础和必然的原因。

　　我们知道,世界上的事物是无穷的,而语言中的词是有限的。这样就形成了以有限的语词表达、反映无穷事物的矛盾(这种情况,在以单音词为主的古汉语中更为突出)。为了解决这个矛盾,语言中就不得不出现词的"代用":即借用语义相关的词。被借用的语词凭借特定的语境(主要是上下文)的提示,表达了与其基本意义既有某种联系、又有明显区别的新义,就形成词义的偏移。如"小"本为"大小"之"小",而在特定语境中却有"精细"之义。《孟子·滕文公上》:"(陈相曰):'布帛长短同,则贾相若;麻缕丝絮轻重同,则贾相若;五谷多寡同,则贾相若;屦大小同,则贾相若。'(孟子)曰:'夫物之不齐,物之情也。……子比而同之,是乱天下也。巨屦小屦同贾,人岂为之哉?从许子之道,相率而为

伪者也。'"前一句陈相所说的"屦大小同,则贾相若",为农家观点,其中"小"与"大"相对,为"小"的常用义;后一句"巨屦小屦同贾,人岂为之哉",是孟子反驳农家观点的话,其中"小"与"巨"相对,为"细"义。"巨屦"指粗糙的鞋,"小屦"指精细的鞋,"精细"之"细"与"大小"之"小",语义上既有联系,又有区别,词义在语境中发生了偏移。又如"畏",本为"畏惧"义,而在特定语境中又有"敬服"之义。《论语·子罕》:"后生可畏,焉知来者之不如今也。"《三国志·蜀书·诸葛亮》:"邦域之内,咸畏而爱之。""敬服"与"畏惧"意念相通而又有根本不同,词义发生了偏移。

　　词义的这种语境偏移现象,并不是随意的,而是有其内在的规则和制约的。无论其词义偏移的角度怎样,程度如何,其基本义(或常用义)与偏移后形成的新义,虽然具体所指差异甚大,但其深层的内含的意念是相通或相关的,也就是说,这种词义偏移,是受其深层意义制约的。如"绝",《说文·糸部》:"断丝也。从糸,从刀,从卩。"古文"卩"作"㔾",像人形,取人以刀断丝之意。本以丝"断开"的形象表义,基本词义是"断开"、"断绝"。而人们游泳或乘船过河,也可以称"绝",如《荀子·劝学》:"假舟楫者,非能水也,而绝江河。"游泳或乘船过河在人们的意念上,也是把河水"断开"了。还把"穿越"某种物体称为"绝",如《庄子·逍遥游》:"抟扶摇羊角而上者九万里,绝云气,负青天。""穿越"某种物体,在人们的意念上,也是把这个物体"断开"了。

二、词义语境偏移的现实背景与认知条件

　　词义的语境偏移是语言中存在的客观事实。然而,词义语境偏移的生成,并不是凭空的,而是有一定客观的语言、文化背景和主观的认知条件的。

　　一是语言背景。即词义的语境偏移经常是发生在语义相通或相连

使用的相关语词之间。如人生活困苦往往饥寒交迫,故往往以"贫寒"连言,"贫"与"寒"词义相关,且经常连用,因之"寒"在语境中发生偏移,也具有"贫困"之义。如《史记·范雎蔡泽列传》:"范叔一寒如此哉!"此"寒"正为"贫"义。

二是文化背景。即词义偏移受一定社会文化背景的影响。如"户",本指单扇的门。《说文·户部》:"半门曰户。"而在古汉语中,"户"又有"阻止"义。《小尔雅·广诂》:"户,止也。"《左传·宣公十二年》:"王见右广(春秋时楚国兵制,兵车十五辆为一广),将从之乘,屈荡户之。"杜预注:"户,止也。""户"的"阻止"义从何而来?这须从当时特定的文化背景上去寻索:我国古代社会,"户"(单扇的门)一般为内室之门,在礼教森严的上古社会,内室之"户"是不准外人出入的,故"户"在语境中发生偏移(由指称该事物名称的名词,借用为指称该事物功用的动词),演化出"阻止"之义。

具有某种联系的词义之间发生偏移的可能之所以能变成现实,发生偏移后的词义之所以能够引起读者的共鸣,得到他们的认可,这除了特定的客观背景外,还必须有主观的认知条件。这主要表现为:人类认知的"通感(或称联觉)"功能。即人类将自身不同感官和不同的心理感受加以沟通的功能。其中最主要的是把直接的生理感受和间接的心理感受加以沟通。如"惨"从心,指人在心理上"忧伤"、"凄惨"。《尔雅·释诂》:"惨,忧也。"而在特定语境中,又可以转指人肉体上的"疼痛"。《列子·杨朱》:"蛰于口,惨于腹。"张湛注:"惨,痛也。"人们的"通感"功能将心情上的凄惨和肉体上的"疼痛"联系起来,成为词义偏移的心理基础。在人们的"通感"功能形成的词义偏移中,大量表现为将直观的空间感受转化为非直观的时间感受。因此,在语言交际中用空间词表达时间义的情况尤为突出。如:"处",本指空间,又可以转指时间。柳永《雨霖铃》:"都门帐饮无绪,留恋处,兰舟催发。""远"本指"距离远",又可以转指"时间晚"。司马迁《报任安书》:"夫人不能早自裁绳墨之外,以稍陵迟,至于鞭箠之间,乃欲引节,斯不亦远乎!""浅"本指"水浅",也可以转指"时间短"。司马迁《报任安书》:"又迫贱事,相见日浅,卒卒无须臾之闲,得竭指意。"

人的"通感"功能,还能使词义偏移表现为多向性。如"阳"依《说文》:"高明也。从阜,易声。"(十四篇下)"阳"的意符从"阜",本指高明的地方,即"山南水北"为"阳"。而"山南水北"之所以明亮,是因为"日头"照射的缘故,所以"阳"的词义又转而指"太阳",而且成为它的基本词义。而由于使用语言的人们对这一基本词义的不同体验,形成了许多新的意义:人们感觉到"阳光"是明亮的,因而"阳"有"亮"义。如《诗经·豳风·七月》:"载玄载黄,我朱孔阳。"《毛传》:"阳,明也。"在阳光的照射下,人们感到温暖,故"阳"又有"温暖"义。如"春日载阳,有鸣仓庚。"(同上)《郑笺》曰:"阳,温也。"在人们眼中,"太阳"又是色彩斑斓的,故"阳"又有"色彩鲜明"义。如《诗经·周颂·载见》:"龙旂阳阳。"《毛传》:"言有文章也。"

三、词义语境偏移的历史状况与释义方式

对于词义语境偏移的现象,历来词典编者采取了不同的态度:一种是兼收并蓄,一概收入辞书,如作为古书注解汇集的"雅书"大抵采取这种态度;一种是笼统加以排斥,视之为词的临时义而不加收录。

我们认为,上面两种做法,均有偏颇之处。对于词义语境偏移的现象,必须从其历史上发生和发展的情况,分别加以对待。综合汉语词义语境偏移的表现形式,主要有以下三种类型:

一是偶然使用的词义语境偏移。即在历史上仅有个别和少数用例的词义偏移现象。如"越",《说文·走部》:"越,度也。"其常用义为"度

过"、"跨越"。而《左传·成公二年》:"射其左,越于车下;射其右,毙于车中。"杜预注:"越,队(坠)也。"由于当时的语境是"越于车下",即"越过车厢板而掉到车下",故此处杜预注云:"越,队(坠)也。"此义后世虽有沿用,如明刘基《维泽有蒲》:"人有父母,如日如月。煦之照之,弗陨弗越。"此陨、越互文,也指事物的坠失,但在浩繁的古代文献用例中,终属罕见。又如"得",《说文·彳部》:"行有所得也。"常用义为"得到"、"获得"。而柳宗元《钴鉧潭西小丘记》:"得西山后八日,寻山口西北道二百步,又得钴鉧潭。"郭锡良主编《古代汉语》注曰:"得,得到,这里有'发现'的意思。"因此处所"得"为不可动、不可取的自然之物——西山,在上下文中只能讲为"发现",语义才能贯通。这类词义语境偏移的用例更为少见。这种偶然使用的词义语境偏移现象,往往成为我们阅读文章、译注古书的障碍,应当引起注意,加以研究,并在文献注释中予以说明。但在一般语文词典编写中,尚可不必视为一个独立的义项。

二是断代使用的词义语境偏移。即指词义发生偏移后形成的新义,在某一部文献或某一个时代频繁使用的情况。如:"多",本为"数量多",而在特定语境中产生了"称赞"之义。如《史记·商君列传》:"反古者不可非,而循礼者不足多。"此"多"与"非"(非议)相对,为"称赞"(或"认为好")之义。"称赞"(或"认为好")与"多少"之"多"语义相通而又有别,词义在语境中发生了偏移。此义在汉代习用。又如:《史记·樗里子甘茂列传》:"始张仪西并巴蜀之地,北开西河之外,南取上庸,天下不以多张子而以贤先王。"《汉书·张耳陈馀传》:"张王已出,上多足下,故赦足下。"又如"处",本为"处所"义,而特定上下文中可转指"时间"之义。元稹《鄂州寓馆严涧宅》诗:"何时最是思君处,月落斜窗晓寺钟。"杨万里《儿啼索饭》诗:"朝朝听得儿啼处,正是炊粱欲熟时。""处"均与"时"互文,有其特定的语境提示,"处"作时间解无疑。而"处"的这种语境偏移在唐诗、宋词中屡见,具有时代性。又如:韦庄《浣溪沙》词:"瞥地见时犹可可,却来闲处暗思量。"岳飞《满江红》词:"怒发冲冠,凭栏处,潇潇雨歇。"这种断代使用的词义偏移现象,对于我们阅读古籍和了解词义的历史演变极为重要,虽尚不宜收入一般的普及性的语文词典,而在综合性辞书和相关的断代语文词典中,则应加以收录。

三是长期沿用的词义语境偏移。即词义最初的形成为语境偏移所致,但在后世长期使用,由临时的、灵活的意义,逐渐转化为稳定的、常见的意义。这种词义的语境偏移,已逐渐脱离了语境的制约,成为该词的引申义。如"闻"由"耳闻"义,以通感为枢纽,偏移为"鼻闻"义,而且后世成为该词的主要意义,就属于这种情况。这种词义语境偏移而后世长期沿用,逐渐上升为常用义的情况,毫无疑问,应当收入一般的语文词典。

(原载《河北师范大学学报》1994年第2期)

语文辞书释义方式上的
几个"误区"

提要：本文指出了目前在汉语语文辞书释义方式上，由于将相对问题绝对化所形成的"误区"：其一是释义中不能"包含被释词（字）"的"误区"；其二是释词用语与被释词语词性一致要求上的"误区"；三是所谓"配套词"收录上的"误区"。

一、释义中不能"包含被释词（字）"的"误区"

王力先生《理想的字典》一文在谈到古代字书缺点的时候，曾列举了"注解中有被注字"一条，指出："字典对于每一个字，总该假定是读者所不认识的。若注解中有被注的字，就等于用读者所不认识的字作注，虽注等于不注。""我们要批评的……是注解中杂有本字的情形。"并列举了《说文》中"味，滋味也"、"与，党与也"等字条作为实例。最后又强调说："《说文》这样，犹有可说，因为许氏着重在解释形的方面……至于普通字典，本该着重在义的方面，如果注解中仍有本字，就太违背字典的原则了。"（王力，1945）

王力先生的这种观点是有道理的，在辞书学界也有相当影响。语文辞书释义，在可能的情况下，应当尽量回避原词；但如果将这种看法绝对化，甚至将"释义中包含被释词（字）"的情况同哲学上的循环论证等同起来，那就值得商榷了，在辞书编纂实践中也是难于做到的。

因此,我们认为:

(一)衡量语文辞书释义方法的优劣,只能有一个标准:就是能否让读者准确、简明、深刻地了解被释词的意义。语文辞书的编纂目的,主要是解释语言,而不是解释概念。概念的解释具有唯一性,而语言的解释具有多样性。

(二)王力先生说:"字典对于每一个字,总该假定是读者所不认识的。"这种假定是很难成立的。人们学习语言,首先不是靠字典,而是靠语言实践。没有文化、甚至完全没有语言实践的人,是不可能使用字典的。语言中有些常用的词语,类似自然科学中的公理(即"不需要再加证明的命题")一样,一般不需专门加以注释就可以理解。它们是人们学习语言的基础,也是人们使用词典的前提。

(三)汉语词汇的发展,经历了从以单音词为主到以双音词为主的过程,作为把"以今释古、以雅释俗、以易释难、以单义词释多义词"为基本释义原则的辞书,如果用现代汉语中一个通俗易懂、意义单一的双音词说解语义对应的义多、义晦的单音词,即使包含原词,也应当是允许的。汉语词汇双音化的过程,正是促使词义单一化、鲜明化、准确化的过程,这种释义方法,反映了汉语词义自身发展的规律,是无可非议的。而且,语言中有相当一部分词语,如果排斥以原词派生的同义双音词释义,就很难再找到真正的同义(等义)词,这样就更没有必要因噎废食。

以《现代汉语词典》的释义为例,释义中包含被释词的情况就很常见。如:

光　光大
互　互相
刻　刻薄
格　规格;格式
管　管理;看管

其中也有"包含原词"与"不包含原词"两种释义并存的。如：

奠　奠定；建立

隔　遮断；阻隔

《现汉》中双音词的释义，不回避原词的情况也为数不少。如：

【艰苦】艰难困苦

【简明】简单明白

【刻毒】刻薄狠毒

【雪耻】洗雪耻辱

（四）语言中有一部分词语，如表示性质、状态的形容词和表示时间、空间的副词，具有相对性、模糊性，很难用下定义的方法来解释。如果勉为其难，未必能达到满意的效果。以《现汉》的某些词条为例：

好　(1)优点多的；使人满意的(跟'坏'相对)：好人｜好事｜好脾气｜庄稼长得好。

红　(1)像鲜血或石榴花的颜色。

此处所释"好"的基本词义，恐怕概括得未必恰当。"好"与"坏"相对，是性质问题，而不是优点多与少的问题。以《现汉》自己所举例证为例，"好人"就未必是"优点多的"或"使人满意的"人。此处"红"的释义也有不妥，石榴花的颜色未必是红色，同是《现汉》，在【石榴】词条下就释义说："花红色、白色或黄色。"这显然是自相矛盾的。

（五）考虑语文辞书功能的多样性和使用对象的不同，语文辞书释义应具有多样性。有些词条可同时采用"同义词释义"和"定义式释义"两种方式：从理解语词意义说来，可能"同义词释义"更好些；从认识词语所含概念意义来说，可能"定义式释义"更为实用，两者具有互补性。现代语文辞书(如《辞海》《现代汉语词典》等)在此方面已有很好的经验或尝试，值得认真地总结和研究。

二、释词用语与被释词语词性一致要求上的"误区"

随着语文辞书词性标注问题的提出,人们对语文辞书释义的用语也相应提出了新的要求,这就是释词用语与被释词语词性一致的问题。从语文辞书释义总的原则上讲,这种要求是合理的。不仅标注词性的语文辞书应当如此,不标注词性的语文辞书也应尽量保持释词与被释词语词性的一致。

但如果不区分情况、条件,将语文辞书释词与被释词词性一致这一相对的原则绝对化,势必将辞书释义引入"误区"。如针对《汉语大词典》(以下简称《汉大》)"苍白,灰白色""苍黄,暗黄色"等词条的释义,有人提出批评:"语法常识告诉我们:'白''黄'等属形容词,而'白色''黄色'等是名词。同理,'苍白''苍黄'属形容词,而'灰白色''暗黄色'则是名词,用后者解释前者便有违词性相应的原则。""对于其他表示颜色的形容词,不管是《汉大》还是《现汉》,释义中也都有类似的词性照顾不周的问题。"(徐复岭,1999)应当说,这种批评是有偏颇之处的。

首先是这一理想化的原则并不是在任何情况下都能行得通的。一种语言中真正的等义词很少,特别是词性、词义完全相同的词,为数更少。因此,为了尽可能准确释义,就不可避免地要变换表达方式。

其二,在语言实践中,释词与被释词、指称词语与被指称词语,也不应当有词性完全一致的苛求。朱德熙先生在《现代汉语语法研究》中指出:"我们说动词和名词是不同的词类,可是用来指称动词的名称'动词'本身却是名词";"我们可以用'什么'来指称谓词,但'什么'本身却是名词性的";"'什么'跟它所替代的词语法性质不一定相同"。(朱德熙,1980)

其三,在现代语文辞书中,随着释义准确性要求的提高,用同义词释义的做法相对减少,语文辞书中大量采用的是定义式的释义方式。而定义式本身就是一种将事物概念化、名物化的说解方式。"定义,亦称'界说'。揭示概念的内涵或语词的意义的方法。"(《辞海》1999年版)正如列宁所说:"下'定义'是什么意思呢?这首先是把某一个概念放在另一个更广泛的概念里。"(《唯物主义和经验批评主义》)定义式对动词或形容词的释义,常用表达方式为"……动作(行为等)"或"……样子(景象等)"——释词用语自身名词性,表义结果为动词性。例如:

  冷落 寂静衰败。(对释词素义)
     冷冷清清。(用同义近义词语)
     不热闹。(用反义词的否定式)
     萧条破败的景象。(定义式释义)
  开 不关闭。(有关词语的否定式)
     使关闭的东西舒张分离。(说明词义所包含的动作行为及其关系对象)
     使合拢的东西舒张分离的动作。(定义式释义)
          (符淮青《词的释义》)

从上面的对比中可以看到,定义式释义往往用名词性词组说解动词或形容词。因此,主张追求"释词与被释词词性一致",不应当排除定义式概念化(或名物化)的说解方法。

三、所谓"配套词"收录上的"误区"

从语义场的理论出发,词是具有其自身的系统性的。处于同一相关系统的词,辞书学上称为"配套词"。如表示方位的"东南西北"、"上下左右",表示季节的"春夏秋冬",表示五行的"金木水火土",表示五金的"金银铜铁锡",表示颜色的"红黄蓝白黑"等等。在语文辞书编纂中,出于强调辞书收词上的系统性,避免辞书收词上的随意性的目的,有人提出就某一相关系统的词语说来,如果收录其中的某一个,就应将相关"配套词"全部收录的观点,并在辞书学界有比较广泛的影响。

　　我们认为,强调辞书收词的系统性,注意"配套词"的收录,是有一定道理的,对避免辞书编纂的粗制滥造有积极意义。但是,也不能将问题绝对化。辞书收词,不仅有一个系统性的问题,还有一个实用性的问题,并应尽可能做到系统性与实用性的统一,是否常用也是收词的重要依据之一。"配套词"中不一定每个词都是常用词,根据辞书规模(指大、中、小型)的不同、使用对象的不同,就不一定是"配套词"中的每一个词语都必须予以收录。目前有人批评一些社会公认的优秀辞书对常用词失收,特别是对配套词收录不全。这里,可能是辞书确实存在问题,也可能是由于辞书编者与批评者在理论认识上存在差异。其实,辞书的收词应当从读者的需要出发,在一组"配套词"中,如果都是常用词语(如"东西南北"、"红黄蓝白黑"等),则应当全部收录;如果其中有常用词与非常用词的区别,则应该区别对待:属于使用频率较高的常用词,应当多收;属于使用频率低的非常用词,可以少收或不收。比如:作为"天干"的代表字,"甲、乙、丙、丁、戊、己、庚、辛、壬、癸"可视为一组配套词,对于面向初等文化的小学生词典,"甲、乙、丙、丁"需要收,而"戊、己、庚、辛、壬、癸"就不一定要收。另外,对于见字(语素)明义的双音及多音的常用词,在对语素进行详尽释义之后,也未必一一收录,增加辞书的篇幅与辞书使用者的负担。正确的做法应当是,语素义与词义一致的少收乃至不收,语素义与词义不一致的要尽可能多收。

参考文献

程荣　1999　《汉语辞书中词性标注引发的相关问题》,《中国语文》第 3 期。
辞海编辑委员会　1999　《辞海》,上海辞书出版社。
符淮青　1986　《词的释义》,北京出版社。
符淮青　1996　《词义的分析和描写》,语文出版社。
汉语大词典编辑委员会　1986—1994　《汉语大词典》,汉语大词典出版社。
王力　1945　《理想的字典》,《国学月刊》第 33 期。
徐复岭　1999　《〈汉语大词典〉语法问题指瑕》,《辞书研究》第 6 期。
中国社科院语言所词典室　1996　《现代汉语词典》(修订本),商务印书馆。
朱德熙　1980　《现代汉语语法研究》,商务印书馆。

[本文为国家语言文字"十五"规划项目"辞书编纂与语言文字规范化研究"(编号:YB105-11A)的研究成果之一]

(原载《河北师范大学学报》2003 年第 4 期,此次有改动)

《说文解字》的释字特征

东汉许慎所著的《说文解字》，是我国第一部具有较强科学体系和民族独创风格的字典。至今有很高的学术价值和实用价值，是学习和研究汉语言文字所必备的工具书。然《说文》一书体大思精，且自有其著作体例和一整套析形说义的特定术语，初学者往往难于得其旨奥。本文试图揭示和归纳其在析形和释义两个方面的特殊方式及习惯用语，以便帮助读者更好地阅读、使用和研究《说文》一书。

一、《说文》析形的特殊方式

其一，"从某"非通用偏旁例。

许慎《说文》提出"六书"术语，并第一次明确地阐述了每种造字方法的内涵，而且把它用于《说文》所收汉字的形体分析之中，其创始之功是巨大的。但是，传统的所谓"六书"，不能全部覆盖产生时代不同、来源地域各一的汉字。因此，在分析汉字字形时，许氏也不得不用很多象形符号加以表述。由于汉字字体几经演变，许氏当时使用的许多象形符号，在今本《说文》中往往与通用偏旁相混。这些许云"从某"，实非通用偏旁的字形，需要特别加以注意，以免造成误解。如：

> 熏，火烟上出也，从屮，从黑。屮黑熏象。（一篇下，此依《段注》本）

其中"从屮"之"屮"，像火烟上出之形，并非"艸木初生"之状的偏旁"屮"

字。许慎因其与"屮"形体相似,故列于此。故在"从屮"之下,段玉裁注曰:"象烟上出,此于六书为假借";在"屮黑熏象"下注曰:"此恐学者不达会意,故发明之,曰屮而继之以黑,此烟上出,而烟所到处成黑色之象也。合二体为会意,单言上体则为假借。……故居部末。"段氏牵合"六书",以"会意"解之,不可盲从,然其指明"屮""象烟上出,此于六书为假借",告诉读者许云"从屮",非取偏旁"屮"义,则是难能可贵的。又如:

    曰,词也。从口乙。象口气出也。(五篇上,此依《段注》本)
《段注》:"各本作'从口,乙声,亦象口气出也',非是,《孝经音义》曰:'从乙在口上,乙象气,人将发语,口上有气。'今据正。"段氏所引甚确。《说文》十四篇下:"乙,象春艸木冤曲而出,阴气尚彊,其出乙乙也。……乙承甲,象人颈。"偏旁"乙"字本义作何解,许氏已异说并存,后人又多有新说,至今尚无确诂,但其与"曰"字中"象口气出也"的"乙"并无联系,则是可以肯定的。大徐本"曰"条:"从口,乙声,亦象口气出也"的说解,显然是自相矛盾的。段氏认为:"乙声"为浅人妄加,应当说是持之有故的。此处"从乙",非指偏旁"乙",而是"象口气出"的一个象形符号。

    履,足所依也。从尸,从彳,从夂,舟象履形。(八篇下)
"履"篆文作履形,故许云"舟"象履形。此处所从之"舟",非《说文》中释为"船也"的通用偏旁"舟",而是表示"履"的一种象形符号。

    豆,古食肉器也。从口,象形。(五篇上)
此曰"从口"之"口",也非《说文》中释为"人所以言食也"的通用偏旁"口"(此"口",小篆作吕形,"豆"所从之"口",小篆作口形,形体本不相同),而是表示古代食具的一个象形符号。

    亩,谷所振入,宗庙粢盛,仓黄亩而取之,故谓之亩。从入。回
  象屋形,中有户牖。(五篇下)
此条今本说解有误。"亩"所从之"人",非通用偏旁"人",而是"亩"(今

作"廩")上盖的象形符号。

　　壴,陈乐立而上见也。从屮,从豆。(五篇上)

高亨《文字形义学概论》指出:"壴乃鼓之古文,上像鼓之饰物,中像鼓,下像鼓架。"此与"屮"、"豆"义无关。许云"从屮",非通用偏旁之"屮",而是表示鼓饰的象形符号;许云"从豆",也非通用偏旁之"豆"(古食肉器也),而是表示"鼓"与"鼓架"的象形符号。

　　皃,颂仪也。从人,白象人面形。(八篇下)

此所从之"白",既非释为"西方色也"的通用偏旁"白",也非由"自"字省变的偏旁"白"(如"皆"字所从之"白"),而是表示人面之形的象形符号。

《说文》中此类例证颇多。又如:

　　足,人之足也。在下,从止口。(二篇下)

此"口"为符号,非偏旁之"口"。

　　鸟,长尾禽总名也。象形,鸟之足似匕,从匕。(四篇上)

此"匕"为表示鸟足的符号,非偏旁"匕"(从倒人)或"匕"(从反人)。

　　其二,"形似"非指实物例。

许慎《说文》是一部说解文字的专书,为了说解的简便,自身创制了有关的正字法的术语,其云某形与某形"相似",非指实物,而指字形。于此,我们切不可望文生训,造成误解。如:

　　角,兽角也。象形,角与刀、鱼相似。(四篇下)

此言"角"与"刀"、"鱼"相似,非指角之实物与刀、鱼之实物"相似",而是指小篆中"角"的构形(角),与小篆"刀"(刀)和"鱼"(魚)的上半部构形相似。

　　鹿,兽也,象头、角、四足之形。鸟鹿足相似。(十篇上)

此言"鸟鹿足相似",非指鸟足之实物与鹿足之实物"相似",而是指小篆"鸟"字(鳥)与小篆"鹿"字(鹿),在表示足形时,其文字构形有相同之点。

能,熊属。足似鹿,吕声。(十篇上)

此言"足似鹿",非指"能"之足似鹿之足,而是指小篆"能"(鼸)字和小篆"鹿"(麗)字,在表示足形时,其构形特征相似。

虎,山兽之君,从虍,虎足象人足,象形。(五篇上)

此言"虎足象人足",是指小篆"虎"字(虎)和小篆"人"字(ɿ),在表示足形时,其构形相似。

《说文》中此类说解也为数不少。又如:

麤,豕也。……麤足与鹿足同。(九篇下)

鱼,水虫也。象形。鱼尾与燕尾相似。(十一篇下)

《说文》此种释形术语,后人多有误解。康殷《文字源流浅说》每每讥之痴人说梦。如在"虎"字下说解曰:"许氏曲解作'从虍,虎足象人足……',滑稽可笑——虎足怎能象人足,又何必象人足?"我们认为,许氏这种释形方式有其时代的局限性,确有改进之必要。但今人也不必歪曲前人意旨,妄加指责。世称"五经无双"的许慎,是《说文解字》这部伟大学术著作的编写者,其何以愚钝至此,连虎足和人足都分不清呢?可见,我们今天阅读《说文》,搞清许氏释形体例,正确理解原书说解,是十分必要的。

其三,追求形义密合,释字用语迂曲例。

这也是许氏颇受后人非议的一个方面。但我们不必苛责古人,正确认识《说文》因形说义的方法,准确理解《说文》的字义,倒是我们阅读《说文》的一个实际问题。如:

苗,艸生于田者,从艸,从田。(一篇下)

有人提出责问:怎么艸长在田(耕地)里就叫苗?果真如此,农民还锄地做什么?其实,许氏的说解是为了紧扣字形,推求会意之旨的。虽不够科学、严密,但也不应曲解。且许书中作为部首的"艸"与今含义不同,非仅指杂草,而是草本植物的泛称。

> 畫(昼),日之出入与夜为界。从畫(以下用"画")省,从日。(三篇下)

初读《说文》此条者,往往不明许氏所云为何意。其实,这也是为了贯彻他的以形说义的原则。小篆"昼"(晝)"从画省从日",即将小篆"画"(畫)中的偏旁"田"换成"日"。而"画,界也。象田四界,聿所以画之"。(三篇下)由此,"昼"的形体得以"象日四界"表意,故《说文》以"日之出入与夜为界"释义。说解中贯彻了形义密合的原则。虽然迂曲难读,但也不失为准确。我们知道,"昼"与"夜"是两个相对的概念,其界线是模糊的,也是相对的,非昼即夜,非夜即昼。《说文》释义,注意到这种相对性和模糊性。今天,《新华字典》释"昼"为"白天",虽然简单明了,但从标明字义界线上说,并不十分严格。

二、《说文》释义的特殊用语

《说文》成书于1800多年前的东汉时代,不仅大量被释字是今天难于明白的,其释字用语也存在严重的古今隔膜,需要我们在阅读中加以注意。

其一,是语言的古今隔膜。如:

> 社,地主也。从示土。(一篇上)

今"地主"为一个双音合成词,指封建社会中阶级构成的一种,而《说文》中"地主"为临时组合的两个词,"地"指"土地","主"指"神主"(即用木、石所制的牌位),非今"主人"之意。"社"为"土神";"地主"即"土地之神主",也是"土神"之义。

> 阞,地理也。从阜,力声。(十四篇下)

此所谓"地理",非今指"自然环境及社会经济情况"的双音合成词"地理",而是指"土地之纹理"(即"地脉")。《说文》六篇上:"朸,木之理也";十一篇上:"浬,水石之理也",表达形式与此条有别,而所表之义相类。

　　要(𠾃),身中也。(三篇上)
今言"身中",意同"身上","中"表方位;而《说文》此条,"身中"意为"身体的中间部分",是个偏正结构(定语+中心词)的词组,"要"(像人两手叉腰之形)即"腰"之本字。

　　语言的古今隔膜,不仅表现在《说文》中两个单音词的临时组合,往往会误解为今天的双音词,还表现在古今词义的巨大变化上。如:

　　吐,写也。从口,土声。(二篇上)
此"写"即今之"泻"字。今天别人呕吐,你说他"泻了",肯定会挨骂的。现代汉语中,"吐"是从口中出,"泻"是从肛门中出,区别是非常严格的。而在《说文》的写作时代,"写(即'泻'),置物也"(七篇下),"凡倾吐曰写,俗作泻"(《段注》),释词"写(泻)"的词义比今天宽泛得多。对此,我们绝不能以今律古,作出错误的理解。

　　甜,美也。从甘,从舌。(五篇上)
孤立的"美",今天一般作"貌美"解;而《说文》此处"美"作"味美"解,是"美"在古汉语中的常用义。

　　语言的古今变化,不仅表现在词义上,还表现在语法上。古人的语法观念是模糊的,因而词的兼类现象和活用现象十分突出。这也是我们阅读《说文》时应当了解的。如:

　　龂,口张齿见(xiàn)。从齿,只声。(二篇下)
有人将"张"和"见"误解为今天的动词,释为"口一张开牙齿就看见了"。除了没有长牙齿的小孩和牙齿已经脱落的老人,有谁不是一张开口就看见了牙齿呢? 这种说解,使人莫明其妙。其实,这里的"张"和"见"都是形容性、描述性的词语,"口张"和"齿见"并列,指人的"口是咧开的","牙是龇着的",形容人的面目丑陋,如今"龇牙咧嘴"之状。

帚，糞也。从又持巾扫门内。（七篇下）
此处"糞"为"扫除"义，释词为动词；而"帚"为"扫帚"义，被释词是名词。两者意念相关，而词性各一。这表明古人没有明确的语法观念，释词用语上有疏漏，但我们不应当由此而错误地理解字义。

　　此外，古今在语言的运用上，还有不同的习惯，这也体现在《说文》的字义说解之中。如：

　　特，朴特，牛父也。

　　牡，畜父也。（均见二篇上）

　　雄，鸟父也。（四篇上）

"父"今均指人，一般不能指牲畜。"牛父"应作"公牛"，"畜父"应作"公畜"，"鸟父"应作"雄鸟"。《说文》用语与今天习惯不同，也应引起注意。

　　其二，是观念的古今隔膜。汉字具有以形表义的特征，而这种形义关系的建立是与当时人们的思想观念紧密相关的。而随着历史的发展，古人当时的观念已鲜为人知，这也是《说文》难读的一个原因。如：

　　相，省视也。从目，从木。易曰：地可观者莫可观于木。（四篇上）

"相"之义为"省视"，为什么"从目从木"？这种形、义联系今人已难于知晓。《说文》所引《易经》上的话，给了我们启示，其意是地上最可以观看的是树木，所以表示"省视"的"相"字"从目从木"。甲骨文字的发掘和考释，使人们对"相"字的形义关系作出了新的探索。甲骨文中"相"字有𣊡这样一种形体，"目"在"木"之上，取人在树木之上，看得远、看得清楚之意。这是一个很容易为人接受的说解。但甲骨文中，也有"目"在"木"侧，乃至于"目"在"木"下的字形㕣。因此，《说文》依《易经》所反映的古人观念进行字义说解，至今尚未失掉其存在的价值，而且值得我们进一步探讨。

思(㞢),睿也。从心,从囟。(十篇下,此依《段注》本)

"囟"像脑盖之形。古人对人体的功能缺乏准确的认识,并不知道人用大脑思维,而以为人的思想是从心中发出,由头盖骨冒出来,故"从心从囟"会意。正确认识"思"的形义关系,也要有对前人观念的正确理解。

其三,是社会背景的古今隔膜。语言的内容(字义)是社会生活的反映。社会背景往往与字义的形成有关,也是我们今天认识字义的线索。社会背景的不同,也会形成阅读《说文》的障碍。如:

媾,重婚也。从女,冓声。(二十篇下)

今"重婚"为法律用语,指"已有配偶者而又同别的人结婚或无配偶者与已有配偶的人结婚"。在现代中国,这是一种违法行为。而在古代封建社会中,社会背景与今不同,有钱人一夫多妻为正常现象。"重婚"是指"重叠交互为婚姻"(《段注》),即所谓交互联姻,两家彼此通过婚姻关系结成亲戚。这在以宗法关系为基础的封建社会中,确是一种常见的社会现象。社会背景不同,赋予词语不同意义。这也是我们阅读《说文》时应当克服的障碍。

奔,走也。从夭,贲省声。(十篇下)

此条《说文》析形有误,其言"贲省声"不可信。金文中"奔"作𢍏,上部像挥动双臂跑起来的样子,下面是三只脚,表示跑得很快,字之本义为"快跑"。但我们却可以提出这样的疑问:三只脚为什么就能表示"快跑"之义?这也需要从社会背景上加以理解。此处"三"言其多,表示"众人",则"奔"有"众走"、"群走"之义。在以现代生产方式为基础的社会里,人们的集体活动是非常之多的,人们很难理解"众走"、"群走"同"快跑"之间的联系;而以一家一户个体劳动的生产方式为基础的中国古代社会则不然,只有行军打仗才"众走"、"群走",而行军必须是"快跑"的。这样在"众走"和"快跑"之间就建立了一种必然性的联系。故"奔"字以三

"止"(即足)——"众走"表示"快跑"之义。这种情况,离开了对社会背景的回顾和考察,人们很难认识汉字形义之间的联系。

(原载《辞书研究》1992 年第 1 期)

词义的系统性、两重性与辞书编纂

词义是词所表达的内容。词义随着社会生活的发展,适应人们交际的需要,按照本民族的心理习惯和语言特点,而不断发展变化,由此而形成"一词多义"。同一个词的各个引申义之间,是有其内在联系的,而这一词义的引申系列又是同其他的词语(同义词、反义词、同源词等)密切相关的。这种词义纵横交织的联系,就形成了词义的系统性。此外,同一个词,在贮存状态和使用状态中,又形成其概括与具体、确定与灵活的两重性。词义的系统性和两重性,是我们在词汇研究和词义解释中应当特别注意的,正确认识和处理这两方面的问题,对搞好辞书编纂具有重要的意义。

一、认识词义的系统性,注意"纵"向联系释义和"横"向比较释义

(一)注意词义"纵"的联系,解释词义做到以简驭繁。

搞清楚多义词各个义项之间的内在联系(即词义"纵"的联系),提纲挈领地把握词义,防止孤立说解,罗列义项,挂一漏万,是按照词义系统解释词义的一个重要方面。

我国传统词汇研究非常重视"一词多义"的内在联系。清代段玉裁的《说文解字注》(以下简称《段注》)在说解词义时,对词义的内在联系,

探讨精微,说解详密,对我们今天研究词义的系统性,很有启发作用。例如:

  豫 《说文》:"象之大者。……从象,予声。"

  《段注》:"此豫之本义,故其字从象也。引申之,凡大皆称豫。……大必宽裕,故先事而备谓之豫,宽裕之意也。宽大则乐,故《释诂》曰:豫,乐也。"(九篇下459页,上海古籍出版社1981年版,下同)

《段注》首先根据《说文》对字形的分析,指明"象之大者"是"豫"的本义;又从本义出发,根据古代文献中的用例,说明"凡大皆称豫"→"宽裕"→"先事而备谓之豫"→"乐"等各个引申义及其相因关系。《段注》对多义词各个义项之间内在联系的分析,使人感到合情合理。

继段玉裁之后,朱骏声《说文通训定声》对一词多义现象的研究也很有成就。他对词义条分缕析,使多义词各个义项之间的关系井然有序。

我们今天应当如何学习传统词汇研究中探求一词多义内在联系的方法,改进词义解释工作呢?

目前通行的辞书中,因对一词多义内在联系缺乏分析而造成义项排列零乱的情况,是存在的,例如《辞海》"利"条共列举七个义项,其中除⑥⑦两义项为"假借"外,其他五个义项的排列是这样的[①]:

  "①利益。与'弊'、'害'相对。②富饶。③顺利。④锋利。与'钝'相对。⑤利润;利息。"(例证从略)

这种排列,使人很难看清"利"的各个词义之间的有机联系及其发展脉络。

再看《说文》及《段注》对"利"的说解:

  利 《说文》:"銛(xiān)也。刀和然后利。从刀,和省。《易》曰:利者,义之和也。"

《段注》:"銛者,臿属。引申为銛利字,銛利引申为凡利害之利。……又引《易》说从和省之意,上云刀和然后利者,本义也;引《易》者,引申之义也。"(四篇下 178 页)

《段注》对"利"的词义发展脉络讲得非常清楚,"利"的意符从刀,其本义为一种"锋利的器具",由此引申出"锋利"之义;"声和则刀利,义和则有益"(段玉裁语),由此又引申出"利益"之义。依照《说文》和《段注》对"利"的词义联系的说明,"利"的词义发展线索可以用下图表示:

锋利→顺利→利益→富饶
　　　　　　└→利润、利息

这样理清一词多义的内在联系,不但可以更加深刻地理解整个词义,也便于提纲挈领地掌握词义。

(二)认识词义"横"的联系,注意比较释义。

我国传统的词汇学很早就注意从同义词、反义词、同源词等的比较中研究词义。传统训诂学中的"互训",其实就是用同义词说解词义;"反训",其实就是通过反义词说解词义;"声训",往往是通过同源词说解词义。词义是词的内容,是社会生活的反映,其本身不是孤立的,只有在与同义词的类比中,与反义词的对比中,与同源词的联系中,才能更加深刻地理解和说明它。这种从词义"横"的联系研究词义的做法,是我国传统语言研究的重要方面,无论在方法上和结论上,对我们今天的词义研究都有借鉴作用。

首先,是通过同义词的类比研究词义。通过对意义相同或相近的词语进行辨析,可以认识其词汇意义、感情色彩、使用条件等方面的区别与联系。如:

艳　《说文》:"好而长也。"

《段注》:"《左传》两言'美而艳',此艳进于美之义,人固有美而不丰满者也。"(五篇上 208 页)

此例分析了"美"与"艳"两个同义词意义程度上的细微区别,可谓恰到好处。历来注解以"美"训"艳",而《左传》"美而艳"之意不得其解。《段注》把"艳"解为"丰满",与字形("艳"从"丰","丰",大也)和经传用例吻合。

见 《说文》"视也。"

《段注》:"析言之有视而不见者,听而不闻者,浑言之则视与见、闻与听一也。"(八篇下 407 页)

《段注》此例用同义词类比、相关词对举的方法,同时说明了两对同义词意义上的区别,言简而意明,对我们今天说解词义很有启发。

其次,是通过反义词的对比研究词义。《段注》研究与对比反义词,有助于我们加深对词义的理解。例如:

廉 《说文》:"仄也。"

《段注》:"此与'广'为对文,谓逼仄也。廉之言敛也。堂之边曰廉。……引申之为清也,俭也,严利(即'厉')也,许以仄晐之。"(九篇下 444 页)

"廉",文献中常见的是其引申义,其本义已罕见。因而《说文》"廉,仄也"的说解为许多人所不知。《段注》用反义词"广"与之对比,使人们清楚地理解了"廉"的本义。

同时,通过反义词对比,还有利于同义词的比较辨析。《段注》对于容易混淆的同义词,往往通过对照其反义词来加以区别。如:

丧 《说文》:"亡也。"

《段注》:"亡非死亡之谓,故《中庸》曰:事死如事生,事亡如事存。"(二篇上 63 页)

这里,通过"生"与"存"之别来对比"死"与"亡"之异,使人们对二者的区别一目了然。

再有,是通过同源词的分析,探讨词与词之间的内在联系,深刻地理解词义的由来及其孳生演变。如：

毒 《说文》："厚也。"

《段注》："毒,厚叠韵,三部、四部(指段玉裁古韵十七部的第三、四部)同入也。'毒'兼善恶之辞,犹'祥'兼吉凶,'臭'兼香臭也。《易》曰：圣人以此毒天下而民从之；《列子》书曰：亭之毒之。皆谓厚民也。毒与竺、笃同音通用。《微子篇》：天毒降灾,《史记》作'天笃'。"(一篇下22页)

"毒",其本义为"厚",既可以指恶,也可以指善,是个中性词。而"毒"在今天的常见义是"毒害",是个贬义词。人们一般只知其今义,不知其本义。《段注》开头说解其本义,又举出《易》、《列子》等书的具体用例为证,这当然是不容置疑的。但若仅止于此,人们总还是知其然而不知其所以然。《段注》紧接着指出"毒"与"竺"、"笃"同音通用,三者最初意义相通。而三者中"笃"作"厚"讲的词义至今保留于现代汉语中,"毒"自然也当有"厚"义。这样,人们对"毒"作"厚"解的词义由来,也就心领神会了。

二、认识词义的两重性,分清综合
释义和随文释义

(一)注意词义的概括与具体的两重性,突出辞书释义的概括特征。

我国传统词汇学说解词(字)义的著作分为两个系统：一个是以《说文》为代表的系统,从本义出发说解词义；一个是以《尔雅》为代表的系统,收集、归纳经传中随文释义的注解而编辑成专书,对词的本义、引申义不加区别。段玉裁注《说文》已注意到这种区别,反复强调："字书与说经有不同"(八篇上"艮"条注,385页),"凡说字必用其本义,凡说经必因文求义"(九篇上"鬐"条注,426页)。近人黄侃进一步发挥《段注》

的论点,用"独立之训诂与隶属之训诂"、"说字之训诂与解文之训诂"这样两对概念划清了二者的界线,而且指出:"独立之训诂,虽与文章所用训诂不相应可也",而隶属之训诂"于义界与义源往往不分"。"小学之训诂贵'圆',而经学之训诂贵'专'"②。黄侃这里所说的"圆",即指词的最概括的意义;所说的"专",即指词在具体上下文中的意义。我国传统语言理论的这些观点同现代语言学理论是不谋而合的。现代语言学理论十分注意词义概括与具体的两重性。列宁曾经在《哲学笔记》中就概念与词的问题说过"思想和词表明一般的东西"。法国语言学家房特里耶斯在《语言论》中则说:"确定词的价值的,是上下文。"前者指词义概括方面,后者表述词义的具体方面。

《段注》及我国传统语言学其他著作中关于词义概括性和具体性的论述,在今天的词义研究中具有重要的意义。因为这个道理至今似乎还没有得到词义研究的充分重视,还很少看到把它贯彻到词义研究中去。辞书收集的是贮存状态的词,辞书的编写应当从词义概括性与具体性的统一出发,突出词义的概括特征。而有的辞书简单地把古籍中随文释义的词义说解列为义项,以致发生解释累赘而眉目不清的状况。这不仅造成词义系统的零乱,也给使用这些工具书的人带来不少困难。如杨树达所著《词诠》与裴学海所著《古书虚字集释》,集前辈学者虚词研究之大成,其价值和功绩是无可否认的,但在释词方法上,却很有值得改进的地方。其中许多常用虚词所列义项达二三十种之多,有些义项完全是随文释义所得。如《词诠》"於"条列举十七种介词用法,其中许多义项,词义和词性都没有发生变化,在辞书中完全可以合并。王力先生在《训诂学上的一些问题》中指出:"那是用现代汉语翻译后所得的幻想,实际上是不会这样复杂的。"这个批评是非常中肯的,很值得人们深思。

在研究词义概括性与具体性的关系的时候,我们还发现,对于一些广义词,尤其是一些意义非常广泛的动词(如"作"、"为"、"搞"、"打"等),仅靠列举义项,恐怕很难全面地、准确地概括词义。这是多年来辞书的编者和读者都时常遇到的一个棘手的问题。因此,我们认为:列举义项不应该是辞书编写的唯一方式。根据我国传统词汇研究的做法和经验,可以采用词义发展线索的综合说明与列举代表性义项相结合的方式来说解广义词。

就拿"为"(wéi)这个广义动词来说,其基本意义是"劳作",由此引申出"做"的词义,又进而引申出"作为"、"成为"、"叫做"、"是"等意义。其中"为"当"做"讲的词义含义非常广泛,在具体上下文中表示的意义比较具体,可以讲为"治理"(《论语·先进》:"为国以礼。")"医治"(《左传·昭公元年》:"疾不可为也。")"学习"(《论语·阳货》:"女为《周南》《召南》矣乎?")"煮"(《论语·微子》:"杀鸡为黍而食之。")"解释"(《孟子·告子下》:"固哉高叟之为诗也!")"准备"(《左传·隐公元年》:"不如早为之所。")"制造"(《易·系辞下》:"结绳而为罔罟。")等,但不能认为这些就是"为"的确定义项。因此,广义词的各种用例没有必要也不可能完全列入辞书中去。《中华大字典》用了冗长的篇幅却未能全面地概括出"为"的词义,正是这个道理。为了言简意赅地诠释广义词,我们在解词义时,一方面应该列举能反映词义发展的从本义到引申义的各代表性义项,一方面应该对某些义项使用的广泛性加以必要的说明。比如,对"为"的动词用法,大体可以这样进行释义:

为(wéi)

①依甲、金文形体,"为"似手牵象,表示"役象以助劳",最初是"劳作"之义。

②引申为"做"。其用法十分广泛,在具体上下文中可以释为表示具体或抽象行为的许多动词意义。如"制作"(《战国策·齐策》:"王使人为冠。")"治理"(《论语·先进》:"为国以礼。")"医治"

(《左传·昭公元年》:"疾不可为也。")等。

③引申为"成为"。《诗·小雅·十月之交》:"高岸为谷,深谷为陵。"

④引申为"以为"。成语"指鹿为马"。

⑤引申为"叫做"。《庄子·逍遥游》:"北冥有鱼,其名为鲲。"

⑥是。《论语·为政》:"知之为知之,不知为不知。"

《中华大字典》"为"的动词意义列举三十七个义项,连同说解共用五百六十九字;而本文上面仅列六个义项,连同说解仅用一百六十四字。由于说解中尽可能照顾到词义概括与具体的两重性,字数虽然减少了,对词义的概括却似乎全面些。

(二)注意词义的确定性与灵活性,认识词义使用中的多变特征。

上面讲的概括性和具体性,都是指词语比较稳定的意义,有其客观性和确定性。但是,词义在使用状态中,又是多变的,具备特有的灵活性,在具体语言环境中,可以产生与其本来词义相关的临时性的特定意义。如《诗经·鄘风·载驰》:"视尔不臧,我思不远。"这里的"远",意为"错"。"远"作为单独的一个词,不能解为"错"义,这里的"臧"对举,在具体语言环境中产生了临时意义。又如《韩非子·五蠹》:"其商工之民,修治苦窳之器。"依王力主编《古代汉语》的注释,这里的"苦"意为"粗劣"。这也是词在具体语言环境中的临时意义。当然,词义的确定性和灵活性是对立统一的,词的这种临时意义是同其确定词义相关的。

词义的灵活性还表现在词义的时代特征上。每个词都有其词义发生、发展的系统;但是,这个词义系统并不是从来就有的,也不是至今完整地保存在现代汉语之中的。具体到某一个时代,一个词总有其常见的、特定的意义,这就是词义的时代性。我们坚持在具体语言环境中说解词义,必须有历史的观点,注意词义的时代特征。认识词义的时代性,首先要分清古代汉语与现代汉语词义的区别。但仅仅做到这一点还是不够的。正如《段注》所说:"古今无定时,周为古则汉为今,汉为古则晋、宋为今。"(三篇上"谊"条注,94页)词义的古今是相对的。我们要深入理解词义的时代性,必须具体地研究每个词在不同时期(当然只能是大略的时期)的具体用例。

  僅　《说文》:"材能也。"

  《段注》:"材今俗用之纔字也。……此作材,材能言仅能也。《公羊传·僖十六年》曰:是月者何,仅逮是月也。……唐人文字,仅多训庶几之几,如杜诗'山城仅百层',韩文'初守睢阳时,士卒仅万人',……于多见少,于仅之本义未隔也。今人文字皆训仅为但。"(八篇上374页)

这里,"仅"的常用词义是"言其少",作"只"、"才"解,这是古今一致的;而在唐代诗文中,"仅"(音 jìn)还可以"言其多",作"几乎"、"将近"解。我们必须深入研究词义的时代特征,才能准确地说明具体语言环境中的词义。

附　注

①《辞海》,上海辞书出版社 1979 年版。
②黄侃《文字声韵训诂笔记》,上海古籍出版社 1983 年版。

(原载《辞书研究》1985 年第 1 期,与宋永培合写)

辞书学的广义与狭义

辞书学同与之具有天然联系的语言学到底是什么关系？在学科分类中,辞书学属于哪一个层次？这是目前我国辞书学界所关心的问题。对此,不少人存有这样一种两难心态:有的同志对辞书学是语言学的一个分支、隶属于语言学这一见解不大同意,认为专科词典、百科全书和综合性辞书的编纂工艺,确实不能完全包容在语言学之中;有的同志对辞书学已经从语言学中分离出去、成为一门独立的新兴学科这一见解感到难于接受,认为辞书学以"辞(词)"为研究对象,与语言学有着千丝万缕的联系,不能同语言学分庭抗礼,在学科的分类上划到同一层次。

这种无所适从的两难心态,根源在于"辞书"一词内涵的模糊性和"辞书学"概念的两重性。

一、"辞(词)"的多义性和"辞书学"的两重性

中国古书注解著作最早的术语——"传"具有两种含义:一类是从内容上解释经文的"传",如"春秋三传";一类是从语言上解释经文的"传",又称为"诂训传",如《毛诗诂训传》(简称《毛传》)。与此相似,语言中的"辞(词)"也有两种不同的含义:一种是语言学的"词",即具有形、声、义和语法功能,能够独立运用的语言组织中的基本单位,它包括语言的内容、形式及其相互关系;一种是文化学的"词(辞)",即哲学上的概念,也就是中国古代所谓的"名"(《墨子·小取》:"以名举实,以辞抒

意,以说出故"),它包括客观事物的实体、概念及其相互关系。

"辞(词)"一词的多义性,不仅古今相承,而且中西皆然。中国早期的辞书——《尔雅》、《释名》等,都不是单纯的语文词典。《尔雅》一书今本凡十九篇,除前三篇(《释诂》、《释言》、《释训》)外,都是解释各种名物的,相当于后世的百科辞典。它所解释的对象,不仅是语言学上的"词",还包括文化学和哲学上的概念。"综合辞典"和"百科辞典"的名称也早为西方的辞书编纂者所使用。1876年和1879年,法国先后出版了《十九世纪万有大辞典》和《法文综合词典》。书中对普通词语和专有名词、专科术语,分别采用了"语词性解释"和"百科性解释"。

正是"辞(词)"一词的多义性,形成了"辞书"和"辞书学"的两重性。一种是狭义的"辞书"和"辞书学"。狭义的"辞书",即指语文词典(包括字典)。其解释的对象,是语言学上的"词"和"语",即普通词语;其解说的方式,是从语言角度来说明这些词语的含义,即"语词性解释"。狭义的"辞书学",以研究语文词典的编纂理论和编纂工艺为任务,它的性质归根到底是如何正确理解语言。它可以成为一门独立的学科,但在大的学科分类中,仍然属于语言学的一个分支。狭义的"辞书"——即语文词典,属于语言学著作,以编纂语文词典为目的的狭义辞书学,隶属于语言学。另一种是广义的"辞书"和"辞书学"。广义的"辞书",指专科辞典、百科全书和综合性辞典,本文统称之为知识性辞书。它研究和解释的对象,不是语言自身,而是以语言为载体的各种概念和知识;其解说的方式,是"术语的释义而不是语词的释义"(《不列颠百科全书·序》),除了说明词的含义之外,还要揭示它的科学内容,即"百科性解释"。编纂这种知识性辞典,就不能不同相关的学科发生联系,并把它们作为研究的对象。其实,这种知识性辞典,有人也称之为"××知识手册"、"××常识"、"××名词解释"等,已远不是传统意义上的"词典"。以编纂知识性辞典为目的的广义"辞书学",其研究的对象和任务,已经远远超出语言学的范畴,属于一种综合性、边缘性、实用性的学科,属于文化学的领域。

当然,这里还要说明一点,近年来出版界出现的"辞书热"中,也存在一种乱用"词典"名称的偏向。有些本来属于文学作品赏析和简介的著作,也冠以"词典"之名。众所周知,辞书是工具书的一类,辞书与工具书之间是不能画等号的。时下以"词典"命名的书,不一定都是真正的"辞书"。这种名不副实的情况,是应当排除在"辞书"和"辞书学"研究对象之外的。

二、学科分类中内容与形式的统一

胡明扬等同志在《词典学概论》中说:"由于历史上一开始以及在很长一段时间里出现的词典绝大多数是语文词典,所以词典学最早只是语言学一个分支。就语文词典而言,它在编纂工作中所遇到的一系列重大原则问题,确实都同语言学有紧密的联系。""但是现代的词典编纂早已不限于语文词典,各种各样的词典相继出现,迫使词典学要从语言学中脱离出来成为一门独立的科学。"就其对辞书学脱离语言学而形成独立学科的历史原因的分析而言,这段论述未必严谨、全面,但却不无道理。徐庆凯同志则认为:"词典学和哪些学科发生联系是一回事,词典学是否从语言学中分化出来则是另一回事。……分化的根据在于研究对象的特殊性和学科的发展程度。"(《辞书研究》1989年第2期第54页)

我认为,上述两种看法,均有偏颇之处。其不妥之处在于将辞书学从词汇学中分化出来形成独立学科与辞书学脱离语言学而与之处于同一层次这样两个不同的问题混淆在一起了。

学科的划分,必须坚持内容与形式统一的观点。在中国传统词义研究(即所谓"训诂学")中,语文词典与古书注解相对,形成通释词义和随文释义两种不同词义说解方式,应当说它仍属于词汇学(词义学包括在广义的词汇学之内)的范畴。正是由于其"研究对象的特殊性和学科的发展程度",使之逐渐脱离词汇学而成为语言学中的一个独立的学科。但是,如果没有辞书范围的扩大,如果仅限于语文词典的编纂,仅与语言学一个学科发生联系,那么,不论其研究对象如何特殊,学科发展程度如何完整,都只能是语言学的一个分支。大家知道,早期的语言学主要是研究词义,曾经包容在哲学之中,如果没有研究领域的扩大(即对语音、语法、构词、文字等多方面的研究),它就不可能从哲学中分离出来。同样地,辞书范围的扩大,便使辞书学成为一种以语言学为基础的、涉及多学科的边缘性、综合性学科,这确实是辞书学超越语言学的范畴而上升到同一层次的决定性因素。

事实上,辞书编纂理论与编纂工艺都不是抽象的、纯形式化的,它同相关学科有密切关系。不可能设想,一个对语言学没有深入造诣的人,能够创制和完成语文词典的科学编纂工艺;同样,更不可能设想,对哲学、物理学等学科没有深入研究的人,能够创制和完成相应专科词典的编纂工艺。同样是语文词典,不同民族语言的编纂工艺也大有不同。评价一部辞书的优劣,核心是内容的处理,其次才是形式的编排。而对一个学科没有深入研究的人,是不可能正确处理本学科辞书的内容的。专科辞典的内容处理,不是与辞书学无关的东西,而正是辞书学研究的对象之一。

三、认识辞书学学科分类两重性的重要意义

认识"辞书"和"辞书学"含义的二重性,不仅可以客观地、科学地说明辞书发展的历史事实,而且对于促进辞书学理论的发展,提高辞书编

纂质量,有重要的现实意义。

认识狭义"辞书学"(即语文词典的编纂理论和工艺)是语言学的一个分支,一方面可以把语文辞典的编纂建立在对语言学、特别是词汇学的深入研究的基础上,编写出高质量的语文词典,而在目前,这是语文词典编纂中一个亟待解决的问题。词汇理论研究滞后,而词典编纂过多、过滥,是目前语文词典编纂工作中的一个主要倾向。吕叔湘先生在《辞书研究》1984年第1期发表的《大家来关心新词新义》一文中指出:"以现代词语为主要对象的词典为数不少,可是除《现代汉语词典》还做了点研究工作外,别的中、小型词典(字典)都只在编排上用心思,在收罗词汇和分析词义上都没有下多大工夫,这是极不应该的。"吕先生的话,可谓一语破的,切中当前辞书编写工作的"时弊"。出现这一问题,原因之一是"辞书"理论认识上的模糊。另一方面,任何一种辞书,都必须以语言学为基础,在语言运用上应有不同于论文的特殊要求,在客观、科学、准确、完整、简明、通俗上提出明确的要求。

认识广义的"辞书学"(即专科辞典、百科全书、综合性辞典等知识性辞书的编纂理论和工艺)已经超出语言学的范围,在新的学科层次上形成一门独立的学科,就可以使我们不断大胆开拓辞书编纂领域,丰富辞书编纂理论,因科制宜地制定辞书编纂工艺,把不同类型辞书的内容和形式科学地统一起来。

(原载《辞书研究》1990年第4期)

辞书的现实功能与潜在功能

作为文化载体的辞书同其他书籍相比,具有信息量大、读者范围广、流传历史久的特点。古往今来,一些优秀辞书的价值和功用往往是多方面的,甚至可以超出编写者的预料之外;而其对后世的影响又往往是难于估量的。这种现象,体现了辞书的潜在功能,体现了辞书功能(现实功能和潜在功能)的两重性。

一、辞书功能的两重性

我们这里所说的辞书的"现实功能",是指一部辞书所具有的为编写者始料所及的功能,这种功能,一般体现在该书的"编写说明"之中;这里所说的"潜在功能",是指辞书在其产生时代及后世体现出来的在辞书编者预料之外的(或并非完全自觉实现的)功能。

一般来说,现实功能是辞书所共有的。除那些粗制滥造的伪劣辞书外,只要是从社会需要出发,按照科学体系编排的辞书,都具有现实功能。而辞书的潜在功能却不是所有辞书都具备的,它往往是那些传世的优秀辞书的重要标志。

辞书现实功能与潜在功能的两重性,首先体现在共时层面上,即体现于辞书产生的那个时代本身。一部优秀的辞书,即使在它问世的时代,其所具有的功用,也未必都是编写者所始料的(或者说不完全是自觉地、有意识地实现的),这就体现了辞书的潜在功能。

以中国社会科学院语言研究所编写的《现代汉语词典》为例,在词典《前言》中,编者对这部词典的功能作了确切的说明:"这部《现代汉语词典》是以记录普通话词汇为主的中型词典,供中等以上文化程度的读者使用。""这部词典是为推广普通话、促进汉语规范化服务的,在字形、词形、注音、释义等方面,都朝着这个方向努力。"

对于广大使用这部词典的人说来,其现实功能也确是这样。

但除了上述现实功能之外,还有潜在的功能。

由于这部词典是按照现代汉语普通话的用词范围(当然也包括部分至今有生命力的古语词和常见的方言词)进行收词的,而且是反映规范的现代汉语读音的,现代语言学者就通过对《现代汉语词典》所体现的语音系统进行归纳,大体上总结出现代汉语普通话语音的声母系统、韵母系统、声调系统及声、韵、调的搭配规律,成为研究现代汉语语音体系的重要依据。有人还依据《现代汉语词典》的《音节表》,归纳出现代汉语普通话的 1332 个音节,并同《广韵》所代表的中古语音加以比较,说明汉语语音简化的趋向。(见郭良夫《词汇》,商务印书馆 1985 年版,67—68 页)这些,显然已经超出辞书的一般功用,属于潜在功用的范畴。

另外,由于《现代汉语词典》采用了比较科学的方法,准确地对词语进行释义,现代辞书学者就凭借对它的词条释义的分析、归纳,总结出现代汉语语文词典释义的规律,丰富了现代辞书理论。(详见符淮青《〈现代汉语词典〉在词语释义方面的贡献》、韩敬体《论〈现代汉语词典〉释义的一般原则》,均载《辞书研究》1993 年第 5 期)正如鲍克怡先生在《现代汉语工具书的代表之作》一文中所指出的:"此后问世的许多中小型词典都程度不同地受《现汉》的影响,《现汉》已经成为编写汉语词典的不可缺少的重要的参考书,因此它实际上已处在'母本'词典的地位。""迄今为止尚无一部词典能取《现汉》而代之,并且在可以预见的未来恐怕也还难有敢于向它挑战者。"(见《辞书研究》1993年第5期)——这也体现了这部词典的潜在功能。

辞书的潜在功能,更主要的是表现在历史层面上,即表现在其于后世产生的价值和影响上。一部优秀的辞书,往往不仅可以服务于当世,还可造福于后人,乃至为学术的发展和新说的创立提供契机。

如隋代陆法言等人所编的《切韵》和宋代陈彭年等人奉诏编制的《广韵》,是按韵部的次序编排的字典。就当时来说,就是要为诗人作诗用韵确立一个原则,并作为科场取仕的规范。正如《切韵·序》中所说:"以今声调既自有别,诸家取舍亦复不同,吴楚则时伤轻浅,燕赵则多伤重浊,秦陇则去声为入,梁益则平声似去……欲广文路,自可清浊皆通;若赏知音,即须轻重有异。……遂取诸家音韵,古今字书,以前所记者,定之为《切韵》五卷。"而在后世它的功用却远远超出了这个范围:它们不仅成为我国古代韵书的定型之作,被后人奉为韵书编写的楷模;而且保留了中古(隋唐时代)的语音系统,成为人们研究中古语音的重要资料。在汉语语音研究中,它们还是上溯古音(上古语音),下联今音(近、现代语音)的阶梯,成为建立汉语语音史的重要依据。

有些经典性辞书的潜在功能,远远超出其当时的价值。如:东汉许慎著《说文解字》,其当时的目的,在于说字解经。这一点,许慎《说文解字·叙》中讲得非常明白:"盖文字者,经艺之本,王政之始,前人所以垂后,后人所以识古。故曰'本立而道生','知天下之至啧而不可乱也'。""今五经之道昭炳光明,而文字者其本所由生。自周礼、汉律皆当学六书贯通其意,恐巧说邪辞使学者疑。慎博问通人,考之于(贾)逵,作《说文解字》,六艺群书之诂皆训其意。"而其在后世的价值和功用,是许慎当时所不能预料的:《说文》始创了以"六书"分析汉字,以字形为统摄,形、音、义综合研究的方法,揭示了汉字的形声系统,成为我国第一部分析字形、考究字源、说解字义、辨识读音的字典,创立了汉民族风格的语言文字学,成为汉语文字学研究中必不可少的公认的经典著作。这种巨大的潜在功能是许慎没有、也不可能预料到的。

二、潜在功能的大小与辞书的编者

人类对世界的认识是有一个不断深化的过程的,实践过的事情不一定当时就能够完全理解它,科学地认识它。因此,一部忠实于历史、忠实于现实、运用科学方法编排的好的辞书,可以产生编写者始料不到的效果,具备现实和潜在两种功能。而质量高,科学性强,经得起历史的考验,是实现辞书潜在功能的关键。因此,辞书潜在功能的大小,同辞书现实功能的好坏一样,也是衡量一部辞书质量的重要标志。

辞书潜在功能的大小,根本在于辞书编者的治学态度和认识能力。只有编写者具有一丝不苟的求实精神和超越同时代其他人的科学的认识能力,其辞书才可能有不可估量的潜在价值。

以《说文》为例,其所以能够成为代表人类重要文化财富的传世之作,拥有深远的潜在价值,除了历史和时代所提供的客观条件外,作者许慎有独特的个人条件:一是他具有极其深厚的研习经学和小学的功力。他少年勤奋求学,又得师承传授,使其能"博学经籍"。许慎虽属古文学派,但其本人是兼通古今之文学的。从许冲《上〈说文〉表》等有关资料推断,许氏少年所学,很可能是今文经学;到京师之后,师事贾逵,又改治古文经学。其所著《说文》,涉猎之多,博采之广,没有这样的功力是难于达到的。二是他具有审慎的治学态度。在古今文学派的斗争中,善于客观地评定是非,兼取两家之长。据清人辑存的许氏《五经异义》来看,既有"古尚书说",又有"今尚书欧阳、夏侯说";既有"古毛诗说",又有"今诗齐、鲁、韩说";既有"古春秋左氏说",又有"今春秋公羊说";既有"古周礼说",又有"今戴礼说"和"今大戴礼说"。这种客观的求实精神,就使他在一定程度上能够超越师承家法的障碍,而在语言文字的研究上达到一个新的高度。三是其具有可贵的科学的独创精神。在《说文》的创作中,他既博采众人之说,又阐发了自己独到的见解。《说文》一书,直接指明引经及经说 20 余种,群书及通人之说 40 余种,方言土语 40 余种。他好学深思,博学多闻,著书"不穿凿"、"不空作,皆有依据"(《上〈说文〉表》)。这种超群的科学态度,使之能够在很大程度上认识汉语、汉字自身内在的系统和规律,从而创制出这部具有高度学术价值和巨大潜在功能的著作。

现代辞书要想流传后世,并且具有尽可能大的潜在功能,必须在资料齐全、释义准确、编排科学几个方面下工夫。而要达到这个目标,编写者必须有深刻的认识能力,必须有下苦工夫的决心。如《现代汉语词典》,"自 1958 年开始试编,至 1960 年出版《试印本》,1965 年出版《试用本》,1973 年内部发行,1978 年正式出版,几经修改,可以用'精益求精'四字来概括其漫长的编写过程"。(鲍克怡《现代汉语工具书的代表之作》)同样,据周祖谟先生《"伍记"与〈新华字典〉》一文的回忆:当代最通行的小型汉语字典——《新华字典》,也是许多著名语言学家精心编写而成的;著名语言学家魏建功先生是这本字典的主编,"同时也是一句一字的审定者。从起始酝酿直到编成,得到出版,经过有十年之久,是他的精力所萃"(《辞书研究》1983 年第 4 期)。

总之,辞书作者的学术水平和工作态度决定辞书现实功能的高下和潜在功能的大小,不仅关系到当代,也影响着未来。因此,为了提高辞书的编写质量,辞书作者必须努力加强从业精神和提高业务水平。为此,首先要批评目前存在的粗制滥造之风。一些人不懂得辞书学和语言学的基本知识,出于攫取名、利的要求,在辞书编写队伍中滥竽充数。他们所编写的"辞书",或是东拼西凑,剽窃他人成果;或是质量低劣,错误百出。对于这种恶劣风气,要运用强大舆论攻势和法治手段,予以坚决打击。同时,要加强辞书编写队伍的建设,对有关人员进行辞书编写理论和知识的教育,造就一批专业队伍。特别是组织大型辞书编写时,要首先对参加人员进行培训。只有高水平的编写队伍,才可能编写出高质量的辞书。

三、潜在功能的实现与辞书的读者

辞书的潜在功能只有转化为现实功能,才能实现其自身的价值。而潜在功能转化为现实功能的关键,在于辞书的读者,即使用者。

比如,同样是《广雅》这部词典,古代一般读书人只不过是将其作为阅读六朝以前古籍的一部工具书,而著名学者王念孙却从中发现语言文字学的许多深刻道理,并成为他阐发自己独创的语言文字理论的基础。正如段玉裁在《广雅疏证·序》中所说:"小学有形、有音、有义,三者互相求,举一可得其二。有古形,有今形,有古音,有今音,有古义,有今义,六者互相求,举一可得其五。""怀祖氏(即王念孙)能以三者互求,以六者互求,尤能以古音得经义,盖天下一人而已矣,假《广雅》以证其所得。"

因此,为了充分实现辞书的使用价值,并进一步发掘它的潜在功能,提高辞书使用者的水平,是重要的一环。为此,应当做好以下两个方面的工作:一是普及辞书知识。中小学语文课本中应介绍有关的辞书常识;大学,尤其是文科,则应开设辞书知识的专题课。要使辞书的广大读者(即使用者)了解辞书编纂的基本知识,辞书的类型、特点,使用不同辞书应注意的问题,掌握使用相关辞书的能力。这对于提高辞书使用效率,开发辞书潜在功能,将是具有战略意义的根本措施。二是要搞好辞书宣传,开展辞书研究。一方面,一部辞书诞生后,要组织编写者和有关人员科学地、实事求是地向读者作好宣传介绍,引导使用者正确地利用辞书。另一方面,对重要的、有影响的大型辞书,要组织有关专家进行多方面的研究,总结成功的经验及所经历的教训,阐发它所取得的创造性成果,以启迪读者在前人的基础上进行新的探索。

  此外,辞书的现实功能和潜在功能也不是一成不变的,辞书的两种功能可以转化:不仅潜在功能经过开发可以转化为现实功能,现实功能在一定条件下也可以转化为潜在功能。如由于读者阅读能力的局限或历史造成的文化差异,往往可以使辞书本来具有的现实功能处于潜在状态,发生消极的逆向转化。例如:在科举取士、"平水韵"(即诗韵,为106部)通行的清代,我国学者编纂的几部大型工具书如《佩文韵府》、《经籍纂诂》等都是按"平水韵"的韵目编排的,这对当时人来说,使用是比较方便的。可是随着科举的废除,旧体诗的衰落及语音的演变,当时读书人熟悉的"平水韵",后代已经很少有人知道了。历史造成的文化差异严重影响了这些工具书的使用,使它们本来具有的现实功能变为潜在状态了。为了防止辞书功能的这种逆向转化,适应新的读者群体,尽可能发挥它们的使用价值,就必须对这些旧辞书,特别是它们的查检方法进行改造。有些社会背景和释文用语变化很大的辞书,如《尔雅》、《说文》等,还须从语言文字等方面进行注释。这是当前我们进行旧辞书重印和辞书古籍整理中亟待解决的一个问题。

(原载《辞书研究》1997 年第 3 期)

"语境"理论与辞书编纂

"语境",即"语言环境"的简称,也叫做"言语环境"。人们习惯上从语用学的视角来看待它的功用,强调语境对语言表达和理解有着重要的影响和制约作用。而对语境在语义(词义)研究,特别是辞书编纂中的作用,却没有引起足够的重视。这种认识应当说是不全面的。"语境"理论在语言的运用和研究中都具有极其重要的作用,"语境"研究是国内外语言学者共同关注的问题。语义(词义)在特定的语境中得以显示,又在语境的制约中演变和发展。语境是沟通语言的一般规则和语言的具体运用,即语言和言语的桥梁。"语境"理论不仅可以指导人们准确地理解语言和恰当地运用语言,而且启发人们通过语言的具体运用认识语言的一般规则,通过言语认识语言,推动语言(特别是语义)研究的深入。因而,"语境"理论在词义研究和辞书编纂中占有特别重要的地位。

一、"语境"理论及其重要性

由于"语境"在语言运用和研究中的特殊作用,在近现代语言研究中,国内外语言学者不约而同地关注这一课题。他们凭借不同的语言材料、乃至不同的研究方法,却得出大体一致的结论。在国外语言学界,"语境"研究发端于伦敦功能学派。伦敦功能学派的创始人波兰籍人类语言学家马里诺斯基(Malinowski)在 1923 年为奥格登(Ogden)等所著《意义的意义》一书所写的补录中,首次提出并说明了"语境"问题,指出:"话语和环境互相紧密地纠合在一起,语言环境对于理解语言来说是必不可少的。"(《国外语言学》1980 年第 3 期)马里诺斯基的观点后来被英国语言学家弗斯继承和发展。弗斯 1950 年在他所写的《社会中的个性和语言》中,把语境分为由语言因素构成的"上下文"和由非语言因素构成的"情景的上下文"。

汉语缺少形态,语境在汉语中尤为重要。我国传统的语言研究非常重视语境在语义(主要是词义)研究中的作用。清代学者段玉裁在《说文解字注》一书中,就反复强调字(词)义的说解有"隐括"(即概括)与"随文解之"的不同(《说文解字注》"彻"条注)。这里所说的"随文解之",即指词在特定语境中的意义。近代学者黄侃则发挥了段氏的观点进一步提出"说字之训诂与解文之训诂"的观点(黄焯《文字声韵训诂笔记》,上海古籍出版社 1983 年版)他所说的"解文之训诂",也就是对词在特定上下文(语境)中的意义的解释。

我国现代语言学者通过借鉴西方现代语言学理论,继承并发展了前人的研究成果,对"语境"问题作了较为全面的阐述。张志公主编《现代汉语》(人民教育出版社 1982 年版)一书指出:"所谓语言环境,从比较小的范围来说,对语义的影响最直接的,是现实的语言环境,也就是说话和听话时的场合以及话的前言后语。此外,大至一个时代、社会的性质和特点,小至交际双方个人的情况,如文化教养、知识水平、生活经验、语言风格和方言基础等,也是一种语言环境。与现实的语言环境相对称,这两种语言环境可以称为广义的语言环境。"陈宗明在《逻辑与语境》(《逻辑学论丛》,中国社会科学出版社 1983 年版)一文中,把语境分为"言辞语境"和"社会语境",他认为:言辞语境即是见之于言辞的口头语中的前言后语或书面语中的前后文;社会语境即是言辞以外的客观环境。前者是狭义语境,后者是广义语境。"语境",即语言环境,包括语言上下文和语言的社会文化背景。语言的每一个词、每一句话,都是在特定的语言环境中使用的。语境不仅对于语言的交际运用、语言教学至关重要,也是进行词义研究和辞书编纂的基础。离开语境,词义将成为难以捉摸的东西。

二、"语境"理论在辞书编纂中的运用

不仅语言的运用(表达和理解)一时一刻离不开语境,语言(特别是语义)的研究,对语言规律的认识,也必须依托语境的提示。"语境"理论在词义研究与辞书编纂中的作用,主要体现在以下三个方面:

其一,通过语境,才能全面地认识词义,为辞书释义奠定基础。

语文辞书要想准确地解释词义,首先是全面地认识词义。而认识词义的方法,从根本上来说是要借助语境。清代学者陈焕在为其师段玉裁《说文解字注》所作的"跋"中说:"闻诸先生(指段玉裁)曰:昔东原师之言:仆之学不外以字考经,以经考字。余(指段玉裁)之注《说文解字》也,盖窃取此二语而已。""以字考经,以经考字"概括了戴震、段玉裁这些近代著名语言学者共同的治学方法。所谓"以经考字"用今天的话来说,就是"以文考词",即通过文章的具体用例来考求词语的意义。这实质上也就是在具体语境中考察词义。

目前,全面地认识和概括词义,主要体现在语文辞书的编纂上。而在语文辞书编纂中,义项的确立,不可能凭空进行,而是采用综合归纳的方法。要收集尽可能多的语言材料(文献用例和口语用例),再通过综合比较、分析归纳概括出义项。这些义项具有概括性,不同于具体语境中的用法,但却是从具体语境中提炼出来的。离开语境,这些义项无从认识,也无法概括。一词多义,是语言的普遍现象。而多义词的各个义项,只有凭借一定的语境才能得以理解而予以确认。如"收拾"一词,

在下面三种语境中的所指是有很大区别的:

  (1)请同学们课后把教室收拾一下。

此处"收拾"是整顿、整理的意思。

  (2)他跟我们作对,我们得找机会收拾他一下。

此处"收拾"是整治的意思。

  (3)这伙土匪对当地群众为害很大,人民政府决定彻底收拾他们。

此处的"收拾"是消灭的意思。

  对于某些词语不常见的特殊义的认识,尤其需要借助语境。如清代段玉裁在《说文解字注》中指出"仅"在唐宋诗文中有"几乎、将近"义,为后世语言学者公认的不移之论。而这一结论正是通过对唐宋诗文大量具体语境中的用例进行总结、归纳的结果。

  仅 《说文》:"材能也。"

  《段注》:"材今俗用之纔字也。……此作材。材能言仅能也。《公羊传·僖十六年》曰:是月者何,仅逮是月也。何注:在月之几尽,故曰劣及是月。……唐人文字,仅多训庶几之几,如杜诗'山城仅百层';韩文'初守睢阳时,士卒仅万人',又'家累仅三十口'。柳文'自古贤人才士被谤议不能自明者,仅以百数。'……此等皆李涪所谓以仅为近远者,于多见少,于仅之本义未隔也。今人文字皆训仅为但。"(《段注》八篇上)

这里,"仅"的常用词义是"言其少",作"只"、"才"解,这是古今一致的;而在唐宋诗文中,"仅"(音 jìn)还可以"言其多",作"几乎、将近"解。如果没有对具体语境中的大量语言材料的考察、分析,就很难全面、准确地概括"仅"的词义。

  语言(特别是词义)是处于动态变化之中的。适应交际的需要,语言自身不仅要创制新词,原有的词语也要不断衍生新义。词语这种新义形成,是在一定语境中实现的;也只有结合语境,才能为人们认识和理解。语境的这种作用往往是潜移默化的,其形式也是多种多样的。词义受语境的制约,往往发生偏移,即指词义在特定语言环境中产生与其基本意义既有联系、又有区别的新义。词义的这种语境偏移,时常成为词义发展演变的契机,是促成词义发展的一个重要原因。

　　词义的语境偏移,有时是偶然使用的。如:司马迁《报任安书》:"夫人不能早自裁绳墨之外,以稍陵迟,至于鞭箠之间,乃欲引节,斯不亦远乎!""远"本指"(距离)远",此处转指"(时间)晚";"又迫贱事,相见日浅,卒卒无须臾之闲,得竭指意。""浅"本指"(水)浅",此处转指"(时间)短"。这些都是"空间"词临时用作"时间"词,还没有形成词义的演变。

　　而有些断代(某一个历史时代)使用的词义语境偏移现象,则应视为词义的演变。如:"处"本为"处所"义,而在特定上下文中可转指"时间"义。元稹《鄂州寓馆严涧宅》:"何时最是思君处,月落斜窗晓寺钟。"杨万里《儿啼索饭》:"朝朝听得儿啼处,正是炊粱欲熟时。"敦煌词《天仙子》:"满楼明月夜,三更无人语,便是思君肠断处。"在上述语境中,"处"与"时"或具体的表时间的词语互文,"处"作"时间"解无疑。而"处"的这种语境偏移在唐诗、宋词中屡见,具有时代性。

　　还有一种长期沿用的词义语境偏移现象,即词义最初的形成为词义语境偏移所致,但在后世长期使用,由临时的意义逐渐转化为稳定的、常见的意义,这则无疑属于词义的发展演变了。如:"畏"本为"畏惧"义,而在特定语境中又有"敬服"之义。《论语·子罕》:"后生可畏,焉知来者之不如今也。"《三国志·蜀书·诸葛亮传》:"邦域之内,咸畏而爱之。""敬服"与"畏惧",意念相通而又有根本不同,词义在语境中发生了偏移。而这一词义后世长期沿用,并被收入辞书。又如:"冤家"本指"仇人",由于旧社会中男女相爱往往要经历悲欢离合,因而又称"似恨实爱、给自己带来苦恼而又舍不得的人"为"冤家",词义在语境中发生偏移,产生了"情人"、"爱人"的新义,而这一新义的运用也具有广泛的社会性。

上面这种词义在语境中发生偏移,并进而形成词义演变的情形,一般很难从词(字)形和词音线索加以说明,而只能通过大量的语言材料,即具体语境的运用中进行总结归纳、体会分析。可见,"语境"对于我们从动态发展的角度认识词义是极为重要的。

其二,语文辞书编纂中,通过语境提示,才能全面地显示词义。

辞书释义,就一个词语的整体要求来说,应具有完整性和系统性;就其中某一个义项说来,则应力求准确、简明。而要做到释义的准确、简明,一方面需要义项提取和概括(一般为用一句话作定义式释义,有时也可用同义词释义)得当,另一方面则是必要的语境提示。特别是现代语文辞书,一般要求编著者从词义和词性(语法功能)两个方面说明词语,辞书编纂中的语境提示就更显得重要。语文辞书编纂中的语境提示,主要体现在两个方面:一是词语释义中增加必要的附加性说明成分;一是注重例句选择的典型性,使其充分体现其语义、语法方面的使用特征。

首先是在释义中提示语境。为了使读者全面理解和正确运用词语,语文辞书释义,不仅需要解释词义自身,还必须说明它的使用条件。这种对词语使用条件的说明,实质上是一种语境的提示。这种语境提示的内容,有多种情况:

可以是词义所表示动作行为、性质状态暗含的主体。如:

【刺】(尖的东西)进入或穿过物体。

【怕生】(小孩儿)怕见生人。

【贫瘠】(土地)薄;不肥沃。

【宁静】(环境、心情)安静。

【辈出】(人才)一批一批地连续出现。

可以是词义所表示动作行为暗含的特定对象。如：

【肃清】彻底清除(坏人、坏事、坏思想)。

【侍奉】侍候奉养(长辈)。

【颁发】发布(命令、指示、政策等)。

【开脱】推卸或解除(罪名或对过失的责任)。

【哀悼】悲痛地悼念(死者)。

可以是词义所表示的动作行为暗含的处所、时间、方式等。如：

【开绽】(原来缝着的地方)裂开。

【落户】(在他乡)安家(长期)居住。

【揉】(用手)来回擦或搓。

可以是词义所表示事物暗含的存在范围等。如：

【保重】(希望别人)注意身体健康。

【排行】(兄弟姐妹)依长幼排列的次序。

有时，被释词语的使用条件具有相对性，说明性的词语不宜直接嵌入释义之中，辞书编写者则往往用在释义后附加说明的方法，提示该词语出现的语境。如：

【安身】指在某地居住和生活(多用在困窘的环境下)。

【罢休】停止做某件事情(多用于否定句)。

【半百】五十(多指岁数)。

【榜样】作为仿效的人或事例(多指好的)。

【保守】维持原状，不求改进；跟不上形势的发展(多指思想)。

其次是通过恰当地选择例句进行语境提示。语文辞书的释义和例证是一个有机的整体，恰当地选择例证，具有补充说明词义和用法的作用。例证可以具体体现词语的搭配(语义、语法)关系，提示词语出现或运用的语言环境。例证体现词语的搭配关系主要表现在两个方面：

其一，是语义搭配关系：

有时辞书释义相当精细,引用例句实质上是将词语置于一定的语境中对释义加以印证。如:

【劳动】人类创造物质或精神财富的活动:体力～|脑力～。(《现代汉语词典》,以下简称《现汉》)

例一与释义中的"物质财富"相对应,例二与释义中的"精神财富"相对应。

【提供】供给(意见、资料、物资、条件等):～经验|～援助|为旅客～方便。(《现汉》)

例一与释义中的"意见、资料"相对应,例二与释义中的"物资"相对应,例三与释义中的"条件"相对应。

有时辞书是用同义(近义)词释义,释义相对粗疏,而恰当地选择例句,则有凭借语境对释义加以补充说明的作用。如:

【会晤】会面;会见:两国领导人～|～当地知名人士。(《现汉》)

"会面""会见"与"会晤"的词义不完全相同,以"会面""会见"解释"会晤",不能十分精确地说明"会晤"的词义。而从所引例句中读者可以体会到,"会晤"是特指庄重场合的"会面""会见"。

【掂量】掂:他～了一下西瓜,说有八斤来重|你好好～老师这句话的分量。(《现汉》)

此处仅凭借释词"掂",读者很难深刻理解"掂量"一词的意义,而通过两个例句,人们看到,"掂量"既可以直接表示具体意义,又可以通过比喻表示抽象意义,词义内涵相当丰富。

有时辞书说解的是读者所不熟悉的词语的古义或特殊义,凭借例句所提供的语境,人们才能对释义深入理解并确信不疑。如:

【速】②招致。《左传·闵公二年》:"危身以～罪。"(引)迎请,邀请。《荀子·乐论》:"主人亲～宾及介,而众宾皆从之。"(介:替

宾客传话的人。)成语有"不~之客"。(《古汉语常用字字典》)

【史】⑤文辞繁多。《仪礼·聘礼》:"辞多则~,少则不达。"郑玄注:"史谓策祝。"胡培翚正义:"策祝尚文辞,故谓辞多为史。"《论语·雍也》:"质胜文则野,文胜质则~。"《韩非子·难言》:"捷敏辩给,繁于文采,则见以为~。"(《汉语大字典》)

"速"常用为"疾速"义,而古代又有"招致,邀请"义;"史"的常用义为"历史,史官",而在古代有"文辞繁多"义。这是它们的古义,也是特殊义。如果读者以前没有古汉语的词汇知识,离开例句,人们对辞书的释义是很难理解的。(当然,辞书中设立上述义项,是在大量例证的基础上归纳的,所引例句属举例性质。)

其二,是语法搭配关系:

目前,《现代汉语词典》等语文辞书没有标注词性,有时不同的词性是通过引用例句来体现的。如:

【喜】可庆贺的;可庆贺的事:~事|贺~|报~。(《现汉》)

"喜事"之"喜"作定语,是形容词(或语素),与释义中"可庆贺的"相对应;"贺喜"、"报喜"之"喜"作宾语,是名词,与释义中"可庆贺的事"相对应。"喜"的不同词性是由例句所提供的语境来显示的。

有时,现代语文辞书还通过引用两个或几个例证,说明同一词性的某一词语在句中的不同语法功能。如:

【纷乱】杂乱;混乱:思绪~|~的脚步声。(《现汉》)

"纷乱"为形容词,可作描写句的谓语(例一),也可作定语(例二)。

【浪】波浪:风平~静|乘风破~|白~滔天。

"浪"释为"波浪",为名词,在句中可以作主语(例一),可以作宾语(例二),也可以充当偏正结构(定中结构)的中心词(例三)。

其三,通过语境,才能进行词义构成分析,为科学的辞书释义提供条件。

词义及其发展变化,是由构成词义的诸要素(义素)及其内部的矛盾运动决定的。科学地认识词义,必须揭示其内部构成的秘密,进行词义分析。词义的构成,同可以用人们的直觉(视觉或听觉)感知的语音、文字的构成不同,具有隐含性和抽象性的特点,必须在语境的运用中和相关的语言材料的分析中使其显现而逐步加以认识。正如对语言的静态描写离不开语言的历史考察一样,对义素的分析也必须依赖于对语流中最小的包含意义的片段——语素的考察和分析。事实上,人们所能感知的任何义素,也都是在语境(即语素的意义组合)中领悟的。"义素",归根到底,是体现于语素的意义组合,即语义搭配规则之中。如从理性意义来说,"母亲"一词所包含[+女性+直系亲属+长辈]三个义素。这些义素是由语义的组合(即语境)或语义的聚合(即所谓"语义场")来体现的:其中[+女性]义素是由"父母"中的"母"语素体现的,[+长辈]义素是由"母子"、"母女"中的"母"语素体现的,[+直系亲属]义素是由"母亲"中的"母"语素体现的。

义素,是指语言意义的最小单位,是对词义进行分析而得出的"区别性特征"。这种"区别性特征",不应仅仅是对概念的离析,而应当是对语言自身的分析。概念只是对客观事物本质属性的概括;而词义是人们对客观事物感性认识和理性认识综合的产物,既包括对客观事物本质的概括,也包括对客观事物形象的认识,还隐含人们对客观事物的主观感受和体验。概念的离析,只能认识词的概念(即理性)义素;而词义所特有的形象义素和体验义素是无法包容的。20世纪50年代,西方人类语言学家在分析亲属词的关系时,提出了义素分析的方法,60年代以后逐渐为各语言学流派所采用。但值得注意的是,到目前为止流行的从概念、逻辑上的义素分析,恐怕还不属于语言学上的语义划分,它还没有跳出哲学语义学的范畴。如把"母亲"分析为[+女性+直系亲属+长辈]三个义素(王德春《词汇学研究》);把"哥哥"分析为[(亲属)⟷(同胞关系)←(年长)+(男性)]四个义素;把"弟弟"分析为[(亲属)⟷(同胞关系)→(年长)+(男性)]四个义素(贾彦德《语义学导论》)。研究的实践逐渐向人们表明:语义同呈封闭状态、数量有限的语音系统不同,是开放型的。现行孤立的概念离析式的义素分析,对于推动语义,特别是汉语语义研究的功效是有限的。如"母亲"一词,在"祖国啊,我的母亲"的语境中,"母亲"所表现出的意义是"可爱";"兄弟"一词,在"四海之内皆兄弟"的语境中,"兄弟"所表现出的意义是"友谊"。这些义素,恐怕是现行的义素分析所不能揭示的。

词的形象义素和体验义素,是非常活跃的,在词义的生成和发展中起重要作用,对于语义研究来说,无疑是更为重要的。如"单身汉"一词,概念的离析,只能显示其理性义素,即[+生物+人+男性+成年+未婚]。而在具体语境中,该词则显示出"形象义素",如"快乐的单身汉","单身汉"含有"行为自由,没有牵挂"的义素;还可以显示出"体验义素",如一个青年男子告诉一个姑娘,"我是一个单身汉","单身汉"又隐含"自觉孤独,寻求恋人"的感受与要求。这是一种"体验义素"。在语义分析中,特别是通过义素分析了解词义的动态变化和历史演变规律上,对词的形象义素和体验义素的认识,就某种意义上说,比认识词的概念(理性)义素更为重要。而对词的这种形象义素和体验义素的分析,更是一时一刻离不开语境。

(原载《辞书研究》2000 年第 3 期)

应当提高语文辞书
编纂的理论内涵

一、辞书的质量和生命在于创新

辞书的质量和生命在于创新,而创新主要不应是在一般的形式方面,而是反映其产生时代的先进的学术水平,也就是要有丰富的理论内涵。

汉语语文辞书编纂的历史证明:一部为当时社会公认、并能流传后世的优秀辞书,必须体现其成书时代语言学和辞书学研究的优秀成果,具有领先的学术水平和深刻的理论内涵。以我国传统的有代表性的汉语语文辞书——字书《说文解字》(以下简称《说文》)、韵书《切韵》《广韵》)、雅书《尔雅》为例:一部理论内涵丰富、代表所处时代领先学术水平的辞书,可以远远超出编写者预想的价值,不仅有重要的现实功能,还可以有巨大的潜在功能;不仅可以服务于当世,还可造福于后人,乃至为学术的发展和新说的创立提供契机。如隋代著名音韵学者陆法言、萧该、颜之推等八人所编的《切韵》和宋代陈彭年等人在此基础上奉诏编制的《广韵》,是按韵部的次序编排的字典。就当时来说,主要是为诗人作诗用韵确立一个原则,并作为科场取士的规范。正如《切韵·序》中所说:"以今声调既自有别,诸家取舍亦复不同,吴楚则时伤轻浅,燕赵则多伤重浊,秦陇则去声为入,梁益则平声似去……欲广文路,自可清浊皆通；若赏知音，即须轻重有异。……遂取诸家音韵，古今字书，以前所记者，定之为《切韵》五卷。"而在后世它的功用却远远超这个范围。由于编著者陆法言等八人大多是当时著名的音韵学者，代表了所处时代音韵学研究的最高成果，客观上丰富了该书的理论内涵，因而使之不仅成为我国古代韵书的定型之作，被后人奉为韵书的楷模；而且保留了中古（隋唐时代）的语音系统，成为人们研究中古语音的重要资料。在汉语语音研究中，它是我们上溯古音（上古语音），下联今音（近、现代语音）的阶梯，成为建立汉语语音史的重要依据。同样，东汉许慎著《说文》，其当时的目的，在于说字解经。这一点，许慎《说文·叙》中讲得非常明白："盖文字者，经艺之本，王政之始，前人所以垂后，后人所以识古。故曰'本立而道生'，'知天下之至啧而不可乱也'。""今五经之道昭炳光明，而文字者其本所由生。自周礼、汉律皆当学六书贯通其意，恐巧说邪辞使学者疑。慎博问通人，考之于（贾）逵，作《说文解字》，六艺群书之诂皆训其意。"但由于许慎继承并发展了他的前人的研究成果，反映了其所处时代汉语文字学研究的最高成果，理论内涵极其丰富，其在后世的价值和功用远远超出作者始料所及：《说文》始创了以"六书"分析汉字，以字形为统摄，形、音、义综合研究的方法，揭示了汉字的形声系统，成为我国第一部分析字形、考究字源、说解字义、辨识读音的字典，创立了汉民族风格的语言文字学，成为汉语文字学研究中必不可少的公认的经典著作。相反，《尔雅》作为我国最早的语文辞书，虽然被后人列为经书，在汉语词汇学与词源学研究中有重要的语料价值，但最终因其缺乏明确理论体系而影响了它在后世的价值和功用。

现代语文辞书的水平差异，也同样说明了这个道理。以中国社会科学院语言研究所编写的《现代汉语词典》为例，在目前辞书编纂过多、过乱的情况下，该书在现代汉语中型语文辞书中能够独树一帜，不仅"在字形、词形、注音、释义等方面"为"促进汉语规范化"作出了重要贡献,而且为此后现代汉语词典的编写树立了榜样和奠定了基础。正如《现代汉语工具书的代表之作》(《辞书研究》1993 年第 5 期)所指出的:"此后问世的许多中小型词典都程度不等地受《现汉》的影响,《现汉》已经成为编写汉语词典的不可缺少的重要的参考书,因此它实际上已处在'母本'词典的地位。"究其原因就是由著名语言学家吕叔湘、丁声树任主编的词典编写组代表了当时现代汉语词汇、语法研究的新的水平,并通过广泛面向社会征求意见和多次修订,集中了语言学界的优秀研究成果,将词汇学、语法学理论研究的成果和语言规范化的原则融入 6 万余条具体字、词说解之中,理论内涵丰富,潜在功能巨大。如有人通过《现代汉语词典》所体现的语音体系,归纳出现代汉语普通话的 1332 个音节,并同《广韵》所代表的中古语音加以比较,说明汉语语音简化的趋向。(见郭良夫《词汇》,商务印书馆 1985 年版,67—68 页)另外,由于《现代汉语词典》采用了比较科学的方法,准确地对词语进行释义,现代辞书学者就凭借对它的词条释义的分析、归纳,总结出现代汉语语文词典释义的规律,丰富了现代辞书理论。

二、辞书编纂应当破除理论滞后和意识滞后的现状

目前,辞书编纂过多、过乱,而理论研究滞后,已经成为影响辞书编纂质量提高的主要问题,引起语言和辞书工作者的关注。吕叔湘先生在《语言和语言学》一文中说:"一个语言的所有语素和所有具有特定意义的语素组合,总起来构成这个语言的语汇。罗列一个语言的语汇,解释每一个语汇单位的意义的是词典。词典是语汇研究的成果。"(《吕叔湘文集》第 4 卷 48 页,商务印书馆 1992 年版)吕先生的论述,深刻地说明了语文辞书编纂与词汇研究的密切关系。语文辞书是词汇研究成果

的集中体现,语文辞书的质量,在很大程度上取决于词汇研究的理论深度。语文辞书的质量,首先体现在编排的系统性与释义的科学性上;而要做到这一点,有赖于人们对词汇,特别是词义宏观系统与微观结构的认识。而在此方面,虽经上千年的传统语言学的探索与近几十年引入、借鉴、吸收西方现代语言学的研究成果,仍有不少关键问题尚未从根本上解决。因为词汇的构成,特别是词义的构成,是一个极其复杂的问题。就语言的外部条件来说,它要受人们的认知心理与逻辑思维的制约,与心理学与哲学发生联系;从汉语词汇在语言内部关系来说,它既与汉字的构形发生联系,又受语法功能与修辞表达的影响。这就使它不能不成为语言研究的难点。因此,传统语言学研究成果如何现代化的问题,西方语言学理论如何民族化的问题,是我们今天语言与辞书工作者面对的共同的重要理论研究课题。

而要改变这种理论研究滞后的现状,必须首先打破意识滞后的制约。有相当一部分辞书编写者,不但自己不研究理论,对已有的理论研究成果也不关心、不借鉴。当前有一种颇有市场的论调:目前语义(词义)与辞书理论研究还很不成熟,还不能用以指导具体的辞书编纂。甚至有些辞书编写者对目前的理论研究不屑一顾,依然故我,凭自己的老经验办事。这种观点和做法,是极其错误和极其有害的。理论(包括语义学、辞书学的理论)只能在实践中提出,在实践中检验,在实践中发展和成熟。而且理论要随着实践的发展不断地创新,这个过程永远不会完结。因此,我们绝不能借口理论没有完全成熟而拒绝对它的运用。实践证明,只要是从客观语言事实出发,采取科学态度与创新精神,扎扎实实进行的语言研究所形成的理论观点,无论其是否完善,对推动和改进辞书编纂都是有益的。如许慎《说文》所体现的语言文字学观点,从古至今为历代语言学者不断研究和完善,就当时来说,很难说是完全成熟的理论。但是,又有谁能否认,正是这一理论开创了我国具有科学体系的辞书编写历史的新篇章呢？又如近年来语言学者结合汉语特点，借鉴西方现代语义学的"义素分析法""语义场"等理论进行探索与研究，就颇受非议，但又有谁能否认，正是这种探索与研究打破了传统语义学的局限，推动了人们对汉语微观结构的认识和在组合与聚合状态中观察词义的意识。在漫长的岁月里，传统语义学一直把词义（义位）当作一个囫囵的整体，对词义的认识和区分在很大程度上是靠感性的认识和归纳，而不是理性的分析和理解。这种方法具有很大的局限性。义素分析法的提出，不能说不是一个重大的突破，使人们开始用科学的眼光审视词义。正如蒋绍愚先生在《古汉语词汇纲要》（北京大学出版社1989年版）一书中所指出的："当然，义素分析法还是一种不很成熟的方法，语言学家们对它的看法也不完全一致，有的赞同，有的表示怀疑。迄今为止，对义素分析法的运用也仅限于一部分词，而另有一些词（如表示抽象概念的词）如何进行义素分析，还有待于进一步研究。但我们认为，义素分析法毕竟是词义研究方面的一种突破。如果说语义场的理论是从宏观方面来认识词和词义，那么义素分析法则是在微观方面对词和词义的认识的深入。我们不必因为义素分析法的一些缺陷而断然否定它，而应该在不断的探索中使它完善起来。"

三、语文辞书编纂应当充分吸收词汇学与辞书学研究的新成果

我国传统的语义学在词义系统性和两重性方面取得了相当丰富的研究成果，由于中国长期封建社会历史与学术条件的制约，这些理论成果没有能够在辞书编纂中得到充分的体现。改革开放以来，随着现代语言学理论的大量引入，语言学者自觉地将传统语言研究的优秀成果同现代语言学理论结合起来，在汉语语义（词义）的宏观研究与微观分

析上、词义与词的功能研究的结合上,都取得相当可观的研究成果,为我们克服辞书释义、编排上的经验性、盲目性、随意性,实现释义内容的科学性和编排的系统性奠定了基础,辞书编写应当引入这些理论成果,在实践中检验并纠正其不足,使之逐步趋于完善。回顾和总结近年来汉语词汇理论研究的成果和语文辞书编纂的现状,为了将汉语语文辞书的编写提高到一个新的水平,当前应当着力在以下几个方面实现词汇理论研究与辞书编纂实际的结合:

(一)将"义素分析方法"与传统的"语境"理论相结合,在组合关系中揭示语义特征,进行义素分析——力求实现辞书释义的理性化、科学化

贾彦德先生在《汉语语义学》一书中指出:"无论从哲学的角度看,从逻辑学的角度看,从音位学、语法学的情况,还是从训诂学、传统语义学对词义的释义或从说话人对词义的理解看,在语义研究中提出义素和义素分析法是必然的,不可避免的。仅仅是由于义位数量太大、情况复杂、不好捉摸,人们一直到了20世纪40年代以后才提出了义素和义素分析法。""义素确实与音位中区别性特征有相同的地方,但语义系统的性质、结构、状况与音位系统有很大的不同,义素与音位的区别性特征也有明显的差别。我们研究义素时要处处从语义的实际出发,不可时时与音位的区别性特征比附。""训诂学和传统语义学固然没有提出义素和义素分析法,但是它们却孕育了义素、义素分析法。我国训诂学和传统语义学在漫长的历史进程中,对古代汉语、现代汉语浩繁的义位做过大量富有成效的工作。众多较好的字书、字典、词典中的释义虽然存在着相当的缺点,但都是经过亿万使用者长时期反复检验的。前面说过,现有字书、词典的释义有许多已经包含了不同的成分。我们对汉语的义位进行义素分析,要尽量从训诂学、传统语义学中吸取营养,推陈出新。"贾彦德先生对义素分析方法采取了客观公允的态度,并强调

了它同传统语义学乃至训诂学的联系。这一见解,是非常耐人寻味的。

从语言的基本构成要素来说,语音可以分析出音素,语法可以分析出语素(当然,语素具有语法、语义的双重属性),语义也应当可以分析出义素。只是一种语言的音素不仅数量有限,而且具有封闭性;而义素不仅数量太大,情况复杂,而且具有开放性。一个词所包含的义素(即"区别性特征"),是在词的组合关系(即特定"语境")中形成、显现并不断变化的。通过一定的"语境"即组合关系揭示词的"区别性特征",进行义素分析,这就在现代"义素分析方法"与传统语言学方法之间找到了结合点。词所含义素包括表层义素与隐含义素,表层义素一般指理性义素,隐含义素多指形象义素与体验义素(即词所含说话人的感受与要求)。目前通行的概念离析式的义素分析,只能显示词表层的理性义素,而词义所特有的形象义素和体验义素是无法包容的。如"水"这个词,依照《现代汉语词典》的定义,为"无色、无味、无臭的液体"。对其表层的理性义素可作如下分析:水 = [+ 液体 - 颜色 - 味道 - 气味];而其还有隐含的形象义素与体验义素:柔软的:如"柔情似水";随意的、轻浮的:如"水性杨花"。这种隐含的"形象义素"和"体验义素",只有凭借特定的"语境"才能得到揭示。而在语义研究中,这种隐含义素,无论是对同义(近义)词的辨析、反义(对义)词的比较、同源词及相关词的系联,还是对词义发展演变规律的探索,就某种意义上说,比认识词的概念(理性)义素更为重要。

(二)认识汉语"语素"的相对独立性与"句子——短语——复合(双音)词的内部结构的一致性"——以"语素"作为释义的基点

正如吕叔湘先生所说:"'词'在欧洲语言里是现成的,语言学家的任务是从词分析语素……汉语恰好相反,现成的是'字'";"汉字、音节、语素形成三位一体的'字'"。(《语文常谈》)用汉字书写的单音节的语素,不论其是否独立成词,都是汉语表义的基本单位。

文字是记录语言的书写符号。从字符所能表示的语言结构的层次来看,西方拼音文字的独立符号(即字母)所记录的是音素,为音素文字;汉字的独立符号(即单个汉字)所记录的是语素或音节,为语素—音节文字。从文字与语义的关系讲,拼音文字所记录的最小的独立书写单位是词,而汉字所记录的最小独立书写单位是语素(又称词素)。语素在西方语言中是隐性的,必须从词中去分析;而在汉语中呈显性,大体与独立书写的汉字相对应。代表"语素—音节"的汉字为汉语的语素分析提供了得天独厚的条件。如果说,凭借文字进行语音分析,记录音节的汉字比记录音素的拼音文字相对困难的话,而凭借文字进行语义分析,记录语素的汉字与记录词语的拼音文字相比,却有其独特的优势。因此,对汉语词义,特别是合成词的词义的理解和释义,应当而且必须以语素作为突破口。

　　词或语素的所有意义,都显示于它所可能有的全部组合中。双音复合词既然是由两个最小的意义单位——语素构成的,复合词的词义就势必与语素义有直接或间接的联系,语素及其组合关系的分析,对理解双音复合词的词义具有重要作用。汉语语素义与复合词词义的关系,即与语素义自身有关,也与复合词的语法结构有关。从构成双音复合词的两个语素的意义关系来说,有同义(近义)、反义(对义)、相关义等;从构成双音复合词的两个语素的语法结构来说,有并列式、偏正式、述宾式、述补式、主谓式等。对于绝大多数双音合成词来说,通过对构成语素不同语法结构和不同语义关系的分析,可以揭示双音复合词的两个语素的意义与其组合的双音复合词的词义的联系,从而达到以简驭繁地把握与说解词义的目的。

　　(三)认识汉语词性与词义的相互关系——在标注词性的同时,自觉地全面地揭示词的功能义

　　近年来,围绕汉语语文辞书是否需要标注词性、具体如何标注词

性,人们展开了热烈的讨论。这种讨论和探索客观上启发人们从功能角度去认识和说解词义。语文辞书不仅应当说明词的意义,而且应当说明词的用法,目前对汉语语文辞书标注词性的问题似乎已经没有太大的争议。但有两个理论性的问题必须注意:

一是词性标注与语文辞书对词语功能义的说解是密切相关而又有本质不同的两个问题,绝不能混为一谈:一方面是仅仅标注词性,不等于对词的功能义进行了准确的说解;另一方面是即使没有标注词性的汉语语文辞书,也需要对词的功能义进行说解。词语的功能义,是借助语法关系来体现的。目前,在辞书编纂中,一讲到词的功能,人们往往只注意词性的标注。事实上,在言语实践中,词语的所有的意义与功能,都是以一定的语义表达形式体现的。因此,无论辞书是否标注词性,在其词义说解中,都必须注意科学、准确地表示词语的功能义。语文辞书要使读者全面地认识和准确地运用词语,在说解词语的词汇意义的同时,还必须对其在语言中的分布情况或功能进行必要的说明。而在辞书编纂实践中,这种对词语使用功能的说明,也必须自然地融会到释义说解之中,这就体现了词的功能义。如:

铁　①这个厂超额完成了今年的钢~生产计划。

②~案如山。

③王八吃秤砣,~了心了。

"铁"为一种金属元素的名称,是名词。例①正是用的"铁"的这一常规功能与词义。由于铁有"质坚硬"的特性,又可以用作形容词,意为"确定不移",如例②;还可以用作动词,意为"(意志)不可改变"(多用于贬义),如例③。其中例②和例③,特别是例③体现了"铁"的非常规的功能义。在词义理解与辞书释义中特别需要加以关注,无论语文辞书是否标注词性,都须对词的这种功能意义进行说明。

二是如何在语文辞书中自觉地全面地揭示词的功能义的问题。目前语文辞书的释义,大量属于词在常规功能下的意义,这类词义人们一般比较熟悉。虽然也有对部分非常规功能词义的说解,但往往是经验式的,缺乏自觉性与系统性。因此,为了全面地说解词的功能义,重点是对词在非常规功能下的词义进行全面的探求、归纳与分析。这是辞书编纂中一个具有语义、语法双重属性的新课题。从语言研究的现状看,"名动词"、"名形词"、名词作状语、形容词作动词等非常规功能的释义方法应当是目前研究的重点。

(四)认识词义的两重性与语文辞书释义的层次性——实现辞书释义的完整性

汉语词义除了具有系统性之外,其自身还具有两重性。对词义两重性的认识,我国传统语言文字学与西方现代语言学理论是不谋而合的。早在清代,一些杰出的语言文字学者就从理论上阐述了词的两重性:"字书与说经有不同","凡说字必用其本义,凡说经必因文求义",强调辞书释义有"隐括"与"随文释义"(均见段玉裁《说文解字注》)的不同。法国语言学家房特里耶斯也说过:"确定词的价值的,是上下文","尽管词可能在意义上有各种变态,但是上下文给词以独一无二的价值"。(《语言论》)长期以来经过众多学者的研究,人们对词义的两重性有了相当全面的认识(如词义的"概括性与具体性""确定性与灵活性""系统性与时代性""精确性与模糊性""词内义与词外义"等)。这种词义的两重性必然导致语文辞书释义的层次性(如"表层所指义与深层隐含义""语言意义与语用意义""语词意义与概念意义""语言意义与文化意义""常规意义与特殊意义"等)。今天的汉语语文辞书要想对词进行全面的科学的释义,必须在汉语词义研究中充分认识词义的两重性,在辞书编纂实践中认真体现辞书释义的层次性。

参考文献

鲍克怡　1993　《现代汉语工具书的代表之作》,《辞书研究》第 5 期。
陈彭年等　《广韵》　1982 年北京市中国书店据张氏泽存堂本影印本。
郭良夫　1985　《词汇》,商务印书馆。
贾彦德　1992　《汉语语义学》,北京大学出版社。
蒋绍愚　1989　《古汉语词汇纲要》,北京大学出版社。
吕叔湘　1980　《语文常谈》,三联书店。
吕叔湘　1992　《吕叔湘文集》,商务印书馆。
苏宝荣　1999　《汉语语义研究的基本单位应分为语素与词两个层级》,《河北学刊》第 6 期。
苏宝荣　2000　《词义研究与辞书释义》,商务印书馆。
苏宝荣　2001　《词的语境义与功能义》,《辞书研究》第 1 期。
许慎　《说文解字》　1963 年中华书局影印本。
中国社会科学院语言研究所词典编辑室编　1996　《现代汉语词典》(修订本),商务印书馆。

(原载《辞书的修订与创新》,商务印书馆 2003 年版)

试论联绵词典的编写体例

目前人们查检联绵词,除使用《辞海》、《辞源》等综合性语文工具书外,主要是依靠《辞通》(朱起凤撰)、《联绵字典》(符定一著)和《骈字类编》(清张廷玉等奉敕编)等几部大型专门的辞书。《骈字类编》成书时代较早,姑且不论;就成书时代较近、以通释联绵词著称的《辞通》和以专释"联绵词"命名的《联绵字典》来说,其收词原则也大有出入。什么叫联绵词?依照目前通行的说法:联绵词"指两个音节联缀成义而不能分割的词"(见《辞海》1979年版)。而《辞通》不仅把"天功"、"法度"、"广度"、"徒步"、"麦穗"等大量明显的合成词一并收录,而且将"芼之"(《诗经·关雎》)、"视之"(《礼记·中庸》)、"哂之"(《论语·先进》)等这些根本不成为词的东西(相当于今天的"述宾结构")也强拉进来。《联绵字典》虽在收词上较《辞通》严谨,然其所收如"不刊"、"不朽"、"主人"、"主客"、"三秋"、"三皇"等纯粹的合成词,也为数众多。可以说,目前我国还没有一部真正的联绵词(字)典。汉语的联绵词典之所以难产,这与语言学者对联绵词这一概念认识不一和观念模糊有很大关系。本文试就此问题作一探讨。

一、联绵词的义界和联绵词典的收词

《辞通》和《联绵字典》在收词上失之宽泛,是人们公认的事实。而倘若真按"两个音节联缀成义而不能分割"的标准去收集联绵词,现今偌大的《联绵字典》必将所剩无几。为了明确联绵词典的收词原则,必须确定联绵词的"义界",也就是要给它下一个确切的定义。

在我国古代语言的研究中,对一些难以分说的联绵词虽然作了统一的合理的解释(如《诗经·关雎》:"关关雎鸠",毛传:"关关,和声也";"窈窕淑女",毛传:"窈窕,幽闲也";《诗经·葛覃》:"维叶萋萋",毛传:"萋萋,茂盛貌";《诗经·七月》:"有鸣仓庚",毛传:"仓庚,离黄也"),但从理论上尚没有把联绵词视为一个统一的整体,把联绵词拆开分释的也为数不少。如《诗经·七月》:"九月肃霜","肃霜"即"肃爽",为双声联绵词,而毛传曰:"肃,缩也,霜降而收缩万物";《诗经·关雎》:"辗转反侧",郑玄笺:"卧而不周曰辗"。直到清代段玉裁、王念孙诸人,方从理论上提出联绵词不可分释的主张。王念孙说:"凡连语之字,皆上下同义,不可分训,说者望文生训,往往穿凿而失其本指。"(《读书杂志·汉书第十六》"连语"条)"夫双声之字,本因声以见义,不求诸声而求诸字,固宜其说之多凿也。"(《经义述闻·通说上》"犹豫"条)段玉裁则更为明确而肯定地指出:"凡连绵字不可分释。"(《说文解字注》十三篇上"续"条注)段、王之说一出,学者多承其旨,"联绵字不可分释"之说几成定论。

段玉裁、王念孙诸人从语言的有声本质出发,彻底否定对联绵词望文生训的做法,无疑是完全正确的;他们对具体词义的说解也大多精审,令人信服。但后人由此把所有的联绵词都视为"两个音节联缀成义而不能分割",并进而认为所有联绵词都是仅包含一个语素的"双音的单纯词"(《现代汉语词典》),这种理解就失之偏颇了。因为事实上,很多公认的联绵词,从语源上说,也不是绝对不可分释的。"膏腴"为"肥沃"之义,而其双音词的意义也是由两个语素合成的。"膏"古为"油脂、脂肪"义;"腴",依《说文》:"腹下肥者。"(据《段注》本)是指动物腹部的肥肉,也是"油脂"之义。而"肥沃"正是"油脂"的引申之义。"凤凰"本作"凤皇","凤"为鸟名,"皇"言其大,后由于文字的类化作用,"皇"写作

"凰"。究其本源，仍为两个语素。"涟漪"，本作"涟猗"，源于《诗经·伐檀》，原本"涟猗"（"河水清且涟猗"）、"直猗"（"河水清且直猗"）、"沦猗"（"河水清且沦猗"）并用，显然是一种临时组合，"猗"为语助词。后"猗"受"涟"影响，类化作"漪"，随成"涟漪"一词，而探其源，乃为词根加后缀所成。又如叠音词"斤斤"，为"明察"之义，看上去与字义无关；而"斤斤"见于《诗经·周颂·执竞》："斤斤其明。""斤斤"为"昕昕"之借字，"昕"正为"明亮"之义。

目前所谓的"联绵词"，也不外乎这样两个方面的来源：其中一类是单纯"语音造词"的，如取声定名的专名词"布谷"、"琵琶"等，以声状物的形容词"玲珑"、"逍遥"等，外来音译词"月氏"、"伽蓝"等。另一类是语法、修辞造词的。这后一类，是在以单音词为主的古汉语的基础上逐渐发展起来的，虽然词义与字面意义已无直接联系，而其语义结构大抵是可以分析或探源的。

因此，目前关于联绵词的定义和已有联绵词典的收词，不仅自相矛盾，而且与人们约定俗成的对联绵词范畴的理解，出入很大。因而有必要重新明确联绵词的义界，给它下一个更为合乎语言运用实际的较为确切的定义。我认为，确定一个双音词所含"语素"，是划分联绵词的关键。吕叔湘先生说："语素可以定义为'最小的语音语义结合体'。""有很多双音节，里边是两个语素还是一个语素可以讨论，例如'含胡'（比较含混，胡涂），'什么'（比较这么，那么，怎么）。这是语素大小问题。"（《汉语语法分析问题》15页）联绵词应当是包含一个语素的双音词，但是，语素自身也存在一个大小、层次问题。因此，语言中的联绵词，不仅指两个音节联缀成义而不能分割的词，还应包括两个原始语素在长期组合中凝结成一个新语素、并且语义发生重大转化的双音词。联绵词典的收词，应当具备以下三个特征：

（1）两个音节表示一个语素或两个原始语素凝结成一个新的语素。

(2)双音词的两个音节往往有双声、叠韵或叠音的关系。

(3)以音为用,制字日多,书写形式大多不固定。

其中第一个特点,是联绵词的本质特征,是联绵词典收词的主要原则;第二、三个特点,是多数联绵词所具备的形式上的特征,是确定联绵词的重要依据,但并不是必备条件。依照上述标准,觳觫、鬖发等,这是两个音节联缀成义的词,是联绵词;膏腴、仓猝、涟漪、螃蟹等,这是两个原始语素凝结成一个新语素、并且语义发生重大转化的词,也应视为联绵词。而前面所说的"麦穗"、"不朽"、"主人"、"法度"等,或因明显是两个语素的临时组合,或因语义并未发生重大转化,都不能视为联绵词。

二、联绵词的语义特征和联绵词典的释义

上面所说的两类联绵词,无论是两个音节联缀成义的单纯语音造词形成的联绵词,还是两个单音节语素在长期组合中凝结成一个新语素、并且语义发生重大转化的联绵词,它们的书写形式和语义之间根本没有联系或没有直接联系。加之书写形式的多变,使其音义的联系完全中断或基本中断了。因此,对联绵词的释义,既不能望文生训,也不能强作分释。通过对常见联绵词释义特征的归纳,我们认为,联绵词的释义具有以下几个特点:

(一)要注意释义的整体性。对于单纯语音造词形成的联绵词,这一点尤为突出。汉代扬雄著《方言》,把"窈窕"分释为两词:"美状为窕,美色为艳,美心为窈。"(见《方言》卷二)唐代孔颖达在《毛诗正义》中已责其误,曰:"扬雄云善心为窈,善容为窕者,非也。"这种联绵词本来是记录语音的,但由于它不是用拼音文字来书写,而是用汉字来书写的,汉字的表意特征往往会干扰我们对联绵词的释义。如:"犹豫"一词,又可写作"优与"、"由豫"、"由与"等,本为表示"迟疑之貌"的联绵词,而颜

师古注《汉书》,因《尔雅·释兽》中"犹"为"兽名"而误释其义:"此兽多疑虑,常居山中,忽闻有声,即恐有人且来害之;每豫(即'预')上树,久之无人,然后敢下,须臾又上,如此非一,故不决者称犹豫焉。"(《汉书·高后纪》注)因此,我们必须排除字形的干扰,注意其释义的整体性。如现代汉语中,办事不认真,不负责用"mǎ hu"这个双音词来表示,用文字记录下来是"马虎",但与动物"马"和"虎"无关;"翼翼"一词,本为"恭"义,又演化成"小心翼翼"这一成语,其词义与"翼"的"羽翼"之义无涉。诸如此类,如就字形角度强作说解,必然荒谬而可笑。

即使是由两个原始语素凝结成一个新语素而形成的联绵词,也要注意其释义的整体性。因为这种"凝结",就如同氢和氧化合成水一样,是一种质的变化。如本文前面所说的"寒暄"一词,虽源于"问寒问暖"意,然作为凝结后的双音节语素,已是"泛指应酬"之词;"膏腴"虽源于"油脂"意,然作为凝结后的双音节语素,已专指"(土地)肥沃"之义。虽然其源可溯,但在解释词义时,却要视为一个统一的整体,切不可割裂词义,曲为之说。

(二)注意其自身的多义性。我在《词的表层"所指义"、深层"隐含义"与辞书编纂》一文中,通过大量实例证明:"词的表层'所指义'是具体的,用以表现人们认识对象的实体,因而往往托于'形';而词的深层'隐含义'是抽象的,体现了人们关于认识对象的主观感受,因而往往寓于'音'。"(《辞书研究》1988 年第 1 期)由于联绵词不是以形表义、而是以音为用的,因而它往往与词的深层义相联系;而这种深层义,在具体语境中则表现其多义性。如"侏儒"(亦作"朱儒")一词,本指身材特别矮小的人。由于其隐含"短小"这一语义特征,又指"杂技艺人"(《荀子·王霸》:"俳优侏儒妇女之请谒以悖之。"注:"侏儒,短人可戏弄者"),也指"未成年的人"(扬雄《太玄》:"次七修侏侏,比于朱儒。"注:"朱儒,未成人也"),还可指"梁上短柱"(《释名·释宫室》:"棳儒,梁上短棳也。棳儒犹侏儒,短,故以名之")。又如"参差",本指"长短、高低不齐的样子"(《诗经·关雎》:"参差荇菜"),由于其隐含"不齐"的语义特征,又引申出"近似、差不多"的虚义(白居易《长恨歌》:"雪肤花貌参差是")和指"形状长短不齐的乐器"的实义(《楚辞·九歌·湘君》:"望夫君兮未来,吹参差兮谁思?"王逸注:"参差,洞箫也。"一曰笙名。此意后写作"篸䇎")。

(三)注意联绵词释义的交叉性。这主要体现在以下两个方面:一是同一联绵词,由于语音转化形成的不同的书写形式,有些意义是完全相当的;有些是既有相同之点,也有不同之处。这种同一联绵词不同书写形式在语义上的差异性,是我们释义中特别应当注意的。如:"窈窕,文静美好:窈窕淑女。实际应同下'苗(媌)条',四川人读《诗经》就读 miǎo tiǎo,合乎'苗条'的读音。""苗(媌)条,'南都言人物之长曰媌条。'(《通俗编》752页)现在通作'苗条',形容妇女身材细长柔美。"(见任学良《汉语造词法》253页)《诗经》中的"窈窕"和《通俗编》中的"媌条",虽属语转关系,但二者意义并不完全相当:它们都作"美好貌"解,这一点是相同的;而"窈窕"还有"妖冶"义(如《后汉书·曹世叔妻传》:"入则乱发坏形,出则窈窕作态")和"深远貌"义(如陶潜《归去来兮辞》:"既窈窕以寻壑,亦崎岖而经丘"),都是"媌条"所没有的。其二,词义的交叉性还体现在不同联绵词之间的关系上。如《广雅·释训》:"踌躇,犹豫也。"因而有人认为二词同义,其实不然。虽然"踌躇"和"犹豫"都有"迟疑不决、徘徊不前"之义(《楚辞·九辩》:"蹇淹留而踌躇";《楚辞·离骚》:"心犹豫而狐疑"),然而,"踌躇"还有"自得貌"的词义(如《庄子·养生主》:"提刀而立,为之四顾,为之踌躇满志"),则又是"犹豫"所不具备的。因此,为了对联绵词准确地进行释义,还必须认识其词义的交叉性。

三、联绵词的形式特征和
联绵词典的条目编排

如上所述，无论哪一种类型的联绵词，都具有"以音为用，制字日多"的特征，它们的书写形式是不固定的，而这些不固定的书写形式是依靠语音来系联的。联绵词典的条目编排，必须符合其自身的形式特征。

目前，依据字形（包括部首或笔画）编排的联绵词典，显然是与它的这种形式特征格格不入的。这种做法，往往把同一联绵词的不同形式分别列入数卷，使人很难了解它的全貌，更不能展示它的语音特点。如"犹豫"一词，在《联绵字典》中，就因其不同的书写形式分见于"三个部首"：其中"犹豫"、"犹预"、"犹与"、"猷裕"见于"犬部"，"游豫"见于"水部"，"由与"见于"田部"（此处归部也极不科学）。

联绵词典的条目编排应该依据音序。但究竟是依据哪一种音序，即"古音（上古音）"、"今音（中古音）"、"现代音（普通话语音）"中的哪一种为好呢？

当然，最为理想的是依据"古音（上古音）"的音序加以编排。因为绝大多数联绵词的不同书写形式是"古已有之"，是在先秦时代形成的，上古语音是它们众多的书写形式转化的枢纽。可是，这又是难于做到的。目前上古语音系统自身尚处于研究阶段，而且在上古声母、韵部的划分上，异说纷纭，因而它可以为我们研究联绵词提供佐证，但尚不足以作为编排词典的依据。

目前，按音序编排的有关联绵词的词典（如《辞通》）一般是依据"今音（中古音）"，即"平水韵"的 106 个韵目加以编排的。这种编排较《联绵字典》按部首的排列，其优点是显而易见的，但也遇到了两个问题：一是科学性的问题。"平水韵"所代表的语音系统已去古甚远,相当一部分联绵词的语音线索已难系联。二是实用性的问题。目前绝大多数读者,甚至包括一些中青年语言学者对"平水韵"的韵目已难于掌握,给词典的查检和使用带来很大不便。

上述依照"平水韵"编排所遇到的第一个问题,在古音研究尚无重大突破的今天,是难于避免的;而第二个问题,却是可以解决的。因此,从实用性和科学性统一的观点出发,今天编写联绵词典,应当以现代音(普通话的语音)为依据,按照汉语拼音字母的音序加以编排。而在每词之下,加注其在"古音(上古音)"所属的声母和韵部;不见于先秦时代的后出的联绵词,则注以"今音(中古语音)"的声母和韵部。我们知道,古今汉语的语音,既有继承,又有发展。这样的编排,既可以大致显示联绵词的语音特征,又方便了广大读者。

(原载《辞书研究》1990年第1期)

汉字部首排检法规范化试探

——论"切分、定位(定序)"归部法

目前,多数汉语语文辞书是采用部首或音序编排方法,前者如《辞源》、《辞海》,后者如《新华字典》、《现代汉语词典》。笔画检字法和号码检字法(主要是四角号码检字法),由于其自身较为零乱、烦琐,且打乱了汉字形、音、义相关的内在体系,因而一般是作为检字的辅助手段,附录于辞书之后。除了现行的《四角号码新词典》以外,很少有哪一种汉语语文辞书采用这两种方法进行编排。而对于大型汉字字典来说,由于相当数量的汉字,人们只能识其形,而难以记其音,音序编排法显然也不便使用了。那么,剩下的只有一种编排方法——即通行最久的部首编排法。正因为如此,自《说文》问世至今,大型汉字字典(如《康熙字典》、《汉语大字典》等)一般都采用部首编排的方法。

但是,由于汉字部首编排法,自《说文》始创至今,一直未能进行规范化、科学化的改造,因而给使用它的人带来许多不便。这是目前汉语语文辞书编纂中亟待解决的问题。

一、现行汉字部首编排的不规则性和歧义性

现行汉字部首编排法,在部首的提取和汉字的归部上,都存在着严重的不规则性和歧义性。根据笔者的总结、归纳,这种不规则性和歧义

性主要体现于两个方面：

一是徘徊于"文字学部首"和"检字法部首"之间，在汉字归部上体例不一，莫衷一是。历史上，汉字有两种不同的部首概念：一是《说文》所创立的文字学原则的部首，即以分析汉字形、义结构为目的而划分的部首。一种是检字法原则的部首，即以使用字典时顺利查检汉字为目的而划分的部首；这种检字法部首始于明代梅膺祚的《字汇》，即将《说文》的540个部首合并、减少为214个部首。后代字书（如《康熙字典》等）基本上沿用了这214个部首。但是，由于传统的检字法部首并没有彻底摆脱许慎《说文》"六书"的框框，并且长期踟蹰于"认识构字"和"方便检字"两种不同的目的之间，就使其在汉字归部上出现了体例不一、自相矛盾的状况，使读者无所适从。如："蹇"和"搴"形体结构相类，《说文》依据其意符的不同，分别收入"足"部和"走"部。《汉语大字典》中，于"蹇"字依"文字学部首"归部，仍属"足"部；而于"搴"字，则以"检字法部首"归部，移入"宀"部。"襄"和"衰"是繁简字，《汉语大字典》于简体字"衰"以"检字法部首"归入"宀"部；而于繁体字"襄"则依"文字学部首"归入"衣"部。其实，"蹇"与"搴"、"襄"与"衰"，均应归入同一个部首。更让人难以接受的，是有些现代辞书，在归部上因袭前代字书旧制，完全不顾字形规范。如"罕"字依楷书形体本应归入"冖"部，"罔"字应归入"冂"部，而《汉语大字典》却依《说文》篆文形体将它们归入"网"部。

二是贯彻"据形定部"时各行其是，缺乏必要的规范。现在，辞书界越来越多的人们认识到，汉字的部首编排，"以义定部"的路子是走不通的，逐渐赞成"据形定部"的原则。但是，由于目前"据形定部"没有规范化、科学化的标准和方法，又出现了汉字归部的随意性。如《汉语大字典》中"充"字从上归入"亠"部，而其异体字"㐬"却从下归入"儿"部。"卒"字一般字典据楷书形体从上归入"亠"部，而《汉语大字典》依《康熙字典》从下归入"十"部。又"矗"字,新版《辞海》归入"八"部,《汉语大字典》归入"皿"部,《辞源》归入"虫"部,《新华字典》(指所附部首检字表,下同)索性"八、皿、虫"三部均收。归部情况如此不一,真使读者感到头痛。更有甚者,是将与其他笔画交错的非独立形体定为部首,现行多数部首检字的汉语语文辞书,都存在这种情况。如"奏"字《汉语大字典》依《康熙字典》归入"大"部。"大"在"奏"字中根本不是一个独立的形体。新版《辞海》将"央、夷"归入"大"部,《新华字典》将"干、于、井、五"诸字归入"二"部,也属于类似情况。这种所谓"部首"的提取,显然具有随意性。如果照此办理,"央"字,人们还可以提取"冂"作部首,将它归入"冂"部;"夷"字,人们可以提取"弓"作部首,将它归入"弓"部。这种将与其他笔画交错的非独立形体,作为汉字的检字部首的做法(《说文》的文字学部首另当别论),虽然沿用已久,然而却是不可取的。

二、汉字部首编排法的规范与统一

科学的汉字部首编排法,无论是部首的提取,还是单字的归部,都必须坚持同一的标准,力戒目前这种多元化的干扰。历史和现实经验告诉我们:科学的汉字部首编排法的创立,必须摆脱《说文》所创立、《康熙字典》等字书所延续的"以义定部"法,而以通行的楷书为规范字形,始终如一地贯彻"据形定部"的原则。当然,就为数相当的汉字来说,文字学部首和检字法部首相合,"以义定部"和"据形定部"的结果是一致的。对于这类汉字的归部,历来是没有疑义的。而当文字学部首与检字部首相异,"以义定部"与"据形定部"结果不一致的时候,我们应当不折不扣地执行"据形定部"的原则。这种指导思想的规范化、标准化,是字典编排规范化、标准化的前提。

在指导思想明确的基础上,实现汉字部首编排的规范化,还必须以对汉字的科学分析为基础。我们知道,占方块汉字数量最多的形声字,其形体结构分为四类八种。除常见的左右结构(主要为左形右声,部分为右形左声)、上下结构(主要为上形下声,部分为下形上声)、外内结构(主要为外形内声,部分为内形外声)三类六种外,还有一类两种,即形符占字的一角或声符占字的一角两种情况。对于这类汉字,可以采用上下、左右四分的方法,确定其部首(形符或声符)的位置。有少数汉字,为三个或三个以上部分平列左右组合(如"辩")或上下组合(如"亭")而成,则可采用三分或多分的方法,确定其部首的位置。会意字也大体可以作如上(二分、四分、三分或多分)的形体结构离析。独体的象形字和指事字一般是难以分析的,但其多数本身就是检字部首;即使不作部首,也可用起笔笔形确定其归部。

依据以上的分析,通过对大量汉字的具体离析和考察,为了使汉字部首编排规范化、科学化,我们提出"据形定部"的具体方法,即"切分、定位(定序)"的归部法。它包含以下两个方面(定形、定位)、四个要点(二分定部、四分定部、三分[或多分]定部、起笔定部)。下面分别加以说明。

(一)定形。这里包括两个方面的内容:

一是必须以规范的楷书作为分析文字部首的依据;对 7000 个常用汉字来说,还必须以国家语言文字工作委员会制定的《现代汉语通用字表》所确认的通行形体作为分析和提取部首的依据。如《汉语大字典》依篆书把"罕"字归入"网"部,显然与楷书规范字形不符,而应归入"冖"部。又如《现代汉语通用字表》"卜"的第二画为"丶",而"上"的第二画作"一",《新华字典》把"上"归"卜"部,与通行形体不符,而应依起笔归入"丨"部。

二是为了避免部首提取的任意性,除了自身不为检字部首、又不能分析的独体字以起笔作为检字部首的情况外,部首的提取必须是字形中独立(即不与其他笔画交错)的部分。如《新华字典》把"干、于、井、五"等字归入"二"部,把"丹、冉"等字归入"冂"部,其部首的提取均不符合上述要求。前者(干、于、井、五)应该依起笔归入"一"部;后者"丹"应依起笔归入"丿"部,"冉"依起笔归入"丨"部。新版《辞海》把"央、夷"等字归入"大部",也不妥当。其中"央"应依起笔归入"丨"部,"夷"应依起笔归入"一"部。

(二)定位(定序)。贯彻"据形定部"的原则,必须对汉字进行定位分析,按部位的一定顺序提取部首,才可能做到部首编排的规范化、标准化。

根据以上对汉字基本结构的分析,通过对传统检字法部首(从《字汇》、《康熙字典》到新版《辞海》、《新华字典》)的分析、借鉴,我们认为汉字部首的定位(定序)有以下四个要点:

1. 二分定位归部

对于所有能进行二分(左右、上下、外内),且二分后双方或一方为检字部首的汉字,一律采用二分定位归部。要先定位,后归部。二分汉字的"左、上、外"为1位,"右、下、内"为2位。凡1位是检字部首者,一律归入1位所从之部;1、2位均为部首者,也一律归入1位所从之部;1位不是部首,而只有2位是部首的,则归入2位所从之部。如:

"矜"作左右切分,"岂"作上下切分,"固"作外内切分,1位的"矛、山、囗"为检字部首,2位的"今、归、古"不为部首,故此三字分别归入"矛"、"山"、"囗"部。

"披"作左右切分,"空"作上下切分,"闷"作外内切分,1位的"扌、穴、门"与2位的"皮、工、心"均为检字部首,则坚持从1位不从2位(即"从左不从右,从上不从下,从外不从内")的原则,此三字分别归入1位所从的"扌"、"穴"、"门"部。

"殿"作左右切分,"渠"作上下切分,"办"作外内切分,其1位的

"屄、㠪、八"均不是检字部首,而2位的"殳、木、力"则为检字部首,此类字则只能从2位归部。此三字应分别归入"殳"、"木"、"力"部。

这里需要补充说明的一点是:凡部首占方块汉字三角者(如疒、广、廴、走、勹等),一律视为外内结构,采取从外不从内的原则归部。如"勾"归入"勹"部,而不入"厶"部。当外部不为检字部首时,则以内部所从之部首归部。如繁体字"鳥","鸟"占字的三角,为外内结构,而外部"鸟"不为检字部首,则从内归入"灬"部。

2. 四分定位归部

方块汉字中,有一类字是由四个部分各占一角而组成的。对于这类汉字,进行二分后,任何一方均不为部首,应进行四分,即同时进行上下、左右的切分。凡四分后的汉字有一角或几角为部首的汉字,依四分归部。对此类汉字,也要先定位,后归部。四分汉字的定位是:左上角为1位,左下角为2位,右上角为3位,右下角为4位。凡1位为检字部首的,均归入1位所从之部首;1位不为部首的,归入2位所从之部首;1、2位均不为部首的,归入3位所从之部首;1、2、3位均不为部首的,归入4位所从之部首。例如:

"疑"字作四分,1位"匕"即为检字部首,则归入"匕"部。

"豔"字作四分,1位"幽"在楷书中不为检字部首,2位"豆"为部首,则应归入"豆"部。

"䴉"字(见《汉语大字典》3935页)作四分,1、2位均不为检部首,3位"支"为部首,则应归入"支"部。

"蠱"字(见《汉语大字典》2574页)作四分,1、2、3位均不为检字部首,4位"皿"为部首,则应归入"皿"部。

3. 三(多)分定位归部

凡是由三个以上部分左右平列组合(如斑、翮等)或上下线性组合(如壳、亨、韋等)形成的汉字,用前面所讲的二分的方法,是难以确定其归部的(或难以归部,如嬲、韋;或归部不一,如壳、亨)。于此类汉字,则应采取三分或多分(多分的仅是很少一部分字,如"亮")定位归部的方法,即由左至右(或由上至下)依次进行三(多)分定位。凡 1 位为部首的,一律从 1 位归部;1 位不为部首的,从 2 位归部;1、2 位均不为部首的,从 3 位归部,以此类推。如:

左右三(多)分的"斑",上下三(多)分的"亭",1 位分别为检字部首"王"、"亠",即归入 1 位所从之部。

左右三(多)分的"嬲",上下三(多)分的"韋",1 位均不为检字部首,而 2 位"女"、"口"为检字部首,则归入 2 位所从之部。

左右三(多)分的"鄉",上下三(多)分的"罌"(见《康熙字典》"心部"),1、2 位均不为检字部首,而 3 位的"阝"、"心"分别为检字部首,则归入 3 位所从之部。

4. 起笔定部

对所有不能分割的独体字,而自身又不为检字部首的,一律采用以起笔笔画定部的做法,分别归入"一、丨、丿、丶、乛"五部。如"丁、七、专"等字归入"一"部;"凹、且、临"等字归入"丨"部;"及、升、久"等字归入"丿"部;"之、必、永"等字归入"丶"部;"刀、巴、承"等字归入"乛"部。

除了上述四条定位归部的原则外,尚需附加说明的还有以下几点:

其一,无论二分定位归部,还是三(多)分定位归部,凡切分后各部分能独立成字的(即切分后各方本身可为独立的汉字),不作不能独立成字的切分。如:

二分定位归部的汉字,凡二分后上下均成字者(即本身可为独立的汉字),不作上下或其中一方不成字的切分。如"慈"切分为"兹、心",归入"心"部,而不归入"丷"部;"翁"切分为"公、羽",归入"羽"部,而不归入"八"部;"摹"切分为"莫、手",归入"手"部,而不归入"艹"部;"变"切分为"亦、又",归入"又"部,而不归入"亠"部;"剪"切分为"前、刀",归入

"刀"部,而不归人"八"部。

三分定位归部的汉字,凡切分后一方或几方能独立成字的,也不作不能独立成字的切分。如"赢"上下三分为"亡、口、朋"三部分,其中1、2部分切分后独立成字,且2位"口"为检字部首,则应归入"口"部,而不应作不能成字的切分而归入"亠"部。

这样,既避免了歧义,又方便了归部。

其二,凡二分定位归部的汉字,从上切分或从下切分均可成字者,则从上切分,而不从下切分。如"克"字,从上切分为"十、兄",或从下切分为"古、儿",双方均独立成字,则应从上切分,归入"十"部。

其三,在同一部位有多笔和少笔几种部首相互重叠的,取多笔为部首,不取少笔为部首。如"空"归入"穴"部,而不归入"宀"部;"章"归入"音"部,而不归入"立"部。凡由中座与两侧构成的汉字,取中座为部首,而不取两侧为部首。如"噩"入"王"部,不入"口"部;"巫"入"工"部,而不入"人"部;"兆"入"儿"部,而不入"冫"部。

其四,有少数汉字,需多层切分,方可定位归部。具体分为以下几种情况:

有些需先二分再二分。如"弱"先作左右切分为"弓、弓",再对其左半部作外内切分,从外归入"弓"部;"疆"先作左右切分为"弓、畺",再对其左半部作外内切分,归入"弓"部;"矗"先作上下切分为"直、甚",再对其上部作上下切分,归入"十"部;"兢"先作左右切分为"克、克",再作上下切分归入"十"部;"乾"先作左右切分为"卓、乞",再对其左半部作上下切分,归入"十"部。

有些先二分再三分。如"懿"字先作左右二分为"壹、恣"两部分,再对其左半部进行上下三分而归入"士"部。"嚭"先作左右二分为"喜、否"两部分,再对其左半部进行上下三(多)分而归入"士"部。

有少数字要先三(多)分再二分。如"嚣"字,先作上下三(多)分,再对其上部进行左右二分归入"口"部。

甚至有个别字,需先三(多)分再三(多)分。如"畐"字(见《汉语大字典》2554页,"副"的异体字),先左右三分,再对其左边进行上下三分归入"一"部。

对于这种多层切分定位归部的情况,有一点应当注意:即凡作一次切分即有检字部首者,一律不再作多层切分。如"哭"字上下二分后,2位"犬"为检字部首,即应归入"犬"部,而不应再作左右二分而归入"口"部;"腾"字二分后,1位"月"为检字部首,即应归入"月"部,而不应再作上下二分而归入"马"部。又如"嬴""赢"等字,上下三分后,2位"口"即为部首,则应归入"口"字,而不应再对其下部作左右三分而归入"月"部,更不能按其下部的2位(意符)分别归入"贝"部或"女"部。

另外,在坚持"据形定部"原则的同时,考虑现行汉字的特点,进行部首编排时,不一定完全排斥"从俗定部"的做法。现行汉字形、音、义的联系是客观存在的,编排中注意这种联系,对使用字典的人是有益的。因此,对于少数含字数量很多的、居右或居下的汉字部首(意符),也可以考虑从右或从下归部。这种所属汉字很多的"大宗部首",为数不多,通过对《说文》等字书的分析,意符居右的大宗部首主要有"刂、阝、页、见、鸟、隹、攵、支、殳、欠、瓦、力、斤、寸、斗、羽"等十几个,意符居下的大宗部首主要有"心、皿、手、衣、贝、水、儿、月"等几个。对于这类大宗部首,考虑现行汉字的特殊情况和人们使用字典的心理习惯,可以采用"从俗定部"的做法,但在字典"凡例"中要作出具体规定,确切地指明哪些部首采用"从俗定部"。

与汉字归部密切相关的,是汉字检字部首数量的确定。这是汉字部首编排法研究中另一个重要问题。现行汉字部首编排法,多是在传统214个检字部首的基础上有所增减,最少的《新华字典》仅有189部,最多的新版《辞海》为250部。这里应当指出,部首编排所定部首的数目当然不宜过多,但也绝不是越少越好。而是应当通过对全部汉字的结构分析,以方便检字为目的,采取一种适度的方案。如新版《辞海》所定的"火"、"灬"分立,"戈"、"戊"分立,对于楷书汉字的检索颇为方便;而《汉语大字典》重新将"灬"归入"火"部,将"戊"归入"戈"部,显然是不妥当的。

(原载《辞书研究》1995年第5期)

语言文字的变异性与
辞书规范的动态性

提要：语言文字的规则是约定俗成的，而且总是处于动态的发展变化之中，语言文字的规范是一个动静辩证统一的历史概念。语言文字的规范化，必须是在发展中"规范"，在不断研究中确定"规范"的标准。"规范"标准的确立，既要尊重语言规则与历史的法则，更要正视语言实践，尊重语言使用群体的选择。

一、对语言"规范"中存在问题的反思

传统语言文字规范主要通过三种途径：即语言文字政策的规定、辞书的引导与语文教学的灌输。但是，让人深长思之的是，这种"规范"有时出现一种尴尬的局面：一些所谓"规范"得不到社会的认可，甚至由于某些"规定"枯燥、不合时宜而引起人们反感，在日常的语言运用、文学作品创作中仍然习惯于自行其是，致使某些"规范"成为脱离实际的"条文"。

对于一个统一的国家来说，必须有其通用的语言文字；有通用的语言文字，必须强调"规范"。在当今现代社会，语言文字的规范更有其特殊的意义。问题的关键在于如何认识语言文字的"规范"，如何实现语言文字的"规范"。

二、语言规则的俗成性与语言文字的变异性

语言文字的规则是约定俗成的,语言文字的规范是一个动静辩证统一的历史概念。语言文字就某一个历史时段来说,具有相对的稳定性;而在历史长河中,又是动态的,不断发展变化的。"规范"的标准应当是尊重语言动态发展的事实,"规范"的实现应当是从社会人群语言实际出发的一个不断完善的过程。本文以目前歧义最大的语音规范、语法(句法)规范与词汇规范进行说明。

现代普通话的语音规范,是在"五四"以来伴随白话文的兴起逐渐形成的。在一种语体形成的初期,面对人群中异读现象的存在,依据历史发展的规则制定读音"规范"似乎也是无可指摘的。如"连"有"lián"和"liān"两读,为什么普通话确定"连"的"lián"音为规范读音呢?这是依据古浊声母的平声字今读阳平的语音演变规则;"波"有"bō"和"pō"两读,为什么普通话确定"bō"为规范读音呢?这也是有字音发展的规律作依据,"波"在《广韵》中音"博禾切",为戈韵帮母字,而中古"帮"母字今读"b";"较"有"jiào"和"jiǎo"两读,普通话为什么规定"jiào"为规范读音呢?因"较"在《广韵》中属"效"韵,是去声字,依照中古到近、现代的声调变化规则,"较"仍应读为去声。

但是,也应当看到其他因素对语音演变的影响,特别是尊重语言实际使用的客观现实。比如,普通话规范读音中"暂时""暂行""暂停"之"暂"的读音定为"zàn","机械""器械"之"械"的读音定为"xiè","给予"之"给"的读音定为"jǐ"等,依据的也是语音历史演变的规则。我们曾经对普通话的基础方言(北方话)的区域做过调查,除了教师在课堂上咬文嚼字以外,很少有人将"暂"读作"zàn"、"械"读作"xiè"、"给予"之"给"读作"jǐ",而是读作"zhàn"、"jiè"、"gěi"。语言实践中"暂""械"读

音的变化,可能是受该形声字的声符字"斩"和"戒"读音类化的结果,至于"给予"之"给"读音在现代普通话定为"jǐ",可能一开始规定就是欠妥当的:

《现代汉语规范字典》:"给 jǐ ①〈动〉供应……②〈形〉富裕;丰足……'给'读 gěi 时,限于单用,如'给你一本书';读 jǐ 时,只能用在复合词或成语中。"而且,这些字典的注释是有依据的,那就是《普通话异读词审音表》:"给(一)gěi(语)单用。(二)jǐ(文)补~ 供~ 供~制 ~予 配~ 自~自足。"

单用、双音异读——汉语中有这样一条普遍规则吗?"补给""供给""供给制""配给""自给自足"诸词的"给"与"给予(与)"中的"给",意义是不同的,当时作出这一规定的真正依据是什么,从《普通话异读词审音表》本身我们无从得知,但这不仅不符合现代汉语普通话语言运用的实际习惯,也很难找出语言历史发展原则提供的依据。历史上,"给"读作 jǐ,作"供养;供应"解,而与单用或复用无关:

(1)"寡人之国贫,恐不能给也。"(《战国策·秦策四》)

(2)"不治产业,常艾薪樵卖以给食。"(《汉书·朱买臣传》)颜师古注:"给,供也。"

(3)"牵身有衣,口得食,给神役也。"(韩愈《潮州祭神文》)

(4)"不嫌野外无供给,乘兴还来看药栏。"(杜甫《有客》诗)

(5)"今肥田尚多,未有垦辟。其悉以赋贫民,给与粮种,务尽地力,勿使游手。"(《后汉书·章帝纪》)

其中,例(1)、例(2)、例(3)为单用,例(4)、例(5)为用在复合词("供给""给与")中,词义和读音都没有什么不同。

而且,上述规定,也与一些大型语文辞书注释的实际情况不符:

《辞海》:"给(一)jǐ ①供给;给养。②丰足;富裕。③敏捷。④及。(二)gěi ①为;替。②把。③让;使。④被。⑤给予。如:给他一本新书。"

这里,《辞海》作为历时性的汉语语文辞书,在"gěi"的读音下列了"给予"的义项,显然是对"给予"一词"jǐ yǔ"的读音提出异议。

《古汉语常用字字典》:"给 jǐ①足,丰足。②供给,供应。③口齿伶俐。【注意】在古代汉语中'给'字不表示'给予',只表示'供给'。'给予'的意思用'与''予'表示。"

这里虽然没有明确"给予"之"给"的读音,但却强调"给予"之义是"给"的后起的今义,"给"有二音,依照以音别义的原则,其读音应与表示古义的"给"的语音有别。

著名语言学家王力先生主编的《古代汉语》则对"给"古今不同的音、义进行了详细的辨析:"[辨]与,予,给。'与'和'予'自古同音,而且在'给予'的意思上同义。'给'则和'与''予'有很大区别。'给'用作动词时,不是表示一般的'给予',而是表示'供给',并且一般只限于供给食用。作'给予'解的'给',是后起义,读 gěi。"①这里强调"作'给予'解的'给',是后起义,读 gěi",明确了"给"古今音义的不同。郭锡良先生主编的《古代汉语》在"词义分析举例"中,则更加明确地阐述了"给"古今音义的区别:"在上古,'给'的常用意义有二。一是形容词,食用丰足的意思。……'给'的第二义是动词,供应。……'给'的以上两义都读 jǐ,第一义在今义中已不存在,只保留在少数成语中。第二义也不常用,但在'供给''给养'等双音词中仍作为词素保存着。'给'的今音主要读 gěi,义为'给予',这个意义在上古还没有产生,古书中很少出现。"②这里明确"给"和"给予"的今义相同,音读 gěi。

当然,"给"(包括"给予(与)")的今义是由古义引申发展而来的,"给"的今音也是由古音转化而来的。如:

(1)"又贞元中要乳母皆令选寺观婢以充之,而给与其直。"(韩愈《顺宗实录二》)

(2)"尼采就自诩过他是太阳,光热无穷,只是给与,不想取得。"(鲁迅《且介亭杂文·拿来主义》)

例(1)的"给与"为"付与"义,例(2)的"给与"为"付出"义,为"供应"的转义,使用范围宽泛,已与后来的"给予(与)"义接近。在古义向今义演变的过程中,书面语中沿用旧读是符合当时的语言习惯的。但在今天普通话中,复合词"给予(与)"与单用的"给(gěi)"的常用义是一致的,"给予(与)"之"给"完全没有必要保留书面旧读,而应本着以音别义的原则,统一读作"gěi"。

《普通话异读词审音表》的规定之所以与众多的辞书与教材及人们的使用习惯相左,不被社会接受,归根到底是确定异读的标准不妥。"给"的异读的区分,不应是单用与复音词的不同,也不仅是口语与书面语(或文言)的不同,而主要是古音与今音、古义与今义的区别。基于以上分析,我们的看法是:给,古义为"供应",读作jǐ;今义为"给与",读作gěi。而与"单用""复用"无关。古汉语中"给"或"给予(与)"之"给"是"供应"义,应读jǐ;现代汉语中的"给予(与)"之"给"是常用单音词"给(音gěi)"的同义词,应读作gěi。

陆法言在《切韵》序中曾经说:"以今声调既自有别,诸家取舍亦复不同……因论南北是非,古今通塞,欲更捃选精切,除削疏缓,萧、颜多所决定。魏著作(魏渊)谓法言曰:'向来论难疑处悉尽,何不随口记之,我辈数人定则定矣。'……遂取诸家音韵,古今字书,以前所记者,定之为《切韵》五卷。"语言是变化的,这种变化还具有约定俗成的性质,前人著韵书,今人调查方言,首先是尊重和记录语言事实,我们今天确定普通话的语音规范,怎么能只讲历史,不讲现实呢?

语法,不仅历史上曾经发生过巨大变化,当今新的功能也不时出现。对语言中的这种变异现象,并没有引起人们充分的注意与理解,往往怀疑其是否"合法"与"规范"。比如,能否被副词修饰曾经是区分名词与谓词的一个重要鉴别标准,语言中一些"副+名"的用法曾经为人们视为"病句",如"太感情"、"很淑女"、"非常新派""(他)简直骗子"等等。对一些习以为常的语言事实,一些语言学界的名家还用"词性转化""省略"等等理论加以解释。而近年来"副+名"句式使用频率增高、出现形式多样的事实,使人们开始重新认识这一语言现象。其实,传统"名、动、形……"等词类的划分,只是一个大的范畴性的划分,同一个词类的词语,它们的语义特征与功能并不是完全相同的。正如一些学者所指出的:"凡是具有描述性语义特征的名词都能在一定条件下进入副名组合中"(施春宏,2001);名词性的单位一当它充任谓语,那它就可以以谓语的身份接受由副词充任的状语的修饰、限定(杨亦鸣、李大勤,1994);在"非常事件"、"非常状态"等这样的组合中,"非常"应当可以看作形容词或者是一个词组而非表程度的副词(孙也平,1982);从语言的动态演化的角度看,我们至少不应该否认副词修饰名词的可能性与现实性(王小莘、张舸,1998);"实际上,从副词研究的进展来看,起初人们一般认为副词的专职就是作状语,修饰动词或形容词,随着研究的进展,人们发现有不少副词实际上可以放在主语前,修饰整个小句,有的学者甚至把它看作是副词充当高层谓语的功能。再到后来,人们认为副词也可以当作定语,修饰名词。副词的功能就是这样逐步被发现的。副词之所以有如此多的用法和功能,这与汉语的特点是分不开的,由于汉语缺乏形态变化,名词可以作定语、主语、状语,动词也是,为什么副词非得有一种功能,只能作状语呢?"(杨亦鸣、徐以中,2003)

与语法相关的逻辑,更是语言"规范"经常涉及的问题。这里,要注意语言与逻辑的对立统一关系,二者既有同一性,又有矛盾性,关系是多元的、复杂的。"只要再多走一小步,仿佛是向同一方向迈的一小步,真理就会变成错误。"[③]因此,必须将"逻辑上的矛盾与语言表达的约定俗成"加以区别。语言具有逻辑性。如:"基本上把不好的习惯克服干净了。"④"基本上"和"干净了"自相矛盾,只能用其中一个。但是,也有一种语言现象,从逻辑上讲自相矛盾,但语言表达上却习以为常,约定俗成:"这种现象在人类历史上是绝无仅有的。"既已"绝无",又何谈"仅有"？这在逻辑上显然是自相矛盾的。但自古至今,却沿用不止。苏轼《上皇帝书》:"秦汉以来之所绝无仅有"。而且"绝无仅有"还凝固成一个固定词组,成为人们强调"某种情况极少有"的惯用语。由于约定俗成,其表达的语义是清楚明白的,绝不能视为病句。又如:有的工厂企业实行浮动工资,提高一级工资,说成"上浮一级工资";下降一级工资,说成"下浮一级工资"。有人认为"下""浮"两词语义相悖,是病句,而言语实践中却约定俗成。同样,1998年全国普通高校招生考试语文试卷选择题的第6题,将"昨天是转会截止日期的最后一天,中国足协又接到25名球员递交的转会申请"一句让考生作为"病句"加以选择。认为"截止日期"仅指"一天",无所谓"最后一天",逻辑上存在矛盾。其实,在语言实践中是经常这样说的。表面上有逻辑矛盾,实则约定俗成,并且有特殊的表达效果。这种情况说明,当某一种语言现象约定俗成之后,即使有不大合逻辑、甚至完全违背逻辑的地方,人们也只好承认其存在的合理性。正如吕叔湘先生所说:"通不通是个约定俗成的问题,多数人都这样说,就算是通。"⑤

至于语言最敏感的部分——词汇更是时刻在变动着。过去被学者们认为影响语言"纯洁"的字母词,不也在社会上大量出现,并且堂而皇之地进入辞书了吗？

三、语言文字的变异性与辞书规范的动态性

语言文字总是处于动态的发展变化之中,语言文字的规范化,必须是在不断发展中"规范",在不断研究中确定"规范的标准"。《国家通用

语言文字法》"总则"第六条明确规定："支持国家通用语言文字的教学和科学研究，促进国家通用语言的规范、丰富和发展。"在这种情况下，如何处理语文辞书规范与国家规范标准的关系，如何对待"执行"规范标准与"丰富、发展"规范标准的关系，是一个极其复杂而又不能回避的问题。

规范是一个动静辩证统一的历史过程。毫无疑问，语文辞书应当执行和体现国家规范标准，但同时应当正视语言的发展变化。一般说来，规范标准与语言实际相比，是相对滞后的，对于尚未制定国家规范标准的问题，辞书依据科学研究的成果，可以提出自身的规范；对于实践证明一些规范标准的某些规定不适应时代或不够完善之处，辞书编纂中可以有所修订或超越（一般应作说明），通过社会的检验进而为规范标准的修订与完善奠定基础。

既然是要研究，就应允许有不同观点的存在；对一时难以确立"规范标准"的问题，就应当让历史、时间和语言实践去检验，并以一定方式公之于众，给广大语言使用者一个决定去取的机会。2002年增补本的《现代汉语词典》"为适应社会发展，更好地反映现代汉语词汇的新面貌，体现有关学科研究的新成果"，将近年来产生的"新词新义"1200余条，附在词典正文的后面，这既可以及时反映语言文字发展变化的实际，还可以给人们一个认识和选择的时间与机会，待经过一段时间，将那些经得起历史检验、具有生命力的新词新义再收入词典正文。这不失为一个好的经验。对于那些长期以来规范"标准"与语言实践（或群众的语言习惯）相背离的文字、语音、词语及其功能用法等问题，是不是也可以以"附录"和"又说"的形式让历史检验一下呢？

总之，语言文字规范标准的出台与辞书规范的制定滞后于语言事实，属于正常现象，修订某些过时的"规范"也应采取慎重的态度，但这种滞后不应是无限期的。"规范"标准的确立，既要尊重语言规则与历史的法则,更要正视语言实践,尊重语言使用群体的选择。

附 注

①见王力主编《古代汉语》(修订本),中华书局1981年版,第143—144页。
②见郭锡良等编著《古代汉语》(修订本),天津教育出版社1991年版,第109—110页。
③见《列宁全集》31卷85页,人民出版社1960年版。
④见吕叔湘等《语法修辞讲话》,中国青年出版社1979年版。
⑤见吕叔湘《语文杂记》,上海教育出版社1984年版。

参考文献

陈彭年等　1982　《广韵》,北京市中国书店据张氏泽存堂本影印本。
辞海编辑委员会　1999　《辞海》,上海辞书出版社。
刁晏斌　2003　《新时期语法变异现象研究述评》,《语言文字应用》第2期。
丁声树　1981　《古今字音对照手册》,中华书局。
古汉语常用字字典编写组　1993　《古汉语常用字字典》(修订版),商务印书馆。
国家语委等　2001　《普通话异读词审音表》,见《中华人民共和国国家通用语言文字法学习读本》,语文出版社。
李行健主编　1998　《现代汉语规范字典》,语文出版社。
吕叔湘　1979　《汉语语法分析问题》,商务印书馆。
施春宏　2001　《名词的描述性语义特征与副名组合的可能性》,《中国语文》第3期。
孙也平　1982　《关于副名结构》,《语文论坛》(一),知识出版社。
王小莘　张舸　1998　《"程度副词+名词"是当前汉语运用中值得注意的一种现象》,《语言文字应用》第2期。
杨亦鸣　李大勤　1994　《试析主语槽中的"NP的VP"结构》,载邵敬敏主编《语法研究与语法应用》,北京语言学院出版社。
杨亦鸣　徐以中　2003　《"副+名"现象研究之研究》,《语言文字应用》第2期。
中国社科院语言所词典室编　2002　《现代汉语词典》(2002年增补本),商务印书馆。
朱德熙　1985　《语法答问》,商务印书馆。

〔本文为国家语言文字"十五"规划项目"辞书编纂与语言文字规范化研究"(编号:YB105－11A)的结项成果之一〕

(原载《河北师范大学学报》2004年第3期)

树立辩证的规范观,妥善处理语言文字规范的相关问题

——再谈语文辞书规范的原则与方式

提要:语文辞书在语言文字规范化工作中具有特殊的功能。只有树立辩证的规范观,从理论上搞清楚辞书规范与国家规范标准的关系,在辞书编纂中妥善处理语言文字规范化的一系列相关问题,全面、正确地贯彻语文辞书的规范原则,恰当地选择语文辞书实施规范原则的方式和方法,才能更好地发挥语文辞书在语言文字规范化工作中的作用,并不断提高语文辞书的编纂质量。

语文辞书的规范体现国家的规范标准,但又有其不可替代的特殊性质和特殊功用:一是全面性、具体性,将不同时期颁布的国家规范标准通过具体的字(词)条集中地体现出来;二是普广性、示范性,在社会各个成员查检和使用辞书中,潜移默化地达到规范化的效果。因此,语文辞书在语言规范化的过程中具有特别重要的作用。

上个世纪末,围绕"辞书与语言规范化"问题,在语言学界与辞书学界曾经展开一场颇具规模的研讨乃至论争。至 1998 年"第二届语文辞书学术研讨会"的召开暂时告一段落。但一些理论问题并没有完全解决;一些似乎已经化解的分歧,一遇到具体问题,又出现反复。因此,有必要就此问题从理论与实践的结合上再作进一步的阐述。

一、语言本质的俗成性与
某些规范标准的制约性

荀子在《正名篇》中曾经说过:"名无固宜,约之以命,约定俗成谓之宜,异于约则谓之不宜。"[①]语言规则从本质上讲是约定俗成的,约定俗成也同样应当成为国家语言文字规范"标准"与"规定"制定的原则,是辞书规范形成的原则。编写一部语文辞书,从字形的选定、字音的标注,到词语的释义、用法的说明、例句的选取,涉及"规范"的方方面面,这些规范的标准,绝大多数是依据语言文献的历史承传与社会语言使用群体的习惯自然形成的,这就是约定俗成的原则。而靠国家语言文字管理机构颁布的标准与规定,只占其中很小的一部分。而这部分内容,往往是历史承传规则不清,或因方言、地域差异,在现代汉语具体运用中存在歧义的方面,如《第一批异体字整理表》《普通话异读词审音表》《汉字统一部首表(草案)》等。如果语言的实际运用与辞书编纂中没有分歧,这些标准或规定的出台也就没有意义了;而标准或规定的制定,也主要还是依据语言历史演变规律与现代汉语中通用性的原则——可见,这些所谓的带有制约性的"硬性标准"制定与出台的深层理据,仍然是"约定俗成"的规则。

当然,有关国家语言文字的标准和规定一经制定,就有法定的约束力,在辞书编纂中应当认真贯彻执行。应当说,多数严肃的、乃至带有权威性的汉语语文辞书也是这样做的。然而,也应看到,语文辞书规范与国家规范标准既有紧密的联系,也有明显的区别,二者的一致性是辩证的统一,而不是、也不可能是机械划一。这主要体现在两个方面:一是两者范围的宽窄是不同的。中华人民共和国建立以来,中国文字改革委员会(国家语言文字工作委员会)相继出台了一系列国家语言文字的规范与标准,对于我国语言文字的规范化、标准化起到了重要作用。但是,这种国家规范标准只能是限于语言文字规范化的重大方针政策和一些主要方面,而语文辞书则一字(词)、一句都要体现规范,这些规范原则大量是根据历史承传、约定俗成和语言文字自身发展规则确定的。二是语文辞书的规范方式是将成文规范与客观描写相结合。对尚未制定规范标准或暂时不必制定成文规范的语言文字方面的问题,通过客观描写引导人们正确地使用语言。

从原则上讲,语文辞书编纂应当执行语文规范的相关文件,这是没有疑义的;但这种执行同其他领域执行相关文件一样,应当是科学的、辩证的,而不应当是机械的、僵死的。李宇明先生在《辞书与语言文字规范》[2]一文中指出:"规范文件的内容不合适时,辞书该怎么办。有两种观点:一种是'执行说',认为规范型辞书的编者只能服从、维护规范,个人的意见只能留待标准修订时作参考。另一种是'补正说',认为词典编纂的过程,既是对语言文字标准贯彻的过程,也是对这些规范标准的正确性全面检验的过程,对一些不妥的地方,要发挥专家规范的补充作用,给读者提供帮助。""执行说和补正说虽都有道理,但也都有缺憾。解决问题的根本办法……是建立对规范及时更新的观念和制度,发现问题能及时反馈及时更正。"

应当说,李先生通过"建立对规范及时维护更新的观念和制度"的观点,指出了解决问题的根本途径。但就在一定历史阶段来说,并不是所有问题上都能做到的。语言文字现象及其发展变化规则是非常复杂的,人们对它的认识与研究也是一个不断深化的过程,很难乃至不可能达到终点。随着语言研究的深入与人们认识的深化,一些已经成文的规范文件暴露出某些不足或者缺陷,是完全正常的现象;而语言学家与社会对这些不足或者缺陷形成共识并提出解决办法,需要一个相当长的过程。国家规范文件的特殊性质,又使得它不可能频繁修改、乃至朝令夕改。因此,对于语言文字规范文件与辞书编纂中出现的这些矛盾和问题,必须有一个辩证的、科学的认识,才能作出妥善的处理。

一是语言文字的规范应当是动态的,"补正说"是必要的,但提出者应当具有相当的权威性。在汉语语文辞书编纂中,对于国家语言文字管理机构颁布的标准与规定,我们应当认真贯彻执行;但如果发现这些标准和规定与语言文字使用实际相脱离,甚至与发展变化了的语言实际相违背,也应当及时向有关主管部门提出意见或建议,对有关标准和规定的不妥与过时之处及时进行修订;对于学术界已公认的不妥与过时之处,语文辞书也可以做必要的说明或补充。正如陆俭明先生在《吕叔湘与"〈现汉〉风格"》一文[3]中所指出的:"对语文规范标准中存在的问题,既不盲从,也不回避,而是在认真研究的基础上,加以妥善处理,以有利于规范标准的贯彻,有利于规范标准的修订,这可以说是《现代汉语词典》基本的规范观。""《现代汉语词典》所体现的辩证的规范观对汉语言文字的规范工作起了积极的作用。"应当强调的是,在国家新的规范标准出台之前,辞书编纂中对原有规范标准的某些补正或说明,应当限于由高水平专家组成的具有权威性的学术机构或辞书编纂机构。这里,条件限制是必要的,在公开发行的语文辞书中对现行规范标准的某些补正或说明,不应是专家个人的看法,也不能是一般的辞书编纂者或编纂机构的意见(当然,专家个人与辞书编者可以在学术刊物上发表他们的看法和意见)。否则,有可能会造成语言文字工作的混乱。

二是就编写现代汉语词典来说,在一些问题有争议但尚未找到妥善处理方法的情况下,主张"全面贯彻国家各项语文规范标准"是可行的,就多数辞书编纂者来说,这不失为一种明智的选择。因此,"执行说"也无可非议,但不应排斥"补正说"。现行某些规范标准存在不完善之处,是众所周知的事实,因而,全面贯彻国家各项语文规范标准时,不必用"凡是"的字眼,更不可将主张"补正说"的辞书排斥在"规范"之外。

三是要注意语言研究与语文教学的联系与区别,不要将语言文字学研究前沿中存在争议的问题引入学校教育。学校教育,特别是基础教育阶段的语文考试,不要在有学术歧义的问题上做文章。早些年,在《普通话异读词审音表》从初稿到定稿对有些异读词的注音作了调整,有关辞书没有及时修订,四川省某种考试中由于试卷标准答案与考生答题采取了不同的依据而闹出官司。其实,这种报道带有炒作性质,辞书修订有一定周期,暂时滞后于某些规定是正常现象,而且异读词两种不同注音,只是在历史原则与通用原则中采取了不同的处理方式,语文考试本不应在这方面做文章。出题者本不该出这方面的试题,有人将语文考试的注意力引导到这些方面,大有庸人自扰之嫌。

二、语言文字的变异性与规范的动态性

语文辞书规范的原则是约定俗成,而且这种"约定俗成"原则要适应语言自身的发展变化而不断更新。语言文字总是处于动态的发展变化之中,语言文字的规范化,必须是在不断发展中"规范",在不断研究中确定"规范的标准"。《国家通用语言文字法》"总则"第六条明确规定:"支持国家通用语言文字的教学和科学研究,促进国家通用语言的规范、丰富和发展。"在这种情况下,如何处理语文辞书规范与国家规范标准的关系,如何对待"执行"规范标准与"丰富、发展"规范标准的关系,是一个极其复杂而又不能回避的问题。

语言文字的规范是一个动静辩证统一的历史概念。语言文字就某一个历史时段来说,具有相对的稳定性;而在历史长河中,又是动态的,不断发展变化的。"规范"的标准应当是尊重语言动态发展的事实,"规范"的实现应当是从社会人群语言实际出发的一个不断完善的过程。

毫无疑问,语文辞书应当执行和体现国家规范标准,但同时应当正

视语言的发展变化,而且标准自身也有一个需要完善的问题。不可否认,有些语言文字标准的制定曾经受到"左"的思想路线的干扰,已经由国务院批转国家语委废止的《第二次汉字简化方案(草案)》的出台就是证明,还有某些规定也很难说没有受到这方面的影响;也有些标准只是进行了部分阶段性的整理与规范工作,如《第一批异体字整理表》,尚没有形成完整的系统,也很难彻底实施;还有些标准受时代及研究水平与深度的局限,需要不断完善。在这种情况下,编写"严格按照国家语言文字规范标准"的字典,这种"理想"的标准未必是能做到的,也未必是理想的。而应当在体现"标准"的前提下,对发展变化的语言事实与研究所取得的新的进展进行客观描写与说明。对于标准与规定的某些粗疏之处及个别不完善的地方,需要作某些必要的补充与说明;对于落后于语言发展的某些标准与规定,应当敢于并善于有所"超越",描述和反映语言发展变化的事实。

三、规范标准的层次性与辞书规范的刚性和柔性

语言文字的规范主要体现在字形、语音、词汇(词形和语义)、语法等方面,而这些领域的规范要求并不处于同一层级上,其规范的性质及紧迫程度、难易程度不同,规范的原则与方式也应有所不同。

字形的规范应当是硬性的。"书同文",早在秦汉时代已基本做到:统一标准,硬性要求——这体现了刚性原则。

语音的规范主体贯彻硬性原则,但应允许有一定的柔性空间。"语同音",至今距离遥远:情况复杂,分歧很大,而且每时每刻动态变化,人们的认识与语言实际距离很大,研究有待深入。普通话的定义为:"以北京语音为标准音、以北方话为基础方言、以典范的现代白话文著作为

语法规范的现代汉民族共同语"。其中"以北京语音为标准音"是指北京语音的语音系统,不是具体到每一个字(词)的读音,普通话不等于北京话,也不等于北方话。如轻声与儿化问题,对于在北京话(甚至限于老北京话)中习惯读轻声或儿化,但又没有区别意义作用的字(词)的读音,是否有必要进入普通话的语音规范,是一个很有必要讨论和深入研究的问题。

词汇的规范最为复杂。其中词形与文字书写形式有某种关联,应当有一定的规范标准,但应以柔性为主,主要遵循约定俗成的规律,规范应当采取引导性的原则。至于语义、语法等领域,目前还没有制定规范文件的必要,一般也难以作硬性规定,只能要求做好提倡和引导工作。词汇(语义)与语法的规范,在语文辞书中具体体现在收词、释义、例句三项内容上,标准具有多元性、模糊性,情况更为复杂。如多年来聚讼纷纭的"恢复疲劳""打扫卫生""台上坐着主席团""贵宾所到之处,受到热烈的欢迎"等,虽然从逻辑上讲迂曲难通,但由于约定俗成的作用,也逐渐取得合法的地位。这种情况说明,当某一种语言现象约定俗成之后,即使有不大合逻辑、甚至完全违背逻辑的地方,人们也只好承认其存在的合理性。正如吕叔湘先生所说:"通不通是个约定俗成的问题,多数人都这样说,就算是通。"④有些主张对词汇问题作硬性规定的说法,实际上也是一种"炒作"。如 2004 年 3 月 13 日《京华时报》所谓"小学生根据字典答题被判错"的报道,说某一小学生在"语文达标检测题"中,因按不同辞书对"胡"的大同小异的释义答题而被判为"错误"。如果这种新闻不是作者"胡编"的话,也只能说明那位只知照本宣科的老师水平不高或不负责任。当然,我不主张辞书说解标新立异,应当尽可能采用社会公认的通行释义,尽可能给使用者减轻负担,但也绝不能思想僵化,认为某一词语的释义表述方式具有"唯一性"。

四、辞书类型的差异性与实施规范标准的区别性

应当给大型语文辞书编纂留有一定的研究空间。在使用一些大型汉语语文辞书时,有人曾因这些辞书对某些字形、字音以及释义的处理与现代汉语词典不一致而提出异议。我们认为,这也是语文辞书规范中一个需要研究的问题。国家语言文字管理机构目前所制定的一些规范标准,主要是就国家通用语言文字,即普通话与规范汉字(主要指经过简化和整理的现代汉语用字)[5],其中有些标准或规定,不一定适用于大型、历时性的语文辞书。大型、历时语文辞书,具有学术性、研究性,许多问题没有、不可能有强制性的标准与规定。如大型的历时性的汉语语文辞书,为了帮助读者了解字形、字音发展演变的轨迹,收字时要较多地记录异体字形,注音时要较多地标明旧读、异读;而一些古代文献的专书词典,为了反映词义的历史发展,常常将词语在某一时代、乃至某一语境的特殊用法列为"义项"。

五、语文辞书的显性规范与隐性规范

语言文字的规范分为显性或理性规范(给出明确的提示、说明)与隐性规范(用准确的表述作出示范,不作特别的说明)两种不同的方式。显性(或理性)规范是国家规范标准的主要方式,而语文辞书则是显性(或理性)规范与隐性规范相结合,而隐性规范是语文辞书规范的主要方式。不仅国家没有制定规范标准的语言文字问题要按照历史承传与社会语言使用群体的习惯体现规范,即使是国家已经明令出台的语言文字规范标准,也主要是通过选词、释义、例证的规范来实现,体现在一

词、一句的行文当中，而不可能、也不必要将相关文件的有关规定与理论阐释嵌入语文辞书之中。

总之，我们要充分认识辞书在语言文字规范化工作中的特殊地位，树立辩证的规范观，从理论上搞清楚辞书规范与国家规范标准的关系，妥善处理语言文字规范化中的相关问题，全面、正确地贯彻辞书的规范原则，从而更好地发挥辞书在语言文字规范化工作中的作用，提高辞书编纂质量，推动语言文字规范化工作的开展。

附 注

①见《诸子集成·荀子集解》，世界书局 1935 年初版，河北人民出版社 1986 年影印出版。
②《辞书研究》2004 年第 4 期。
③见《光明日报》2004 年 8 月 12 日。
④见吕叔湘《语文杂记》，上海教育出版社 1984 年版。
⑤见李宇明《规范汉字和〈规范汉字表〉》，《中国语文》2004 年第 1 期。

[本文为国家语言文字"十五"规划项目"辞书编纂与语言文字规范化研究"（编号：YB105–11A）的结项成果之一]

（原载《辞书研究》2005 年第 2 期）